民事訴訟法概論

高橋宏志

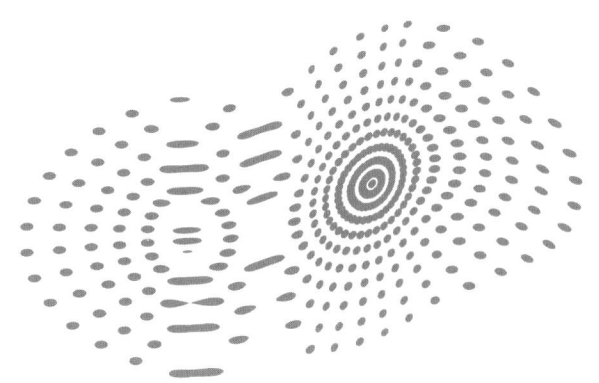

有斐閣

to K.Y.M.

はしがき

　かなり前，有斐閣から400頁で民事訴訟法の教科書を書いてみないかというお誘いを受けました。そのとき頭に浮かんだのは三ケ月章先生のお言葉でした。三ケ月先生は，誰が書いても内容が同じとなる教科書など書いてはいけない，といつも言っていらしたのです。400頁では，まさに誰が書いても内容が同じとなろうと，気が進まぬうちに時間が経ってしまいました。

　ところが，事情があり，執筆を始めることと致しました。理由は二つあります。まずは，判例・通説の祖述ではなく，現在の私の考えを論じてみようということです。これであれば，他の教科書と内容が同じになることもあるまいと思えました。第2は，長く教師をしているおかげで，学生諸君がどこでつまずくか，多少の見当が付きます。これも書いてみようと考えました。もっとも，これは書きすぎますと受験参考書やマニュアル本に堕す危険があります。本書が堕しているかどうか，いかがなものでしょうか。

　400頁というのが大前提ですので，文献引用は最小限にとどめました。主観的であり恣意的であるかもしれません。引用されていないものの本書に反映されている論文・体系書の執筆者にはお詫びを申し上げなければなりません。ちなみに，本書執筆に当たってよく参照したのは，山本弘＝長谷部由起子＝松下淳一『民事訴訟法〔第2版〕（アルマ）』（平成25年，有斐閣）であり，400頁で何を書き何を省くかで大変参考となりました。また，和田吉弘『基礎からわかる民事訴訟法』（平成24年，商事法務）は，本書と同じく，学習者の落とし穴に配慮しており参考となりました。むろん，私の考え方の骨格は新堂幸司『新民事訴訟法〔第5版〕』（平成23年，弘文堂）によっており，随所で本書に反映されています。

　最後となりますが，本書執筆を後押しして下さった淀川和也・有斐閣副社長，章の下の囲い記事をはじめ種々の助言をして下さった亀井聡・雑誌編集部長，本書の編集を担当して下さった青山ふみえさん，そして，私の授業を聞き多様な質問をしてくれた学生諸君に深く感謝致します。

　　平成27年（2015年）冬至のころ

高　橋　宏　志

目　次

第1章　当事者　1

1　当事者の確定―――1
(1) 当事者の確定とは，どういう作業か　1
(2) 当事者の確定は，どのように処理すべきか　2
(3) 法人格が濫用されると，当事者の確定はどうなるか　5
(4) 当事者が確定されると，どうなるか――表示の訂正と任意的当事者変更　6

2　当事者能力―――7
(1) 当事者能力とは，どういう問題か　7
(2) 権利能力なき社団は，どう扱われるか　7
(3) 当事者能力が認められると，どうなるか　8
(4) 当事者能力を欠くと，どうなるか　10

3　訴訟能力―――11
(1) 訴訟能力とは，どういう規律か　11
(2) 訴訟能力を欠く者には，二種類ある　12
(3) 訴訟能力を欠いた場合，後始末はどうなるか　14
(4) 弁論能力とは，どのようなものか　16

4　訴訟上の代理―――17
(1) 訴訟上の代理には，どのようなものがあるか　17
(2) 法定代理人とは，どのようなものか　17
(3) 法人は訴訟無能力と扱われる　18
(4) 任意代理人とは，どのようなものか①――訴訟委任に基づく訴訟代理人　20
(5) 任意代理人とは，どのようなものか②――法令上の訴訟代理人　24
(6) 補佐人とは，どのようなものか　25

第2章　訴え　27

1　訴え―――27
(1) 訴え，請求は，どう定義されるか　27
(2) 訴えは，どのように分類されるか　28
(3) 形式的形成訴訟，特に境界確定の訴えとは，どのようなものか　31

2　訴訟物―――35
(1) 訴訟物は，どのように特定識別されるか　35
(2) 訴訟物論争は，ほかにどのような局面で争われたか　38
(3) 訴訟物論は，どう考えるべきか　42

3 訴えの提起 ―――― 42
(1) 訴え提起は，どのように行なうか　42

4 訴え提起の効果――重複訴訟禁止 ―――― 45
(1) 訴え提起によって，どういう効果が生ずるか　45
(2) 重複訴訟禁止には，二種類ある　47
(3) 相殺の抗弁は，重複訴訟禁止とどうかかわるか　49

5 裁判所の管轄 ―――― 52
(1) 管轄の分類は，多様である　52
(2) 土地管轄の基本原則は，どのようなものか　53
(3) 合意管轄の規律は，どのようなものか　54
(4) 管轄は，どのように審理されるか　55
(5) 移送とは，どのようなものか　55

6 裁判官の除斥・忌避 ―――― 56

7 期日・期間・送達 ―――― 57
(1) 期日の規律は，どうなっているか　57
(2) 期間の規律は，どうなっているか　59
(3) 送達の規律は，どうなっているか　60

第3章　訴訟要件　69

1 訴訟要件総論 ―――― 69
(1) 訴訟要件は訴訟の要件ではない　69
(2) 訴訟要件には色々なものがある　70
(3) 訴訟要件を欠けば訴え却下判決となるのが原則である　71

2 審判権の限界 ―――― 72

3 訴えの利益 ―――― 74
(1) 訴えの利益とは，なにか　74
(2) 現在の給付の訴えの利益は原則として認められる　75
(3) 将来の給付の訴えの利益は，どういう場合に肯定されるか　76
(4) 確認の利益は，どのような場合に認められるか　78
(5) 確認の利益をめぐって，判例はどのように位置付けられるか　82
(6) 形成の訴えの利益は，どう考えるべきか　88

4 当事者適格 ―――― 89
(1) 当事者適格という規律は，なにを目的とするか――形式的当事者概念　89
(2) 普通の訴訟では，当事者適格は重要な概念ではない　91
(3) 法定訴訟担当の規律は，どうなっているか　92
(4) 任意的訴訟担当とは，どのようなものか　96
(5) 対世効がある場合の当事者適格は，どうあるべきか　98

第4章　審　理　*101*

1　処分権主義──申立事項の制限── ─── *101*
- (1)　申立事項の制限とは，どのようなものか　*101*
- (2)　一部認容は，どのような場合に問題となるか　*104*
- (3)　交通事故の損害賠償訴訟の訴訟物
　　　──金額を明示しない給付の訴えは許されるか　*105*
- (4)　一部請求訴訟は，許されるか　*106*
- (5)　債務不存在確認の訴えは，どこが特殊か　*111*

2　弁論主義 ─── *114*
- (1)　裁判では，弁論権が保障されなければならない　*114*
- (2)　弁論主義とは，どのような内容を持つか　*115*
- (3)　弁論主義は，なぜ採用されたのか　*117*
- (4)　主要事実と間接事実は，どう機能するか　*119*
- (5)　弁論主義にかかわる判例には，どのようなものがあるか　*122*
- (6)　釈明権，釈明義務は，どう考えるべきか　*124*
- (7)　法的観点指摘義務（法律問題指摘義務）とは，どのようなものか　*127*
- (8)　真実義務・完全陳述義務とは，どのようなものか　*129*

3　審理の諸原則 ─── *130*
- (1)　口頭弁論を規律する諸原則には，どのようなものがあるか　*130*
- (2)　公開主義とは，どのようなものか　*132*
- (3)　口頭主義とは，どのようなものか　*133*
- (4)　直接主義とは，どのようなものか　*134*
- (5)　双方審尋主義とは，どのようなものか　*135*
- (6)　継続審理主義とは，どのようなものか　*136*
- (7)　職権進行主義とは，どのようなものか　*136*
- (8)　適時提出主義とは，どのようなものか　*137*

4　訴訟行為 ─── *139*
- (1)　訴訟行為には，どのようなものがあるか　*139*
- (2)　主張は，どのようなものか　*141*
- (3)　主張は，どのように規律されるか　*143*
- (4)　相殺権の訴訟上の行使の効果は，どう考えるか　*146*
- (5)　訴え提起・争点形成において，信義則はどう作用するか　*147*

5　口頭弁論の手続 ─── *150*
- (1)　口頭弁論は，どのように準備されるか──争点・証拠整理手続　*150*
- (2)　口頭弁論は，どのように準備されるか──準備書面　*153*
- (3)　口頭弁論は，どう実施されるか──弁論の制限・分離・併合，弁論の再開　*154*
- (4)　口頭弁論調書は，どのように規律されているか　*156*

6	当事者の欠席 ———————————————————————————— *157*
7	手続の停止 ———————————————————————————————— *159*
	(1) 手続の停止とは，どのようなものか——中断と中止　*159*
	(2) 中断・中止は，どうすれば解消されるか　*162*
	(3) 中断・中止中，訴訟手続はどうなるか　*162*

第5章　証　拠　*165*

1	証拠法総論 ————————————————————————————————*165*
	(1) 証拠法の理念はなにか——真実発見，公正　*165*
	(2) 証拠法における概念には，どのようなものがあるか　*167*
	(3) 証明の対象となるのは，どのようなもの　*169*
2	自　白 ————————————————————————————————————*170*
	(1) 証明を要しない事実とは，なにか　*170*
	(2) 自白とは，どのようなものか　*170*
	(3) 自白が成立するための要件は，四つある　*171*
	(4) 擬制自白は，自白とどこが異なるか　*173*
	(5) 間接事実の自白，公知の事実に反する自白は成立するか　*174*
	(6) 自白の撤回は，どういう要件で許されるか　*177*
	(7) 権利自白は，どのように考えるべきか　*179*
3	自由心証主義 ——————————————————————————————*181*
	(1) 法定証拠主義から自由心証主義へ移行した　*181*
	(2) 証明度はどの程度か——高度の蓋然性　*181*
	(3) 証拠能力に制限はあるか——違法収集証拠　*182*
	(4) 弁論の全趣旨とは，どのようなものか　*183*
	(5) 248 条は，どのように理解されるか　*184*
	(6) 証拠契約は，どのような場合に許されるか　*186*
4	情報収集の手段 —————————————————————————————*186*
	(1) 当事者照会とは，どのようなものか　*186*
	(2) 弁護士会照会とは，どのようなものか　*188*
	(3) 情報獲得のための模索的証明は，否定されるべきか　*188*
5	証拠調べの手続 —————————————————————————————*190*
	(1) 証拠調べの申出は，どう扱われるか　*190*
	(2) 証拠調べの申出は撤回することができるか　*190*
	(3) 証拠調べの申出があっても，すべてを証拠調べしなければならないのではない　*191*
	(4) 証拠調べに対して当事者には証明権がある　*192*

vi　目　次

- **6** 証人尋問 ———————————————————————————— 192
  - (1) 証人，証人尋問とは，どういうものか　*192*
  - (2) 証人尋問は，どういう風に行なわれるか　*194*
- **7** 当事者尋問 ——————————————————————————— 195
- **8** 鑑　定 ————————————————————————————— 196
- **9** 書　証 ————————————————————————————— 198
  - (1) 書証とはなにか　*198*
  - (2) 形式的証拠力と実質的証拠力とがある　*198*
  - (3) 成立の真正には「推定」規定がある　*199*
  - (4) 書証の手続は三つある　*201*
  - (5) 文書提出義務は，どのようなものか　*202*
  - (6) 一部提出，イン・カメラ手続もある　*209*
  - (7) 不服申立ては，どう制限されているか　*210*
  - (8) 文書提出義務に違反して提出しないと，どうなるか　*211*
- **10** 検　証 ———————————————————————————— 212
- **11** 証拠保全 ——————————————————————————— 212
- **12** 証明責任 ——————————————————————————— 214
  - (1) 証明責任とは，なにか　*214*
  - (2) 証明責任の周辺の混同されやすい概念には，どのようなものがあるか　*216*
  - (3) 当事者間で証明責任は，どのように分配されるか　*219*
  - (4) 証明責任による判決を回避する法理論には，どのようなものがあるか　*223*

第6章　判決によらない訴訟終了　*231*

- **1** 訴えの取下げ —————————————————————————— 231
  - (1) 訴えの取下げの意義および要件は，どういうものか　*232*
  - (2) 訴えの取下げには，どういう効果が付与されるか　*233*
  - (3) 訴えの取下げの有無をめぐる紛争は，どう処理されるか　*234*
  - (4) 訴え取下げ契約は，どう考えるべきか　*234*
- **2** 請求の放棄・認諾 ———————————————————————— 236
  - (1) 請求の放棄・認諾の意義，要件は，どういうものか　*236*
  - (2) 請求の放棄・認諾があると，どういう効力が生ずるか　*237*
- **3** 訴訟上の和解 —————————————————————————— 238
  - (1) 訴訟上の和解の意義と性質は，どういうものか　*238*
  - (2) 訴訟上の和解の要件・手続は，どういうものか　*240*
  - (3) 訴訟上の和解の効力は，どう考えるか　*241*
  - (4) 訴訟上の和解の解除は，どういうルートで主張していくか　*243*

第7章 判　決　245

1　裁判の意義・種類 ──────────────────────────── 245
　　(1)　裁判には，民訴法学上，どのようなものがあるか　245
　　(2)　判決は，どのように分類されるか　247
　　(3)　判決は，どのようにして成立するか　249
　　(4)　判決の自縛性とは，なにか　249
　　(5)　判決の確定とは，なにか　250
　　(6)　判決の不存在，無効とは，どういうものか　251

2　既判力総論 ──────────────────────────── 251
　　(1)　既判力とは，どういうものか　251
　　(2)　既判力は，どのように作用するか　253
　　(3)　訴訟判決にも既判力はある　257
　　(4)　既判力を破り修正させるのが再審である　258

3　既判力の時的範囲 ──────────────────────────── 260
　　(1)　既判力の時的範囲とは，どういうものか　260
　　(2)　時的範囲は，期待可能性で調整されるべきである　262
　　(3)　標準時後の形成権の行使は遮断されるか　263
　　(4)　将来の判断では既判力は柔軟に考えてよい　265

4　既判力の客体的範囲 ──────────────────────────── 266
　　(1)　既判力は，判決の主文事項に生ずる　266
　　(2)　相殺の抗弁の反対債権には例外として既判力が生ずる　269

5　争点効 ──────────────────────────── 271
　　(1)　争点効とは，どのようなものか　271
　　(2)　争点効から派生する問題には，どういうものがあるか　273
　　(3)　既判力と争点効は，どのように交錯するか　275
　　(4)　信義則は，判決でどのように作用するか　277

6　既判力の人的範囲 ──────────────────────────── 279
　　(1)　口頭弁論終結後の承継人とは，どのような規律か　279
　　(2)　訴訟担当の被担当者に既判力は拡張される　283
　　(3)　請求の目的物の所持者に既判力は拡張される　284
　　(4)　法人格否認で既判力は拡張されるか　286
　　(5)　信義則によって既判力は拡張されるか　287

7　反射効 ──────────────────────────── 287
　　(1)　反射効とは，どういう議論か　287
　　(2)　反射効をめぐって判例は，どうなっているか　290

8　執行力，法律要件的効力 ──────────────────────────── 291

第8章 複雑訴訟──訴訟物，当事者が複数の訴訟　293

1 訴訟物が複数の訴訟　293
(1) 請求の併合とは，どのようなものか　293
(2) 訴えの変更とは，どのようなものか　295
(3) 反訴とは，どのようなものか　297
(4) 中間確認の訴えとは，どのようなものか　298

2 共同訴訟　298
(1) 共同訴訟とは，どういうものか　298
(2) 固有必要的共同訴訟は，どのようなものか　299
(3) 類似必要的共同訴訟とは，どのようなものか　306
(4) 通常共同訴訟とは，どのようなものか　308
(5) 同時審判の申出がある共同訴訟とは，どのようなものか　311
(6) 訴えの主体的追加的併合（主観的追加的併合）とは，どのようなものか　313
(7) 選定当事者とは，どのようなものか　314

3 補助参加　316
(1) 訴訟参加とは，どのようなものか
──補助参加，共同訴訟参加，独立当事者参加　316
(2) 補助参加人は，どのようなことをすることができるか　317
(3) 補助参加の利益とは，どのようなものか　319
(4) 参加的効力とは，どのようなものか　324
(5) 共同訴訟的補助参加とは，どのようなものか　325
(6) 訴訟告知とは，どのようなものか　326

4 独立当事者参加　329
(1) 独立当事者参加とは，どのようなものか　329
(2) 独立当事者参加には，詐害防止参加と権利主張参加の2種類がある　331
(3) 独立当事者参加の審判は，どのように変容してなされるか　334
(4) 訴えの取下げは，だれの同意を必要とするか　337
(5) 訴訟脱退とは，どのようなものか　337
(6) 債権者代位訴訟で，独立当事者参加は転用されて働く　339

5 訴訟承継　340
(1) 訴訟承継には，当然承継と狭義の訴訟承継の二つがある　340
(2) 参加承継とは，どのようなものか　341
(3) 引受承継とは，どのようなものか　342
(4) 訴訟承継主義の欠陥は，仮処分で埋められる　345
(5) 任意的当事者変更とは，どのようなものか　346
(6) 多数当事者訴訟全体の特質を，どう捉えるか　347

目　次　ix

第 9 章　上訴・再審　349

1　上訴総論──────────────────────────────349
　　(1)　上訴制度の趣旨をどう捉えるか　349
　　(2)　上訴には，控訴，上告，抗告の 3 種がある　350
　　(3)　上訴以外にも，不服申立てはある　352
　　(4)　控訴・上告が提起されると，どのような効果が生ずるか　352

2　控　訴────────────────────────────────355
　　(1)　控訴は，どのようなものか　355
　　(2)　控訴人には，控訴の利益が必要である　356
　　(3)　日本の控訴審は，続審である　358
　　(4)　控訴審では，不利益変更禁止が働く　359
　　(5)　控訴審の判決は，どのような形となるか　363

3　上　告────────────────────────────────365
　　(1)　上告とは，どのようなものか　365
　　(2)　権利上告とは，どのようなものか　367
　　(3)　上告受理とは，どのようなものか　369
　　(4)　上告は，どのような手続でなされるか　371
　　(5)　破棄・差戻し後の手続は，どうなるか　373

4　抗　告────────────────────────────────376
　　(1)　抗告とは，どのようなものか　376
　　(2)　再度の考案とは，どのようなものか　378
　　(3)　執行停止は，どうなっているか　378
　　(4)　抗告審の手続は，どうなっているか　378

5　再　審────────────────────────────────379
　　(1)　再審とは，どのようなものか　379
　　(2)　再審の訴訟物は，どう考えるか　380
　　(3)　再審の補充性とは，どのようなものか　380
　　(4)　再審事由には，どのようなものがあるか　381
　　(5)　再審の審理は，どのようにされるか　382

第 10 章　略式訴訟手続　385

1　手形・小切手訴訟──────────────────────────385
2　少額訴訟────────────────────────────────386
3　簡易裁判所の訴訟手続の特則────────────────────387
4　督促手続────────────────────────────────388

第 11 章　民訴法総論　*391*

1　民事紛争とその解決 ――――――――――――――――――――*391*
　(1)　民事紛争とその解決方法　*391*
　(2)　和　解　*392*
　(3)　調　停　*393*
　(4)　仲　裁　*394*
　(5)　訴　訟　*395*
　(6)　民事訴訟の理想，解釈論での要請，法典の歴史　*396*

2　訴訟と非訟 ――――――――――――――――――――――*398*
　(1)　非訟事件とは，どのようなものか　*398*
　(2)　憲法 82 条・32 条と非訟事件の関係　*400*

資料：民事訴訟手続の円環的構造

事項索引　*405*

判例索引　*415*

凡　例

■法令名の略記

　民事訴訟法（平成8年法律109号）は，カッコ内で引用する場合は単に「〇条」とした。民事訴訟規則（平成8年最高裁判所規則5号）は，「(規〇条)」とした。

　その他の法令については，原則として有斐閣六法全書巻末の「法令名略語」によった。

■主要文献の略記

伊藤	伊藤眞『民事訴訟法〔第6版〕』（有斐閣，平成30年）
兼子	兼子一『民事訴訟法体系』（酒井書店，昭和29年）
兼子・判例	兼子一『判例民事訴訟法』（弘文堂，昭和25年）
河野	河野正憲『民事訴訟法』（有斐閣，平成21年）
新堂	新堂幸司『新民事訴訟法〔第6版〕』（弘文堂，令和元年）
新堂・判例	新堂幸司『判例民事手続法』（弘文堂，平成6年）
松本＝上野	松本博之＝上野泰男『民事訴訟法〔第8版〕』（弘文堂，平成27年）
三ケ月	三ケ月章『民事訴訟法〔法律学全集〕』（有斐閣，昭和34年）
三ケ月・判例	三ケ月章『判例民事訴訟法』（弘文堂，昭和49年）
三木ほか	三木浩一＝笠井正俊＝垣内秀介＝菱田雄郷『民事訴訟法〔第2版〕』（有斐閣，平成27年）

■判例集・雑誌名の略記

●判例集

民　録	大審院民事判決録
民　集	大審院（最高裁判所）民事判例集
高民集	高等裁判所民事判例集
下民集	下級裁判所民事裁判例集
法　学	法学（東北帝国大学法学会）
判　時	判例時報
判　タ	判例タイムズ

●雑誌

法　教	法学教室

法　協	法学協会雑誌
民　商	民商法雑誌
民訴雑誌	民事訴訟雑誌

　本文中，判例の後に単に「[百選○]」とあるものは，高橋宏志＝高田裕成＝畑瑞穂編『民事訴訟法判例百選［第5版］』（有斐閣，平成27年）を指す。

本書のコピー，スキャン，デジタル化等の無断複製は著作権法上での例外を除き禁じられています。本書を代行業者等の第三者に依頼してスキャンやデジタル化することは，たとえ個人や家庭内での利用でも著作権法違反です。

第1章　当　事　者

1. 当事者の確定
2. 当事者能力
3. 訴訟能力
4. 訴訟上の代理

> 　多くの教科書は，いわゆる民事訴訟法総論から始まりますが，訴訟と非訟の区別などという専門的技術的な議論を初めに持ってくるのは適当でないと考え，本書では総論は最終章で扱います。そこで，第1章は当事者論にしてみました。当事者論は，多くの大学で授業の初めの頃に出て来るものの，抽象的でなんとなく理解しにくい分野です。まずは，そこに挑戦してみましょう。
> 　当事者論としては，当事者の確定，当事者能力，訴訟能力，訴訟上の代理を論じます。当事者適格は，「第3章　訴訟要件」で扱います。さて，その当事者ですが，第1審では原告・被告，控訴審では控訴人・被控訴人，上告審では上告人・被上告人と呼ばれます。原告が常に控訴人，上告人となる訳ではなく，同一人物が第1審では原告，控訴審では被控訴人，上告審では上告人と遍歴することがあり得ます。また，当事者の厳密な定義（形式的当事者概念）は，「第3章　訴訟要件」の中の当事者適格のところで論ずることとします。

1　当事者の確定

(1)　当事者の確定とは，どういう作業か

　訴訟の主体である当事者が誰であるかを裁判所が確定する作業を当事者の確定と呼ぶ。もちろん，通常は訴状の記載（133条2項）によって当事者が誰であるかは明白である。たとえば，訴状の原告欄に「162-8473　新宿区市谷本村町〇〇　髙橋宏志」と記載するように住所，氏名で当事者は記載され，それで特定される。ちなみに，「市谷物産株式会社　代表取締役髙橋宏志」という記載は，市谷物産株式会社代表取締役を肩書きとする髙橋宏志という個人の記載だと考える学生もいるであろう。しかし，37条で法人は必ず代表者によっ

て訴訟行為をすることになっており，後段の代表取締役高橋宏志はそのための代表者の表記に過ぎない（訴訟能力でも論ずる。本書18頁）。法律論としては，市谷物産株式会社という法人が記載されていることになる。初学者が，意外に間違えるところである。

　法律学の多くでそうであるように，当事者が誰であるかは普通は明確であるけれども，当事者が誰か分からない例外現象がある。当事者の確定も，例外現象の処理だといってよい。そうであるから，理解しづらいのである。たとえば，氏名冒用訴訟という類型がある。平たく言えば，替え玉訴訟ということであるが，X男が妻Y女に離婚訴訟を提起するとする。その際，X男はまともに行くと勝訴しない場合，愛人のZ女をあたかも妻Y女であるように偽装させることがある（協議離婚の認められるわが国ではこういう例は少なく，虚偽の協議離婚の届出という現象が通常となるが，裁判離婚しか認められない国では配偶者の氏名の冒用訴訟は珍しいことではない）。訴状の被告欄には妻Y女の名を記載するが，実際に訴状を受領するのも，裁判所に出廷して陳述するのも愛人Z女ということになる。このとき，被告は妻Y女か愛人Z女かというのが当事者の確定の問題である。死者名義訴訟という類型もある。これは原告が被告Yを訴状の被告欄に記載して訴状を提出したが，Yはその前に死亡しており，訴状を受領したのは相続人たる息子Zであったという場合，被告は死者Yか相続人Zかという問題である。

(2) 当事者の確定は，どのように処理すべきか

　考え方は色々とある。原告が当事者としたかった者が当事者であるという考え方（意思説），当事者らしく行動した者が当事者であるという考え方（行動説），訴状に氏名が記載された者が当事者であるという考え方（表示説）等々である。いずれも，直感的には的を外していない考え方であろう。しかし，緻密に考えていくと，よく分からないことになる。前述の離婚訴訟で原告が被告としたかった者は，誰であろうか。法律的には，妻以外の被告と離婚することはあり得ないから，妻Y女を被告とする積もりであろう。しかし，現実の意図においては，原告X男は愛人Z女を相手にして訴訟をする積もりであったのである。原告は，どちらを被告とする意思であったのであろうか[*1]。あるいは，被告

---

　*1　松本＝上野〔123〕102頁（注1）。

らしく行動するとは，どういうことであろうか。答弁書を裁判所に提出する行為は被告のする行動であるが，しかし，代わりに秘書や知人に提出に行ってもらうこともできる。裁判所の法廷で陳述するのは，訴訟代理人たる弁護士であることもある。被告らしく行動したのは秘書か，知人か，弁護士か。深く考えると，分からなくなる問題である。

　判例では，被告側で氏名を冒用された者が冒用の事実を主張して再審の訴えを提起した事案において，冒用された側の者が被告であるから，この者は再審の訴えを提起することができるとしたものがある（大判昭和10・10・28民集14巻1785頁[百選5]）。しかし，冒用された側の者は当事者でないとするものもある（大判昭和2・2・3民集6巻13頁）。また，死者名義訴訟の類型では，相続人を被告とした判例もあり（大判昭和11・3・11民集15巻977頁[百選6]），死者を被告だとした判例もある（大判昭和16・3・15民集20巻191頁）。一見，混乱しているように見える。

　しかし，次のように考えるべきであろう。当事者が誰であるかを確定する作業は，典型的には，訴状が裁判所に提出され被告に訴状を送達する段階と判決が出された後の段階で考えることができる。中間段階は，その応用である。訴状が裁判所に提出され，被告に送達される段階では，これから，その訴訟では誰を当事者としていくかという将来の展望が問題となっている。こういう際の規範は行為規範と称することができ，行為規範としては，判断材料が訴状にほぼ限定されていることもあり訴状の記載に従って考える表示説でいくべきである。しかし，判決が出た後で，その訴訟で当事者が誰であったかと過去を回顧する視点では，その際の規範は評価規範と称することができ，評価規範としては訴状の記載のみならず，訴訟過程を通じて明らかとなった当事者の意図，行動，判決の有効性等々から綜合的に当事者が誰であったかを定めることができる。ただし，当事者とされる者に，訴訟での主張立証の機会等が十分に与えられていたかという配慮が重要である（弁論権の保障とか手続保障とか呼ばれる。本書114頁）。当事者とされた者が，自分がなぜ当事者とされたのか分からず呆然とすることがあってはならないという要請だと言い直すこともできる。これは，民訴法学上，不意打ち防止とも呼ばれる。行為規範と評価規範で分けて考えるこの説は，二重規範説または規範分類説と呼ばれている[*2]。

---

　*2　新堂幸司「訴訟当事者の確定基準の再構成」（初出：昭和49年）同『民事訴訟法学の基礎』（平成10年）163頁に始まる考え方であるが，まだ通説とはなっていない。

さて、この二重規範説で考えると、前述の離婚訴訟の例では、行為規範では表示説に従い被告は妻Y女と解すべきであり、死者名義訴訟の例では死者Yが被告だと解すべきことになる。評価規範では、つまり典型例のうちの判決の効力を受ける当事者の段階では、離婚訴訟でみると弁論権が保障されていたのは愛人Z女であるから愛人Z女が被告であったと解すべきである。死者名義訴訟では、二つに分かれ、相続人が訴訟の存在を知り、たとえば訴訟代理人たる弁護士に事件を委任していたように訴訟に実際に関与していた場合には、相続人に弁論権の保障があったのであるから、相続人が被告だと考えるべきである。しかし、訴状を受領したのが7歳の子供であり、訴状のことは忘れて相続人に渡さなかった場合のように、相続人が訴訟の存在を知らず訴訟に関与していなかった場合には、相続人を当事者とするのは不意打ちとなる、従って、被告は死者だと解すべきことになる。判例群は、一見混乱しているように見えるが、この二重規範説の考え方と同じように処理してきたと見ることができる。原告の場合も、この応用である。評価規範からは、冒用した側の者が原告とされることが多くなろう。

　ところで、離婚訴訟の例で、評価規範により被告は愛人Z女であり、妻Y女は被告でないとされたのであるから、判決の効力は妻Y女に及ばない。被告Z女は原告Xと婚姻していないのであるから、被告Z女との間の離婚を認める判決は法律的には内容上無効な判決となる。かくして、法律論としては、妻Y女は離婚判決を無視していて差し支えない。しかし、判決の当事者欄の記載は妻Y女となっているのであるから、そういう気持ちの悪い判決を取り消してこの世から法的に抹消したいと妻Y女が考えるのも無理はない。そこで、Y女は当事者ではないから法律論としては判決を無視していてよいのであるけれども、判決を取り消すために再審の訴えを提起したいというのであれば、再審を許してよいと考えるべきであろう。もっとも、そうすると、再審は判決の既判力を取り消すための制度であるところ、判決の既判力が及ばない妻Y女も提起できる再審というものを認めることとなり、再審が判決の既判力を取り消すための制度であることに例外を肯定することになる（本書379頁）。これは、再審の制度の理解において重要なポイントとなるが、ともあれ授業の初めの頃に語られる当事者論においても、授業の終わりの頃に語られる再審が理論的には問題となる。このように民事訴訟法は相互に深く関係しており、円環的構造（巻末の図参照）を持つ。従って、民事訴訟法の教科書は一度読んだだけ

では足りない。民訴法全体を一度勉強してから，もう一度教科書を読むと，相互の円環的構造に目が行き届くことになり，民事訴訟法全体を体系的に理解できるようになる。細切れの断片的な勉強では民訴法は身に付かないということであり，民訴法の勉強では，昔は皆，教科書を何度も読み直したものである。

(3) 法人格が濫用されると，当事者の確定はどうなるか

　法人格の濫用がからむと，当事者の確定の問題はさらに複雑となる。日本築土開発株式会社は，ホテルの部屋を事務所にして営業していたが賃料の支払いが滞るようになった。そこである日，商号を石川地所株式会社に変更した。と同時に，首脳陣は，日本築土開発株式会社という元の会社と同じ名称の新しい会社を設立し，住所・従業員・什器備品その他もほぼ石川地所株式会社と同一にした。すなわち，ホテルの同一の部屋を事務所とする二つの会社が存在することとなった。賃料が支払われないので，原告たるホテルが契約を解除して日本築土開発株式会社を被告として賃料支払い，部屋明渡しを求める訴訟を提起したところ，被告は，控訴審の終わり頃になって，日本築土株式会社は新旧二つあり（以下，紛らわしいので石川地所と呼ばれるものを旧会社，日本築土開発と表記されるものを新会社と表現する），被告は新会社であって旧会社の債務を履行する立場にないと主張したという事件がある（最判昭和48・10・26民集27巻9号1240頁[百選7]）。最高裁は，こういう主張を認めず，被告敗訴とした。さて，この訴訟で，当事者は新会社であったのか旧会社であったのか。最高裁は，新会社と解したようであるが，それで大丈夫か。ホテルの同一の部屋を，法律形式上は新旧二つの会社が占有していることになる。そこで，原告たるホテルが判決を債務名義（強制執行の基礎となる文書。判決，和解調書その他。民執22条）として強制執行をしようとすると，判決は新会社に対してだけ出されたのであるから，旧会社は自分に対しては債務名義なしに強制執行をすることとなり違法だという第三者異議の訴え（民執38条）を提起し勝訴できそうに見える。そうなると，原告は旧会社に対しても訴えを提起し直し勝訴判決を獲得し直さなければならない。あるいは，第三者異議の訴えの中で実体法上の法人格否認を主張しなければならない[*3]。これは，原告に対して不当だというべきであろう。となると会社法上の法人格否認の法理を応用して，新会社も旧会社も元の

---

　*3　青木哲「第三者異議の訴えにおける法人格否認の法理の適用について」青山善充古稀『民事手続法学の新たな地平』（平成21年）539頁。

訴訟の被告であったとか（被告は二つの法人となる），元の訴訟の被告は新会社でもあり旧会社でもある実態を持つ法人であったとか（被告は単一の法人となる）構成すべきこととなる*4。

(4) 当事者が確定されると，どうなるか——表示の訂正と任意的当事者変更

さて，以上のようにして，誰が当事者であるかが確定される。その確定された当事者に，当事者能力があるか，訴訟能力があるか，当事者適格があるか等々が次の問題となる。なお，当事者と確定されなかった者は，訴訟への関与から裁判所によって排除される。

ところで，たとえば死者名義訴訟で，相続人が訴状の受領，弁護士への委任等々と初めから関与していたが，訴訟の書類上は被相続人が当事者欄に記載されていたままであるような場合は，いつでも，その表示を被相続人名から相続人名に訂正することができる。当事者は相続人と確定されたのであるから，当事者は一貫して同じ人物（相続人）であり，不意打ち防止を考える必要がないからである。これは表示の訂正と呼ばれる。しかし，当事者が当初はAであったのに，途中からBに変えること，すなわち当事者の同一性がないので当事者を変更する場合は，任意的当事者変更と呼ばれる（本書346頁）。当事者の同一性がないのであるから，新しい当事者に弁論権を初めから保障しなければならない。ただし，訴え提起の申立手数料（民訴費3条）は二度払う必要はなく，最初の訴え提起で消滅時効は中断されるという効果（147条）は認められる。下級審判決では，豊商事株式会社を株式会社豊商事に変えるのを，表示の訂正ではなく，任意的当事者変更だとしたものがある。同一行政区画に近似名称の別の会社が二つあったという稀有な事例への対応である（大阪高判昭和29・10・26下民集5巻10号1787頁）。また，「株式会社栗田商店こと栗田末太郎」という自然人名義を「栗江興業株式会社右代表取締役栗田末太郎」という法人名義に変えるのを表示の訂正だとしたものがある（大阪地判昭和29・6・26下民集5巻6号949頁[百選A3]）。実体を見て，表示の訂正か任意的当事者変更かを判断するということである。

---

*4 新堂142頁。

2　当事者能力

(1)　当事者能力とは，どういう問題か

　当事者能力とは，民事訴訟上の当事者となり得る一般的資格を言う。富士山，イリオモテヤマネコなどの人間以外のものは，現行法上，当事者能力を持たない。もっとも，昔のヨーロッパでは，保護されるべき動物を原告とする訴訟があったそうである。

　民法の権利能力があれば，当事者能力がある（28条）。そこで，自然人，法人であれば，誰でも当事者能力がある。これは当たり前のように感ぜられるが，かつては，日本でも西洋でも，奴隷のように権利能力のない人間が存在したのであるから，近代法が創出した大原則である。出生前の胎児も，不法行為（民721条），相続（民886条・965条）の関係では権利能力があり，従って，民事訴訟法上も当事者能力を持つ。もっとも，現実問題として，胎児は裁判所で陳述等をすることができない。本書12頁で述べる訴訟能力がないということであり，法定代理人となるべき者が，胎児に代わって訴訟を行なうことになる。

(2)　権利能力なき社団は，どう扱われるか

　法人が当事者能力を持つことは問題ないが，世の中には法人格（権利能力）を持たない団体が社会・経済活動をすることが少なくない。日本民事訴訟法学会も，そういう権利能力なき社団の一つであり，大会の会場を借りたり，機関誌を刊行したりしている。権利能力なき財団も同じ処理となるので，以下，社団で説明するが，そういう権利能力なき社団が，紛争に遭遇した場合，当事者能力がないとすると，どうなるか。大会会場使用料の支払い請求は，日本民事訴訟法学会の会員全員を被告とするのが民訴法上はオーソドックスな考え方となり，理事長とかの学会代表者も個人として支払い義務を負うと構成して理事長個人を被告とする便法も検討されることになる。しかし，これらは全員を把握する不便ないし保証人でないにもかかわらず代表者に責任を負わせる不自然さがあり，民訴法上は，権利能力なき社団も当事者能力を持つ（29条）。すなわち，社会・経済活動を行なっている団体は，実体法上は権利能力（法人格）がなくとも，民訴法上は，当事者能力があるとされる。民訴法では，紛争解決という観点から，権利能力というタイトルではなく，社会・経済活動という実

態を優先させるのである。

しかし，社会・経済活動を行なうすべての集合体に当事者能力が認められる訳ではない。法文上は，「代表者の定めのあるもの」でなければならず，判例上は，①団体としての組織を備えていること，②多数決の原理が行なわれていること，③構成員の変更にかかわらず団体が存続すること，④その組織において代表の方法，総会の運営，財産の管理など団体として主要な点が確立していることというメルクマールを充たせば権利能力なき社団だとされる（たとえば最判昭和42・10・19民集21巻8号2078頁[百選8]。三田市十一番区という団体を，原告として当事者能力があるとし，建物明渡し請求で勝訴させた）。注意すべきは，判例が掲げるメルクマールは，実体法上，権利能力なき社団と認められるためのものであることである。実体法上は，構成員から相対的に独立した財産を作り出すのが権利能力なき社団という法概念の機能をなす。そこでは，民法上の組合との等質性に目が向くことになる。しかし，訴訟法上は，権利能力なき社団は当事者能力を作り出す機能を持ち，代表者が訴訟を行ない，構成員は背後に隠れて訴訟には登場しないことを意味する。すなわち，訴訟法上は，構成員に弁論権を与えないことを招来する。純粋の民法上の組合のように構成員の個性が強く，管理運営に構成員が積極的に関与する団体では，代表者という名称を持つ者がいたとしても，当事者能力を与えて代表者だけに訴訟を行なわせるのは適当でなく，構成員全員を当事者とする訴訟がふさわしいということになる。そういう次第で，民法学上は権利能力なき社団と民法上の組合の相対化が進行し，判例も民法上の組合に29条を適用して当事者能力を肯定するが（最判昭和37・12・18民集16巻12号2422頁[百選9]），民訴理論上は純粋の民法上の組合には29条の適用はないと考えるべきであろう[*5]。

(3) 当事者能力が認められると，どうなるか

当事者能力が認められると，原告または被告となることができ，代表者が訴訟を行なうことになる。これは，訴訟上の代理のところで説明する（本書18頁）。

ところで，不動産登記法では，権利能力なき社団に登記資格を認めていない。代表者の証明等が書面では難しく，また，不完全な資料で登記をして誤った場

[*5] 兼子110頁，三ケ月182頁，松本=上野[289] 249頁。ただし，新堂147頁を初め適用を肯定する学説も多い。

合の社会・経済活動上の混乱が大きいからである。民訴法上は当事者能力が肯定されるけれども，しかし，登記法上は登記資格を認められないことの調整は，原告側の場合，権利能力なき社団が原告となり，訴状での請求の趣旨を「被告は，〔権利能力なき社団が登記名義人と認めた，たとえば代表者〕○○に対して移転登記手続をせよ，との判決を求める」と書くことになる。当事者は権利能力なき社団とし，請求は登記資格に合わせるという調整である。最判平成26・2・27民集68巻2号192頁［百選10］も，これを認めた。

　不動産登記法の登記資格はともあれ，その他の一般的な場合，学説は，当事者能力が認められれば，その権利能力なき社団を，当該訴訟限りでは権利能力があるのと同様に扱う，とする[*6]。前述の百選8事件の三田市十一番区の事件では，判例も，原告たる三田市十一番区に対して被告は建物を明け渡せという請求認容の判決を出しており，金銭支払い請求訴訟でも原告たる権利能力なき社団に対して被告は金いくらを支払えという判決が出ることになり，実例も多い。しかし，判例は，所有権確認では，こういう処理を認めない。権利能力がないのであるから，権利能力なき社団は，実体法上，所有権の主体になることができないと考えるからである。判例によれば，所有権の主体は，権利能力なき社団の構成員総員である。つまり，権利能力なき社団の財産は構成員全員の総有に属するという（共有，合有，総有の区別は民法の教科書参照）。そこで，所有権確認の訴えでは，当事者能力があるのであるから権利能力なき社団が原告になることができるが，訴状での請求の趣旨には，「原告〔権利能力なき社団〕は別紙物件目録記載の土地につき所有権を有することを確認する，との判決を求める」と書いてはならず，「別紙物件目録記載の土地は原告の構成員の総有に属することを確認する，との判決を求める」というように書かなければならない，とする（たとえば最判平成6・5・31民集48巻4号1065頁［百選11］）。これは，原告とは別の法主体の権利を訴訟物とするということであるから，第三者の訴訟担当ということになり，この場合，29条は当事者能力の規定であるだけでなく当事者適格の規定を兼ねることになる（当事者適格については，本書89頁。これも円環的構造であるから当事者適格を学んだ後で権利能力なき社団の当事者能力は学び直さなければならない）。しかし，学説のように，当該訴訟では権利能力があるのと同様に扱うという方が簡明ではなかろうか。

---

　*6　兼子111頁ほか。

（4） 当事者能力を欠くと，どうなるか

　当事者能力を欠くということは，民訴法で当事者となる一般的資格を欠くということであり，訴えは不適法となり，訴え却下判決が下される（訴え却下判決については，本書248頁）。団体として社会・経済活動をしていないものだということであるから，訴訟の途中でも訴訟が終わった後でも，構成員が雲散霧消し代表者も雲隠れしてしまうかもしれない。相手方は勝訴しても，消えてしまった者に対しては訴訟費用すら回収できないことになる危険がある（ただし，69条に一応の手当はある）。だから，訴えを不適法とするのである。

　滅多に起きることではないけれども，当事者能力を欠くことを見逃したため，本来あるべき訴え却下判決をすることをせず本案判決（原告に権利があるとかないとかの実体を判断する判決。本書248頁）をしてしまった場合，どうなるか。学説では，見逃した以上，仕方がないので本案判決を有効とする，すなわち，その訴訟では，当事者能力があったと扱うという説[*7]と，不適法な訴訟だったのであるから内容上の効力を生じない無効な判決となるとする説[*8]とがある。前者の説では，有効な判決なのだから強制執行をすることができる。後者の説では，金いくら支払えという本案判決があっても，内容上無効だから強制執行等はすることができない。

　ところで，この両説は，民訴法に限らず法律論全体でよくあることであるが，想定している事例，つまり前提が異なり，厳密にはかみ合っていない。本案判決を有効とする前者の説は，典型的な純粋の民法上の組合は当事者能力がないとする説の上にあり，誤って民法上の組合にも当事者能力があるとしてしまった判決も仕方なく有効とするというものである。民法上の組合には，それなりに団体性がないではないからである。内容上無効な判決とする後者の説は，民法上の組合は当事者能力を持つとする説の上にあり，従って，当事者能力がないにもかかわらず見逃したというのは，いわば箸にも棒にもかからない集合体に本案判決を下したということになり，救済する必要はなく無効だとするのである。もっとも，前者の有効説も，箸にも棒にもかからない集合体への本案判決の例を突き付けられれば，当事者としての実体が実在しないから無効な判決だとするであろう[*9]。有効，無効どちらの説を採るかにつき，最上級審の判

　[*7]　兼子112頁。
　[*8]　新堂151頁。
　[*9]　兼子112頁。私見もこの説に与する。

例はない。

3 訴訟能力

（1） 訴訟能力とは，どういう規律か

　訴訟当事者としてみずから単独で有効に訴訟行為をなし，または受けるために必要な能力を訴訟能力という。たとえば，赤ん坊も当事者能力があるが，赤ん坊が法廷で陳述をすることはできない。赤ん坊には訴訟能力がないとし，代わりに法定代理人が陳述等を行なうと規律するのである。言うまでもなく，訴訟能力を欠く者を保護するためのものであり，相手方および裁判所が多少の不便を被ることは織り込んだ上での制度である。

　訴訟能力は，民法の行為能力に対応する概念である。訴訟能力を欠く者の範囲は行為能力のそれと同じであるが，欠いた場合の効果が異なる。民法では，行為能力を欠く未成年者は，法定代理人の同意を得てみずから法律行為をすることができ，同意を得ていない場合はその法律行為を取り消すことができることとなる（民5条）。しかし，取り消すことができるということは，取り消されるまでは有効だということである。たとえば，代理権の授与があり東京地裁で訴訟が開始され審理が行なわれたところ，その代理権の授与が取り消されたとなると，すでになされていた申立て，主張立証等々の行為がすべて覆滅する。民事訴訟法は，このように後になって行為が覆滅することを嫌う。もう一度やり直すことを不経済だとして，覆滅させることをできるだけ回避しようとするのである。これを手続安定の要請と呼び，民事訴訟法における重要な考え方の一つである。たとえば，第1審，控訴審が終わると，さらに手続を進めるには上告理由（312条）または上告受理事由（318条）が必要となって狭められ，判決が確定すると再審事由（338条）がなければ，もはや訴訟手続を続行することができない。このように済んでしまった手続は，重大な瑕疵がない限り，多少の瑕疵には目をつむってでも有効とするのである。この趣旨は，90条の責問権の喪失に端的に現れている。この手続安定の要請から，訴訟能力でも，訴訟能力を欠く者の行為を一応有効だとしておきながら後から取り消して覆滅させるという途を採らず，初めから無効だとするのである。無効であるから，その上に次の行為が重なって手続が前に進むことは，無効が判明している限り起こらない。ところで，手続安定の要請は，なされた行為が覆滅することを回

避するという要請であるから，逆，つまり，無効だとされた行為が有効に転ずることは差し支えなく，むしろ歓迎される。そこで，訴訟能力を欠く者の行為は無効ではあるが，後から追認することはできる，ということになる（34条2項）。

訴訟能力は，訴訟の内部で行なわれる行為について必要であるのはもちろんであるが，訴訟の外の行為も訴訟能力で規律されることがある。管轄の合意がそうであり，他に，弁護士への訴訟代理権の授与，訴えの取下げ契約なども訴訟能力で規律される。訴訟代理権があるからその弁護士を相手に訴訟をしていれば大丈夫だと思っていたところ，手続の終結直前に取り消され全てが覆滅するということになっては不都合なこと前述のとおりである。

話題は外れるが，民訴法に限らず法律学の勉強では，抽象論が出てきたら具体例を念頭に置いて読み進む，具体例の羅列であれば抽象化，一般化して考えるという抽象と具体の循環，相互補強が肝要である。手続安定の要請という抽象論であれば，訴訟能力のこの場合などを具体例として思い浮かべなければならない。制度なり条文なりを理解するときも，典型例を一緒に理解しなければならない。典型例が頭に入っていると，問題を突き付けられても，その問題が典型例とどこでどのように異なるかを検討することで問題解決のヒントが浮かぶことが多い。以上，要するに，法律学の勉強では抽象，具体の循環，相互補強を試みなければならず，制度・条文の理解は典型例と一緒でなければならない。これが要諦である。

(2) 訴訟能力を欠く者には，二種類ある

訴訟能力を欠く者は，二種類に分かれる。民法と同じである。一つは，未成年者，成年被後見人である。この二者は，訴訟能力を完全に欠く。赤ん坊が訴訟行為をできないのは自明であろう。法定代理人（親権者，後見人）が代わって行為することになる（31条）。赤ん坊はともかく，17歳の未成年者は，民法では，法定代理人の同意を得て行為することができるが，民訴法ではみずから行為することができない。訴訟能力を欠く者の行為は取り消し得る行為ではなく，無効な行為であることと内在的に照応する。

他の一つは，被保佐人，被補助人である。未成年者，成年被後見人に比べて，被保佐人，被補助人の保護は多少薄くてもよく，そこで，被保佐人，被補助人は制限的訴訟能力者または不完全訴訟能力者とも呼ばれる。民法では，未成年

者・成年被後見人を含めて制限的行為能力者と呼ぶが，民訴法の用語はそれと異なる。ところで，被保佐人，被補助人に関する規定は民法と民訴法とに分裂して分かりにくく，さらに規律内容もやや複雑であって分かりにくいところがあり，じっくり腰を落ち着けて理解しなければならない。まず，被保佐人は，訴え提起・上訴提起をするには，保佐人の同意が必要だとされる。民法13条4号は訴訟行為と規定するが，相殺の抗弁の提出とか自白とかの個々の訴訟行為毎に同意が必要では煩雑に過ぎるから，大きく訴え・上訴を単位としてこの「訴訟行為」を把握すべきである。すなわち，同条4号の「訴訟行為」は訴え提起・上訴提起に縮小解釈される。繰り返すと，被保佐人は，未成年者・成年被後見人と異なり，保佐人の同意は必要であるが，みずから訴え提起・上訴提起をすることができる。ただし，同意を得ずにした訴え提起・上訴提起は，民法が取り消し得るとするのと異なり，無効である（34条2項）。被補助人は，被保佐人よりもさらに保護が薄くて足りる者であるから，原則として，みずから訴え提起・上訴提起をすることができる。しかし，家庭裁判所が，訴え提起・上訴提起をするには補助人の同意を得なければならないと審判した場合には（民17条1項），同意を得なければ行為することができず，同意なしに行為したとすれば，その行為は無効となる。以下，被補助人に関しては，家裁で審判があり同意を得なければならないとされた被補助人であることを前提にして記述する。

　被保佐人・被補助人は，保佐人・補助人の同意を得て訴え提起・上訴提起をした以上，訴訟の中での個々の申立て，主張立証等の訴訟行為を単独でみずからすることができるが，しかし，訴えの取下げ，裁判上の和解，請求の放棄・認諾，訴訟脱退，上訴の取下げ等のように判決によらないで訴訟を終了させる行為をするときは（本書231頁），保佐人・補助人の同意を必要とする（32条2項）。判決によらないで訴訟を終了させるこれらの行為は，結果が重大であるし，訴え提起等への同意の中に包含されていると見るべきでもないからである。

　ところで，被保佐人・被補助人が訴訟上の行為をするときには保佐人・補助人の同意を要するとすると，被告となる場合，つまり相手方が訴えを提起してきてそれを受ける場合で，どうも敗訴になりそうだというとき，道義的には問題であるけれども経済合理性に従って判断する保佐人・補助人は応訴することに同意しないであろう。これでは，権利のある相手方は権利の実現を阻まれることとなる。そこで，32条1項は，相手方からの訴え提起および相手方から

の上訴に応対するときは，保佐人・補助人の同意は必要でないとした。相手方の権利行使の必要性とのバランスから，被保佐人・被補助人の保護を後退させたのである。完全に訴訟能力を欠く未成年者・成年被後見人では，法定代理人が代わって応訴するのであるから，相手方の保護も未成年者・成年被後見人の保護も十分に図られるのと異なる。完全訴訟無能力者と制限的訴訟能力者の違いである。

なお，人の身分行為を対象とする人事訴訟では，本人の意思を尊重することが基本であるから，未成年者も意思能力があれば訴訟能力があり，成年被後見人もいわゆる残存能力があれば訴訟能力を持つ。被保佐人・被補助人も，完全な訴訟能力を持つ（人訴13条で，民法・民訴法の訴訟能力の規定を排除）。

(3) 訴訟能力を欠いた場合，後始末はどうなるか

訴訟能力を欠いた者の行為（被保佐人・被補助人でいえば，同意を得ずにした行為となるが，以下，これも含ませる）は，無効である。前述のように，取り消し得る行為ではなく民法と異なる。訴訟能力を欠くと判明したときは，裁判所は期間を定めて補正を命ずる（34条1項）。訴訟能力でなく，そもそも意思能力を欠く者の行為も無効である。

訴え提起の行為に訴訟能力が欠ければ，訴え提起が無効となり，不適法として訴え却下判決が下される。この場合，訴訟能力の欠缺は訴訟要件となる（訴訟要件については本書69頁）。被告側で訴状受領等の行為において訴訟能力が欠けていた場合にも，本案判決をすることができず，訴状の送達からやり直すことになる。では，裁判所が不適法却下としたとき，訴訟能力を欠くとされた当人が，訴訟能力はあると主張して上訴を提起することができるか。訴訟能力を欠くと第1審裁判所に判断された者による上訴提起行為は無効ではないかというパラドキシカルな問題であるが，上訴できると解さなければならない。訴訟能力を本当に欠くかどうかの審理を求める利益が，この者にはあるからである。控訴審で審理すれば訴訟能力はあるということになるかもしれない。権限ある者からの追認もあり得る。控訴審で訴訟能力ありとされれば，第1審判決は取り消され，第1審に差し戻される（307条）。控訴審も訴訟能力なしと判断するのであれば，控訴棄却である。

次に，訴訟能力を欠くにもかかわらず，第1審裁判所がそれを見逃して，あるべき不適法却下判決ではなく，権利義務の存在・不存在を判断する本案判

決を下した場合にも，本当は訴訟能力を欠く者が上訴を提起することができるか。これもパラドキシカルな問題であるが，できると解さなければならない。第1審判決は間違っていたのであるから，上訴によって取り消されるべきである。そのまま確定させてはならない。そこで，むろん法定代理人も上訴することができるが，訴訟能力を欠く者自身も上訴を提起することができる。誤った判決是正のための上訴の機会を広く保障するため，訴訟能力を欠く者も上訴することができるとするのである。ところで，訴訟能力が欠けているにもかかわらず，相手方が敗訴した場合，相手方は訴訟能力欠缺を理由に上訴することができるか。これは，できない。確かに第1審の訴訟手続には訴訟能力欠缺という瑕疵があるが，相手方は自分の方の主張立証に支障があった訳ではない。十分に主張立証活動を行なったのである。それでも訴訟能力を欠く者に対して訴訟活動で負けたのであるから，保護に値しない。そもそも，訴訟能力の制度は，それを欠く者を保護するためのものであって，相手方の保護のための制度ではない。無効であっても，無効を主張できる者を相対的に捉えることは民法でも行なわれるが，民訴法でも重要な考え方である。また，これは，手続の覆滅を嫌う前述の手続安定の要請の応用だという面もある。

　なお，通説は訴訟能力を欠く者への本案判決は上訴・再審の対象となるから判決は確定するとするが，しかし厳密に考えると，訴訟能力を欠く者に対する判決正本の送達は無効であるから，送達がないことになり上訴期間は進行せず，判決は確定していないと解すべきである。この少数有力説では，訴訟能力を欠く者が上訴を提起しなくても，判決は確定しておらず，この者の保護を図ることができる[*10]。しかし，上訴を通じて誤った判決を是正するのは簡便であるから，訴訟能力を欠く者が上訴を提起できるという結論は，この説でも通説と変わらない。訴訟能力を欠くことを看過した本案判決は，確定しても内容上の効力を生じない無効な判決となるとする説[*11]もあるが，確定しないとする方が適切であろう。

　訴え提起段階ではなく，訴訟の途中で，訴訟能力がなくなった場合の規律は，完全訴訟無能力者と制限的訴訟能力者で異なる。訴訟の途中で成年後見開始決定がなされた場合，営業の許可を得ていた未成年者が営業許可を取り消されて無能力者に戻った場合等には，訴訟手続は中断する（124条1項3号）。ただし，

　　[*10]　小田司「訴訟能力をめぐる諸問題」民訴雑誌56号（平成22年）199頁。
　　[*11]　新堂161頁。

訴訟代理人がいるときには，中断はない（124条2項）。これに対して，訴訟の途中で被保佐人・被補助人となったとしても，その段階で中断することはない。訴え提起は有効なのであるから，手続はそのまま進み（124条5項），上訴の提起で同意が必要となる。実際には，被保佐人になった段階で弁護士に訴訟を委任する等の措置を講ずるであろうが，法律論としてはこのようになる。

頭の痛くなる判例がある。最判昭和29・6・11民集8巻6号1055頁[百選16]である。当時の準禁治産者（現在の被保佐人・被補助人に相当）となるべき者であるが，しかし，その決定を得ていなかったため意思能力がない者として処理された事案である。被告とされ第1審で敗訴した。そこで，その者みずからが控訴を提起したのであるけれども，その後，原告・被控訴人側からの誘導または甘言に乗せられ，控訴を取り下げたというものである。控訴の取下げを有効とすれば，控訴がなかったことになり第1審の敗訴判決が確定し，意思能力を欠く者の保護に欠けることになる。他方，控訴の取下げを無効とするときは控訴審判決が出て意思能力を欠く者の保護になるが，取下げの前の控訴の提起そのものも無効としなければ平仄が合わなくなる。準禁治産者の規律では，上訴の提起も上訴の取下げも同意が必要だったからである。判例は，控訴の取下げは無効だとし，しかし，控訴の提起は有効だとして意思能力を欠く者を救済した。結論は妥当であるが，平仄が合わず理論的な正当化は簡単ではない。ここは，訴訟能力の制度が，そもそも，それを欠く者の保護を目的としているが故に，多少のアンバランスは覚悟の上だと目的論的に考えることになろう。

(4) 弁論能力とは，どのようなものか

訴訟能力とは性質が異なるが，弁論能力に触れておく。これは，法廷において現実に弁論をするための資格を言う。当事者を保護するためというよりも，訴訟手続の円滑迅速な進行を図るための制度である。要するに，なにを言っているのか分からない者を排除する制度である（155条1項）。

裁判所によって弁論能力なしとされた者の陳述は禁止される。必要があるときは，弁護士の付き添いが命ぜられる（155条2項）。意味ある制度だと思われるが，それほど使われている訳ではない。命令というきついものでなく，弁護士に依頼するようにとの裁判所からの事実上の勧告で処理されるからであろう。

4　訴訟上の代理

(1)　訴訟上の代理には，どのようなものがあるか

　民法と同様に，訴訟上の代理も，訴訟能力を欠く者を保護するための代理と，訴訟能力を有する者の行動の拡充・充実のための代理がある。学説上は，代理人の選任が本人の意思に基づかない法定代理人と，本人の意思に基づく任意代理人とに分類される。代理人の行為の効果が本人に帰属することは，民法と同じである。代理権がないにもかかわらず代理人として行動した者の行為は，無効となる。

(2) 法定代理人とは，どのようなものか

　訴訟能力を欠く者を保護するためのものである。親権者（民818条），未成年後見人（民838条1号），成年後見人（民838条2号）といった実体法上の法定代理人がこれに当たる。親権者等の行為の規律は，たとえば利益相反行為についての民法826条のように，すでに民法の中に存在するのが通常である。法定代理権の消滅も，民法による。本人の死亡，代理人の死亡・後見開始・破産が主な消滅原因である。ただし，訴訟法上は，代理権の消滅は相手方に通知しなければ効力が生じない（36条1項）。相手方が知っているか，知らないかを問わず，明確かつ画一的に処理しようというのが立法趣旨である。ただし，法定代理人自身が死亡したときなどには，通知がなされることは期待できないため，通知がなくとも代理権が消滅しているという例外を解釈論としては肯定しなければならない。

　法定代理人は，本人が訴訟能力を欠き当事者として行動できないのであるから，訴訟上は，当事者に近い扱いを受ける。すなわち，訴状・判決書には当事者と並んで必ず表示され（133条2項1号・253条1項5号），送達も法定代理人に対してなされ（102条1項），証人尋問ではなく当事者尋問の対象となる（211条）。

　実体法上の法定代理人のほかに，訴訟法上の特別代理人も法定代理人である。訴訟能力を欠く者に法定代理人がいないか，いるが利益相反等で代理権を行使できない場合に，相手方はそのままでは権利行使のための訴え提起ができない。そこで，相手方の権利行使の途を閉ざさないようにするため，受訴裁判所の裁

判長が選任するものである。特別代理人の選任のためには、遅滞のため損害が生ずることが疎明されなければならない（35条。疎明については本書167頁）。訴訟法上の特別代理人は、本来は相手方が申請するものであるが、訴訟能力を欠く者の側からも申請することができるというのが判例であり多数説である。代理人がいなくて困る状況は、訴訟能力を欠く者の側でも生じ得るからである。たとえば、養子縁組離縁の訴えを養子たる幼児の側が提起するとき、離縁に反対する親権者たる養親は利益相反であって代理人となることができないから、特別代理人が必要となる。ほかに、証拠保全のための特別代理人という制度もある（236条）。

なお、人事訴訟では、離婚という身分行為は代理になじまないので訴訟法上の特別代理人を利用することができない、成年後見人または成年後見監督人を選任しなければならないというのが判例であるが（最判昭和33・7・25民集12巻12号1823頁[**百選17**]）、要は適切な人物が選ばれるかどうかであるから定型的に訴訟法上の特別代理人の利用を禁ずることは行き過ぎではなかろうか。

(3) 法人は訴訟無能力と扱われる

法人は、法律上の観念的な存在であり、法人自体が行為するということはあり得ない。法人の代表者という自然人が行為し、その効果が法人に帰属するのである。それは、丁度、赤ん坊が行為することができず、法定代理人が代わって行為するのに近似する。そこで、民訴法は、法人の代表者を法定代理人に準じて扱うこととした（37条）。本書1頁で述べたように、「市谷物産株式会社代表取締役高橋宏志」という表記は、訴訟法上、高橋宏志を代表者とする法人たる市谷物産株式会社の表記となる。基本的に、法人の代表者の規律は、実体法上の法定代理人の規律に準じて考えればよい。

しかし、法人の代表者の規律に特有の問題として、表見法理が適用ないし準用されるかという問題がある。法人の代表者が誰であるかは、原告となる者にとって訴状に表記しなければならないのであるから（133条2項）重要な関心事であるが、それは法人登記・商業登記によって知ることができる。しかし、登記がそもそも虚偽であったとか、更新をしていなかったとかの事情で真実の代表者が登記されておらず、それに依拠した訴状も真実の代表者を表記していないときに、そういう訴状に基づいた訴訟手続は有効か、という問題である。無効だという説と、表見法理が適用ないし準用になり善意の者には有効だとす

る説がある。

　条文上の直接の手掛かりはないが，代表権の欠缺を絶対的上告理由とする312条2項4号，再審事由とする338条1項3号があり，これは手続を覆滅させてよいという規定であるから無効だとする説に有利である。しかし，有効説でも，原告が悪意の場合にはこれらの規定が適用になるのであるから，これらの規定は決定的ではない。次に，表見支配人に関して商法24条，会社法13条は，裁判上の行為は除外する，つまり，裁判上は表見法理が適用にならないとするので，これも無効説に有利な規定となる。確かにそうであるが，表見支配人に関するこの規定は登記されていない表見支配人を念頭に置いたものだと考え，登記をされた者にも表見法理が適用ないし準用にならないとしてよいかには疑念を挟むこともできる。他方，有効説は，前述のように代理権が消滅しても，それを相手方に通知するまでは代理権は消滅しないという36条を援用する。代理権がなくなった者も通知をするまでは代理人として行為してよいというのであるから，真実の代表者でない者も真実の代表者の登記があるまでは代表者として訴訟行為をしてよいと読み替えるのである。しかし，36条は，一度は真実の代表者が訴訟に登場した後の消滅の規定であるが，法人の代表者のこの問題では真実の代表者が一度も訴訟に登場しないのであるから同日に談ずることができないという反論もあり得よう。結局，条文上の手掛かりはあまり参考とならない。

　そこで，実質を考えると，法人側は登記を怠った帰責性があるのに相手方（多くは原告）の犠牲で法人に有利に扱うのはおかしいと考えるか，それとも，法人には社員その他の多くの関係者が関係するのであるから真実の代表者によって訴訟をする利益を奪われるべきでないと考えるか，の対立となる。判例は，後者の法人の利益を重視して，取引行為でない訴訟には表見法理は適用ないし準用されず，法人は真実の代表者によって代表されなければならない，真実の代表者を表記していない訴状は不適法であるが補正をさせるべきだ，とする（最判昭和45・12・15民集24巻13号2072頁[百選18]）。判旨は述べていないが，真実の代表者が現れるまでに原告が費やした弁護士費用等は補償させるべきであろう。しかし，そもそもは，登記を怠った者は保護に値しないと考えて表見法理を適用ないし準用してよいと考えるべきである。学説上も，少数説ではない[*12]。

(4) 任意代理人とは，どのようなものか①——訴訟委任に基づく訴訟代理人

　代理人を当事者の意思で選ぶ任意代理人として，まず訴訟委任に基づく訴訟代理人がある。単に訴訟代理人というときは，この訴訟委任に基づく訴訟代理人を指す。要するに，弁護士に訴訟を委任することである。訴訟能力を欠く者の保護のためではなく，訴訟能力を有する者の行動の拡充・充実のための代理人である。実体法上の法定代理人が，弁護士に訴訟を委任することも，もちろん，できる。

　訴訟代理人は，地裁以上では弁護士でなければならない（54条）。これを，弁護士代理の原則と呼ぶ。三百代言といわれる悪質な職業の発生を一般的に防止するとともに，法律の素人である当事者本人（依頼者）の利益を確実に保護し，併せて訴訟手続の円滑な進行を図るためのものである。この趣旨を徹底するならば，日本の民訴法の母法であるドイツ法のように，地裁以上では必ず弁護士に委任しなければならないという弁護士強制制度を採ることが望ましい。しかし，わが国は，弁護士強制までは採用せず，当事者本人が訴訟をしてもよいが，代理人に委任するならば弁護士でなければならないという制度にとどめている。ちなみに，ドイツの弁護士強制の下で，弁護士自身が本人であるときは本人が弁護士であるのだから弁護士強制を充たしていることになるか。これは，そうはならないと解されている。弁護士が当事者本人であっても，必ず別の弁護士に委任しなければならない。弁護士強制は，本人と相対的に距離を置いた専門家が手続に入ることの価値，客観性という価値を重視したものだからである。わが国の弁護士職務基本規程20条も，依頼者との関係において「弁護士は，事件の受任および処理に当たり，自由かつ独立の立場を保持するように努める」と定めるが，依頼者からも自由かつ独立でなければならないとされているのである。弁護士とは，そういうものでなければならない。ともあれ，当事者本人も訴訟をすることができるという本人訴訟は，わが国の司法制度の問題点の一つである。本人訴訟は，裁判所がいちいち手続を教示することとなって訴訟手続が円滑に進行しないし，より重大なことであるが，素人であるため本人の利益が十分に守られないことも生ずるからである。

　地裁以上ではなく，簡易裁判所では，弁護士代理の原則の適用はなく，平成15年改正以降は司法書士も代理人となることができることとなった（司書3条

＊12　伊藤149頁，松本=上野〔136〕111頁，三木ほか114頁，等々。

1項6号)。地裁以上で，弁護士でない者が訴訟代理人となったときは，違法であり，裁判所はその者の訴訟関与を排除しなければならない。相手方当事者も排除を求めることができる。しかし，その者がすでに行なった訴訟行為が有効か無効かは，学説が分かれる。弁護士であることは，弁論能力の問題であり(本書16頁)，弁護士資格のない者のした訴訟行為も有効だとする見解がある[*13]。他方，弁護士資格は司法制度の根幹にかかわることであるから弁護士資格のない者のした訴訟行為は絶対的に無効であり，追認も許されないという見解もある[*14]。しかし，どちらも多少極端であり，関係者の利益の調整として妥当ではない。当事者本人（依頼者）が弁護士でないことを知らなかった場合には，無効だと解すべきである。無効だとするとその効果が遡及し手続安定の要請には反するが，本当の弁護士によって代理される利益は重要なものであるから，この場合は覆滅を肯定しなければならない。もっとも，当事者本人からの追認は可能である。当事者本人が弁護士でないことを知っていた場合には，三百代言に丸め込まれ食い物にされている場合は別として，知っていたのであるから無効と主張することはできないと解すべきであろう。依頼者ではなくその相手方当事者も，無効を主張することはできないと解すべきである。相手方当事者は，主張立証の機会を別に奪われた訳ではないからである[*15]。

　訴訟代理人は原則として弁護士であるから信頼してよく，権限につき特別の規定がある。第一段階として，相手方からの反訴を受けたり，第三者の訴訟参加に応じたり，強制執行，仮差押え・仮処分に関する訴訟行為をしたり，弁済を受領したりすることは，法律上，当然にできるとされる（55条1項の反訴・訴訟参加という表現は誤解されやすい。2項との対比で，1項は受ける方を指す）。これらは包括的に法律が訴訟代理人の権限を認めたのであり，当事者本人と訴訟代理人の間で制限したとしても，裁判所も相手方当事者もその制限に拘束されることはない（55条3項）。しかも，裁判所や相手方当事者がその制限を知っていた場合でも，同様に制限を無視してよい。訴訟手続は，これで，円滑に進行することになる。個別的な制限を認めず包括的に処理することは，訴訟が裁判所からみれば大量現象であることに基づき，この大量現象であることを考慮の基礎に据えるのも民訴法の重要な考え方の一つである。個々の事情に応じて

[*13] 兼子131頁。
[*14] 三ケ月・判例40頁。
[*15] 新堂186頁。

いては，大量現象たる訴訟事件全体を円滑，順調に処理することはできないという発想である（本書140頁参照）。前述の代理権の消滅は相手方に通知しなければ効力が生じない（36条1項）というのも，大量現象であるが故の画一的処理の要請による。もっとも，55条1項の権限を制限することは，当事者本人と訴訟代理人との間では有効である。制限の合意に反した訴訟代理人に対して，当事者本人は損害賠償を請求したり，弁護士会に懲戒を申し立てたりすることができる。

　第二段階として，被保佐人・被補助人の規律に多少似て，反訴の提起，控訴・上告の提起，訴えの取下げ・訴訟上の和解などの判決によらない訴訟終了行為，復代理人の選任は，当事者本人から特別の委任がなければならない（55条2項）。すなわち，これらの行為は法律上当然に権限を与えられているのではなく，当事者本人から個別に授権されなければならない。しかし，弁護士に対する授権であり信頼ができるので，個別に与えられた以上は，その権限の幅は広いものと理解される[*16]。たとえば，被告本人が和解の権限を訴訟代理人に授権した以上，被告本人が和解条項として被告所有の不動産に抵当権を設定することを拒否していたとしても，訴訟代理人が和解の中でした抵当権の設定は有効である（最判昭和38・2・21民集17巻1号182頁[百選19]）。もちろん，前述のように，被告本人は，その意に反して抵当権を設定されたのであるから，弁護士に対して損害賠償を請求することができ，弁護士会に懲戒を求めることもできるが，和解自体は有効とされるのである。弁護士は，この規律の半面として，強い責任と倫理が求められていることを銘記しなければならない。ちなみに，民訴法で「手続」というときは，第1審から上告審まで含めるものを指す。審級より広いのである。上訴は，55条2項の特別授権事項であるから，弁護士は上訴ごとに特別授権を受けなければならないのが法律上の規律である。これを審級代理の原則と呼ぶこともある。しかし，実務では，弁護士への訴訟委任状に55条2項の特別授権事項が不動文字で印刷されており，弁護士は審級単位ではなく手続単位で委任を受けている。審級代理の原則等は，その意味では空洞化しているが，しかし，裁判所の実務では審級毎に訴訟委任状の提出

　[*16]　ただし，55条2項の授権に当たって当事者本人が限定を付し，その限定を相手方当事者に告知していた場合には，その限定は有効であるとする反対説も有力である。大量現象処理の要請を後退させ，本人の保護を優先させるのである。垣内秀介「訴訟上の和解と訴訟代理権の範囲」新堂幸司古稀『民事訴訟法理論の新たな構築（上）』（平成13年）417頁，加藤新太郎『弁護士役割論〔新版〕』（平成12年）294頁，ほか。

を弁護士に求めており，事実上は審級代理の原則が復活しているようである。なお，「手続」は審級を通してのものだけでなく，裁判官や口頭弁論期日等を同じくするものをも意味する。かくして，請求が複数提示されている場合も，同一「手続」で処理されると表現する。手続という概念は，審級や請求よりも広いのである。

　訴訟代理人の死亡・後見開始・破産によって，あるいは委任契約の解消によって，訴訟代理権は消滅する。弁護士資格の喪失も，代理権消滅事由となる。代理権の消滅は，相手方に通知しない限り効果を生じないが（59条），通知を期待できず当然に消滅の効果が生ずる場合もあることは法定代理人と同様である。しかしながら，当事者本人（依頼者）に死亡・合併等があっても，訴訟代理権は消滅しない（58条）。その訴訟は，弁護士に任されていたのであるから，当事者本人の承継人のために訴訟代理人が引き続き代理権を行使するのが，当事者本人または承継人のためにも，さらには相手方当事者や裁判所にとっても便利だからである。むろん，承継人から見て適当でない訴訟代理人は，承継人が将来に向かって解任することができる。

　訴訟代理人がいても，当事者本人が訴訟行為をすることは禁ぜられない。のみならず，事実に関する陳述では，訴訟代理人の陳述を当事者本人が直ちに訂正することができる（57条）。更正権と呼ぶが，事実に関しては訴訟代理人よりも当事者本人の方がよく知っているはずであることに基づく。

　さて，訴訟代理人は弁護士であるから，弁護士法の規律からの影響がある。二つの場面があり，まず，弁護士法25条関連の規律がある。たとえば，弁護士法25条1号は「相手方の協議に賛助し，又はその依頼を承諾した事件」を弁護士は引き受けることができないと規律する。最初に弁護士と協議したXは，弁護士を信頼して手の内を明かしているであろうから，のちにその弁護士が相手方当事者Yの訴訟代理人となったのでは大きな不利益を受けるし，弁護士界全体の信頼も害されるため，このように規律されるのである。すなわち，依頼者の利益・信頼を保護し，併せて，弁護士業務の品位と公正さを担保するための規律である。しかし，弁護士法25条は，直接には弁護士の職務規律であり効果も懲戒であって，これに違反した訴訟行為の効力に関しては規定を置いていない。そこで，学説は分かれる。一方には，弁護士法25条は，弁護士（訴訟代理人）の訴訟行為の効力には関係しないとする見解がある[*17]。しかし，これでは最初に協議したXの利益は守られにくくなろう。他方では，弁護士

法25条違反の訴訟行為は絶対的に無効だとする見解もある。しかし，これでは，手続が覆滅され相手方や裁判所が迷惑を被ることもあろう。両者はいずれもやや極端であり，依頼者も相手方も違反した弁護士を将来に向かって訴訟手続から排除するよう申し立てることができ，かつ，弁護士法25条違反であることを知って遅滞なく異議を述べたときは訴訟行為を遡って無効とすることができる，とする解釈が適当であろう。異議説と呼ばれ，判例も変遷したが現在ではこの立場である（最大判昭和38・10・30民集17巻9号1266頁[百選20]）。

　もう一つの場面は，弁護士が弁護士会から懲戒処分を受けた場合の処理である。懲戒処分も種々あるが（弁護57条），戒告は訴訟行為の効力に影響しないと解してよく，登録抹消・退会命令と業務停止とで分けるのが判例である。登録抹消・退会命令は弁護士資格の喪失であり，つまり以後は弁護士でなくなるのであるから，そういう者のした訴訟行為は無効であるが，業務停止はそれより軽い処分であって悪性も薄く，将来は弁護士業務を再開できるのであるから無効とはならないとする（最大判昭和42・9・27民集21巻7号1955頁[百選A8]）。しかし，学説では，業務停止でも無効だとする説が有力である[*18]。訴訟代理人のした訴訟行為が無効であれば，判決確定後では，再審（338条1項3号）または判決の無効の問題となる（再審，判決の無効は円環的構造である。本書251頁，379頁）。

(5) 任意代理人とは，どのようなものか②——法令上の訴訟代理人

　一定の地位に就いた者に法令が訴訟代理権を認める場合があり，これによって訴訟代理人となる者が法令上の訴訟代理人である。法令による訴訟代理人とも呼ばれる。支配人（商21条1項），船舶管理人（商700条1項），船長（商713条1項），協同組合の参事（農協41条3項）等々である。弁護士資格は必要でなく，個別の事件ではなく業務一般につき裁判外・裁判上の代理権が認められる。

　訴訟代理権の付与は法令によるが，誰をそういう者にするかは本人の意思であるから，定義上，任意代理人となる。しかし，この法令上の訴訟代理人は本人の代わりの人物ということであり，その位置は本人の方に近い。すなわち，法令上の訴訟代理人が弁護士に訴訟を委任することができ，事実の更正権（57条）も与えられるが，逆に，当事者本人（支配人を任命した本人）の死亡によっ

[*17] 兼子・判例44頁・411頁。

[*18] 三ケ月・判例40頁。

て代理権が消滅すること等に注意しなければならない。

　法令上の訴訟代理人に関しては，訴訟外の営業上の行為をせず，もっぱら訴訟をすることだけを担当する支配人を法令上の訴訟代理人と認めてよいか，という問題がある。法令上の訴訟代理人が本人の手足として裁判上・裁判外の代理権を与えられているという趣旨に合致せず，むしろ弁護士代理の原則の脱法ではないか，という問題である。下級審裁判例は，脱法だという立場であり，こういう支配人の訴訟行為を遡って無効とし，かつ，追認も認めない（仙台高判昭和59・1・20下民集35巻1～4号7頁[百選A7]）。司法制度が三百代言等によって汚れてはならないという立場であり，基本的には肯定すべきであるが，追認も認めないというのは行き過ぎであろう。

(6) 補佐人とは，どのようなものか

　当事者または訴訟代理人とともに期日に出頭し，陳述を補足する者を補佐人という（60条）。裁判所の許可を要する。専門的な知識の補充として有用である。訴訟能力を欠く者への前述の「保佐人」と間違えてはならない。

第2章 訴　　え

1 訴　え
2 訴　訟　物
3 訴えの提起
4 訴え提起の効果——重複訴訟禁止
5 裁判所の管轄
6 裁判官の除斥・忌避
7 期日・期間・送達

1 訴　え

(1) 訴え，請求は，どう定義されるか

　訴えとは，裁判所に対して審判を求める原告の申立てをいう。平たくいえば，裁判をせよという裁判所に対する要求である。その要求される内容が訴訟上の請求，略して請求となる。つまり，訴えは形式，訴訟上の請求は内容ということになる。

　（訴訟上の）請求は，広義では，金1000万円を支払えというような原告の被告に対する特定の権利主張と，裁判所に対して給付，確認，形成というどの形式の判決（後述する。本書28頁）を求めるかの要求を合わせたものだと定義される。裁判所に対する要求を捨象した原告の被告に対する特定の権利主張のみを指すときは，狭義の（訴訟上の）請求と呼ばれる。そして，主張された権利関係自体を訴訟物と呼ぶ。たとえば，債権者の債務者に対する貸金返還請求権を基に債権者が債務者に対してする支払い請求と，債務者が債権者に対して債務は存在しないことの確認を求める不存在確認請求とでは，貸金返還請求権は同じものであるから訴訟物は同じとなるが，債権者が申し立てるか債務者が申し立てるかの主体が異なるから狭義の（訴訟上の）請求は異なり，給付判決を求めるか確認判決を求めるかの判決の形式が異なるので広義の（訴訟上の）請

求も異なることになる。

　厳密には以上のように定義されるが，訴訟物と請求とは，普通，相互交換的に用いられており，厳密な使用方法の方がむしろ少ない。通常は，前後の文脈からどの意味かは自然に分かるので，上記の厳密な定義を無理に覚え込もうとする必要はない。民事訴訟法の学習をしていれば，自然に慣れてくるはずである。

　ところで，民事訴訟法には，請求に理由がある，または請求に理由がないという独特の用語法がある。ドイツ語の不適切な訳語の一例であり，請求に理由があるとは，請求が法律面および証拠の面で根拠付けられること，つまり請求認容の勝訴判決となることをいう。請求に理由がないとは，請求が法律面または証拠の面で根拠付けられないことをいう。抗弁に理由がある，理由がないという用語法も，同様である。早く慣れなければならない。

(2) 訴えは，どのように分類されるか

　訴えは，他の訴訟手続と無関係に新しく開始される「独立の訴え」と，すでに開始されている訴訟手続の中でそれとの併合審理を求める「訴訟内の訴え（または訴訟中の訴え）」とに分類されることもあるが，重要な分類は，判決の内容による給付の訴え，確認の訴え，形成の訴えという分類である。ちなみに，訴訟内の訴えには，訴えの変更（143条），反訴（146条），独立当事者参加（47条）等がある。訴えの変更等は複雑訴訟と分類され，第8章で詳述する。

　給付，確認，形成という分類は，請求が認容された場合の判決の内容ないし効果による分類であり，裁判所に要求する請求認容判決の形式の差となって現れる。これを，伝統的には権利保護形式の差と呼ぶが，要するに紛争解決方式の差ということである。

　給付の訴えとは，被告の作為または不作為を求めるという形の訴えである。金銭の支払いも被告の作為であるから，給付の訴えの典型となる。建物明渡し，登記手続請求，動産の引渡し等々も，給付の訴えである。不作為，たとえば騒音を出すなというような差止め請求も被告の不作為を求めるものであるから，給付の訴えである。給付請求を認容する，つまり原告が勝訴となる判決を給付判決と呼ぶが，給付判決は民事執行法上の強制執行を発動させる効力，講学上，執行力と呼ばれるものと結び付いている。給付判決は，「被告は原告に金1000万円を支払え」と命令形で書かれるのが戦後の慣行であるが，強制執行を意識

していることが窺われよう。強制執行を発動させることができるのであるから，給付判決の効力は強い。しかし，建物明渡しだけ，移転登記手続だけというように，紛争解決の幅は広い訳ではない。給付の訴えは，さらに現在の給付の訴えと，履行期が来ていない権利，または条件付きである権利についての将来の給付の訴えとに細分される。

　確認の訴えは，権利関係・法律関係の存在または不存在の確認を求めるという形の訴えである。請求認容判決は，「別紙物件目録記載の土地が原告の所有に属することを確認する」というように書かれる。給付の訴えはローマ法以来の伝統的な訴えの形式であるが，確認の訴えは，一般的な形で認められるようになったのは19世紀半ば以降である。それまでは，権利の内容と訴訟の形式を一体とさせた個々の訴訟方式というアクチオの体系であったものが，民法典の制定等により実体権の内容が明確になり，また実体権が広く一般的に認められるようになり，訴訟法も個々の権利に対応した形ではなくどの権利にも対応する一般的な形が整えられたことが，確認の訴えが認められるようになった背景の一つである。そして，裁判所が確認判決を下せば，人々がそれに応じて行動するという遵法精神の高まりがもう一つの背景である。強制執行をいちいちしなくとも判決内容が実現されるようになったのである。この両者の背景が実現したのが歴史的に19世紀半ばであった。以上からも分かるように，確認判決には，強制執行は対応しない。裁判所が権利関係・法律関係の確認を宣言するだけである。勝訴でも敗訴でも，既判力（審理のし直しを許さない効力。本書251頁以下）だけが生ずる。強制執行を発動させないから，確認判決の効力は弱いということもできる。しかし，確認判決は，たとえば根源的な権利である所有権を確認するのであるから，所有権から派生する建物明渡し，登記手続，毀損に対する損害賠償等の多くの請求権の帰趨を自動的に明らかにする効用がある。この意味で，紛争解決の幅は広いのである。

　形成の訴えは，判決によって権利関係・法律関係の変動を生じさせるという形の訴えである。ドイツ・フランス等で20世紀になる前後に認識されるようになった訴えの類型であり，権利関係・法律関係の変動を生じさせる判決の効力を形成力と呼ぶ。たとえば，株主総会決議取消し判決があることによって初めて，法律上，株主総会決議につき取消しという効果が生ずる。株主総会決議取消し原因が神様の目から見てあったとしても，法律上は，それだけでは株主総会決議取消しの効果は発生せず，判決を経て初めて株主総会決議取消しの効

果が生ずる。こういう意味であり，形成の訴えは解除権等の実体法学でいう形成権とは対応していないことに注意しなければならない。金1000万円を支払えという給付判決では，支払い請求権が神様の目から見てあれば，法律論としては，それだけで支払い請求権は存在している。給付判決は，これを言わば後から確認するに過ぎない。現実社会では給付判決があって初めて権利者と認められることになるとしても，法律上は，すでに権利は存在すると考えることになっているのである。分かりにくいところであるが，株主総会決議取消しの訴えと株主総会決議無効確認の訴えとを対比してみよう。株主総会決議無効確認の訴えは，反対説もあるが確認の訴えであるから，判決がなくとも，法律上は，無効という効果が実体法上すでに生じていると観念される。従って，当該株主総会決議で選任された取締役に対する報酬の返還請求訴訟をいきなり起こし，その訴えの中で決議の無効事由を主張して勝訴することができる。報酬返還請求訴訟という他の訴訟の前提問題として主張できるのである。しかし，決議取消し訴訟では，形成の訴えであるから取消事由が存在していても，法律上，取消しの効果は生じていない。従って，当該株主総会決議で選任された取締役に対する報酬の返還請求訴訟で，決議の取消事由はすでに存在していると主張しても裁判所に取り上げてもらえない。株主総会決議取消しの訴えの勝訴判決を得て初めて，決議が取り消されていると主張でき，それによって報酬返還請求訴訟で勝訴することができる。ここでは，決議取消しの訴えと報酬返還請求訴訟の二つの訴えが必要となる。形成の訴えであると，権利関係・法律関係の変動が判決があって初めて生ずるのであるから，権利関係・法律関係の変動は明確であり安定しており，また多数人間で画一的に処理することもできる。従って，形成の訴えは，会社を含めての団体関係，人の身分関係，行政訴訟に多く見られる。しかし，明確性，画一性は利点であるが，他面，必ず判決を得なければならないのであるから，手続が鈍重となり機動的でないというデメリットも生ずる。そのメリット，デメリットを勘案して形成の訴えであるかどうかを分別するのであるけれども，法技術的には，他の訴訟の前提問題として主張することができるか否かが分水嶺となる[*1]。株主総会決議取消しの訴え（会社831条），会社の設立無効・合併無効の訴え（無効という表現に惑わされて，確認の訴えだと理解してはならない。会社828条），裁判上の離婚の訴え（民770条），離

[*1] 新堂206頁。

縁の訴え（民814条），嫡出否認の訴え（民775条），認知の訴え（民787条），行政処分取消しの訴え（行訴8条）等々が，形成の訴えに当たる。民法770条の法定離婚原因が神様の目から見ると存在する場合であっても，存在するだけで裁判離婚の効力が生ずることはなく，離婚判決が出て初めて，法律上，離婚の効果が生ずる。協議離婚はおのずから別であり，協議離婚を求める訴えというものは存在しない。ともあれ，「〇年〇月〇日の被告会社の株主総会決議を取り消す」「原告と被告とを離婚する」というのが判決書の慣用的表現である。後者は，日常用語では違和感のある表現であろうが，法律学では多かれ少なかれ違和感のある表現が用いられることの一例である。詐害行為取消権（民424条），婚姻の無効（民742条）等々，形成の訴えであるかが争われているものも少なくない。この二つは，デメリットの方を重く見て，形成の訴えでないとしてよいであろう[*2]。

さて，給付の訴えの原告勝訴判決を給付判決と呼ぶが，給付判決には執行力と請求権があることを確認する既判力が生ずる。給付の訴えの原告敗訴判決には，請求権がないことを確認する既判力だけが生ずる。確認の訴えでは，原告勝訴判決でも敗訴判決でも，既判力だけが生ずる。形成の訴えの原告勝訴判決を形成判決と呼ぶが，形成判決には形成力と既判力が生ずる。形成の訴えの原告敗訴判決は，権利ないし形成要件がないことを確認する既判力だけが生ずる。たとえば離婚判決において，離婚させられたという形成力は争わないけれども，裁判離婚原因がないにもかかわらず原告は違法に離婚判決を出させたので不法行為が成立し損害賠償を求めるという後訴を封ずるためには，離婚判決は適法に出されているという既判力が必要となる[*3]。以上のように見ると，すべての判決に生ずる効力は既判力であり，既判力が判決効の基本であることが分かる。その既判力だけに純化している確認の訴えを訴えの中の基本とする確認訴訟原型観がかつては有力に主張されたが，給付の訴えが歴史的に主流であったことと整合しておらず，あまりこだわる必要はない。

(3) 形式的形成訴訟，特に境界確定の訴えとは，どのようなものか

法廷で対審構造の下に審理され判決が下される形成の訴えではあるが，形成の原因が実体法上定められておらず，請求棄却判決を出すことができず裁判官

[*2] 新堂208頁。
[*3] 新堂214頁。

が裁量によって必ずなんらかの実体的結論を下さなければならない訴訟を形式的形成訴訟という。形式は訴訟であるが，実質は民事行政たる非訟事件だという説明が感覚的には分かりやすい。民法773条の父を定める訴え，民法258条の共有物分割の訴え，不動産登記法147条・148条の境界確定の訴えがそれである。たとえば，ある土地を共有者の共有持分に応じて分割することを求める共有物分割の訴えでは，土地の北側・南側で条件が異なるし，道に面しているか，山側か等々条件は千差万別であるので，持分割合で単純に機械的に分割することはできない。かといって，実体法には，どのように分けるかの要件事実は記載されておらず，裁判官が健全な裁量によって分割するしかない。訴えが不適法であることによる訴え却下判決はあり得るが，分割しないという請求棄却判決はない。これが，形式的形成訴訟である。

境界確定の訴えは，山林での境界が長年の放置や台風の影響などで不明確になったとき等に，裁判所が境界線を確認または設定するというものである。境界線は理論上どこかに必ずあるはずであるから，証明責任を適用して原告の請求を棄却することは許されず，境界線が証明されないときは裁判所が健全な裁量によってどこかに境界線を引く，という訴訟である。読み方は「きょうかい」でも「けいかい」でもよく，不動産登記法では筆界確定の訴え（不登147条・148条。公簿上の境界線は筆界と呼ばれる）と呼ばれている。境界確定の訴えを通常の所有権（の範囲）確認の訴えだと捉えると証明責任が適用されるから，境界線が人間の目では真偽不明の場合は常に原告が敗訴することになり，それでは境界線の両隣のXが原告となっても，Yが原告となってもともに請求棄却となり，境界線は永久に定まらない。取引もできなくなり，社会・経済活動にも支障をもたらす。そこで，ローマ法以来，ドイツでもフランスでも双方の訴えと呼ばれ，証明責任が適用にならない特殊な訴えであることが肯定されてきたのである。わが国の通説・判例は，さらに徹底して，これを私的所有権の範囲とは無関係の公簿上の境界線を引く訴訟だとする。しかし，私的所有権の範囲の確認だとする有力な異説がある。

通説・判例は，境界確定の訴えは私的所有権とは無関係の公簿上の地番と地番の境界線（筆界）を確定する訴えであり，原告は特定の境界線を主張する必要がなく，仮に特定の境界線を主張したり合意したりしても裁判所を拘束することはなく，裁判所は境界線が証明されたときはそれに依るが，証明されないときは健全な裁量によって，当事者の主張・合意とは自由に境界線を定めるこ

とができる，ということは246条の申立事項の制限も304条の上訴における不利益変更禁止も適用がない，取得時効も私的所有権の問題であるから境界確定の訴えでは審理されない（最判昭和43・2・22民集22巻2号270頁[百選35]），逆に裁判所の判決には世間全体に効力を及ぼす対世効が生ずる，とする（申立事項の制限，不利益変更禁止，等々の正確な内容は，本書101頁・359頁。またもや円環的構造である）。このように土地の私的所有権とは無関係だとするのであるけれども，しかし，境界確定の訴えの提起によって係争地の所有権についての取得時効は中断されるとし，また，隣接する土地の所有権者が当事者適格を持つとして，一定範囲では私的所有権との関係を認めている。もっとも，隣接する土地の所有権から直接に当事者適格を導き出しているのではなく，その者たちが境界線について最も利害関係が深いからという理由に依っている。

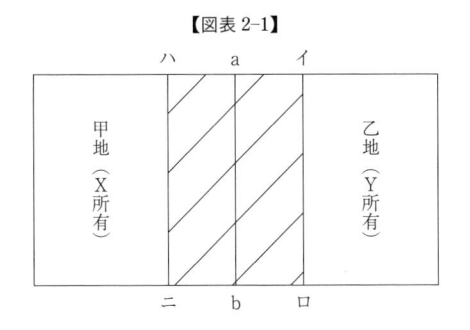

　ところで，時効取得が成立し，境界線を越えて当事者の一方が所有権を持つに至ったときは，境界線の両隣の所有権者という枠組みが成立しないことになる（【図表2-1】参照）。イロニハで囲まれる部分が係争部分であり，裁判所が判断した筆界がab線だとし，原告Xがこれを越えてイロ線まで時効取得しているとすると，筆界abの両隣の所有権者はXとなってしまい，被告Yは当事者適格を持たないということにならないか。パズルのような問題であるが，これは，最も利害関係が深い者たちが当事者適格を持つとする趣旨から，境界線自体の両隣の所有権者でなくとも，隣接地の所有権者であれば当事者適格を充たすとしてよい（最判昭和58・10・18民集37巻8号1121頁）。ただし，隣接地全体が時効取得され，隣接地の所有権者でもなくなると，当事者適格はない。この場合は，二つの土地が原告Xのものなのだから，原告が欲すれば適当に分筆を申請することで足りる。

　私的所有権とは別のものと通説・判例が構成することに，有力説は反対する*4。訴えを提起する原告は，自己の所有権の範囲を確定するという意図で

＊4　新堂209頁，山本和彦「境界確定訴訟」（初出：平成11年）同『民事訴訟法の基本問題』（平成14年）57頁ほか。

境界確定の訴えを提起するのが通常であることを根拠とする。細かくは有力説の中でも理論構成は分かれるが，証明責任が作動しないことに特色を認めるだけで十分であり，その他の点は申立事項の制限も不利益変更禁止等々も適用になるとするのである。取得時効の主張は当然に斟酌され，当事者間の合意も裁判所を拘束することになり訴訟上の和解も成立する，とする。証明責任の適用がないことは，山本和彦説に依れば，248条の損害額の認定の規定の趣旨からも導かれる。すなわち，損害が生じていることが証明されていれば，神様の目から見れば損害額も存在するのであり，それを裁判所が健全な裁量で（または学説によっては証明度を軽減させて）損害額を認定してよいとするのが248条であるが（本書184頁），境界線も神様の目から見れば必ずどこかにあるのであるから請求棄却でなく健全な裁量によって裁判所が境界線を引いてよい，と論ずるのである。そして，通説・判例では，私的所有権とは無関係の境界確定の訴えと私的所有権の範囲確認の訴えとの二つがあることを肯定せざるを得ず，どちらかで負けた方が半ば腹いせに他方の訴えを提起するという弊害が生じ，また，通説・判例では取得時効が考慮されないので，取得時効が問題となるときは実際にも境界確定の訴えと所有権範囲確認の訴えとの二つが提起されることになると批判する。

　どちらの説も説得力があるが，公簿上の土地境界線と私的所有権の境とが常に同一か，別のものか，から考えるのが建設的であろう。境界線は不明なこともあるが，明確であることも少なくない。明確である場合，まさに取得時効の成立がそうなのだが，公簿上の土地境界線と，私的所有権の境とは別のものとなる。境界確定の訴えを私的所有権の範囲確認に一元化し，公簿上の土地境界線と私的所有権の境の区別を認めない有力説は，この点で，やや弱いところがある。また，証明責任が適用されないことの説明，あるいは時効取得では証明責任が作動することの説明（時効取得が主張されれば適当な線を引くのでは静的安全は確保されない）も，248条の類推というのは魅力があるが，他方で，私的所有権ではなく公簿上の土地境界線だからだという説明も分かりやすい。そうだとすると，理論上は，境界確定の訴えと土地所有権確認の二つの訴訟を肯定する弱点はあるものの，通説・判例のように境界確定の訴えは，公簿上の土地境界線を定める形式的形成訴訟だとするのでよいであろう。ただし，通説・判例は公簿上の土地境界線だという建前にこだわり，申立事項の制限や不利益変更禁止が適用とならないとまで踏み込んだが，これは行き過ぎであろう。証明責

任を適用しないということだけでよい。

　そもそも公簿上の土地境界線は，実は私的所有権の範囲を定める容器であり，もともと私的所有権と密接につながっている。そして，境界確定の訴えを，建前上は公簿上の土地境界線だとしても，裁判所も両当事者も背後には私的所有権の問題があることを十分に理解している。そういう二重性格を境界確定の訴えは有している，とする裁判官の論文がある[*5]。そういうものであろう。そういうものとして，形式的形成訴訟である。

　なお，平成17年不登法改正以降は，法務局で筆界を特定してもらえる制度が誕生した（不登123条以下）。行政型のADR（裁判外紛争解決制度）である。もっとも，最終的な紛争解決の力はなく，この筆界特定に満足しない当事者が境界確定の訴えを提起することは妨げられない。筆界特定制度の利用は多く，境界確定の訴えの提起はほぼ半減したようである。

2　訴訟物

(1)　訴訟物は，どのように特定識別されるか

　請求が一つなのか二つなのか，つまり訴訟物の特定識別は何によってなされるのか。これが昭和30年代に大論争を巻き起こした訴訟物論争である。

　当時の通説[*6]は，実体法の法典が1個の権利だと規定していれば訴訟物もそれに応じて1個だと観念した。旧訴訟物論と呼ばれる。それに対して，新訴訟物論と呼ばれる反対説は，実体法上，1個の給付または形成がなされるかで訴訟物が1個かどうかが決まると観念した[*7]。

　たとえば，鉄道事故で乗客が怪我をした場合，民法からは不法行為に基づく損害賠償請求権が発生するし，怪我をさせたのは運送契約違反であるから債務不履行による損害賠償請求権も発生すると考えることができる。請求権が競合する局面である。旧訴訟物論は，実体法上の請求権が二つ観念できる以上は訴訟物は二つだと構成し，不法行為と債務不履行の二つを申し立てると請求の併合（136条）となり，最初は不法行為で行き途中から債務不履行を追加すると

[*5]　畑郁夫「境界確定訴訟」『民事実務論集』（平成21年）236頁。
[*6]　兼子162頁。
[*7]　三ケ月章「新訴訟物理論について」（初出：昭和38年）同『民事訴訟法研究第3巻』（昭和41年）201頁，新堂幸司「訴訟物の再構成」（初出：昭和33年・39年）同『訴訟物と争点効（上）』（昭和63年）1頁。

訴えの変更（143条）となり，訴訟物は二つであるから重複訴訟禁止（142条）に抵触しないし，既判力（114条）が一方から他方に及ぶこともないと考えた。新訴訟物論では，逆に，実体法全体を考えたとき，損害額500万円が取れるだけであり，不法行為で500万円，債務不履行で500万円の合計1000万円が取れる訳ではないから，訴訟物は一つだとする。従って，両者を主張しても請求の併合とならず，一方の主張に他方を追加しても訴えの変更とならず，逆に，同一の訴訟物であるから不法行為で訴え，別の裁判所に債務不履行で訴えると重複訴訟禁止となり，不法行為で判決が出るとその既判力は債務不履行の主張にも及ぶとする。結論が大きく異なるし，訴訟物が決まると多くのことが自動的に定まると当時は考えられたため，大論争となった。

　では，どちらが妥当か（新訴訟物論が訴訟物だとするものを実体法上も請求権だとする新実体法説もあるが，考え方の違いを明らかにするには旧訴訟物論と新訴訟物論を比較するのが生産的である。新実体法説は捨象する）。所有権に基づく建物明渡し請求で訴訟が開始されたとする。被告が賃貸借契約を結び正当な占有権原を有すると考えるときは，被告は賃貸借契約の存在を抗弁として持ち出すであろう。そこで，原告は賃貸借契約は賃料不払いで解除されたと主張立証したが，解除が認められず請求棄却となったとしよう。ところで，旧訴訟物論によれば，所有権に基づく建物明渡し請求と賃貸借終了に基づく建物明渡し請求との二つの訴訟物があるのであるから，所有権に基づく建物明渡し請求で敗訴した原告は，改めて賃貸借終了に基づく建物明渡し請求を提起することができることになる。敗訴したにもかかわらず，二度，訴訟をすることができるのである。しかも，解除すなわち賃貸借終了は一度否定されているにもかかわらず，賃貸借終了に基づいて二度目の訴訟を提起することができるのである。これでは，二重審理となり，裁判所のエネルギーが無駄に使われることになる。この例からは，新訴訟物論の方が妥当だということになろう。新訴訟物論は，紛争解決の一回性ということを強く標榜し，二重審理，裁判所のエネルギーの浪費がなくなることを自説の利点だと強調したのである。もっとも，旧訴訟物論に立つと，原告が賃貸借契約は賃料不払いで解除されたと主張立証したときに，黙示ということになるが賃貸借終了に基づく建物明渡し請求を申し立てた，つまり訴訟物に据えたと構成することができ，この段階で訴訟物は二つ立てられていた，従って，請求棄却判決も二つの請求を棄却したことになり，原告の賃貸借終了に基づく建物明渡し請求の再訴は成り立たないと説明することができる。さらには，

賃貸借契約が解除されたかどうかは前訴で審理されているのであるから，これを後訴で再び持ち出すのは信義則に違反し許されないから，再訴は封ぜられると旧訴訟物論の学説は反論する。実は，多くの場合，特に信義則を多用すれば（ここは問題であり，信義則の濫用は一般論としては慎まなければならない），両説の結論に大きな差を生じさせないようにすることができる。結論が大きく異なると考えたが故に大論争となったのであるが，そうでもなかったのである。

判例・実務は旧訴訟物論に立っているとされる。学説の多くは新訴訟物論であるが，近時は旧訴訟物論を復活させる学説もある[*8]。旧訴訟物論は，基準が明確であるから優れていると語られることが多い。しかし，これは，やや言い過ぎであろう。たとえば，賃貸借終了に基づく建物明渡し請求の場合，期間満了に基づく終了と賃料不払いによる終了，用法違反による終了等々で，旧訴訟物論の基準からは訴訟物は三つになるのであろうか，一つにとどまるのであろうか。実務は一つとするが，しかし，旧訴訟物論の基準そのものからは，どちらとも言えるのであって明確ではない。また，債務不存在確認の訴えは給付の訴えの反対形相であり訴訟物（訴訟上の請求）は同一に考えるべきであるから，旧訴訟物論によると，債務不存在確認の訴えでは，不法行為に基づく損害賠償請求権の不存在確認と債務不履行に基づく損害賠償請求権の不存在確認と二つの訴訟物があることとなるが，実務家も，不法行為に基づいても債務不履行に基づいても債務は不存在という1個の訴訟物で捉えており，給付の訴えと債務不存在確認の訴えとで一貫させていない。逆に，実体法秩序全体が一つの給付を肯定するか，二つの給付を肯定するか，形成訴訟でいえば，一つの形成を肯定するか，二つの形成を肯定するかという新訴訟物論の基準が，それほど不明確だとも言えない。車が盗まれた場合，所有権に基づいて返還請求するのと，占有権に基づいて返還請求するのとでは，車が同一で1個しかない以上，2回返還させるということはあり得ないので新訴訟物論によれば訴訟物は1個であり，同一の夫婦の間で離婚は一度しかできないので民法770条は複数の裁判離婚原因を掲げるが，新訴訟物論によれば訴訟物は1個となる。不明確というのは言い過ぎであろう。どちらか判断に迷う事例は，旧訴訟物論でも新訴訟物論でも存在する（後述の手形上の権利と原因関係上の権利，等）。

しかし，新訴訟物論では，不注意な原告が実体権を失うという帰結となる。

[*8] 伊藤213頁，三木ほか53頁。

たとえば，車を盗まれた原告が，所有権に基づく返還請求しか主張立証せず敗訴したという場合，実は占有権を主張立証していれば勝訴できたということが生じ得る。しかし，新訴訟物論では，訴訟物は所有権，占有権という実体法上の属性を持たない高次の返還請求ということになるから，敗訴すれば所有権に基づく主張も占有権に基づく主張も共に排斥され再訴ができない。結果として，占有権を主張立証していれば勝訴できた原告も，その権利を失うことになる。この結果は好ましいことではないから，裁判所が丁寧に事件を見て主張されていない実体法上の観点があれば釈明してその主張を原告に促さなければならない。ということは，裁判所の釈明の負担が増す。旧訴訟物論を主張する見解は，この負担増を攻撃した。新訴訟物論の陣営からは，その程度の釈明は十分に可能であろうし，原告も慎重であれば主張立証を漏らすことはあまりないはずであると反論することになり，理論的には新訴訟物論の説く通りだとしても，実務は直ちには追随できず旧訴訟物論が維持された。他方，新訴訟物論の側にも，失権する範囲が広くなることを修正する動きがある。前訴で主張することに期待可能性がなかった事項は失権せず後訴で主張できるとする見解（本書262頁）や，法律問題指摘義務（法的観点指摘義務）（本書127頁）に裁判所が違反して指摘しなかった事項は失権せず後訴で主張できるとする見解[*9]等がそれである。

両者，全面的ではないものの多少は，歩み寄るところがある。従って，実務的には旧訴訟物論でも新訴訟物論でも，それほど差のない運用をすることができるのであって，両者はもっぱら理論的にどちらがより妥当かという観点から優劣が決められるべきこととなる。そうだとすると，信義則を多用することのある旧訴訟物論は理論としてはやや分が悪いというべきであろう。

（2） 訴訟物論争は，ほかにどのような局面で争われたか

新訴訟物論の内部も一枚岩ではなく，いくつかの考え方がある。主流は，前述したように実体法秩序全体が一つの給付（形成）を肯定するか，二つの給付（形成）を肯定するかという観点から考え一分肢説と呼ばれるが，申立て（建物を明渡せ等の後述の請求の趣旨と考えてよい）と事実関係の二つから訴訟物は特定識別されるという二分肢説と呼ばれるものもある[*10]。二分肢説は，ドイツでは通説であり，たとえば手形上の1000万円支払い請求と原因関係での売買契

[*9] 山本和彦『民事訴訟審理構造論』（平成7年）17頁以下，特に324頁。

[*10] 松本＝上野〔251〕208頁。

約上の 1000 万円の代金支払い請求とでは，手形行為という事実関係があるかないかで事実関係が異なるから，訴訟物は二つだと論ずる。これに対して，一分肢説は，事実関係というのは法的観点があって初めて区分ができるのであり，単に事実関係といっただけでは限定は不可能だと批判する。要するに，他のなんらかの考慮によって二つの訴訟物とするのを適当だとする場合に，事実関係が異なるという仮象の説明を後から加えるものだと批判する。一分肢説では，手形上の権利 1000 万円と原因関係上の権利 1000 万円とで合わせて 2000 万円取れる訳ではないので，訴訟物は 1 個となる。新訴訟物論の別の立場として，原告が求める利益に直接に着目して，その利益が一つか二つかで訴訟物を考えるというものもある。手形と原因関係とで訴訟物は 1 個だとする[11]。

さて，これらを前提に，訴訟物論争をみてみよう。論争は多岐にわたったが，三つの点に絞ろう。

主流の実体法秩序全体が一つの給付（形成）を肯定するか，二つの給付（形成）を肯定するかという観点から考える新訴訟物論一分肢説は，給付の訴えと形成の訴えでは新訴訟物論を採るものの，確認の訴えでは旧訴訟物論と同じ結論を採ることが論争の対象となった。一分肢説は，確認の訴えの機能は，観念的に権利の有無を明らかにして強制執行を経ずして遵法精神から紛争が解決されることを期待するものであるから，賃借権の確認であるか地上権の確認であるかは，その後の紛争処理に大きな差をもたらすので訴訟物として別となると論じた。給付訴訟や形成訴訟では，実体権の属性を帯びないものが訴訟物だと論ずるのに，確認訴訟では実体権の属性を帯びたものが訴訟物となると論ずるのである。旧訴訟物論の陣営からは一貫しないと批判された。しかし，これは確認の訴えの機能を重視する一分肢説の説くところに理があるであろう。もっとも，新訴訟物論の内部でも，利益に着目する見解は，確認訴訟でも，賃借権とか地上権とかの上位の「借りていられる権利」が訴訟物だと論じていた。この説は，確認の訴えの機能を重視しない見解であり，支持は多くない。

次に，新訴訟物論が鋭く批判されたものに法的評価の再施がある。たとえば，不法行為に基づく債権は相殺が許されないが（民 509 条），債務不履行に基づく債権であれば相殺が許されるという差異がある。そこで，新訴訟物論に従って，訴訟物は実体法上の属性を捨象して実体法秩序全体が一つの給付を肯定するか，

---

[11] 小山昇「訴訟物論へのきっかけ」（初出：昭和 31 年）同『訴訟物の研究（小山昇著作集第 1 巻）』（平成 6 年）2 頁。

二つの給付を肯定するかで考えると，勝訴判決を得た原告に対して被告が相殺できるかが不明となってしまう，と批判された。不法行為とか債務不履行とかは訴訟物となっておらず，既判力が生じていないからである。旧訴訟物論であれば，不法行為に基づくか，債務不履行に基づくかがはっきりしており，相殺ができるかどうかもはっきりしているのに，新訴訟物論では不明だというのである。新訴訟物論は，これに対して，まず請求権の競合の生ずる領域では不法行為とも債務不履行とも二重に評価される中間的な権利が問題となっているのであって，旧訴訟物論のように截然と区別する方が実態に即さないと反論する。そして，原告の当面の関心は損害賠償を取ることができるかどうかにあり，実体権の属性には関心がないのであるから，第一ラウンドの給付訴訟では，実体法上の属性を捨象して判断してよい。しかし，たとえば，判決理由では債務不履行が認められるとされていれば，少なくとも債務不履行の観点から損害賠償請求が肯定されるということははっきりする。争点効（本書271頁）を肯定すると，債務不履行の要件が充たされていることに争点効の拘束力が働く。けれども，それが同時に不法行為の観点からも肯定されるかは審理されておらず，それ故，その点はオープンであって，たとえば請求異議の訴え等の後訴で不法行為という法的評価が可能かどうかが再審理されればよい（これを，法的評価の再施という），不法行為という法的評価も可能だということになれば，相殺は許されないということになる，と反論した。これは，新訴訟物論が標榜した紛争解決の一回性の理念には表面的には反するので厳しく批判されたのであるが，法的評価の再施は訴訟が2回されるという実質を持たない。損害賠償が認められることは動かないのであるから，審理は1.2回なされるという程度にとどまる。法的評価の再施を否定する必要はないであろう*12。かえって，旧訴訟物論であると，債務不履行か不法行為かが最初の訴えで確定してしまい，債務不履行で認容された権利も，神様の目から見れば不法行為とも評価されるという場合に，その再評価の場面がなく截然と区別されて相殺が可能となり事案の実態に合わないことになる。旧訴訟物論の側からは，債務不履行を訴訟物に据えた原告は相殺を覚悟し，不法行為を訴訟物に据えた原告は相殺を拒否しているのであり，原告が選んだのであるから正当化されるという反論が考えられるが，次の選択的併合を介在させる旧訴訟物論では原告が訴訟物に据えたとい

---

*12 三ケ月章「法条競合論の訴訟法的評価」（初出：昭和33年）同『民事訴訟法研究第1巻』（昭和37年）129頁，新堂323頁。

うとところが崩れており正当化は成り立ちにくい。

　最後に、旧訴訟物論の有力な見解も、たとえば交通事故において不法行為で負けた原告が債務不履行で再訴できることの不当性を認識し、これを選択的併合という構成で処理することを提唱した。意識していなくとも、交通事故で損害賠償を請求する原告は、不法行為に基づく損害賠償請求と債務不履行に基づく損害賠償請求を選択的に併合している、つまり、どちらの訴訟物で勝ってもよく、どちらかで勝てば他方の訴訟物は撤回すると申し立てていると構成するのである。これで行くと、どちらかで勝てば、それで勝訴判決を出すことができる。勝訴判決が二つ出ることはない。しかし、敗訴させる場合には、どちらの訴訟物でも勝てないことを判定しなければならないので、両方が審理される、ということになる。しかも、この説では、訴訟物は原告が名付けてきた不法行為とか債務不履行とかで決まるのではなく、裁判所が正しく法的に評価したところで決まる、とする。すなわち、原告が不法行為に基づく損害賠償請求だと名付けてきても、裁判所が正しく見て、不法行為と債務不履行の選択的併合だと決定することができるというのである[*13]。この選択的併合によって、旧訴訟物論の弱点はほとんど解消される。しかし、この選択的併合という論理は、よく考えると訴訟法的には奇妙なものである。まず、どちらの請求権で勝ってもよいという考え方は、実体法上の属性を重視しないということであり、旧訴訟物論の基礎となる発想ではなく、実は新訴訟物論の発想となっている。実質は、新訴訟物論に限りなく近いのである。次に、どちらかが認められれば勝訴判決を出してよいというのは訴訟物という訴訟の基礎の考え方になじまない。訴訟物は固定していてこそ価値があるのに、それを固定しないからである。そして、ここから、この選択的併合という論理は、訴訟物のレベルの論理ではなく、その下位の主張等の攻撃防御方法のレベルの論理であることに気が付く。訴訟物のレベルと攻撃防御方法のレベルの混同があるのである。さらに、当事者が名付けた請求権にこだわらず、裁判所が正しく判定した請求権が訴訟物となるというのは[*14]、訴訟物は原告が決めるという処分権主義に反する発想であろう。以上のように、選択的併合という論理は新訴訟物論の陣営から厳しく批判されたのであり[*15]、これは、批判説の説く通りであろう。

　　[*13]　兼子166頁。
　　[*14]　兼子166頁、伊藤211頁。
　　[*15]　新堂322頁。

(3) 訴訟物論は，どう考えるべきか

　訴訟物が決まると，それによって，請求の併合，訴えの変更，重複訴訟，既判力等が自動的に決まる．訴訟物は，そのような民事訴訟の骨格をなす基本的な概念だと考えられていた．そうであるからこそ，論争が盛り上がったのである．しかし，論争が深化するにつれて，訴えの変更では訴訟物よりも請求の基礎（143条）という概念の方が重要であり，重複訴訟禁止では主要な争点共通による別訴禁止・併合強制が論ぜられて訴訟物から離れて行き（本書47頁），既判力でも判例は信義則を使って遮断の範囲の拡張を図ったというように訴訟物が訴訟の骨格をなす基本的な概念であることが揺らいで行った．訴訟物論争は，前述のところだけではなく，実体法と訴訟法の関係，既判力の人的範囲，等々，多くの領域で実りある研究成果を残したものの，訴訟物論そのものはかつて考えられたほどの重要な地位を失ったのである．

　そこで，前述のように学説の一部は，判例・実務と同じ旧訴訟物論に復帰し，不都合な点は信義則などを使って補正する立場に立っている．それも実践的に有用な解釈論であろうけれども，理論としては，新訴訟物論の方がすっきりしており，発展性もあるのではなかろうか．

3　訴えの提起

(1) 訴え提起は，どのように行なうか

　訴えの提起は，訴状を裁判所に提出することによって行なう（133条1項）．訴状には，当事者および法定代理人と，請求の趣旨および請求の原因を必ず記載しなければならない（133条2項）．しかし，この133条2項は，少し不親切な規定である．当事者のいない訴訟はないが，当事者に訴訟能力があれば法定代理人はいない．従って，133条2項1号は，当事者は必ず記載せよ，法定代理人は，それがいるならば必ず記載せよ，という意味になる．いるならば記載せよを省略形で規定しているのである．133条2項2号も同様である．2号は，訴訟物を特定して記載せよという意味であるが，給付の訴えでは「被告は原告に金1000万円を支払え，との判決を求める」というのが請求の趣旨の慣用的表現である．しかし，1000万円の支払い請求は，売買代金であるのかもしれず，賃料かもしれず，損害賠償の額かもしれない．訴訟物はまだ特定されていないので，請求の原因で特定するのである．請求の原因とは，従って，訴訟物

を特定するための事実ということになる。けれども，確認の訴えでは，請求の趣旨で「別紙物件目録記載の土地が原告の所有に属することを確認する，との判決を求める」と慣用的に書かれるが，これで特定の土地の所有権ということが明らかとなり，訴訟物の特定は十分になされている。つまり，確認の訴えでは，請求の原因で訴訟物をさらに特定する必要がないことが多い。そうだとすると，確認の訴えでは，133条2項2号は請求の原因を記載せよと規定しているが，記載しなくともよいということとなる。この場合も，133条2項2号は，請求の趣旨は必ず記載せよ，請求の原因は必要があれば必ず記載せよという意味となり，親切でない条文表現である。なお，訴状には，訴訟代理人がいれば訴訟代理人の氏名・住所を記載し，作成者が記名押印をする（規2条）。

規53条で，訴状には，さらに請求を理由付ける事実，関連する重要な間接事実および証拠，その上に，原告の郵便番号・電話番号を記載せよ，とされている。しかし，民訴規則の規定は，一般的に，効力に関係しない訓示規定である。これらを書くことは期待されてはいるが，書かなくても法的には訴状の効力に関係なく訴状は受理される。実際には，受付け担当書記官から書くように厳しく指導されるであろうが，書かなくとも法的には訴状却下という効果が発生することはない。また，訴状において，原告は送達場所の届出をするのが通例である（104条）。訴訟代理人たる弁護士事務所が送達場所となるのが普通である。

ところで，紛らわしいことであるけれども，請求の原因あるいは請求原因，請求原因事実という用語は，民訴法学上，三つの異なる意味で使われる。第1は，133条の請求の原因であり，訴訟物を特定する事実をいう。規53条1項の括弧書で，それが明示されている。第2に，規53条1項の請求を理由付ける事実（かつての表現では，請求を理由あらしめる事実と呼ばれた）を，実務では請求原因とか請求原因事実とか呼ぶ慣行がある。これは実体法上の権利根拠事実をいい，訴訟物を特定する事実よりも広い。所有権確認訴訟では，訴訟物を特定するための請求原因事実は訴状に書かなくてもよいが，買ったとか相続したとかの実体法上の権利根拠事実を訴訟で主張しなければ勝訴することができない。準備書面には，この第2の意味の請求原因事実が記載されるのが普通である。第3は，中間判決の245条にあり，たとえば不法行為が成立することを請求の原因と呼んで中間判決ができるとし，その後の審理は損害賠償の金額をめぐってすることとなるが，この関係で請求の原因という用語がある。理論

上は混同してはならないけれども，実務上は第2の意味で使われることが多い。学生諸君が，混乱するところの一つである。もっとも，すぐに慣れるであろう。

　ともあれ，訴状の効力に関係するのは，民訴法で要求されている当事者（および法定代理人），請求の趣旨（および請求の原因）を記載しなかった場合である。裁判長の審査によって，補正が命ぜられ（137条1項前段），補正がないと訴状が却下される（同条2項）。申立ての手数料を納付しない場合，実務上は訴状に収入印紙を貼って納付するのが普通であるから，定められた額の収入印紙を訴状に貼付しない場合にも（137条1項後段），裁判長の命令で訴状却下となる（同条2項）。この訴状却下は，母法のドイツ法に対応する規定がなく，江戸時代の幕府奉行所の手続に由来するという*16。西洋法の継受ではなく，日本固有法に由来する規定が民訴法の中にあるということは興味深いことである。

　では，訴状が133条の要件を充たしていないにもかかわらず，裁判長がそれを見逃した場合，どうなるか。訴えは，事件を担当する受訴裁判所（合議体であれば裁判官3人で構成される）の下に回される。受訴裁判所が，訴状の不備を発見した場合には，遡って裁判長に差し戻して訴状却下命令を出させるのではない。すでに手続は裁判長の手を離れ，訴状は被告に送達されてしまっているのであるから裁判長による訴状却下という訳にはいかない。この場合は，受訴裁判所が訴えを不適法だとして訴え却下判決を下す。訴状却下は被告に送達する前に行なわれるが，訴状を被告に送達してしまった後は判決で不適法却下とし訴え却下判決正本を原告・被告に送達するのである。手続は流れであって，前に戻すことを嫌うのであり，手続安定の要請のコロラリーである。もっとも，地方裁判所は単独裁判官が処理するのが原則であるから，裁判長が処理するのも受訴裁判所が処理するのも現象的には同一の裁判官が処理するのであるけれども，訴訟法的には裁判長と受訴裁判所という違う資格で処理するのであり，被告への送達があるか否かの違いもある。

　その他の理由で訴えが不適法であり不備を補正できないときは，口頭弁論を開かずに訴え却下判決を下すことができる（140条）。口頭弁論期日の呼出し費用の予納がないときは，被告に異議がなければ，決定で訴えを却下することができる（141条）。決定であるから，口頭弁論を開かなくてよい（判決と決定の違

＊16　鈴木正裕「目安糺と訴状却下」（初出：平成12年）同『近代民事訴訟法史・日本』（平成16年）2頁。

いは，本書131頁・245頁）。

　訴状にも訴え提起にも問題がなければ，裁判長が第1回口頭弁論期日を定める（139条・93条）。訴え提起から30日以内に第1回口頭弁論期日を定めるというのが規60条2項であるが，規則であり効力に関係しない訓示規定である。つまり，30日より後に指定しても有効である。そして，第1回口頭弁論期日の呼出状と訴状の副本を被告に送達する（138条・94条）。この被告への訴状の送達によって，裁判所が原告被告間の訴えについて審理判断する義務を負う状態，つまり訴訟係属が発生すると一般には解されている*17。

　ところで，訴えを提起して敗訴しても，訴え提起が違法だったとか不当だったとか評価されることはない。紛争の解決を求めて裁判所の判断を求めることは，憲法上の権利でもある（憲32条）。しかし，原告の主張した権利・法律関係が事実の面でまたは法律の面で根拠を欠くものであり，原告が，そのことを知りながら，または，通常人であれば容易に知り得たのに敢えて訴えを提起したなど，訴え提起が裁判制度の趣旨目的に照らして著しく相当性を欠くときは，違法な行為となり損害賠償の義務を負う，というのが判例である（最判昭和63・1・26民集42巻1号1頁[百選36]）。訴え提起が，訴権の濫用と表現されることもある（最判昭和53・7・10民集32巻5号888頁[百選31]）。しかし，訴権というのは19世紀のドイツ民訴法体系の中心概念であり，こういう場面に用いるのには違和感もある。また，訴権はアクチオの意味でも使われ，多義的でもある。訴権という言葉を使うのは慎重である方が望ましい。

4　訴え提起の効果――重複訴訟禁止

(1)　訴え提起によって，どういう効果が生ずるか

　訴え提起によって，時効期間が中断し，出訴期間が遵守されたことになる（147条）。権利が訴訟物になっていて必ず判断されるから中断すると説明するのが判例の主流であるが（権利確定説），しかし，境界確定の訴え提起によって所有権の取得時効が中断されるとしたり（最判昭和38・1・18民集17巻1号1頁），抹消登記手続請求に対して，被告が所有権を主張した事案で，原告の所有権の取得時効が中断するとしたりする判例もあり（最大判昭和43・11・13民

---

*17　訴訟係属が問題となる事項ごとに，訴状の提出によって，または被告への送達によって訴訟係属が生ずると解する説もある。新堂221頁。

集22巻12号2510頁)，これらの場合は，訴訟物になっているからと説明することはできない。権利行使説に立つ判例もあるということである。判例は，事案に応じて，判決理由を変えるということの例証であり，判決理由を機械的に暗記することの無意味さを示している。判例は，内在的に理解しなければならない。

　しかし，訴え提起による最も大きな効果は，重複訴訟の禁止である（142条）。同じ訴訟を二つの裁判所で審理することは無駄であり，被告も迷惑し，裁判所のエネルギーも無駄に浪費されるということである。より正確に言えば，重複訴訟は，被告の二重応訴の負担の回避，裁判所の二重審理の無駄の回避，別々の裁判所が判決をした場合に判決の既判力が矛盾することの不都合の防止を目的とする。判決の既判力の矛盾は，338条1項10号で再審によって解消されるが，再審を提起させるのは当事者に提訴の負担を課し裁判所にも審理の負担を課すことになるから，既判力の矛盾する判決が生じないように，そもそも重複する訴訟を禁止するのである。なお，重複訴訟禁止は，二重起訴禁止と表現されることもあり，どちらでもよい。伝統的には，二重起訴禁止と呼ばれていた。

　ところで，矛盾した裁判の防止という点では同じであるためか，重複訴訟禁止と既判力を混同する学生が多い。たとえば，重複訴訟だから既判力で封ぜられると書く答案を見ることがある。確かに趣旨に共通するところはあるが，重複訴訟禁止は訴訟が併行して係属する場合の措置であり，既判力は訴訟が終わり判決が確定した後の措置である。場面が全く異なるのであるから，重複訴訟だから既判力で封ぜられるという事態は発生しない。日常用語はともあれ民訴で重複訴訟というときは，訴訟係属が併行していることを前提しているのである。同一の訴訟が併行せず前後で二つあるときは，重複訴訟とは呼ばない。法律学では概念・定義は正確に頭に入れなければならない。不正確あいまいに頭に入れた学生がその後伸びて行かないのは教師がいくどとなく見てきた光景である。

　なお，訴訟係属が併行している段階にあり重複訴訟禁止が働くものの，後訴が却下されないうちに，どちらかの訴訟で判決が出て確定すると，先に確定した判決の既判力が係属中の手続に及ぶ，という関係となる。既判力は先に確定した判決に生ずるのであるから，後から提訴された方が先に確定すると，後訴の方の既判力が優先するという逆転現象が生ずる。

(2) 重複訴訟禁止には，二種類ある

142条は，裁判所に係属する事件については，当事者はさらに訴えを提起することができない，と規定する。訴えを提起することができないという文言を，伝統的には，後から提起された訴えが不適法却下になると解してきた。確かに，却下となる場合もある。しかし，主要な争点が共通の事件では別訴禁止・併合強制が働き，後訴の却下ではなく移送・併合がなされるというのが合理的な規律である。後者は，まだ通説ではないが，そのように解すべきであり，そうだとすると，重複訴訟禁止には後訴却下という類型と別訴禁止・併合強制という類型の二種類があることになる[*18]。前者を狭義の重複訴訟禁止（または制限説），後者を広義の重複訴訟禁止（または拡大説）と呼ぶ学説もある。

要件は，ともに条文上は同一の事件となるが，後訴却下の類型では当事者の同一と訴訟物（訴訟上の請求）の同一が要件となる。当事者の同一は，原告・被告が同一であれば足り，前訴の原告が後訴の被告であっても差し支えない。しかし，同じ土地の所有権確認でも，XのY_1に対する訴訟とXのY_2に対する訴訟は，被告がY_1とY_2であって同一でないので重複訴訟とはならない。Y_2がX・Y_1の訴訟に独立当事者参加するとか（47条），裁判所が裁量で両訴訟を併合するとかは（152条），可能であり適切であることも多いであろうが，これらは重複訴訟禁止の問題ではない。他方，二重応訴・二重審理の回避，矛盾した裁判の防止という趣旨から，既判力が及ぶ者（115条）も当事者と同視してよい。

訴訟物（訴訟上の請求）が同一でなければ，同一の事件とはいえない。XがYを相手に金1000万円支払えという訴訟を東京地裁民事第25部に提起した後，再びXがYを相手に金1000万円支払えという訴訟を横浜地裁第2民事部に起こすというのが典型的な例となる。東京地裁と横浜地裁の例を出したが，これは分かりやすくするためであり，理論上は，同じ東京地裁の同一裁判官の下に後訴を提起した場合でも，やはり重複訴訟であり後訴却下となる。裁判官が同じであっても，同一事件を二重に審理し二重の判決を書く必要はないからである。では，ある土地の所有権確認をXがYを相手に起こしたところ，同じ土地の所有権確認をYがXを相手に提起したときは，どうなるか。訴訟上の請求でいうと，前者はXの所有権確認請求であり，後者はYの所有権確認請求

[*18] 新堂224頁。

であって，両者は同一の訴訟上の請求とはいえない。訴訟上の請求は主体を加味するからである（本書27頁）。しかし，裁判所のエネルギーの浪費となるから，この二つの訴訟を別々の裁判官の下で審理させる必要はない。そこで，二重審理の回避・裁判矛盾の防止という重複訴訟禁止の趣旨から，この二つの訴訟は厳密には同一の（狭義の）訴訟上の請求ではないが，目的的に解釈してやはり重複訴訟禁止に触れるとすべきである。既判力が及んで行く訴訟は，同一の事件となると考えてもよい。しかし，訴訟上の請求が厳密には同一でなく，XもYも本案判決を得る利益を持つのであるから，訴え却下としない扱いが望ましい。かくして，二重審理の回避・裁判矛盾の防止から目的的に解釈して，後から提起されるYの所有権確認訴訟は，同一手続内で審理される反訴としては適法であり却下しないが，別の裁判官の下で審理される別訴としては不適法であり却下されると解すべきこととなる。

　では，XがYを相手に金1000万円の債務の不存在確認を求める訴えを提起した後，YがXを相手に金1000万円を支払えという給付の訴えを提起することはどうか。この二つは，前者は確認の訴えであり，後者は給付の訴えであって，確認・給付という権利保護形式も異なるから，広義の訴訟上の請求が異なることになる。しかし，同じ債権債務であって厳密に定義した訴訟物は同じであるから（本書27頁），二重審理の回避・裁判矛盾の防止という趣旨は働いて行く。そうだとすると，同じく反訴としては適法とするが，別訴としては不適法却下すると目的的に解することになる。ここでも，既判力が及んで行く訴訟は同一の事件となると説明することができる。しかし，この場合は，さらに先がある。債務不存在確認と給付の訴えは同じ訴訟物を対象とする反対形相の訴えであり，給付の訴えには請求権についての既判力と勝訴であれば請求権につき執行力が生ずるので，債務不存在確認の判決で勝っても負けても生ずる既判力はそこに吸収される関係にある。つまり，給付の訴えの方が，執行力がある分だけ大きく，債務不存在確認の訴えを包含する関係にある。そうだとすると，給付の訴えが提起された後には，債務不存在確認の訴えは本案判決をする必要がなく，つまりは確認の利益がないことになる（確認の利益は，本書78頁）。要するに，金1000万円の債務の不存在確認を求める訴えが提起された後は，重複訴訟禁止から，金1000万円を支払えという給付の訴えは反訴としてのみ許され，しかも，この反訴が提起されると先に提起されていた債務不存在確認の訴えは確認の利益喪失を理由に不適法却下となる（最判平成16・3・25民集58

巻3号753頁[百選29])。給付の訴えだけが残る。ただし，略式訴訟である手形訴訟は，迅速に手形判決を出す必要から反訴禁止・証拠調べの制限などの通常訴訟とは異なる規律があり（350条以下），略式訴訟の手形訴訟と債務不存在確認の通常訴訟とは別訴として併存してよいと解さなければならない（大阪高判昭和62・7・16判時1258号130頁[百選37]）。

　以上の帰結は合理的であるが，金1000万円の債務の不存在確認を求めるXの訴えが先に提起された後，Yによって給付の訴えが反訴ではなく別訴として提起された場合には，別訴が不適法却下となり，その後で，改めてYが給付の反訴を提起することとなる。しかし，これは多少迂遠であり，別訴が提起された段階で，債務不存在確認の訴えの方にその別訴を移送・併合できれば便利であろう。これを可能にする解釈論が，主要な争点を共通にする場合は，別訴禁止・併合強制となるという重複訴訟禁止の第二類型の肯定である[19]。他の例としては，ある売買契約の代金支払い請求をXがYを相手に提起した後，YがXを相手に目的物の引渡し請求をするという場合，売買契約の存在・代金額が両訴訟の主要な争点をなすときは，これを別訴でさせるのは二重審理の回避・裁判矛盾の防止の趣旨に反する。そこで，これらの主要な争点を共通にする場合は，別訴禁止・併合強制が働き，別訴として提起された場合には裁判所が移送をし，移送された先の裁判所が併合決定をしなければならない，となる。当事者の同一性の要件は，却下となる類型と同じに考える。ところで，この場合，後訴の別訴について前訴の裁判所が管轄を持っているとは限らないが，別訴禁止・併合強制の目的が優先され移送先の裁判所の管轄の問題は考えなくてよい，あるいは，移送先の前訴裁判所も反訴の管轄はあるのだから，移送先の裁判所も管轄は拡張的に当然に持つ，と説明することになる。

(3) 相殺の抗弁は，重複訴訟禁止とどうかかわるか

　ある裁判所にXがYを相手に金1000万円支払えとの給付の訴えを提起したとする。その後，YがXを相手に，別の債権で金1200万円支払えという別訴を提起したところ，Xは先に提起した1000万円の債権で相殺の予備的抗弁を別訴で提出したとする。この場合，1000万円の債権は，前訴の訴訟物であって既判力が生じ（114条1項），後訴でも相殺の反対債権であるから既判力が生

---

[19] 新堂225頁。

ずることとなり（114条2項），二重審理の回避・裁判矛盾の防止の趣旨が妥当するのではないか，という問題が発生する。確かに，前訴では1000万円の債権なしとされ，後訴（別訴）では債権ありで相殺有効とされたのでは，その債権は二重に審理され裁判所の判断が矛盾したことになる。そこで，すでに訴訟を提起されている債権を，別訴（後訴）の相殺の抗弁の反対債権として使うことは重複訴訟禁止に反し許されないと考えることができ，判例はこの立場である（最判平成3・12・17民集45巻9号1435頁[百選38①]。傍論で併合審理されている場合にも，重複訴訟禁止に当たると言い，これとの整合性を充たすために，最判平成18・4・14民集60巻4号1497頁[百選A11]は，本訴と反訴が係属中に反訴の訴訟物を本訴での相殺の反対債権とすることは，「反訴原告において異なる意思表示をしない限り，反訴は，反訴請求債権につき本訴において相殺の自働債権として既判力ある判断が示された場合にはその部分については反訴請求としない趣旨の予備的反訴に変更される」として併合審理の問題を回避した。予備的反訴に変更されるというのは，相当に強引である）。しかし，この考え方はXの相殺への期待を裏切り，相殺の担保的効力への配慮にも欠ける。Xとしては，1000万円の債権はいざというときにはYの1200万円の債権と相殺できて，簡易に回収できるし，Yの資力悪化への備えともなる，とかねてから考えていたとする。しかし，なんらかの事情があり先に訴えを提起することになったところ，後からYが別訴を提起してきた。そこで，かねてから考えていた相殺を主張しようとしたとき，重複訴訟禁止だとされる，というのが判例の意味するところである。二重審理の回避・裁判矛盾の防止からは，Xが先の訴訟を取り下げて訴訟がなかったこととした上で（261条・262条），別訴の相殺に供することで十分だと考えることができる。しかし，前訴を取り下げるには被告Yの同意が必要であるが，敢えて別訴を提起してくるという訴訟戦術にたけたYが簡単に同意するとは考えにくい。同意するようなYであれば，そもそも，別訴を提起せず，反訴を提起していたはずである。相殺への期待の保護，相殺の担保的効力への配慮から，判例とは逆に，訴え先行型では重複訴訟禁止に触れないと解すべきである。判例も，別の判決では，相殺への期待の保護，相殺の担保的効力への配慮に言及しているのであるから（最判平成10・6・30民集52巻4号1225頁[百選38②]），早晩，判例を変更すべきであったところ，最判令和2・9・11民集74巻6号1693頁は相殺可と判示した。二重審理の危険・裁判矛盾の危険についていえば，確かにその危険はあるが，審理が遅れていると判断する裁判所の方が事件を事実上

停止しておくなどの実務的処理をすることによって対応することができる。ちなみに，民訴法をよりよく理解するには，ある問題について原告の立場，被告の立場，裁判所の立場を検討することが有用である。それぞれの立場からの利害得失を踏まえた上で，どれを優先するか，すべきかを考えるのである。ここでは，裁判所の立場よりも当事者Ｘの相殺への期待を重視した解釈論を採るべきだということになる。

　では，逆に，ある事件で相殺の予備的抗弁に供した債権を，別訴の訴訟物として提起することはどうか。抗弁先行型と呼ばれるが，最上級審の判例はない。しかし，この類型では，別訴を提起する前訴被告への配慮は必要ではない。先行訴訟の相殺の抗弁を撤回するのに相手方の同意は不要であるから，撤回をしてから別訴を提起すれば足りるからである。重複訴訟として禁止されると解してよい。むろん，相殺の予備的抗弁としても使いたいし，別訴で早期に判決も得ておきたいというのが，前訴被告Ｙから見てベストの対応であろうが，それを法的に保障するまでの必要はない。また，訴え先行型では先行する訴えで必ず当該債権についての既判力が発生するが，抗弁先行型では予備的抗弁であるから当該債権について先行訴訟で既判力が生ずるかは未定であるので，裁判矛盾の防止の必要性が乏しく重複訴訟として禁止するまでもないとする見解もある。しかし，未定の状態に過度に依拠するのは訴訟法の説明としては賢明でないであろう。この局面では，当事者Ｙの立場よりも二重審理・裁判矛盾の危険という裁判所の立場を重視した解釈論を採るべきだということになる[*20]。

　最後に，Ｘが二つの債権で給付訴訟を二つ提起してきたとき，同一の反対債権を両方の訴えへの相殺の予備的抗弁に供することができるか。これも，反対債権について二重審理の危険があり裁判矛盾の危険が生ずる。しかし，被告Ｙが原告Ｘの二つの債権に対して相殺への期待を持っていることがあり得る。そうだとすると，相殺の担保的効力への配慮から，この相殺の抗弁は有効だとすべきであろう。ここは，一方の訴訟での相殺の抗弁を撤回して，他方の訴えへの相殺の抗弁に供するということでは意味をなさないシチュエーションである。つまり，同時に両方の訴訟で予備的抗弁とする必要がある。重複訴訟禁止から，相殺の抗弁は，どちらかの訴訟だけにせよとするのは妥当ではない。この局面では，裁判所の立場よりも相殺への期待という当事者Ｙの立場を重視

[*20] 中野貞一郎＝酒井一・判批・民商107巻2号（平成4年）241頁。

した解釈論を採るべきだということになる。先に確定した判決の既判力による処理，手続の事実上の停止などの実務的処理での対応が可能なことも，この解釈を支えるであろう。

以上の相殺の抗弁と重複訴訟についての私見は，通説ではない。色々な学説がある*21。

5　裁判所の管轄

(1)　管轄の分類は，多様である

訴えは，管轄のある裁判所に提起されなければならない。管轄とは，官署としての裁判所（または国法上の意味の裁判所とも言う）が権限を行使できる範囲を言う。官署としての裁判所とは，東京地方裁判所，大阪高等裁判所のようなものを言う。訴訟法上の裁判所は，民事第10部イ掛の如く，裁判をする主体としての裁判所である。前述のように（本書44頁），受訴裁判所とも言う。

管轄は，多様に分類される。まず，裁判権の種々の作用をどの種類の裁判所の職分つまり職務権限として分担させるかという職分管轄がある。たとえば，審級管轄がその例であり，督促手続は簡裁の権限であるのもその例である。

第一審訴訟事件について，簡易裁判所と地方裁判所との間の分担の定めを事物管轄と呼ぶ。裁判所法33条で訴額140万円が境である（裁判所法制定時は5000円であり，昭和25年に3万円，昭和29年に10万円等々と増大した）。しかし，後述の任意管轄であり，140万円を超えない事件を地方裁判所が扱っても違法ではない。

所在地を異にする同種の裁判所間での分担の定めを土地管轄という。重要なので項を改めて説明する。

その他にも，法定管轄，指定管轄（10条）の別がある。遵守の要求度の差異から，専属管轄・任意管轄の別がある。専属管轄（13条）は，公益上の理由からその裁判所だけにしか管轄を認めないというものであり，違反は権利上告事由であり（312条2項3号），合意管轄，応訴管轄が発生せず，他の裁判所への移送もできないというのが本来の姿である（16条2項・299条2項・312条2項3号。特許関係事件等では，例外が認められている。20条の2・312条2項3号括弧書）。

---

*21　中野貞一郎「相殺の抗弁（下）」判タ893号（平成8年）4頁，松本博之「相殺の抗弁と重複起訴」（初出：平成17年）同『訴訟における相殺』（平成20年）107頁。

要するに，当事者の意思で左右されないのが専属管轄であり，左右されてよいのが任意管轄である。

（2） 土地管轄の基本原則は，どのようなものか

土地管轄には，普通裁判籍と特別裁判籍の区別がある。事件の種類を問わずに管轄が認められるのが，普通裁判籍であり，被告の生活の根拠地の裁判所に常に管轄が生じ得る（4条）。原告は訴え提起の時を選択できるので，それができない被告には本拠地での応訴を認めて公平を図るという趣旨である。時と場によるバランス調整である。

種類や内容において限定された事件について認められる裁判籍が，特別裁判籍である（5条）。財産権上の訴えは，義務履行地の土地の裁判所に管轄があり，不動産に関する訴えでは不動産の所在地に管轄があり，不法行為では不法行為があった地に管轄がある。不法行為の行為が行なわれた地でも，結果が発生した地でもよい。団体では，事務所・営業所のある地に，その事務所・営業所における業務に関する訴えの管轄がある，等々である。

普通裁判籍もあり特別裁判籍もあるので，土地管轄は，通常，複数の裁判所に生ずる。交通事故でいえば，被告の住所地の裁判所に普通裁判籍として管轄があり，事故の起きた地の裁判所に不法行為の特別裁判籍がある，という具合である。義務履行地にも管轄があるが，持参債務が原則のわが国では（民484条）原告の住所地に管轄が生じ普通裁判籍の趣旨から不合理であり，特約のある場合にのみ認めればよいとする少数有力説がある[*22]。特許事件等では，東京および大阪への土地管轄の集中がある（6条）。専門部での審理により，適性・迅速を図るというものである。

関連裁判籍として，併合された請求では，一つの請求に管轄がある裁判所がすべての請求につき管轄を持つ（7条）。客体的併合では，被告はどうせ，ある裁判所で応訴するのであるから，他の事件をそこで審理されても痛痒は感じないであろうということである。不都合があれば，弁論の分離をして（152条），後述の移送をすればよい。併合請求の裁判籍は，共同訴訟では，38条前段のものに限られる（7条但書）。38条後段の事件では被告は関係の薄い裁判所での応訴を強いられかねないからである。

[*22] 兼子82頁。

(3) 合意管轄の規律は，どのようなものか

　専属管轄以外の管轄は，当事者間の公平や訴訟追行の便宜を考慮したものであるから，当事者が特定の裁判所で訴訟をしたいと合意するのであれば，それを認めてよい（11条）。一般論としては，それなりの合理性がある。

　しかし，管轄の合意は，しばしば附合契約（約款）の一条項としてなされ当事者の一方はそれを認識していない，という大きな問題がある。読んでもいない約款に小さな文字で東京地裁の管轄とするという条項があるとき，それに当事者が拘束されるとしてよいか。国によっては，合意管轄は商人と商人との間でのみ認めるとすることも珍しくない。平成8年新法でも，それが検討されたが，商人の実態・限界があいまいだとしてわが国では立法は見送られた。そうだとすると，合意管轄は原則として，付加的合意管轄の定めと見るべきだというのが多数説である。専属的合意管轄だと他の裁判所が排除されるが，付加的合意だと排除されないからである。しかし，平成8年新法は同時に，専属的合意管轄があるときでも裁量移送を可能としたので（20条1項括弧書），専属的合意管轄だと解しても対応策が用意されており，無理に付加的合意と解する必要はない。

　管轄合意は，訴え提起前に書面（電磁的記録を含む）によってなされていなければならない（11条2項・3項）。合意があって管轄裁判所が決まるのであるから，それは訴え提起前でなければならないからである。しかし，訴え提起後に両当事者が特定の裁判所で訴訟をしたいと合意することを認めてもよいであろう。両当事者の訴訟代理人が，いずれも東京の弁護士であるときは，東京で訴訟をするように合意することは合理的である。ただし，裁判官を見てから合意することは，隠れた忌避となり好ましくはない面もある。当事者は裁判官を選べないというのが建前だからである。そこで，本案の弁論をする前である必要がある。これが，19条1項で規定された。内容から合意管轄ではなく，必要的移送となっているが，機能は訴え提起後の合意管轄ということである。

　応訴管轄（12条）は，管轄違いの抗弁を出さずに被告が本案の弁論（弁論準備手続における申述を含む）をしたときに生ずる。その裁判所で応訴してよいと考えたと推測されるからである。機能は，これも訴え提起後の合意管轄ということになる。

(4) 管轄は，どのように審理されるか

　管轄原因事実については，職権調査事項であり証明責任は原告にある。資料の収集は弁論主義であり，専属管轄についてのみ職権証拠調べとなる（14条）。ところで，管轄原因事実が本案の事実でもある場合にはパラドックスが生ずる。たとえば，不法行為地に基づいて或る裁判所が管轄を認め審理を進めたところ，不法行為は認められないということになった場合，本案の請求棄却としてよいのか，それとも，管轄なしとして本案の判決をせず移送をすべきか，というパラドックスである。

　管轄原因事実が本案の事実でもある場合には，原告の主張のみから判断してよい，ということは原告主張通りの事実があると仮定してそれが当該裁判所の管轄を基礎付けるかだけを判断すればよい。本案審理の結果，不法行為が実はなかったということになっても，本案判決をしてよいというのが通説である。ただし，国際裁判管轄では逆である。

　管轄決定の時期は，管轄固定の原則と言って，訴え提起の時点で存在すれば足り，後に消滅しても差し支えない（15条）。すでに始められた手続を無駄にしないためである。被告が引っ越しをすると，裁判所の管轄がなくなるというのは不合理であろう。もっとも，逆は差し支えない。すなわち，訴え提起の時点では管轄はなかったのであるが，その後に生じ口頭弁論終結時点では存在するときは，管轄ありとしてよい。

　管轄固定の原則を利用して，管轄選択権の濫用と呼ばれる事件が生じた。札幌高決昭和41・9・19高民集19巻5号428頁[百選A2]である。約束手形所持人Xが，振出人Y_1と第1裏書人Y_2，第2裏書人Y_3への訴えを釧路地裁に併合提起した。Y_3に対する管轄は釧路地裁にあったが，Y_1・Y_2に対する訴えの管轄は盛岡地裁であった。併合請求の管轄を使ったのである。しかも，その後，XはY_3に対する訴えを取り下げた。管轄固定の原則から，訴えの取下げがあっても釧路地裁の管轄はなくならない。札幌高裁は，この事案では，いずれも形式上は適法であるけれども，管轄選択権の濫用があるとして盛岡地裁へ移送した。管轄選択権の濫用という法理の適用がよいかには議論があるが，移送という結論は賛成されている。

(5) 移送とは，どのようなものか

　裁判所が管轄を持つことは訴訟要件の一つに数えられているが，訴訟要件欠

缺の効果が通常は訴え却下であるのに反し（本書71頁），管轄違いの場合には訴え却下ではなく管轄のある裁判所への事件の移送となる。時効の中断等，訴え提起の効果を保持させるためである。大正15年改正で，このように移送が広く認められることとなった。

移送の裁判があると，受移送裁判所はそれに拘束され，もはや管轄なしとすることはできない（22条）。事件のたらい回しを防止するためである。移送に対して不服があれば，一般原則の例外として，中間上訴として即時抗告ができる（21条）。管轄に不満があるのに本案を審理させるのは気の毒だからである。ちなみに，任意管轄の違反は，もはや上級審で争うことはできない（299条）。

移送は，管轄違いによってのみ行なわれるのではなく（16条1項。必要的移送と呼ばれる），損害または遅滞を避けるためにも行なわれる（17条。裁量移送と呼ばれる）。専属的合意管轄があっても，裁量移送は可能である（20条1項括弧書き）。簡裁と地裁の間でも，かなりゆるやかに，時に必要的に，移送がなされる（18条・19条2項）。最決平成20・7・18民集62巻7号2013頁[百選3]は，地裁が簡裁管轄事件を自庁処理するのと同じく（16条2項），簡裁への移送申立てを却下するのも地裁の合理的裁量による，とする。

6　裁判官の除斥・忌避

訴えが管轄ある裁判所に提起され，訴訟が係属し審理がされる状態となったとしても，事件を割り当てられた特定の裁判官が，特定の事件につき，職務に就くのが妥当でない場合がある。除斥と忌避の二つがあり，さらに裁判官は自発的に回避をすることもできる（規12条）。

除斥は，裁判官が当事者の配偶者や親族，後見人等であるとき，裁判官が事件につき証人や鑑定人となるとき，事件につき仲裁人・訴訟代理人等であったとき等に，法律上，当然に職務から排除されるというものである（23条）。申立てまたは職権で除斥の裁判がなされるが（25条），裁判がなくとも法律上，当然に排除される。この意味で，除斥の裁判は確認的であると表現される。絶対的上告理由（312条2項2号），再審事由（338条1項2号）となる。

忌避は，裁判の公正を妨げる事情があるときに，当事者から申し立てられることによって生ずる（24条）。忌避は，忌避を認める裁判が確定して初めて，職務からの排除の効果が生ずる。この意味で，忌避の裁判は形成的であると表

現される。忌避の裁判が確定すると，絶対的上告理由，再審事由となる。最判昭和30・1・28民集9巻1号83頁[百選4]は，裁判長が被告訴訟代理人の女婿であることは忌避原因とならないと判示したが，反対が多い。

　除斥も忌避も申し立てられると，訴訟手続を中止し（26条），合議体で決定で裁判される。除斥・忌避を認める裁判に対しては，不服申立てができない（25条4項）。裁判官側からは不服申立てができないのである。その代わりという訳でもないが，申し立てられた裁判官は意見を述べることができる（規11条）。除斥・忌避を認めない裁判に対しては，例外の中間上訴として，即時抗告ができる（25条5項）。ところで，忌避には濫用的申立てもある。そこで，条文にないが，申し立てられた裁判官自身が却下をすることができると解するのが慣行である。簡易却下と呼ばれる（刑訴24条，家事12条5項には簡易却下の規定がある）。

　除斥・忌避は，裁判所書記官に準用され（27条），専門委員にも（92条の6），知的財産事件の調査官にも（92条の9第1項），人訴の参与員にも（人訴10条1項）準用される。鑑定人にも忌避がある（214条）。

7　期日・期間・送達

(1)　期日の規律は，どうなっているか

　訴訟手続は，これを時間的に見ると，訴状の提出，訴状・呼出状の被告への送達，期日の指定・準備・実施・完了の繰り返し，判決の言渡し・送達，上訴期間の進行という形で進んで行く。前述のように（本書22頁），手続という用語は，第1審から上告審までの全体を指す。区別する場合には，第1審手続，控訴審手続と称する。審級が終わっても，手続はまだ終わらないことがあるということになる。

　そこでまず，期日であるが，期日とは，当事者その他の訴訟関係者が会合して訴訟に関する行為をするために定められる時間を言う。年月日，開始時間，場所が指定される。期日である以上，当事者の一方はいなければ，これを開くことができない。弁論準備手続期日や進行協議期日で認められる電話会議システムの利用も，当事者の一方はいなければならないと定められている（170条3項但書，規96条1項但書）。期日は，それを開く目的に応じて，口頭弁論期日，証拠調べ期日，判決言渡し期日（規156条），弁論準備手続期日，進行協議期日

（規95条以下），和解期日（規32条）などと呼ばれる。証拠調べ期日，判決言渡し期日は，広義では口頭弁論期日に含まれるが，和解期日，弁論準備手続期日，進行協議期日は口頭弁論の外で行なわれる。期日は，裁判長が職権で，または申立てにより指定する（93条）。当事者は，期日指定の申立てによって期日の指定を求めることができ，これが，和解や訴え取下げ等の無効の主張方法となることは該当箇所で詳述する（本書234頁・241頁）。期日は，その開始前に，指定の裁判を取り消し別の期日を指定することができ，これを期日の変更と言う。開始したものの実施しない期日の延期，実施したがさらに実施する期日の続行もある。期日の変更は，これを余りにルーズに許すと，手続の進行に緊張を欠くことになり，関係者の予定を狂わせ不測の不都合を生じさせる虞れもあり得る。そこで，法は，期日変更の要件を次の三段階に分けて規定する。

(イ) 最初の期日は，両当事者の合意に基づく変更申立てがあれば，無条件に許す（93条3項但書）。最初の期日の指定は，実務上は原告の意向は反映されるが，被告の意向は確かめずになされるからである。

(ロ) 弁論準備手続を経ていない口頭弁論・弁論準備手続の続行期日は，顕著な事由が存するときにのみ，変更が許される（93条3項）。実務上，両当事者の意向を確かめて指定された期日であるから（旧規則28条は当事者の意向を聴くと定めていたが，当然のことなので削除された），両当事者が後になって変更に合意したとしても無条件には許さず絞りをかけたのである。弁護士が控訴審の第4回口頭弁論期日の2日前に提出した期日変更申請書の「本日当職が訴訟委任を受けたが，弁論ないし立証準備のため右期日を変更されたい」という記載は，顕著な事由に当たらないとした判例がある（最判昭和57・9・7判時1062号85頁）。病気のため行けぬという電報があっても，変更を許さなかった判例もある（最判昭和24・8・2民集3巻9号312頁）。

(ハ) 弁論準備手続を経てすでに争点および証拠の整理が完了したのちの期日の変更は，やむことを得ない事由が存する場合でなければ，許すことができない（93条4項）。手続が煮詰まった段階であるから，さらに厳しい絞りが掛けられたのである。本人が脳溢血で絶対安静を要するとの診断書が変更申立書に添付されていたとしても，代理人を選任することができない等その他の事情を明らかにする資料の提出がない限り，やむことを得ない事由があるとは認められないとした旧法下の判例がある（最判昭和28・5・29民集7巻5号623頁）。判例には，こういうものがあるが，しかし，実務が，常にどこでも，このように

厳しいかは別問題である。特に地方の小規模裁判所では，あまりに厳格に運用すると地元弁護士の反感を買うので，臨機応変に変更が許されているとの指摘もある。ということは，判例と実務は同じではないということである。判例は，実務の指針ではあるが，実務は，種々の事情があり，また，地方ごとの慣行もあり，判例どおりには動いていない。学生諸君の一部が陥りがちな判例至上主義では，実務家としても成功しないのである。

　指定した期日を当事者その他の関係人に知らせて出頭を要求することを期日の呼出しという。呼出しの原則は，書記官が呼出状を作成してそれを送達してなすのであるが，その事件の関係で出頭している者に対しては期日を告知するだけで足りる（94条1項）。呼出状の送達等の正規の呼出しでない簡易な呼出しを電話，はがき等ですることもできるが，正規でない呼出しのときは，当事者が請書（または受書。うけしょと読む）を提出していない限り，期日不遵守に制裁・不利益を課すことができない（94条2項）。呼出しがない，ないし無効であるときは，その期日の実施は違法となる。ただし，呼出しがない，ないし無効であるにもかかわらず両当事者が出頭し弁論したなどで責問権の放棄（90条）によって治癒されることはある（責問権については，本書137頁）。

(2) 期間の規律は，どうなっているか

　訴訟法上，色々と期間が定められている。それらは，いくつかに分類される。
　期間の長さが法律で定められている法定期間と長さを裁判所が定める裁定期間という分類，一定の行為を当事者にその間にさせようとする行為期間と，行為をする機会を保障するために，次の段階に進むには一定の時間を置かなければならないとする猶予期間という分類もある。公示送達の効力の発生期間である2週間（112条）が猶予期間の例である。
　しかし，重要な分類は，不変期間と通常期間の区別である。不変期間は，法定期間のうちで法律がとくに不変期間としているものを指し，法定期間のうちのその他は通常期間となる。不変期間は，上訴等の不服申立ての場合に常用されるもので，その効果として，第1に，裁判所が期間の伸縮ができず，法律が定めた通りの期間となる（96条1項）。効果の第2として，ただし，遠隔者に対しては，付加期間を付けることができる（96条2項）。効果の第3として，その期間が徒過した場合でも当事者の責めに帰することのできない事由があるときは，その事由が消滅してから1週間内に訴訟行為の追完をすることがで

きる（97条）。上訴の追完の申立ては，実際にも，例が少なくない。

では，当事者の責めに帰することのできない事由とは，どのようなものか。抽象的には，訴訟を行なう際，通常人であれば払うであろう注意をしても避けられないと認められる事由ということになる。判例の中から探ると，ⓐ積雪のための汽車の遅延，関東大震災による通信の途絶，暴風雨のため汽船が避難した結果による郵便物の遅延では，追完が認められた。ⓑ郵便の遅れは，その当事の状況から通常予想される程度のものでは追完を認めないとして，普通5日かかるところで3日遅れた場合に追完を認めなかった判例がある（最判昭和23・5・6民集2巻5号109頁）。しかし，12月26日に出した書留速達の控訴状が1月1日に到着した場合において追完を許さなかった原判決を破棄したものもある（最判昭和55・10・28判時984号68頁）。後者は，追完がやや広くなったと言えよう。

当事者に過失があれば追完は認められないが，この当事者には訴訟代理人も含まれ訴訟代理人に過失があれば，本人に過失がなくとも追完は許されない。訴訟代理人たる弁護士は，よくよく注意しなければならない。訴訟代理人の補助者のミスも訴訟代理人のミスと同視されるが，しかし，弁護士の送達受領を代理していた所属弁護士会の事務担当者にミスがあった場合に追完を許した判例もある（最判昭和46・4・20判時630号64頁）。多少，追完を広くしたような気配があるが，平成8年新法以降の状況は定かではない。

(3) 送達の規律は，どうなっているか

(イ) 送達とは，どのようなものか　送達とは，特定の名宛人に対し，訴訟上の書類の内容を知らせる機会を与えるため，法定の方式に従ってなされる通知行為である。裁判所の訴訟行為となる。

送達が無効であると，その通知内容の効力が生じない。たとえば，被告への訴状の送達が無効であれば，訴訟係属は生じない。そのため，被告への訴状の送達をし直さなければならないこととなる。ただし，送達の瑕疵が治癒されることがあるのは，期日の呼出しで前述した（本書59頁）。

送達は職権でするのが日本法の立場であり，職権送達主義と呼ばれる（98条1項）。当事者の申立てを待ってなされる送達を当事者送達主義といい，母法ドイツ法は長くこの主義であり，現在でも痕跡は残っている。送達担当機関は，裁判所書記官である（98条2項）。書類の作成，認証，送達報告書の受領，保

管などを行なう。しかし，実際に送達を行なうところの送達実施機関は，郵便の業務に従事する者または執行官であるが（99条），執行官が行なうのは例外である。郵便の業務に従事する者がする送達を，郵便による送達と呼ぶ。アメリカ，フランスでは送達の実施は，私人に任され専門業者もいる。日本法は，送達を官に一元化していることになる（送達に携わる郵便の業務に従事する者は，いわゆるみなし公務員である。郵便74条）。

　送達実施の方法は，送達書類を交付してするのが原則であり，交付送達という（101条）。交付送達をすべき場所は，送達を受けるべき者の住所，居所，営業所または事務所である（103条1項）。訴状に書かれた被告の住所が変更されていた場合には，新しい住所で送達をする。受送達者に出会ったときに送達をする出会送達もでき（105条），裁判所に他の事件ででも出頭した受送達者に書記官がみずから送達することもできる（100条）。昭和57年改正により，住所，居所，営業所もしくは事務所が不明のとき又はこれらでの送達に支障があるときは，勤務先（条文上は就業場所）でも送達することができることとなった（103条2項）。自宅での昼間不在者が増え，送達不能が激増したための措置である。就業場所送達も交付送達の一態様である。さらに，平成8年新法により，当事者，訴訟代理人等は，送達を受ける場所を受訴裁判所に届けなければならないとされた。訴状や答弁書で，弁護士事務所を届け出ることが想定されている（104条）。送達受取人の制度もある（104条1項後段）。

　交付送達がなし得ないときには，従業員，同居人等で書類の受領につき相当のわきまえのある者に対する補充送達もでき（106条1項。旧法では，事理を弁識するに足るべき知能を具うる者という格調ある表現であった），送達を受け取るべき者が交付を正当な理由なく拒否するときは，書類をその場に置いてくれば送達の効力が生ずる。差置（さしおき）送達という（106条2項）。差置送達は，就業場所ではすることができない（106条3項）。

　送達場所の届出の制度は，画期的なものであり，裁判所から見た送達事務の合理化に役立つ。届け出ることによって，送達場所はそこに固定され（104条2項），以後は，手続全体において，ということは上訴審でもそこに送達すれば送達の効力が生ずる。しかも，送達場所を届け出なかった場合にも，送達場所は固定される。すなわち，送達場所の届出がない場合には，直前の送達が行なわれた場所，すなわち，多くの場合は最初の送達がなされた場所に，送達場所が固定される（104条3項）。分かりにくい条文であるけれども，たとえば被

告の自宅へ訴状・呼出状の送達が行なわれたが送達場所の届出がないときは，以後，その自宅住所に送達場所が固定される。次回以降は，固定された自宅へ交付送達（補充送達等を含む）を行ない，それが奏功しないときは，就業場所送達を試みることなく直ちに自宅へ後述の付郵便送達ができる（107条1項3号）。直前の送達が就業場所送達であるときも，就業場所へ交付送達を行ない，それが奏功しないときは付郵便送達とすることができるけれども，ただし，プライバシー保護等もあり，この場合は就業場所への付郵便送達はできず，住所等が付郵便送達の宛先となる（107条1項3号括弧書）。最初の奏功した送達が付郵便送達であるときは，送達場所は付郵便送達された場所に固定され，次の送達はそこに交付送達で行なうことになる（104条3項3号）。その交付送達が不奏功であれば，その場所へ付郵便送達を行なう（107条1項3号）。そして，一度この付郵便送達となった後は，次回以降はいきなり付郵便送達をすることができる（107条2項）。旧法下では，送達のたび毎に自宅への送達，それが不奏功であれば住所の変更を調べてのやり直し，就業場所送達，付郵便送達という一連の手順をいちいち踏んでいたのが，この固定により，それらの手間と時間が大幅に節約されることとなった。むろん，送達場所は変更することができる（規42条）。訴訟代理人は，自己の事務所を送達場所として届け出ているであろうから，辞任するときには変更を忘れないようにしなければならない。以上，送達場所の届出制度は，裁判所の事務の合理化に資するが，しかし，住所変更などのときは当事者が送達を了知できないことも発生しえて当事者には負担となる。当事者に負担を課すことは，条文上は，第2条の信義誠実に訴訟を追行しなければならない当事者の義務によって正当化される。当事者も，裁判所の官による送達にいたずらに寄り掛かってばかりいてはならないということである。

㈹ **二次的な送達には，どのようなものがあるか——付郵便送達，公示送達**

補充送達，差置送達という手段によっても，交付送達が奏功しない場合がある。自宅が完全に不在であったり，就業場所で受領を断わられたりした場合がそうである（差置送達は就業場所ではすることができない。106条3項）。これで，送達不能とし訴訟係属なしとしてしまうのでは，原告の裁判をする権利を損なうことになる。

そこで，二次的副次的な送達の方法が定められる。まず，書留郵便に付する送達，略して郵便に付する送達，または付郵便送達と呼ばれるものがある

(107条)。これは，学生がときどき混同するが，前述61頁の「郵便による送達」とは異なる。付郵便送達は，例外的な送達方法である。発送によって効力が生ずる点に特色がある。すなわち，付郵便送達は，交付送達ができなかった場合になされるもので，書記官が書留郵便で発送すれば，発送したときに効力が生ずる送達である（107条3項）。発送によって効力が生ずるのであるから，現実に相手方に届かなくとも，送達の効力が生ずる。書留郵便を郵便局に取りに来ない当事者に対しても，送達の効力を発生させることができる。付郵便送達がなされたことは書記官が普通郵便等で知らせるので（規44条），当事者が実際に知らないことは稀であろうが，法律論としては送達の効力は発送のときにすでに生じており，当事者に届いたかどうかは効力に関係しない。規44条の普通郵便等では，正規の送達でないので効力は生じない（前述59頁の94条2項参照）。また，裁判所が規44条の普通郵便等を怠ってしまった場合でも，訓示規定であるから，付郵便送達の効力には関係しない。

　当事者に届かなくとも送達の効力が生ずるのであるから，付郵便送達は二次的副次的な送達にとどまる。すなわち，就業場所送達を含めて交付送達ができない場合でなければ，付郵便送達はすることができない。ところで，自宅送達が奏功せず，書記官が就業場所送達を選択したとしても，書記官は当事者の就業場所を知っている訳ではない。そこで，実務上は，相手方当事者，つまり普通は原告に被告の就業場所を訊ねることになる。その際，原告側が就業場所を知っていたにもかかわらず，重過失によって知らないと返答したため，書記官が付郵便送達に踏み切った場合，就業場所送達が可能であり付郵便送達の要件を充たしていないと後から主張して付郵便送達を無効とすることができるか。最判平成10・9・10判時1661号81頁[百選39]は，書記官は裁判所内部の一般的取扱いに定められた通り対応しており，その業務に裁量権の濫用・逸脱という違法性はなく，付郵便送達は無効ではないと判示した。ただし，被告は裁判を受ける権利を害されたのであるから，慰藉料は認められるとした。しかしながら，書記官に過失なしとするのはよいとしても，原告側に重過失があり，この事件では被告は訴訟係属を知らないで敗訴判決を受けたのであるから，原告被告の間では送達は無効と解すべきではなかろうか。付郵便送達の要件を充たしていないものだからである。もっとも，無効となると，原告としても官による送達だけに依拠していては足りない。原告側訴訟代理人にも送達がきちんと行なわれたかをチェックする態勢構築が，一定程度，求められるであろう[*23]。

付郵便送達も，相手方の住所，居所等が分かっている場合でなければ，行なうことができない。いどころ不明の場合には，郵便に付することができないからである。しかし，訴状の送達ができなければ原告は訴訟をできなくなるのであるから，なんらかの送達を行なわなければならない。そこで，最後の手段として認められるのが，公示送達である（110条以下）。これは，出頭してくれば送達書類をいつでも交付する旨を裁判所の掲示場に掲示することによってなす送達である。その効力は，掲示後2週間で生ずる（前述59頁の猶予期間であり，受送達者が取りに行く機会がその期間保障される）。公示送達の要件は，当事者の住所・居所その他送達すべき場所が知れないことである（外国への送達では，別の要件もある。110条1項3号・4号）。公示送達は当事者の申立てによって書記官が行なうので当事者送達主義であり，職権送達主義の例外となる。申立人は，要件を証明しなければならない。住民票，最後の住所地の近隣者の陳述書，申立人の調査報告書で住所等不明を証明するのが普通である。裁判所が職権で公示送達を命ずることもある（110条2項・3項）。なお，公示送達では事実上は被告に手続保障がないので，擬制自白が成立しない（159条3項但書），外国判決を承認しない（118条2号括弧書）とする特別の規定がある。

　ところで，掲示を見て訴訟書類を取りに来る当事者はゼロではないそうだが，実際問題としては，公示送達は，通常，相手方の了知し得ない送達であり，事後に問題を引き起こしがちである。判決を，しかも普通は敗訴判決の存在を知ることになった被告から，上訴の追完や再審の申立てがなされる。しかし，これらをゆるやかに許しすぎるならば，原告の保護のために行なわれる公示送達の意義がなくなるので，原告・被告の公平のバランスを十分に考えなければならない。判例では，被告が外国にいた場合に上訴の追完を認めたもの（最判昭和36・5・26民集15巻5号1425頁），被告の住所を原告が知っていたにもかかわらず公示送達の申立てをした場合に上訴の追完を認めたもの（最判昭和42・2・24民集21巻1号209頁）がある。他方，被告に対する訴えがすべて公示送達によってなされている場合でも，背景を同一とする別件訴訟があり，その別件訴訟と追完申立て後の本訴とで訴訟代理人がそれぞれ同一であり，原告側訴訟代理人は別件当時から本訴提起を匂わせており，かつ，本訴で住所不明で送達不能になったとき，被告訴訟代理人に被告の住所を訊ねており，それらの事情を

＊23　新堂幸司「郵便に付する送達について」（初出：平成5年）同『民事訴訟法学の基礎』（平成10年）351頁。

被告訴訟代理人は被告に連絡していたという場合には，被告において他日判決が言い渡されるであろうことが十分に予想され，しかもその内容が被告に不利なものとなることも優に予想されるときは，控訴期間の徒過は，被告の重大な怠慢に基づくというべきであり，上訴の追完は許されない，としたものがある（最判昭和54・7・31判時944号53頁）。追完は，被告側（申立人側）の責めに帰すべからざる事情を要件としているが（97条），実際には前述の追完を許した判例，許さなかった判例のように，相手方原告側の事情も加味して，原告・被告間のバランスを図っているということである。

　公示送達の要件を充たしていない場合，判例は，再審という方法は認めていない（最判昭和42・2・24民集21巻1号209頁[百選A12]）。上訴の追完で十分だということであろう。しかしながら，上訴の追完では，当事者（普通は被告）は，遠い上訴審裁判所に赴かなければならない。1週間の期間制限もある。再審であれば，地元の元の審級の裁判所でよい。期間制限もないとし得る（342条3項）。理論的にも，上訴の追完は，控訴提起という訴訟行為に期間徒過がある場合の措置であるが，要件を充たさない公示送達で開始された訴訟は，その初めから瑕疵があったのであり，控訴提起だけに瑕疵があるのではない。判例とは異なるが，再審を認めるべきである。再審の補充性はゆるやかに解してよく（本書380頁），上訴の追完ができたから再審を許さないとする必要はない。実は，旧法下では公示送達は裁判長の許可によっていた。公示送達の効力は，要件の存在ではなく，許可の裁判に基礎を置いていたのである。従って，許可の裁判が取り消されない限り，公示送達は有効であり，再審はできないという論理も，それなりに成り立つ状況にあった。しかし，平成8年新法で，公示送達は裁判長の許可を必要としないと改正され，公示送達の効力は，直接に要件の存在に基礎を置くこととなった。従って，要件を欠くときは，公示送達が無効というのがむしろ素直な解釈であり，立案担当者等もそういう解釈であった[*24]。しかし，付郵便送達に関する前述63頁の最判平成10・9・10が，書記官が裁量権を濫用していない，または裁量権の範囲を逸脱していない限り，つまり書記官が裁判所内部の一般的取扱いに従ってなすべきことをしていれば，送達は無効でないと判示したため，公示送達無効というこの解釈を採ることは困難な状況にある。

＊24　新堂438頁。

しかし，補充送達での送達受領者（実際に書類を受け取った者）と送達名宛人との間で事実上の利害関係の対立がある場合という限定された局面では，再審を肯定する判例が出現した。同居人が本人に無断でクレジットカードを作ったり，本人を保証人にしたりするケースがクレジット・サラ金関係では多く存在する。この事件でも，同居人たる義父が勝手にYを連帯保証人にしていたところ，支払いが滞り，訴訟が提起され自宅に訴状等が送達され義父が受領した。しかし，義父は，無断でした行為がYに知られることを恐れ，訴状等をYに渡さなかった。訴訟は，Y欠席で，Y敗訴判決が出され，敗訴判決の存在を知ったYが，再審を提起したというものである。最決平成19・3・20民集61巻2号586頁[百選40]は，補充送達は書記官に裁量権の濫用・逸脱がないのであるから無効でないが，送達が無効でないことと再審が可能ということは別問題であり，338条1項3号の手続保障欠缺による再審事由があると判示したのである。これは，画期的な判決というべきであり，補充送達において送達受領者に送達名宛人との間で事実上の利害関係の対立がある場合は救済されることになった。しかし，判旨は，慎重に，補充送達以外への拡張はないと示唆しており，公示送達まで類推される状況にはない。

　問題の核心は，再審事由の存否というよりも，送達が有効か無効かにある。書記官としては，なすべきことをしていたのに，無効とされるのは合点がいかないであろうし，裁判所全体としても無効とされれば有効になるように対策を講じなければならなくなろう。しかし，問題をこのように書記官事務に限定することが妥当でない。原告被告の間で送達が有効か，無効かを考えるべきである。そうだとすると，要件を欠く公示送達は，送達という最大の手続保障がなされていないのであるから端的に無効としてよいのではなかろうか[※25]。被告は訴訟の開始を知らず，防御のしようがないのである。しかしながら，被告の住所を知りながら隠して原告が公示送達を申し立て，訴状の送達も判決正本の送達も公示送達で行なわれた場合，判決が出た以上，通説は判決は有効だとする。こういう判決に対しては通説も上訴を許すのであるが，上訴ができるのは判決も送達も有効で上訴期間が進行するからだと説く。論理的ではあるが，制度の側からのみ見ていると評すべきである。過失もないのに，何も知らないうちに敗訴判決を出された被告から見たとき，この論理はどう映るであろうか。

※25　山本弘「送達の瑕疵と民訴法338条1項3号に関する最近の最高裁判例の検討」青山善充古稀『民事手続法学の新たな地平』（平成21年）513頁。

訴状の送達は，要件を欠く公示送達に依ったのだから無効であり，訴訟係属が生じていないのだから，訴状の送達からし直すべきである。訴訟係属が生じていないのだから，判決も無効となる。判決が無効だとなると，被告は請求異議の訴え（民執35条）や損害賠償の訴えを提起することができる。しかし，判決の無効はドラスティックであるので，338条1項3号での再審を認めるというところにとどめようという学説も有力である。判決の無効でも，被告は請求異議の訴えや損害賠償の訴えを提起するというアクションを起こさなければならず，再審の訴えを起こすアクションと大差はない，とこの説は考えるのかもしれない。しかし，確かに被告の側からアクションを起こさなければならないのは同じだとしても，強制執行停止の要件が，請求異議の訴えの方が再審より緩和されているという利点があり（請求異議の訴えの民執法36条1項には，再審の403条1項1号の「執行による償うことのできない損害が生ずるおそれ」という要件がない。金銭執行では，この要件は充たさないと通常は解されている），救済の途は広くしておくべきではなかろうか。原告が被告の住所を知っているにもかかわらず裁判所を欺いて被告の手続保障を奪ったこの状況は，判例も判決の無効を肯定する確定判決の騙取（最判昭和44・7・8民集23巻8号1407頁[百選86]）に近接するのである。

第3章 訴訟要件

1 訴訟要件総論
2 審判権の限界
3 訴えの利益
4 当事者適格

1 訴訟要件総論

(1) 訴訟要件は訴訟の要件ではない

　原告に権利があるかないかを判断する判決を本案判決と呼ぶが，訴訟要件とは，その本案判決をするための要件である。訴訟要件という言葉の表面上の意味とは異なり，訴訟を成立させるための要件でも，審理をするための要件でもない。あくまで本案判決をするための要件であり，訴訟要件が欠けると，訴え却下の訴訟判決となる（本案判決・訴訟判決については，本書248頁）。

　ローマ法では，訴訟要件は，第二段階の判決裁判所での訴訟が成立するための要件であった。文字通り，訴訟の要件であった。訴訟要件が欠けることは，本案判決の当然無効を招来し重要な帰結を導いた。しかし，その後の訴訟法の歴史の中で，判決の当然無効は減少し訴訟要件も地位を変えて行ったのである。現行法では，訴訟要件の審理と本案の審理（権利があるかないかの審理）との間に垣根はない。訴訟要件があるとの判断に達していなくとも本案の審理をしてよく，本案の審理と訴訟要件の審理とを同時に併行させてもよい。もっとも，訴訟要件がないという判断に達すると訴え却下判決となるので，訴訟要件の存在が疑われるときは，合目的的な訴訟運営であれば，訴訟要件の審理を先行させるであろう。それが普通である。しかし，この場合も，本案の審理をしても違法ではない。訴訟要件があることが本案の審理の要件でないからである。とはいえ，学説でも実務でも，副次的であるにせよ，訴訟要件を本案審理の要件だとする発想が混在することがあり，学生諸君の理解を混乱させている。

訴訟要件の中で例外として，妨訴抗弁は，被告が本案の審理を拒否できるという抗弁である。これが提出されると，本案の審理をしてはならないという例外の事態に至る。これは，現行法では，訴訟費用の担保提供の申立て（75条4項）だけしか存在しない。しかし，仲裁契約の存在（仲裁14条1項）を妨訴抗弁だとする誤った用法が慣用化しているのが実状である。仲裁契約が存在するから訴えを却下すべきだと被告から主張されても，本案の審理をすることが違法となる訳ではないから，厳密には仲裁契約は妨訴抗弁ではない。

(2) 訴訟要件には色々なものがある

民訴法には，訴訟要件についての一般的な規定はない。各所に散在しているが，主なものとして，わが国に国際裁判管轄があること，訴訟係属を構成する行為が有効であること（つまり，原告に訴訟能力があること），当事者が実在すること，当事者能力があること，訴えの利益があること，当事者適格があること，併合の訴えであれば併合要件があること，等々を挙げることができる。それぞれの箇所で説明する。裁判所に国内管轄があることも訴訟要件であるが，これは，訴訟要件の存在が訴え提起時で判断されること（15条，管轄固定の原則），違反の効果が訴え却下判決ではなく移送であること（16条）という特殊性がある（本書55頁）。

訴訟要件の多くは職権調査事項である。職権調査事項とは，当事者の指摘がなくとも，裁判所が職権で取り上げて判断することができる事項を言う。当事者からの指摘・申立てを必要としないところに意味がある。職権で取り上げることができるが，問題を取り上げた後の資料の収集は，職権調査事項の問題ではなく，裁判における資料の収集方法である職権探知主義か弁論主義かが妥当することとなる。国際裁判管轄，当事者能力，訴訟能力等々の公益性の高い訴訟要件の資料収集は職権探知主義により，こちらの方が多いけれども，本案審理と関連する訴えの利益，判決効拡張のない当事者適格等の資料収集は弁論主義による。なお，資料収集は，職権でみずから収集することはできないが，当事者の自白には拘束されない「職権審査」という独自の方法によるという有力説もあり[1]，さらには事項毎に職権探知主義，弁論主義，職権審査を分けるべきだという有力説もある[2]。後者は魅力ある見解であるが，今後の課題で

---

[1] 松本博之『民事自白法』（平成6年）115頁。
[2] 髙島義郎「訴訟要件の類型化と審理方法」新堂幸司編『講座民事訴訟②』（昭和59年）

あろう。他方，訴訟要件の中には，職権調査事項ではなく被告からの主張に委ねられているものもある。仲裁契約の存在，不提訴の合意の存在，訴訟費用の担保提供などは，この抗弁事項たる訴訟要件となる。

(3) 訴訟要件を欠けば訴え却下判決となるのが原則である

　訴訟要件は本案判決要件であるから，訴訟要件の存在が確定されなければ本案判決を出すことはできない。当事者能力のない者に本案判決を出してみても普通は無意味だからである。しかし，訴えの利益のように，紛争解決に有効・適切な本案判決だけを出させるための訴訟要件にあっては（本書74頁），本案につき請求棄却が明白となれば，請求認容判決を出すことが紛争解決に有効かどうかの訴えの利益を審理するのは，無用であり本末転倒であろう。請求棄却が無駄な判決かどうかを審理して，無駄な判決でないとなれば請求棄却判決を出し，無駄な判決であるとなれば訴え却下判決を出すというのは確かに王道であるが，請求棄却の方が訴え却下よりも被告に有利であることをも考えると，早く請求棄却判決を出される方を被告は欲するであろう。便宜論であるが，そういうものであろう*3。かくして，訴えの利益の存在が確定されていなくとも，請求棄却が明らかとなれば請求棄却の本案判決を下してよい。訴えの利益の他にどのような訴訟要件がこの便宜的扱いになじむか，当事者能力はどうか等々は争いがあり議論は帰一しない。しかしともあれ，請求認容の場合にはこうならない。請求認容が明白だが，訴えの利益があるかが不明のときは，やはり訴えの利益の存否を審理しなければならない。原告勝訴の請求認容判決と，原告敗訴の訴え却下判決とでは勝訴敗訴が逆転するから便宜的に処理してはならないのである。請求認容判決は，独り歩きして紛争をさらに拡大させたり屈折させたりすることがあるということでもある。

　訴訟要件を欠けば，裁判所は補正を命じ，補正されなければ訴え却下判決となる。補正の見込みがなければ，口頭弁論を経ることなく判決で訴え却下となる（140条）。訴訟要件の欠缺を看過ないし誤認して出された本案判決に対しては，請求を棄却された場合には原告から，認容された場合には被告から訴え却下を求めて上訴を提起することができる。もっとも，みずから訴えを提起した原告が訴え却下判決を求めて上訴するというのは，公益的要請の高い訴訟要件

　　105頁。
＊3　鈴木正裕「訴訟要件と本案要件との審理順序」民商57巻4号（昭和43年）507頁。

に限られると解すべきであろう。訴訟要件の欠缺を看過ないし誤認した本案判決が確定すれば，訴訟能力のように再審事由となっているものだけが再審を提起することができる（訴訟能力が再審事由となるのは，338条1項3号の代理権欠缺の拡張解釈による）。訴訟要件によっては，たとえば当事者能力を欠くときは再審は提起できないものの，無効な判決となるとする学説もある（本書10頁）。訴訟要件が具備される時期については，訴え提起の時は具備していても，口頭弁論終結の時に具備していなければ訴え却下となる。逆に，訴え提起の時には具備していなくとも，口頭弁論終結の時に具備していれば本案判決を出してよい。かつては，具備の時期は事実審の口頭弁論終結の時と解され，上告審での変動は考慮されないとされていたが，しかし，変動を考慮してよいであろう[*4]。たとえば，事実審の口頭弁論終結の時には，重複訴訟であったのに看過して本案判決が出されたという場合，上告審となって先行訴訟が取り下げられたため重複訴訟でなくなったというときは，上告審での変動を考慮して，間違っていた原審本案判決は治癒されたとして原審本案判決を維持する（破棄しない）のが適切である。

2　審判権の限界

　裁判は，事実を確定し法律を適用して行なわれる。しかし，世の中の紛争には法規の適用では解決しない，あるいは解決させるのが適当でないものがある。甲という学説と乙という学説のどちらが正しいか，甲派の神と乙派の神のどちらが真の神か，甲という絵と乙という絵のどちらが美しいか，等々である。真善美は裁判所が扱うのは適当でなく，裁判所が扱うのは法律上の争訟でなければならない。また，争訟というためには具体的でなければならない。抽象的にある法規が違憲かを判断するのは，わが国の司法権の対象ではない。かくして，裁判の対象は「法律上の争訟」でなければならず，そうでないものは裁判所の審判権の外にある（裁3条1項）。訴えが提起されても却下される。

　この関係で，宗教問題が判例をにぎわしている。信教の自由の保障のため（憲20条），国家機関である裁判所は宗教問題を扱ってはならないが，問題が単純でないので判例をにぎわすのである。いくつかの判例を経て，現在では，

[*4] 竹下守夫「訴訟要件をめぐる二，三の問題」司法研修所論集65号（昭和55年）1頁以下，特に13頁，新堂239頁。

仏教のお寺の住職の地位の確認は，宗教上の地位の確認であって許されないが，しかし，誰が住職となっているかを訴訟物ではなく前提問題として審理することは，教義の解釈に及ばない限り，許されるというのが判例の到達点である（最判昭和55・1・11民集34巻1号1頁[百選1]）。住職の地位を訴訟物に据えることは宗教上の問題となるから審判権の限界を超えるけれども，法人であるお寺の代表役員（会社の代表取締役に当たる）の地位確認は法人法上の地位の確認であるから許されるとする。すなわち，多くのお寺では，住職をもって代表役員に充てるということになっているので，代表役員の確認という訴訟物につき判決するためには先に誰が住職かを認定しなければならないところ，前提問題における認定としてであれば，宗教上の教義の解釈にわたらない限り，住職の認定は許されるとするのである。巧みな構成であるが，カトリックの特定教会の主任司祭であることの確認を適法とした下級審判決もある（本案は請求棄却。大阪高判昭和52・5・26判タ359号236頁）。カトリック教会の司祭では，宗教上の住職と法人法上の代表役員とを分けるという便法が見つけられなかったからであろう。司祭館内で生活する利益，生活費を受け取る利益等々の一般市民法上の利益に関係すれば法律上の争訟となるというのが下級審裁判例の説明である。しかし，仏教のお寺では，代表役員と分けることのできる純粋に住職たる地位は，一般市民法上の地位でないとし，代わりに誰が代表役員かという法人法上の地位の確認で我慢せよとするのが判例だと理解することになろう。

　しかし，訴訟物か前提問題かで区別する流れの他に，判例には，もう一つ別の流れがある。寄附が錯誤によったから返して欲しいとの不当利得返還請求という通常の民事訴訟たる金銭支払い請求訴訟の外形はあっても，本尊が本物かどうか等という宗教問題が錯誤の内容であり訴訟の帰趨を左右する必要不可欠の争点である場合には，実質が法令の適用による解決が不可能なものであるから訴えを却下するという一群の判例が存在するのである（最判昭和56・4・7民集35巻3号443頁）。代表役員（住職）を解任された者がお寺を占有しているので建物明渡し請求がお寺からされたとの通常の民事訴訟たる建物明渡し請求訴訟においても，解任した本山の管長が管長承継の宗教上の秘儀を経ていないから真の管長ではないと被告から主張されたとき，管長が真の管長かどうかは教義にかかわることであるから実質的に法令の適用による解決が不可能であるので，管長が真の管長かという争点の却下ではなく，建物明渡し請求の訴えそのものを却下とするという判例もある（最判平成元・9・8民集43巻8号889頁ほ

か)。しかしながら，これでは，お寺に誰が住むべきかが解決されず，お寺の周囲の関係者との間の法律関係も安定しない。現に，お寺が放置され，野良犬・野良猫やアウトローの者のたまり場となったりして周囲に害を流している事例があるという。要するに，建物明渡し請求という通常の民事訴訟は，まさに裁判所が解決すべき紛争だと言わなければならない。しかし，むろん，教義の問題に裁判所が立ち入ることはできないので，宗教団体の自律的決定・処分を尊重して判断すべきであろう。すなわち，当該宗教団体内部において管長だと認められている者のした処分は有効だと前提して，建物明渡し請求につき本案判決をすべきである。政党からの除名を理由とする政党所有建物明渡し請求訴訟では，訴え却下ではなく請求認容の本案判決をした判例があるが（最判昭和63・12・20判時1307号113頁)，それに倣うべきであろう。

　要約すると，住職の地位を訴訟物に据えるのは宗教上の地位であるから不適法だというように，訴訟物に着目する一群の判例がある。前提問題であれば，住職の地位の認定も，教義の解釈にわたらない限り，裁判所は適法に認定することができる，とする。これは，住職と代表役員との使い分けという多少の巧妙さを含むが，理解はできる。他方，宗教上の事柄が前提問題であっても，紛争の実質が法令の適用による解決が不可能なものは，その前提問題を審理しないというにとどまらず訴えそのものを却下してしまうという一群の判例もある。こちらは，紛争解決という裁判所の使命を果たしているか疑問とすべきだ，ということである。

3　訴えの利益

(1)　訴えの利益とは，なにか

　訴えの利益とは，本案判決をすることの必要性，本案判決をすることによって紛争が解決されるかの実効性を見る訴訟要件である。本案判決をする必要性がないとき，または本案判決をしたとしても紛争解決の実効性がないときは訴えの利益がない，とされる。当事者適格と並んで，請求の内容と密接に関係し個別の訴訟をにらんで判断される訴訟要件であることに，特色がある。

　19世紀半ば過ぎに確認訴訟が一般的な訴訟類型として認められるに至ると（本書29頁)，自分の飼い猫が病気で死んだことの確認を通りがかりの人を被告として求めることができるかという問題が意識されることとなった。このよう

な確認訴訟は，税金を使って運営される裁判所が扱うにはふさわしくない，または，そのような確認に応対させられる被告は迷惑この上ないという角度から訴え却下とされるべきだということとなり，確認の利益という訴訟要件が存在することが認識されるに至った。そして，そのように考えると，確認訴訟ほどではないが，給付の訴え，形成の訴えでも似た問題があることが認識され，確認の訴えに限定されない訴えの利益という上位の観念が認められることとなったのである。

各種の訴えに共通の訴えの利益として，提訴が禁止されていないこと（142条の重複訴訟禁止，262条2項の再訴禁止，人訴25条の再訴禁止等），不提訴の合意がないこと，仲裁契約がないこと，等が挙げられることが多い。しかし，これらはそのようなものとして独自に訴訟要件となると考えれば足り，訴えの利益の中に入れる必要はない。

(2) 現在の給付の訴えの利益は原則として認められる

給付の訴えは，原告が給付を請求できる地位にあると主張する訴えであるから，紛争解決の必要性があり判決をすれば紛争解決の実効性もあるから，現在の給付の訴えは訴えの利益があるのが原則である。訴え提起の前に被告に催告したか，被告が履行を拒絶したことがあるか，等々は問わなくてよい。そして，強制執行ができない場合でも訴えの利益がないということにはならない。たとえば，高名な画家に肖像画を描いてもらうという契約があれば，肖像画を描くようにという給付の訴えは許される。気が乗らないのに描いたのではよい絵ができないから，強制執行をすることはできないけれども，給付の訴えの利益がなくなる訳ではない。不動産登記で，登記簿の記載の変更が不動産登記簿上できなくなった場合でも，実体権として登記請求権がある場合には，その給付を求める訴えに訴えの利益があるとした判例もある（最判昭和41・3・18民集20巻3号464頁[百選21]）。執行証書（民執22条5号）のような既判力はないものの執行力のある債務名義はあるという場合での給付の訴えは，確かに強制執行をするためには執行証書で足り給付の訴えは必要ないが，既判力がないため請求異議の訴え（民執35条）を提起される危険があり，その危険を封ずる必要があるので給付の訴えの利益がある。

しかしながら，すでに給付判決を得ている場合には，既判力もあり執行力もある上に二つの給付判決を持つことは二重強制執行の危険も生むので，再度の

給付の訴えには訴えの利益がない。もっとも，判決による10年の消滅時効（民174条の2）が迫っているので時効を中断するためとか，判決原本が裁判所において滅失して執行正本が作成できないとかいう場合には，元に戻って，訴えの利益がある。

　紛争解決のために複数のルートが用意されている場合も問題となる。外国判決がすでにあり，それに基づいて執行判決を求める訴え（民執24条）を提起することができるのに，日本で最初から給付の訴えを起こすことはできるか，仮執行宣言が取り消された場合の損害賠償につき簡易なルートがあるのに（260条2項），給付の訴えを提起することができるか，という問題である。これらのルートが認められた趣旨から考えることになるが，外国判決に基づく執行判決については，外国判決の承認要件（118条）の存在は必ずしも主張立証が簡単でないことがあり，他方で，契約書などの証拠がしっかりしているので請求認容判決を得るのは容易だという場合があり得，そういう場合には給付の訴えを認める方が原告に便利であるから給付の訴えの利益はあると考えるべきであろう（反対説もある）。仮執行の場合の損害賠償という簡易なルートについては，正規の民事訴訟を提起したいというのを駄目だという理由も乏しいから，訴えの利益を肯定してよい。控訴審で仮執行が取り消されるときは，第1審からの損害賠償の給付の訴えの方が相手方の手続保障も厚くなるであろうから，これでよいであろう。

　原告の給付請求権が仮差押えや差押えの対象となり，原告自身は強制執行をできない場合でも，無条件の給付判決を得る利益はあるとするのが判例である（最判昭和48・3・13民集27巻2号344頁）。しかし，これでは，法に反して原告が強制執行に着手する危険がある。「仮差押え・差押えが解除された場合には原告に支払え」という条件付きで請求認容判決をすべきであろう。

(3)　将来の給付の訴えの利益は，どういう場合に肯定されるか

　期限未到来であるとか条件未成就であるとかの場合は，即座に給付を求めることはできない。期限が来てから，または条件が成就してから給付の訴えを提起することになり，普通はそれで十分である。そこで，現在は履行を求められる地位にないが将来のある時点での履行を求めるという「将来の給付の訴え」を提起するには，あらかじめ請求をする必要性（135条）という将来の給付の訴えの利益が要求される。

たとえば，履行が少しでも遅れると債務の本旨に従った給付とならない定期行為（民542条）とか，履行遅滞による損害が甚大となる扶養料請求とか養育費請求とかのように，債務の性質自体から将来の給付の訴えの利益が認められる場合がある。また，義務者がすでに義務の存在または態様を争っている場合には，原告が求める時期に即時の履行がされることが期待できないから将来の給付の訴えの利益が認められる。継続的または反復的な給付義務において，現に履行期にある部分について不履行がある場合も，将来の部分の履行が期待できないから将来の給付の訴えの利益がある。さらに，本来の給付に代わる代償請求，たとえば宝石を引き渡せ，仮に宝石引渡しの強制執行が不奏効であるならば金いくらの損害賠償をせよ，という訴えは，仮にという以下の請求が代償請求であり条件付きであるから将来の給付の訴えということになるが，これが宝石引渡しという現在の給付の訴えに併合して提起されるときは，将来の給付の訴えの利益がある。以上の例のように，将来のことの主張立証であるから被告の防御権を後退させることになるけれども，原告が判決を得る利益・必要性が高いのであれば，原告の利益・必要性を優先させるというのが将来の給付の訴えの利益である。原告の利益・必要性が高くないのであれば，将来の給付の訴えの利益は否定され訴え却下となる。

　古典的な上記の例に加えて，判例は将来の損害賠償請求は将来の給付の訴えの利益がないとした（最大判昭和56・12・16民集35巻10号1369頁[百選22]）。大阪空港の夜間飛行の差止め，過去の損害賠償，そして将来の損害賠償等が求められた事件であり，過去の損害賠償は認容されたものの，夜間飛行の差止めと将来の損害賠償は否定された。夜間飛行という同一態様の行為が将来も継続されることが予測される場合であっても，現在と同様に法的に不法行為となるか否か，賠償すべき損害の範囲はどこまでか等が今後の複雑な事実関係の流動的展開とそれに対する法的評価に左右されるなど，損害賠償請求権の成立と金額をあらかじめ一義的に明確に認定することができないときは，将来における権利の成立要件の具備については債権者（原告）が立証をすべきであり，事情の変動を債務者（被告）の立証すべき権利成立阻却事由と捉えて負担を債務者に課すのは不当であって，将来の給付の訴えにおける請求権としての適格を欠く，と判示したのである。夜間飛行に対する受忍限度の微妙さを考えると，将来も引き続いて法的に不法行為となるかは微妙であり，理解できないではない判例である。判旨がいう「請求権としての適格」とは，確認の利益のところで述べ

る権利保護の資格のことであるが，権利保護の資格と利益は利益に収斂されるので，将来の給付の訴えの利益と理解してよい。しかし，判旨自身も，不動産の明渡し請求において，明渡し完了までの賃料相当額の損害賠償には，将来の給付の訴えの利益が認められると指摘する。この場合は，事案が定型的であり，将来の給付の判決を出しても①事実関係の存在と継続性が予測され，②請求権の成否・内容につき債務者（被告）に有利な将来の変動があらかじめ明確に予測でき，しかも，③請求異議の訴えの提訴の負担とそれらの主張立証の負担を債務者（被告）に課しても不当でないからである。

この判例で将来の損害賠償に将来の給付の訴えの利益なしとした点について，学説では，期限を切って将来の損害賠償を認容すべきだという見解が強い。しかしながら，期限をいつまでと切ることが実体法上可能かは疑問であり（1年後には受忍限度内の騒音になるという心証が取られた訳ではない），従来の実体法の理解の下では，期限を切ることは実体法に基づかない判決となる。実体法では肯定できないところを，救済法という実体法とは別の法カテゴリーを設けて説明する見解も有力であるが[*5]，救済法というのは英米法のものであり，大陸法の系譜に属するわが国でどこまで利用できるかは，今後の検討課題であろう。なお，夜間飛行の差止め請求が認容されていれば，不動産明渡しまでの損害賠償と同様に将来の損害賠償も認容される可能性が高くなるが，差止めは否定して将来の損害賠償だけを肯定するのは無理が伴う。差止めの強制執行は，止めなければ月当たりいくら支払えという間接強制（民執172条）であって，将来の損害賠償と近似することになるから，差止めを否定し将来の損害賠償を肯定することは平仄が合わないことになろう。

(4) 確認の利益は，どのような場合に認められるか

確認は，その性質上，無限定であり，ありとあらゆるものが確認の訴えの対象となり得る。74頁で前述した，飼い猫が病気で死んだことの確認を求める訴えが，その典型である。そこで，訴えの利益による調整が必要となる。確認の訴えにおける訴えの利益を，特に，確認の利益と呼ぶ習わしである。

ところで，かつては，ここで権利保護の資格と権利保護の利益を分けて考察するのが一般的であった。権利保護の資格とは，静態的に請求の趣旨（訴訟物）

[*5] 新堂252頁。

を観察して，訴えの利益があるかどうかを判断する枠組みである。事実の確認は許されず権利ないし法律関係の確認をすべきである，過去の法律関係の確認は許されず現在の法律関係の確認をすべきである，消極的確認は許されず積極的確認をすべきである，といった命題がかつては有力に説かれたが，これらが権利保護の資格に当たる。それに対して，当該事案を具体的に動態的に考察して原告に不安・危険が現実にあるか，あるとして確認判決を出すことが原告の不安・危険の除去に有効かを見るのが権利保護の利益である。確かに，静態的に訴訟物を観察して結論が得られる前者と，具体的事案の中で動態的に判断する後者は性質が異なる。しかし，現在では，権利保護の資格がないとされる場合であっても，権利保護の利益があれば訴えを認めるべきだとされている。すなわち，権利保護の資格は有効な判断枠組みとなっていない。決定的なのは権利保護の利益，別名，即時確定の利益または狭義の確認の利益であり，これに一元化して考えることが生産的であろう。多くの教科書は，解決手段として確認の訴えを選ぶべきか（方法選択の適否），確認対象としてどのような訴訟物を選択するか（対象選択の適否），紛争が即時に解決しなければならないほど切迫し成熟したものか（即時解決の必要ないし紛争の成熟性）の三つの観点から論ずるが，前二者は権利保護の資格の系譜のものであり参考とはなるものの決定的ではない（ただし，方法選択の適否を即時確定の利益に入れる学説もあり，権利保護の資格と権利保護の利益の区別も実は明瞭でない）。

　確認の訴えの補充性と言われるものもある。確認の訴え以外の紛争解決形態が存在する場合には，確認の訴えを認めなくてよいというものである。請求権に基づき給付の訴えができるのであれば，既判力に加えて執行力もある給付の訴えに任せれば足り，既判力しかない請求権の確認を求める利益はない，というのが典型である。また，本案判決をなす前提の訴訟代理人の代理権の存否は，その訴訟の内部で判断すれば足り，わざわざ確認の訴えをする利益はない（最判昭和30・5・20民集9巻6号718頁）。訴えの取下げの有効性，訴訟要件の存否，中断や承継の有無，等々もその訴訟の中で判断すれば足り，わざわざ別訴で確認の訴えを提起する利益はない。もっとも，判例は，83頁で後述のように，敷金返還「請求権」の確認を認めており（最判平成11・1・21民集53巻1号1頁[百選27]），やはり最終的には，狭義の確認の利益で判断されて例外も生ずることになる。

　事実の確認は許されず，権利ないし法律関係の確認をすべきであるという命

題は，確かに一面の真理を突いている。20年間占有をしていたかどうかという事実を確認しても紛争解決には迂遠，間接的であり，時効によって所有権を取得したという所有権の確認をする方が紛争解決に直截的であることは，その通りだからである。しかし，沿革もあり，民訴法自体が証書真否確認の訴えという事実の確認を認めている（134条）。証書真否とは，作成者とされた者の意思によって書面が作成されたかどうかというものであり，書証のところで詳述する「文書の成立の真正」（本書198頁）を訴訟物とする。要するに，作成者の意思で作成されたかどうかという事実を確認するものであり，これを実定法自身が認めているのである。しかし，遺言書が被相続人の意思で作成されたことが確認されるとしても，遺言の無効原因が他に主張されている紛争の場合には，証書真否確認の訴えは遺言をめぐる紛争の解決に役立たない。このようなときは，証書真否確認の訴えにおける確認の利益は否定される。

　過去の法律関係の確認は許されず現在の法律関係の確認をすべきであるという命題も，過去の法律関係を確認してみても，その後に変動があるかも知れず，現在の法律関係を確認する方が直截的であるから一面の真理を突いている。そうではあるのだが，しかしながら，事案によっては過去の法律関係を確認する方が紛争の抜本的・包括的解決に役立つことがある。遺言無効確認にも確認の利益があるとする最判昭和47・2・15民集26巻1号30頁[百選23]が代表である。遺言は，正確には過去の法律「行為」であるが，現在の権利の前提問題であるので過去の法律関係と同視される。それはともあれ，遺言が有効であれば遺産の甲不動産はAに，乙不動産はBに，丙不動産はCに帰属するとされ，他の遺産の分配も定められているとしよう。これら甲乙丙不動産の現在の所有権者が誰かが現在の法律関係であり，これを確認するのは，むろん，意味がある。しかし，遺言が無効であれば，法定相続分に従った遺産分割となるのであり，甲乙丙不動産が誰に分割されるかは不明となる。しかも，遺産は甲乙丙不動産だけでなく他にも無数にあるかもしれない。そうだとすると，遺言が有効か無効かを確認することは，遺産分割になるかどうかを含めて遺産をめぐる紛争の根本を押さえることになるのであり，紛争の抜本的解決という意味でむしろ効用は大きい。そこで，判例も遺言無効確認を認めたのであるが，ただし，この判決の理由は前段で，遺言無効確認は表現上は過去の法律関係であって不適法であるけれども，その内実が，遺言が有効であるとすればそこから生ずべき特定の法律関係が存在しないことの確認を求めていると解される場合には，

わざわざ請求の趣旨を現在の個別的法律関係に還元して表現せずとも審理判断対象に明確さが欠けることはないから許される，としている。これは，問題を請求の趣旨の書き方と把握しており，実質は，過去の法律関係の確認を許さないというに等しい。しかし，判旨の後段では，当事者間の紛争の直接的な対象である基本的法律関係の効力を端的に判断することによって確認訴訟の紛争解決機能を高めることができる，としており，ここに新しい考え方を見ることができる。その後の判例は，株式会社には株主総会の決議無効につき会社法830条で明文規定があるが学校法人には明文規定がないにもかかわらず，学校法人の理事会の決議無効確認にも確認の利益があると進み（最判昭和47・11・9民集26巻9号1513頁[百選A10]。ただし，傍論），この後者の考え方によることを明らかにしてきている。過去の法律関係の確認には確認の利益がないという命題は，紛争の抜本的ないし包括的解決という観点から，もはやそのままでは成り立たないというべきである。

　消極的確認は許されず，積極的確認をすべきだという命題も，もはや厳密には成り立たない。確かに，被告に所有権がないことを確認しても，既判力が生ずるのは被告に所有権がないことだけであり，原告が所有権者かどうかは定まらない。それは判決理由中の判断だからである（本書266頁）。原告が所有権者であることの確認を求める方が，紛争解決機能は高い。しかし，第1順位の抵当権者が抵当権の実行を始めたときは，第2順位の抵当権者が原告となって自己が抵当権者であることの確認を求めても，第1順位抵当権者による抵当権実行を止めることはできない。抵当権の実行を止めるためには，第1順位記載の抵当権者が実は抵当権者でないとの消極的確認を求める方が有用である。そうだとすると，消極的確認の方が有用な場合もあるのであり，消極的確認は許されないという命題を過大視してはならないことになる。

　結局，紛争の解決のためには，当該事案の中で原告の権利・法的地位に不安ないし危険があるか，その不安ないし危険を除去するのに確認の訴えが有効・適切であるかという即時確定の利益の審理が中心となる。コロラリーとして，原告の権利・法的地位への不安ないし危険は，現実的なものでなければならない。抽象的，一般的な不安ないし危険であれば，それが現実化するとは限らず，また，現実化した段階で訴えを提起すれば通常は必要にして十分だからである。紛争の成熟性とも呼ばれる。85頁で後述の推定相続人による確認の訴えを認めない判例（最判昭和30・12・26民集9巻14号2082頁）は，これに基づいている。

ところで，債務不存在確認の訴えには，特有の問題がある。攻撃的性格とか提訴強制機能とか呼ばれるものである。たとえば，交通事故の被害者がまだ入院加療中で損害賠償の話しどころではない段階で，加害者ないし加害者側の保険会社が，金 500 万円以上の債務を負っていないことの確認を求めるというとき，どう考えるかという問題である。被害者である被告が，まだ心構えも準備もできていない段階で原告が訴えを提起し，都合のよい判決を得てしまうことをどう考えるか，である。これを不当だとするならば，調整のために，確認の利益を使うことができる。紛争がまだ成熟していない，即時確定の利益がまだないとして訴え却下とするのである。下級審判決には，その口吻を漏らしたものがある（東京高判平成 4・7・29 判時 1433 号 56 頁）。

また，確認の訴えは，原告と被告の間の権利関係・法律関係だけが訴訟物となるものではない。原告の不安・危険によっては，第三者間の権利関係・法律関係を訴訟物とすることも許される。前述の第 2 順位の抵当権者が，第 1 順位の抵当権がないことの確認を求める例でいえば，訴訟物となるのは第 1 順位の抵当権者と抵当権設定者の間の権利関係の不存在であって，原告である第 2 順位抵当権者と被告である第 1 順位抵当権者の間の法律関係ではない。

(5) 確認の利益をめぐって，判例はどのように位置付けられるか

確認の利益は，個別的事情を加味して判断することになるから，判例を分析することが有用である。判例のいわば相場も明らかとなろう。しかし，判例のすべてが妥当という訳でもない。また，判決の理由付けは，時として，やや抽象的であって一般論に流れがちであり，さらには真の判断理由よりも正当化の理由が前面に出ていると見受けられることもある。判例の動向を論ずるに当たっては，判決の理由付けを表面的に分析するだけでは不十分であり，慎重な検討を要する。そもそも，確認の利益は，紛争の解決に有効・適切であるかを考察するものであるから，訴訟物のみを検討するのでは足りず，紛争という背景をも検討の対象としなければならない。判例でさえ，遺言無効確認において請求の趣旨がかかる形式を取っていてもとか判決を求める趣旨はとかと述べて，訴訟物を超えたところで確認の利益について判断を示している。

過去の法律関係に関連するが，子の死亡後にその親であることの確認を求める訴えに確認の利益を認めた大法廷判決がある（最大判昭和 45・7・15 民集 24 巻 7 号 861 頁[**百選 A9**]）。戦死した男性が自分の子供であったことの確認を母親が

求めたものであるが，すでに死亡した者が子供であったことを確認してみても，その子供との関係が実社会で新たに築かれるものではない。従って，死亡後の子供との親子関係の確認は過去の法律関係であり確認の利益がないと考えられていたのだが，判例は，確認の利益を認めることに転換した。しかし，判旨は，親子関係は人の身分関係の基本となる法律関係であり，戸籍の記載が真実と異なる場合には戸籍法116条により記載を訂正して真実の身分関係を明らかにする利益がある，とするのみである。親子関係は身分関係の基本であるから，現在，法律上の紛争が存在することがあることはいうまでもないと抽象的，一般的には語るが，この事件でどのような具体的紛争があるのかへの言及はない。実は，この事案では，戦死した子の恩給法による軍人遺族年金を母親が申請したいという現在の紛争があった。そういう事案だからこそ，確認の利益を認めたと分析する方が建設的であるが，判旨は戸籍訂正の必要という抽象論，一般論にとどまる。一方当事者が死亡した後に心情的な動機のみから身分関係の確認を求めても，確認の利益が認められるかは微妙だと理解すべきであろう。

　賃借中であるにもかかわらず敷金返還請求権が存在することの確認請求にも，最判平成11・1・21民集53巻1号1頁[百選27]は，確認の利益を認めた。請求権の確認は，確認の訴えの補充性から認められないはずであるのに（本書79頁），肯定されたのである。確かに，この事件では，給付の訴えを提起することはできない。まだ建物を返していないのであるから，敷金返還請求権の具体的金額が定まらず，将来の給付の訴えを提起しても金額の立証ができず請求棄却となるしかないからである。しかし，そうであれば，建物を返してから，返還請求をすれば足りるのではないか。一般論としては，まさにそうである。判旨は，これにつき，敷金返還請求権は，賃貸借契約終了前においても条件付きの現在の権利として存在するから確認の対象として適格性に欠けるところがない，という。これは，過去の法律関係の確認は許されないという権利保護の資格に配慮した理由付けであろう。しかし，賃貸借の終了を停止条件とする現在の敷金返還請求権と賃貸借の終了によって成立する将来の敷金返還請求権という区別は説得力を持つか。同じ権利を異なる角度から見た表現の差異に過ぎず，確認の利益を認めるか否かに直接役立つ指標ではない。たとえば，賃貸している部屋の使用方法が悪質であり汚れが著しいので賃貸人たる大家が，こういう状況では終了時の敷金返還はないと明言・確言しているという教室設例で考えると，条件付きの現在の権利であるという理由で敷金返還請求権の存在確認の

訴えが肯定されるであろうか。まず否定されるであろう。とすると、判例の事案と教室設例の違いは、判例の事案では敷金を渡したかどうかが争われ、教室設例では部屋の汚れ方が争われていることにあるのであろうか。判旨後段は、敷金交付の事実が争われているので原告に不安・危険があると言及する。確かに、そういう面はあろう。しかし、敷金交付の事実の争いであっても、通常は賃貸借終了後に訴えを提起させるので十分ではないか。実は、判例の事案においては、子の死亡後の親子関係確認の場合と同様に判旨では言及されていないものの、賃料増額の具体的紛争が平行して存在していたのである。敷金を交付していたかどうかで、賃料増額の上げ幅は異なる。従って、敷金交付の事実が決着しなければ、賃料増額の争いも決着しない関係にある。この事案では、そこがポイントであったのであろう。条件付きとはいえ現在の権利だから確認の利益があるというのが判決文における正当化の論理であるが、そのような正当化の理由付けに惑わされてはならない。

　将来の法律関係の確認はどうか。一般論としては、将来において紛争が現実化した段階で訴えを提起すれば十分である。将来の法律関係は、予測と異なった動きをするかもしれないからである。しかし、労働条件や雇用を変更することが近い将来において確実視される場合には、労働条件等がまだ変更されていない時点であっても変更が無効であることの確認を求める訴えにつき、東京地判平成19・3・26判時1965号3頁[百選28]は、確認の利益があるとした。将来についても、原告の不安ないし危険の現実度で考えるべきなのである。

　親族・相続関係で一連の判例がある。原告の意思に基づかない協議離婚の届出が戸籍にある場合には、原告自身も裁判上の離婚を求める意思を有するときであっても、原告は協議離婚無効確認を求める利益があるとするのが最判昭和31・6・26民集10巻6号748頁である。養子縁組の離縁無効の訴えに対して、被告の方がそもそも養子縁組自体が無効だと主張したときであっても、離縁無効の確認の利益があるとするのが最判昭和62・7・17民集41巻5号1381頁である。前者では、原告も被告も離婚を望んでいるのに協議離婚無効確認を認め、後者では離縁を無効としてみても養子縁組が無効であれば養親子関係はないことになるのに離縁無効確認を認めたということになる。身分関係では、婚姻解消か養子縁組解消かという全体的結論で考えるのではなく、協議離婚の届出とか離縁とかの個々の行為の有効・無効を確認する必要があるという判断なのであろう。遺言無効確認において、原告には具体的相続分がないと被告が主

張した場合でも，確認の利益があるとした判例もある（最判昭和56・9・11民集35巻6号1013頁）。遺言の無効を確認して法定相続分による遺産分割に移行してみても，具体的相続分がゼロであれば原告は得るものがない。にもかかわらず，確認の利益を肯定したのである。相続人たる地位にさえあれば，遺言無効確認を求めることができると考えたのであろう。また，判例は，被相続人の死亡により相続が開始されるまでは，推定相続人は財産を相続することへの事実上の期待はあるものの，期待権はなく，実体権を持たないとする。まだ相続開始前で「推定」相続人でしかない段階では，訴え提起が早すぎるということである（最判昭和30・12・26民集9巻14号2082頁）。では，遺言者がアルツハイマー病に罹患し回復の見込みがない，従って，遺言を書き換えることはあり得ないという段階に至っても，遺言無効の確認を求めることはできないか。最判平成11・6・11判時1685号36頁[百選26]は，できないとした。遺言の内容が関係者に周知となった以上，たとえば被相続人から財産を与えられていない長男は，親族内で権威を失い，社会的にも経済的信用を落とし金融機関から融資が受けられない，または，融資の返済を迫られるということが生ずるであろう。社会学的には，紛争はすでに成熟しているのである。しかし，判例は，遺言者の生存中は遺言があっても，関係者には事実上の期待はともあれ，法的にはなんらの法律関係も発生しない，受遺者とされた者もなんらの権利を取得するものではないと判示して，確認の利益を否定するのである。この考え方に対して，法律論としては反論が十分に可能であるけれども[*6]，この表現の下に判例は被相続人が生存中に遺産をめぐって関係者が法廷で争うことに対して，ある種の社会的・倫理的判断を示しているのであろう。

　ある財産が遺産に属するかどうかの確認を求める遺産確認の訴え，別名，遺産範囲確認の訴えには，最判昭和61・3・13民集40巻2号389頁[百選24]により，確認の利益が認められている。相続人は，相続分に応じて，ある財産に対して遺産共有持分を持っており，それの確認を求めることができる。しかし，持分確認ではなく，遺産であること自体の確認を求めることができる，というのである。たとえば，教室設例となるが，ある不動産甲につき，相続人Yが不動産甲は被相続人から生前贈与を受けたので遺産ではなくYの固有財産だと主張して遺産分割に応じない場合，相続人Xが，遺産だと主張して遺産共

[*6] 中野貞一郎『民事訴訟法の論点II』（平成13年）56頁。

有持分2分の1を持っていることの確認を求め，勝訴したとする。それに基づき遺産分割の審判が行なわれ，他の財産の分割との調整により，不動産甲は全部がXのものと分割された。しかし，その後に，Yが訴えを提起し，不動産甲は生前贈与がありYが2分の1の所有権を持つと主張した場合，どうなるか。前訴判決の既判力は，Xが2分の1の共有持分を有することを不可争とするが，これは，後訴のYが2分の1の所有権を持つとする主張を排除することができない。2分の1同士だからである。そして，後訴でYが勝訴したとすると，遺産分割の審判は効力を失う。遺産の範囲，相続人の範囲について，家庭裁判所は審判で前提問題として判断できるけれども，後にその前提問題につき訴訟が起こされ，訴訟の結果が非訟事件たる審判と異なる場合には，審判の方が効力を失うというのが判例だからである（最大決昭和41・3・2民集20巻3号360頁）。Xは遺産分割審判で不動産甲を割り当てられたにもかかわらず，審判は効力を失い遺産分割はやり直しとなるのである。しかし，遺産分割の前に，ある財産が遺産に属しているか否かが判決で確認されていればそこに既判力があり，遺産であることが不可争となるから，審判の後で別の判決が出て審判の効力が覆滅することはなくなり遺産分割の効果は安定する。遺産でないとする矛盾する別の判決が出ることが，遺産だと確認する判決の既判力で封ぜられているからである。遺産分割手続はスムーズに進行することになる。それ故，持分確認以上の効力があり，事前の遺産確認の訴えには確認の利益がある，という論理の流れとなる。これは，その通りであろう。相続人の範囲確認を求める訴えにも，判例は，確認の利益を認める（最判平成16・7・6民集58巻5号1319頁）。相続人の範囲が固まれば，遺産分割手続はスムーズに進行する。しかし，遺産分割の審判手続がスムーズに進むためであれば，何についても確認の利益があるというのではない。判例は，ある財産が民法903条1項のみなし相続財産であることの確認につき確認の利益を否定し（最判平成7・3・7民集49巻3号893頁），最判平成12・2・24民集54巻2号523頁[百選25]は，具体的相続分がいくらであるかの確認の訴えに確認の利益を否定する。これらが確認されれば，家裁での遺産分割手続はそれを前提にしてスムーズに進むはずである。しかしながら，これらみなし相続財産，具体的相続分というのは遺産分割の途中の段階で意味を持つものに過ぎず，最終的な権利・法的地位といえるものではない。具体的相続分が本当はいくらであった，遺産分割審判は算定を間違っていたと相続人Xが考える場合でも，相続人Xは審判は間違っている

と主張して即時抗告をすることはできる。しかし，遺産分割手続の外側で，具体的相続分がいくらであるから不動産甲は自分のものだとして所有権を主張することはできない。遺産分割手続を経ずに，自分の所有物だと主張することはできないからである。みなし相続財産，具体的相続分は，遺産分割の途中の段階でのみ意味を持つものであって，遺産分割の後の訴えが想定されず外部に派生して行かないのである。これに対して，遺産確認の訴え，相続人確認の訴えでは，実質が所有権をめぐる紛争であり相続人という人の身分をめぐる紛争であるから，いつでも，ということは遺産分割審判の後でも，訴訟提起が保障されている。そして，遺産でない別人の財産を相続人に分配することはできず，遺産を相続人でない者に分配することはできないから，遺産分割審判の後ででも内容の異なる判決が出れば，判決の方が優越するので遺産分割審判は効力を失い遺産分割はやり直されなければならない。同じく遺産分割の前提問題であるけれども，みなし相続財産，具体的相続分は遺産分割手続の中の事項であって後訴が生じないので確認の利益がないのに対し，遺産範囲，相続人範囲は遺産分割の中だけでなく外に派生して行く事項であり所有権確認等の後訴も生じるから，後訴をあらかじめ封ずるための事前の確認の訴えに確認の利益がある，と判例は考えるのであろう。

　特殊な例としては，遺留分権利者が裁判外で遺留分減殺の意思表示をし，これに対し受遺者が価額弁償をする旨の意思表示をした（民旧1041条）にもかかわらず，遺留分権利者が具体的な目的物引渡し請求も価額弁償請求もしない場合に，遺留分減殺の意思表示を受けた受遺者が原告となって弁償すべき金額は一定額を超えては存在しないことの確認を求めた訴えで，確認の利益があるとした判例がある（最判平成21・12・18民集63巻10号2900頁）。実質は，裁判所に対して「価額弁償すべき額の確定を求める訴え」となる。遺留分権利者側が減殺の意思表示の後に何もしないままでいると，評価の時点が定まらず受遺者側は適正な価額弁償の額を算定できず，あるいはみずから算定しても後に裁判所から否定される虞れもあり，進退窮まる。その間に，目的物の価格に連動して価額弁償額が上昇する危険もある。ここに受遺者等の原告の法的地位に不安・危険があり，その不安・危険を除去するには価額弁償額確認の訴えが有効・適切であるというのが，判例の意味であろう。但し，遺留分は法改正された。

　以上，確認の利益は，判例も複雑であり，分かりにくい。しかし，判例に慣れてそれらを使いこなしていく，さらには，不当な判例には判例変更を迫って

いくというのが法律家というものである。

(6) 形成の訴えの利益は，どう考えるべきか

　形成の訴えは，一般的な訴えの類型ではなく，法律を解釈して形成の訴えであると認められる場合にのみ訴え提起ができるというものであるから（本書29頁），給付の訴えと同様に，訴えの利益があるのが原則である。

　しかし，訴えの利益が否定される場合もある。最判昭和45・4・2民集24巻4号223頁［百選30］は，取締役選任の株主総会決議取消しの訴えが進行中に，選任された取締役の任期が満了した場合には，形成の訴えの利益は消失するとした。決議取消しの遡及効は相対的だと解すれば，取締役の責任追及のためには決議取消しは必要でなく訴えの利益を否定したのであろう。しかし，決議取消しという形成の訴えではなく，決議不存在の確認の訴えでは，最判平成2・4・17民集44巻3号526頁［会社法判例百選〔2版〕43］は，取締役選任決議不存在の効果は次期以降の株主総会に引き継がれるので，任期満了となっても不存在確認の利益がある，とする。これを受けてか，最判令和2・9・3民集74巻6号1557頁［会社法判例百選〔4版〕A14］は，決議取消しの訴えであっても後行決議取消しの訴えが併合されている場合は，任期が満了しても形成の訴えの利益はなくならないと判示した。判例が変更されたとみてよいのではなかろうか。なお，同一内容の株主総会決議が再議決された場合には，元の決議の取消しの訴えの利益はなくなるとする判例もある（最判平成4・10・29民集46巻7号2580頁）。事情の変更を考慮に入れるのである。

　けれども，最判昭和58・6・7民集37巻5号517頁［会社法判例百選〔2版〕41］は，計算書類を承認する決議の取消しが求められた事案において，次期以降の総会で決算はすべて適法に承認されていたとしても，元の承認決議が取り消されれば次期以降の承認の総会決議も不確定となるとして，形成の訴えの利益はなくならないと判示した。決議の無効は次期以降に継承されて行くからというのが判旨の理由付けであるが，この事案では4分足らずで終了するなど株主総会の運営が異常であったことが考慮されたのかもしれず，他方では，利益処分による会社資産の外部への流失がない事案では訴えの利益は消滅すると判旨と反対に考えることもできるかもしれない。

　いずれにせよ，会社法の解釈論を前提にして考えることになる。それによっては，形成の訴えの利益が消失することもあり得るということである。

4　当事者適格

(1)　当事者適格という規律は，なにを目的とするか——形式的当事者概念

　当事者適格を理解するには，当事者概念に遡る必要がある。当事者とは，素朴に考えれば，給付訴訟では権利を持つと主張する者が原告となり，義務を負うと主張された者が被告となるものであろう。当事者は実体権を元に考えることができ，それは実体的当事者概念と呼ばれる。

　しかし，19世紀後半のドイツ民訴学界において，異論が提出された。破産があっても，破産財団所属の財産は破産者のものであるけれども，破産管財人が管理処分権を持つ（破78条1項）。しかも，破産管財人は，破産者に留保された自由財産（国民年金のように，破産財団に吸収されない破産者の財産）であるかをめぐって破産者と訴訟をすることがある。その場合，権利者・義務者の次元で当事者を考えると，破産者が破産管財人と対峙する訴訟では，原告も破産者，被告も破産管財人・破産財団を介して破産者となり当事者が同一となって混同が生じ，訴訟が成り立たなくなる。従って，破産管財人は，所有者ではないが訴訟の当事者だとされなければならない（破80条）。また，確認の訴えが一般化した結果，確認の訴えの訴訟物は，原告・被告の間の権利関係・法律関係でなく第三者の権利関係・法律関係でもよいとなったが（本書82頁），ここでは，権利関係・法律関係の主体が当事者となるという規律が成り立たなくなる。そういう次第で，学説としては，当事者とは，その名によって訴えまたは訴えられ判決の名宛人となる者をいうとの形式的当事者概念が通説となった[*7]。

　形式的当事者概念が妥当する事情は以上の通りであり理解できるけれども，しかし，形式的当事者概念は内容が空疎である。誰が当事者となるべきかを少しも指示しないからである。そこで，形式的当事者概念による空隙を埋めるために，当事者適格（あるいは訴訟追行権，正当な当事者）という概念が発生した。誰と誰の間で訴訟をさせるのが，紛争解決に有効・適切であるかを見るという概念である。訴えの利益が，紛争の客体面を見るのに対して，当事者適格は紛争の主体面を見て，紛争解決に有効・適切な当事者を選別するのである。前述

[*7]　松原弘信「民事訴訟法における当事者概念の成立とその展開(1)〜(4・完)」熊本法学51号（昭和62年）85頁，52号（昭和62年）33頁，54号（昭和62年）59頁，55号（昭和63年）25頁。

の例では，破産者が権利主体であるけれども，破産管財人が当事者適格を持ち，従って破産管財人が当事者であるということになる。第三者との間の破産財団に関する訴訟で破産者が訴えを提起すると，形式的当事者概念により破産者は当事者となることはできるが，当事者適格なしとして訴え却下となる。当事者適格は，原告適格と被告適格に細分される。

　もっとも，形式的当事者概念に不満を持つ学説の一部は，当事者適格による処理だけでは満足せず，財産関係訴訟では，当事者を紛争の基盤となる財産から考察する。「紛争財産」につき権限ある管理人が当事者となると考えるのである。破産でいえば，紛争の基盤となっているのは破産財団と破産者の自由財産である。従って，その権限ある管理人である破産管財人と破産者が当事者となると説明する。これを機能的当事者概念と呼ぶが，通説とはなっていない。しかし，紛争の基盤となる財産から発想すること自体は，民訴法学説に影響を及ぼしている。

　ところで，本書1頁の当事者の確定で論じたように，二重規範説では，被相続人に対して提起された訴訟でも，相続人が手続を支配していれば，相続人を当事者だと確定することとなる。しかし，これは厳密には形式的当事者概念から，ずれてしまう。相続人の名は訴状，判決書に出ていないからである。そうではあるが，もともと形式的当事者概念は実体的当事者概念から離れることに眼目があり，それ以上に積極的な内容を持つものではないのであるから，この程度の例外は許容されると考えるべきである。事後的に，相続人はその名で訴えられ判決の名宛人になったとみなされる，と説明することになろう。また，訴訟行為をする者を「訴訟を追行する者」と表現する例が学生の答案に散見されるが，訴訟追行権は当事者適格のことであるから追行は当事者に関係し，「訴訟を追行する者」は誤用ないし転用である。すなわち，訴訟代理人も訴訟行為をするが，代理人であって当事者ではなく，従って，訴訟代理人が訴訟を追行すると表現するのは追行概念の混乱を招来する。これが民訴法本来の用語法であるけれども，特許法105条の4等では訴訟代理人や補佐人が訴訟を追行すると表現されており，判例にも同様の用例があり，民訴法本来から見れば問題である。もっとも，民訴法に，訴訟行為をする主体を指示する用語がない。これが混乱の原因であろう。本書では，必要に応じて，訴訟をする者あるいは訴訟活動をする者という「漠然とした」表現を使用することとする。

(2) 普通の訴訟では，当事者適格は重要な概念ではない

　一般の給付の訴えでは，訴訟物たる給付請求権を持つと主張する者が原告適格を持ち，原告によって義務者だとされた者が被告適格を持つ。給付の訴えは，通常，こういう形で提起されるから，当事者適格が機能する局面は少ない。

　もっとも，登記を持っていない者に対して物権に基づき抹消登記手続請求が提起されたときは，被告適格がない，とする学説はある。しかし，抹消登記手続請求を登記を持たない者にすることができないのは，実体法の解釈によって，そうなるのである。確かに，証拠調べを必要とせず，主張自体失当（本書145頁）で処理されるが，なされているのは実体法の解釈であり，従って，当事者適格の問題でなく本案の問題だする方が落ち着きがよい。当事者適格は，本案の事項とは別の事項を問題とすると理解する方がよい（後述92頁の債権者代位訴訟では，本案の事項は債務者Sの第三債務者Dに対する権利であり，当事者適格が問題とするのは債権者Gの債務者Sに対する債権である）。所有権に基づく返還請求訴訟では，被告が目的物を占有していない場合，請求棄却だと処理するが，これと同様に，登記を持たない者に対する抹消登記手続請求も本案の問題であり請求棄却となるとする方がよい。既判力も，一般的には，本案判決の方が強いのであるから，紛争解決にも，より役に立つ。

　確認の訴えでは，確認の利益の判断の中に，誰を当事者とするかも含まれるのが普通であるから，当事者適格を独自に考える必要性に乏しい。形成の訴えでも，法律に当事者が定められていることも多く，特別に当事者適格を考えるのは例外的である。

　当事者適格は，そこで実は，実体権の権利・義務主体でない者が当事者となる場合に効用を持つ。89頁で述べた沿革からも，そのように言えるであろう。権利・義務主体でない者が当事者となる現象を，第三者の訴訟担当と呼ぶが，当事者適格が効用を発揮するのは，この第三者の訴訟担当の説明においてである。訴えの利益が一般的な概念でありながら，問題となる主要な場面は確認の利益であるのに類似して，当事者適格が問題となるのは第三者の訴訟担当の場面である。確かに，固有必要的共同訴訟のところでも当事者適格が理論上問題とされるが，しかし，これは固有必要的共同訴訟の成否という形で別途論ぜられるのが普通である。

　第三者の訴訟担当は，法律の規定・解釈に基づく法定訴訟担当と本人からの授権に基づく任意的訴訟担当とに分かれる。法定訴訟担当は，さらに，担当者

のための法定訴訟担当と，権利義務の帰属主体のための法定訴訟担当とに分類される。担当者のための法定訴訟担当は，訴訟担当をする第三者の方の利益が核心にある場合であり，債権者の債権者代位訴訟（民423条），差押債権の取立て訴訟（民執155条），債権質権者の取立て訴訟（民366条），株主の代表訴訟（会社847条）等がある。権利義務の帰属主体のための法定訴訟担当は，権利義務の帰属主体が訴訟をすることが不可能または不適当である場合に，法律上一般的にその帰属主体を保護すべき職務にある者が訴訟担当をする場合であり，職務上の当事者とも呼ばれる。人事訴訟において本来の適格者の死亡後に当事者となる検察官（人訴12条3項），成年被後見人の離婚訴訟等で当事者となる成年後見人（人訴14条），海難救助料の訴訟における船長（商811条2項），遺言執行者等である。なお，船長は，商法713条1項の航海上必要な行為の関係では法令上の訴訟代理人であり（本書24頁），海難救助料の訴訟においては職務上の当事者である。訴訟担当では，第三者が権利義務の帰属主体の代わりに，または，並んで当事者適格を持って当事者となり，判決の効力は権利義務の帰属主体に及ぶ（115条1項2号）。反対に，権利義務の帰属主体は，前訴の当事者に当事者適格がなかったことを主張立証すれば，判決効が及ぼされることを免れることができる。訴訟担当者は，当事者となるのであって代理人となるのではないが，訴訟担当と訴訟代理は機能において重なるところがある。

(3) 法定訴訟担当の規律は，どうなっているか

(イ) **債権者代位訴訟**　　債権者をG，債務者をS，第三債務者をDと表現すると，債権者Gが原告となり第三債務者Dが被告となるのが債権者代位訴訟である。訴訟物は，債務者Sの第三債務者Dに対する権利である。当事者適格を基礎付けるのが，債権者Gが債務者Sに債権を有することである。債権者Gが原告となった訴訟の判決効は，債務者Sに及ぶ（115条1項2号）。

　しかし，一口に法定訴訟担当といっても，訴訟担当者が被担当者の権利義務を完全に吸収する破産管財人のような場合もあるが，債権者代位訴訟では訴訟担当者である債権者Gの権限と被担当者である債務者Sの権限とは対立拮抗する。対立拮抗する場合には，被担当者Sに当然に判決効が及ぶとするのは行き過ぎだとする学説がある[8]。また，債権者Gは自己固有の利益の実現の

---

[8] 三ケ月章「わが国の代位訴訟・取立訴訟の特異性とその判決の効力の主観的範囲」（初出：昭和44年）同『民事訴訟法研究第6巻』（昭和47年）1頁。

ために原告となるのであり，第三者の訴訟担当ではなく，固有の地位から当事者適格を持つとする学説もある。当事者適格は，訴訟の結果にかかる重要な利益を持つか否かで判断されるべきであり，そうだとすると，債権者Gは訴訟の結果にかかる重要な利益を持つので当事者適格を持つとするのである。固有適格を持つと表現される[*9]。確認の訴えで，第三者間の権利関係・法律関係を訴訟物としても確認の利益が認められることの応用という面を持つ考え方である。しかし，固有適格説では，債権者Gが勝訴したときは，有利な判決でもあり債務者Sに判決効を及ぼしてよいが，債権者Gが敗訴した結果はGが固有の適格で敗訴したのであるから，債務者Sに判決効を及ぼすことができない。しかし，それでは勝訴した第三債務者Dは，再訴の危険に瀕することとなり妥当ではない。そこで，対立拮抗する場合は判決効が及ばないという説を採るのでもなく，固有適格説を採るのでもなく，債権者Gは，債権者代位訴訟を提起したことを債務者Sに告知することによって初めて当事者適格を取得するという学説が多数説となり，平成29年債権法改正で民法423条の6に結実した。訴え提起を告知された債務者Sは，主張立証活動をしたければ，当事者として（民法423条の5）共同訴訟参加または独立当事者参加することができる（Gが自己の債権者でないと債務者Sが考える場合は，独立当事者参加の転用となることにつき本書339頁）。

(ロ) **相続財産管理人** 限定承認をした場合，共同相続人の中から家庭裁判所が相続財産管理人を選任する（民936条1項）。相続財産管理人は，相続人のために相続人に代わって相続財産の管理，債務の弁済に必要な一切の行為をすることができる（民936条2項）。さて，相続財産管理人が訴訟をする場合，相続財産管理人は相続人の法定代理人として訴訟をするのか，第三者の訴訟担当であって当事者として訴訟をするのか。

判例は，法定代理人だとする（最判昭和47・11・9民集26巻9号1566頁[百選A5]）。当事者は，共同相続人全員だということになる。しかし，いずれにしても訴訟をするのは相続財産管理人であり，判決効は代理人構成であれば代理の効果として本人に生じ，訴訟担当だとすれば115条1項2号によって被担当者に及んで行く。要するに，どちらの構成でも大きな違いは生じない。そうだとすると，法定代理人か訴訟担当かにこだわる必要は高くなく，上告審がその

[*9] 福永有利「当事者適格理論の再構成」（初出：昭和49年）『民事訴訟当事者論』（平成16年）126頁。

問題を職権で取り上げて原判決を破棄するまでもないと考えることもできる。実際には，これで足りるであろう。

　ただし，理論として追究するならば，相続財産管理人は共同相続人全員とは相対的に離れて相続債権者等々の全関係者のために公平に遺産の処理をするのであるから，本人のためにする代理人構成よりも中立的な訴訟担当という構成の方がふさわしいであろう。

　(ハ)　**遺言執行者**　　遺言執行者は，相続財産の管理その他遺言の執行に必要な一切の行為をする権限と義務を有し（民1012条），相続人は遺言執行者の行為を妨げる行為をしてはならない（民1013条）。しかし，民法旧1015条は，遺言執行者を相続人の代理人とみなすと規定していた。ここから，遺言執行者についても，法定代理人なのか法定訴訟担当なのかという問題が生じていた。

　しかし，遺言執行においては，遺言執行者と相続人が財産をめぐって原告・被告となることがあり，実際にもその例は多い。この場合，法定代理人だとすると，当事者本人は原告も被告も相続人だということなり混同が生じ訴訟が成り立たない。民訴法上は，遺言執行者は法定訴訟担当であり当事者となると見なければならない。民法1015条の相続人の代理人とみなすという規定は，遺言執行者のした行為の効果が相続人に帰属することを表現したにとどまる（平成29年債権法改正で明定された。民法1015条）。

　遺言により受遺者がいるにもかかわらず，相続人が勝手に相続登記をした場合には，受遺者は相続人ではなく遺言執行者を被告として移転登記手続請求をしなければならないとするのが最判昭和43・5・31民集22巻5号1137頁である。しかしながら，登記は相続人のところにあるのであるから，受遺者は遺言執行者に勝訴しただけでは実際に登記を得ることができない。実は，この事案は，遺言執行者が相続人から登記を取り戻して受遺者に登記を渡すべきであるのに，遺言執行者がそれを怠っているというものである。そこで，受遺者は，遺言執行者と相続人の両者を被告とすべきこととなろう。請求の趣旨は相続人に対しては，相続人は抹消登記手続をせよとなり，遺言執行者に対しては，戻ってきた登記を受遺者に移転登記手続をせよ，となる。相続人を相手とする部分は，受遺者が遺言執行者を代位した債権者代位だと構成することもできるし，受遺者は遺言によって所有権を物権的に取得しているので妨害排除として抹消登記を求めると構成することもできる。

　しかし，遺言の執行にかかわる事項ならば，いつまでも遺言執行者が訴訟の

当事者とならなければならないというのでは遺言執行者の負担が重くなる。そこで，最判昭和51・7・19民集30巻7号706頁[百選12]は，登記を受遺者にすでに移して遺言の執行が終了した場合には，その登記の抹消を求める相続人は遺言執行者ではなく受遺者を被告として訴えを提起すべきである。つまり，遺言の執行が終了していれば，遺言執行者が当事者となる必要はない，とする。

その上で，いわゆる相続させる旨の遺言（特定財産承継遺言）をめぐって，判例は混乱した。相続させる旨の遺言では，相続を受ける受益相続人は，受遺者と異なり単独で相続登記を申請できるのであって，遺言執行者の登場の余地が少ない（ただし，この点は平成30年相続法改正で改められた。民法1014条2項。受遺者の場合は，受遺者と遺言執行者の共同申請となる）。そこで，不動産の賃借権確認の訴えを，賃借人は遺言執行者ではなく受益相続人を被告として提起すべきだとするのが最判平成10・2・27民集52巻1号299頁である。他方では，他の相続人が勝手に相続登記を得た場合，受益相続人も原告として移転登記手続を求めることができるが，遺言執行者も受益相続人への移転登記手続を求めることができるとする判例もある（最判平成11・12・16民集53巻9号1989頁）。相続させる旨の遺言において，遺言執行者を無視するような判例と権限を認める判例とがあることになる。学説では，遺言執行者の権限を強化する方向に立ち遺言執行者の当事者適格を広く認める見解と，受益相続人が最終的な権利者であることと遺言執行者がいるのかどうか，いるとして誰かが分かりにくい現実もあることから，遺言執行者ではなく受益相続人を当事者とすべきだとする見解がある。しかし，遺言においては遺言者の意思を中心に考えるべきであり，遺言者の意思を体現するのが遺言執行者であるから，遺言執行者の当事者適格を広く認めて行く立場が妥当であろう[*10]。いずれにせよ，遺言執行者の権限内というのがどこまでかが微妙であり判例は一見混乱しているけれども，抽象的には，遺言執行者の権限内の事項については遺言執行者が当事者適格を持つ，と考えることとなる。

(二) **紛争管理権説**　消費者紛争や環境紛争では，必ずしも個々の被害者の権利だけが重要な問題ではなく集団的な利益が問題であることも多く，関係者が団体を通じて問題提起，世論喚起，相手方との交渉を行ない，被害者をまとめていくのが通常である。団体は，既存の消費者団体であることもあり，紛争

[*10] 反対説も有力である。山本弘「遺言執行者の当事者適格に関する一考察」谷口安平古稀『現代民事司法の諸相』（平成17年）11頁。

を契機にして作られた○○の環境を守る会のような団体であることもある。

　団体が紛争をいわば管理し維持してきたにもかかわらず，訴訟となると，個々人が原告となる集団訴訟（民訴法上は，通常共同訴訟となる。本書310頁）として処理されてきた。しかし，紛争を管理してきた団体に，当事者適格を肯定してよいのではないかというのが紛争管理権説という学説である[*11]。紛争管理権を持つ団体に訴訟担当を認めるというのであり，紛争の実態を背景にした斬新な発想に基づく学説であるが，判例はこの考え方を否定した（最判昭和60・12・20判時1181号77頁）。集団的利益をめぐる訴訟をどう規律していくかは，まだ解決されていない問題が多い。

（4）　任意的訴訟担当とは，どのようなものか

　本来の権利義務の主体が，第三者に授権して，第三者が本来の権利義務の主体に代わって当事者適格を持つとするのが任意的訴訟担当である。本来の権利義務の主体が当事者を選任するので，任意代理人の用語法と同様に（本書17頁），任意的と称される。

　実定法も，実はこれを認めており，選定当事者（30条）は内容的には任意的訴訟担当である。手形法18条の取立委任裏書による被裏書人の訴訟も，任意的訴訟担当だとしてよいであろう（法令上の訴訟代理人だとする説もある）。

　しかし，任意的訴訟担当を無制限に認めると，弁護士代理の原則の脱法となる。訴訟担当者は代理人となるのではなく当事者となるのであるけれども，本来の権利義務の主体の権利義務について代わって訴訟をするのであるから，機能は代理人に近づき，弁護士でない者が任意的訴訟担当を多用すれば，弁護士代理の原則は崩れるからである。そこで，従来の判例は，任意的訴訟担当を厳しく制限し，無尽講の講元に認める程度であった。

　しかし，大法廷である最大判昭和45・11・11民集24巻12号1854頁[百選13]は，民法上の組合である建設工業共同企業体において，その規約で財産管理権限が与えられている者が，その名で訴訟を提起することを肯定した。民法上の組合の業務執行組合員に，個別の授権でなく規約による授権で任意的訴訟担当を認めたのである（弁護士が訴訟代理人となっていたようである）。画期的な判例であるが，しかし，事案としては，選定当事者の類型において選定行為を

　[*11]　伊藤眞『民事訴訟の当事者』（昭和53年）101頁。

欠く場合と同じであり，選定行為を緩和したものと理解することもできる。事実，下級審判決を含めて判例は，権利義務の帰属主体の中の一人に任意的訴訟担当をさせる場合には認めるが，帰属主体でない外部の第三者に訴訟担当をさせることには否定的である（例外として，最高裁平成28・6・2民集70巻5号1157頁）。

では，どのように考えるべきか。弁護士代理の原則，訴訟信託禁止の原則（信託10条）の脱法を認めるべきではない。また，任意的訴訟担当を緩く認めると，当事者に結び付けられた土地管轄，裁判官の除斥・忌避，訴訟費用の負担者，手続の中断，当事者尋問等々の規律にゆがみが生ずる。実体関係と訴訟関係とにずれが生ずるのであり，ドイツでは，任意的訴訟担当を使って訴訟費用の負担者を変えることの弊害が指摘されている。資産が十分でない者を敢えて任意的訴訟担当で当事者とし，負けたときに弁護士費用を含む訴訟費用の支払いを免れようとする者が現れたのである（ドイツでは勝訴者の弁護士費用も敗訴者の負担となる）。もちろん，実体関係と訴訟関係のずれは，法定訴訟担当でも生ずるが，法定訴訟担当はそのゆがみを考慮に入れた上で法定訴訟担当を立法するか否かを定めているのに対して，任意的訴訟担当ではそれが野放しとなるのである。そこで，任意的訴訟担当は，抽象的には，その名による独立の訴訟を許容してでも保護すべき程度に重要な利益を当事者となる訴訟担当者が持つかどうかで，可否を判断すべきであろう[*12]。具体的には，債権の譲渡人が譲受人から授権されて任意的訴訟担当となるのは肯定してよい。譲渡人は譲受人に対して担保責任を負っているから，自己が当事者となって勝訴する利益を持つからである。しかし，労働組合が組合員の訴訟につき任意的訴訟担当をするのは，労働組合もその訴訟に利益を持つかもしれないが，他方，組合員のためではなく組合固有の利益で行動する危険もあり，任意的訴訟担当を認める必要はない。組合員に弁護士を付ける方向で処理すれば足りる。家屋を管理している者に授権して任意的訴訟担当とするのも，家屋の所有者が弁護士に委任すれば足りるから任意的訴訟担当を否定してよいであろう。任意的訴訟担当を通じて本人訴訟が拡大することになるのは，司法制度全体の在り方として適切ではない。弁護士が代理する方向で考えるべきであり，そのとき，弁護士が付いていても当事者としてその名で訴訟をするのを許容すべきかどうかを，債権の譲渡人と譲受人，労働組合と労働組合員等々，関係者の法的地位・状況から個別

[*12] 中野貞一郎「当事者適格の決まり方」（初出：平成5年）同『民事訴訟法の論点Ⅰ』（平成6年）111頁・120頁。

に考えて行くことになる。

(5) 対世効がある場合の当事者適格は，どうあるべきか

(イ) **対世効がある場合の道具立てには，どのようなものがあるか**　会社等の団体関係訴訟，自然人の身分関係訴訟では，判決に対世効が付与されることが多い（会社838条，人訴24条1項）。法律関係を画一的に処理するため，世間一般に対して判決効を拡張するのである。

　判決に関与していない第三者が判決効を受けるのであるから，訴訟手続もそれに対応していなければならない。その道具立ての一つが，処分権主義と弁論主義の制限である。当事者に自由に訴訟をさせるのではなく，他の者のためにも訴訟をさせるのである。恣意的な関心からの訴訟戦術を排除するのに役立つ。人訴法19条1項・20条が弁論主義でなく職権探知主義を採り，行訴法24条も職権証拠調べを規定するのは，この手法を採るものである。道具立ての第2は，訴訟係属を第三者に知らせ，第三者が欲すれば訴訟参加ができるとするものである。人訴法28条，株主代表訴訟で会社法849条4項に規定がある。道具立ての第3は，詐害的な判決が出た場合に，第三者に再審を許すというものである。株主代表訴訟で会社法853条，行政訴訟で行訴法34条に第三者の再審の規定がある。第4に，判決効の拡張を第三者の利益になる場合にだけ限定する道具立てもある。会社法上の訴えは請求認容の場合だけの片面的対世効だと規律されている（会社838条）。

　これらの道具立ての一つが，当事者適格を限定するというものである。しっかりと訴訟を行ない，判決の内容的正当性を高められる者のみに当事者適格を限定するのである。

(ロ) **法人の内部紛争における被告適格**　確認判決でも，法人の内部紛争では対世効が与えられることが多い。原告適格は，法人の構成員・役員に限定されるのが普通であるが，被告適格はどうか。

　被告が合資会社の無限責任社員でないことの確認の訴えにおいて，当該社員だけを被告とする確認の訴えでは対世効までは認められないので，会社に判決効を及ぼすために会社は当事者となっていなければならない，会社を当事者としていない訴えは確認の利益を欠く，しかし，会社は当事者となっていればよいのであって，原告となっていても被告となっていてもよい，とした興味深い判例がある（最判昭和42・2・10民集21巻1号112頁）。けれども，その後の判例

には，Y寺の代表役員であることの確認を求める訴えにおいて，Y寺が被告となっていなければY寺に判決効を及ぼすことができないのでY寺は被告とならなければならないが，しかし，法人たるY寺が被告となっていれば判決に対世効を肯定することができ，対世効があるのであればY寺だけを被告とすれば足りるとしたものがある（最判昭和44・7・10民集23巻8号1423頁[百選15]）。事案の違いに基づく面もあるが，無限責任社員・代表役員であるかが問題となっている自然人と法人の両者が当事者となるべきだとする思考から，対世効で処理できるから法人さえ当事者となっていれば足りるという思考への変化が窺われる。

　では，ある者を取締役に選任する株主総会決議取消しの訴えで，会社を被告とすれば足りるか。法人という法技術は，外部関係の処理のためのものである。このような会社の内部紛争では会社ないし法人という法技術は，役に立たない。内部紛争は，いわば，コップの中の嵐である。当事者の配置は，真剣に訴訟を行なわせるために，利害が最も対立する者を当事者に据えるのが望ましい。そうだとすると，株主総会決議取消しの訴えでは決議を上程した代表取締役が被告，決議に反対した株主が原告となるのがふさわしいという鋭利な学説が提唱された[*13]。この問題提起を受けて，民訴学説は，おおむね，会社という法技術は，多数の関係者の結節点であるから内部紛争でも会社が当事者となるべきである，しかし，会社に集約される関係者の利害に包含されない個人的利益を持つ者，つまり取締役選任の株主総会決議取消しの訴えでいえば選任された取締役も当事者となるにふさわしい，要するに，会社と被選任取締役が共同被告となるべきだという方向に展開した[*14]。

　しかしながら，会社法834条は，会社関係訴訟の被告を会社と法定した。民訴の多数説も，現在は，会社が単独で被告適格を持つとするに至っている（反対の少数説もある）。

　(ハ)　**身分関係訴訟での規律はどうなっているか**　　身分関係訴訟では，原告の勝訴でも敗訴でも対世効が肯定されている（人訴24条1項）。たとえば，親族の内のある者が婚姻取消しの訴えを提起して勝訴すると，婚姻取消しにつき対世効が生じ，誰からも婚姻は取り消されたと扱われる。しかし，敗訴しても対世効を生ずるので，親族のうちのX_1が敗訴すると，別の親族X_2も対世効で

[*13]　谷口安平『多数当事者訴訟・会社訴訟（民事手続法論集第2巻）』（平成25年）201頁。
[*14]　福永・前掲書[*9] 384頁，新堂302頁。

拘束され，X_2 は婚姻取消しの再訴を提起できなくなる。自分が関与していないうちに，訴えを提起することが封ぜられるのである。

　この効果は深刻であるので，各国の訴訟法は，当事者適格とは離れるけれども，判決が出る前にできるだけ利害関係人を訴訟に関与させようとする。また，判決が出た後には，利害関係人に一種の再審を認めようとする。ドイツ法が採る必要的呼出しの制度は，前者の例である。たとえば，嫡出否認の訴えを父親とされた者が子供を相手に提起すると，母親に必要的呼出しがなされる。必要的呼出しは，第1回口頭弁論期日だけでよく，呼び出された者はみずからの判断で当事者のどちらかに共同訴訟的補助参加をすることができる，と規律する（母親は，嫡出否認の訴えの被告たる子供の法定代理人として訴訟に関与するのが日本法であるが，ドイツ法では多少異なるようである）。必要的呼出しがなされなかった場合には，出された判決を争うことができる[*15]。ドイツの行政訴訟法では，職権で利害関係人を当事者とする途が開かれている。

　わが国でも，人訴法28条が利害関係人への訴訟係属の通知を定める。死後認知訴訟は，検察官を被告として提起されるが（人訴12条3項），父親とされる者の相続人に対して通知がなされる。よくできた規定であるが，訓示規定だとされており，通知がない場合にも判決効に影響はない。また，人訴15条は，裁判所が職権で利害関係人を訴訟参加させることができるとし，この参加人は共同訴訟的補助参加人となる，とする。しかし，これも参加させなかった場合の制裁の規定はない。ともあれ，利害関係人を訴訟に引き込む途は，微弱であるものの，日本法でも用意されていない訳ではない。

　しかし，行訴法では34条に第三者の再審の訴えの規定があるが，判決が出た後の再審につきわが国人訴法には明文の規定がない。かえって，死後認知訴訟で検察官が被告となり請求認容判決が確定した後に，父親とされた者の子供たちが判決を知って再審の訴えを提起したとき，死後認知訴訟の被告適格を持たない子供たちには再審の原告適格はないとした判例がある（最判平成元・11・10民集43巻10号1085頁。ただし，会社訴訟であるけれども，最決平成25・11・21民集67巻8号1686頁[百選118]で変化のきざしがある）。対世効を及ぼされる者の手続保障に，わが国の立法も判例も，まだ十分には対応していないようである。

───────

[*15] 吉村徳重『民事判決効の理論（下）』（平成22年）213頁，高田裕成「いわゆる対世効論についての一考察(1)・(2)」法協104巻8号（昭和62年）1129頁，11号（昭和62年）1513頁。

第4章 審　理

　　　　　　　　　　1　処分権主義──申立事項の制限
　　　　　　　　　　2　弁論主義
　　　　　　　　　　3　審理の諸原則
　　　　　　　　　　4　訴訟行為
　　　　　　　　　　5　口頭弁論の手続
　　　　　　　　　　6　当事者の欠席
　　　　　　　　　　7　手続の停止

> 　民訴法の概論も4分の1程度のところまで参りました。一服，余計なことを申します。皆さんは，個別の問題については本書を読んでそれなりにお分かりいただけたとしても，どこかイライラしていませんか。そうなのです。全体像が見えないので，どこかイライラするのです。しかし，円環的構造の訴訟法を勉強するときには，これは我慢しなければなりません。分からないことに耐える力が，訴訟法の勉強には必要なのです。第7章の既判力の辺りまでくると，急に分かるようになります。丁度，山登りをするとき，途中の段階ではどこを歩いているのか分からずイライラしても，ある高さに来ると急に視界が開けてくるのと同じです。民事訴訟法は抽象的な話しが多く，4分の1程度の今が一番，辛いところです。本章の審理も，特に後半は，抽象論が多くイライラするところです。抽象論のところでは，具体例を思い浮かべて学ばなければなりません（本書12頁）。もう少しの我慢です。再度申しますが，分からないことに耐える力は重要です。これがないと，次の飛躍を望むことができません。いわゆる「分かりやすい本」というのは，この分からないことに耐える力を養ってくれないが故に，かえって有害なのです。

1　処分権主義──申立事項の制限

（1）　申立事項の制限とは，どのようなものか

　訴訟は，訴訟物についての判断を求める手続だということができる。その訴訟物についての権限，すなわち，どういうものを訴訟物に据えるか，その訴訟物につき判決を求めるか否かの権限は，裁判所ではなく当事者にある。定義す

ると，原告がその意思で訴訟を開始させ，かつ審判の対象を設定・限定することができ，さらに当事者がその意思で判決によらずに訴訟を終了させることができるとする規律を処分権主義という。判決の基礎をなす事実の確定に必要な資料の提出の権限と責任が当事者にあるとする規律を弁論主義というが（本書114頁），処分権主義と弁論主義は当事者の権限とする点で思想的には私的自治尊重という同じ基盤の上にある。第4章審理では，原告がその意思で訴訟を開始させ，かつ審判の対象を設定・限定することができる面を取り上げる。この局面は，申立事項の制限とも呼ばれる（246条）。当事者といっても，この局面では原告の権限となる。判決によらずに訴訟を終了させる当事者の権限は，第6章で論ずる。

　原告の意思を尊重するという原則であるから，原告の申し立てていない事項について判決することができない。すなわち，申立事項と質的に離れた判決，または，原告の立てた申立事項より量的に大きな判決をすることはできない。被告から見ると，申立事項は，敗訴した場合の不利益の最大を意味し，訴訟への応対をそれに応じて決めることができる。たとえば，50万円支払えという申立事項であるなら，弁護士に委任せずに本人で応訴しようとか，100億円の申立事項であるなら，一流の弁護士に委任しようとかを決めることができる。そのような意味を込め，申立事項の制限は，被告への不意打ち防止の機能を持つ。ただし，日本民訴法は，訴えの変更を緩やかに認め（143条），訴訟の途中での請求の拡張も自由であるから，訴え提起当初とは申立事項が変化することがある。この限りでは，被告への不意打ち防止の機能は限定的なものにとどまる（訴えの変更，請求の拡張は本書295頁）。

　申立事項は，訴訟上の請求と同じと考えてよいので，給付・確認・形成という判決形式を含んでいる（本書27頁）。従って，原告が給付判決を求めたのに，裁判所が確認判決をするということは許されない。質的に離れた判決となるからである。また，申立事項は量を含むので，原告が1000万円の支払いを請求したのに，裁判所が1200万円の給付判決を下すことはできない。原告が求めたものよりも量的に大きな判決，つまりは原告が求めていない判決となるからである。しかし，原告が1000万円の支払いを請求したのに，900万円の一部認容・一部棄却の判決をすることは許される。すなわち，量的に減らすことは差し支えない。請求の全部棄却判決よりも一部認容判決の方を欲するのが，通常の原告の合理的意思だとしてよいからである。

ところで，原告は現在の給付の訴えを提起したが，条件付きであるとか期限未到来であるとかが判明したとき，裁判所は将来の給付の判決を下すことができるか。現在の給付と将来の給付を質的に離れたものと考えるかどうか，という問題である。現在の給付という申立事項よりも，将来の給付判決は，条件とか期限とかの面で質的に小さなものとなっている訳であるが，通常の原告の合理的意思で考えると，請求棄却となって再訴するよりも，将来の給付判決という勝訴判決を得ておくことを選ぶであろう。再訴の負担を避けようとするのが合理的だからである。従って，現在の給付の訴えに対して将来の給付判決をすることは，申立事項の制限内だと考えてよい。もっとも，物上保証として抵当権を設定したことはなく無権限で設定されたと原告が主張して抵当権設定登記抹消登記手続請求をしてきた場合，裁判所が審理して表見代理で抵当権設定は有効だと判断したとき，裁判所がさらに審理して原告が関与していない被担保債務の履行期や現在額まで判断して条件付きで抹消登記手続を命ずる将来の給付判決をしなければならないかとなると，このような極端な場合には，釈明をして，原告が請求棄却判決を選ぶのであれば，それを認めるべきであろう。被担保債務の履行期や現在額の主張立証を原告は即座にはできず，不利に判決されてしまう危険があるからである[*1]。

また，損害賠償請求において，原告が一時金払いを求めたのに対して，裁判所が定期金での賠償を命ずることができるか。被告の資力の変化，定期金の金額がインフレ等で不当になることを考えると，原告の一時金払いという要求に反する判決は申立事項の制限に違反すると考えるべきであろう。しかし，定期金の金額の是正は確定判決変更の訴えで可能であり（117条），被告の資力も保険会社が付いているときはほぼ安全だと考えてよく，支払い方式として合理性のある定期金賠償判決を原告の意図に反して出すことができるとする下級審判決もある（東京高判平成15・7・29判時1838号69頁[百選A25]）。事案によっては，そう解してよい場合もあるかもしれない。

申立事項の制限にも，例外がある。訴訟費用の裁判（67条），仮執行宣言（259条1項），仮執行免脱宣言（259条3項）は，判決主文に掲げられるものであるけれども，付随的裁判であり職権でなされることから，当事者の申立てに拘束されない。通説・判例によれば，形式的形成訴訟である境界確定の訴えで

[*1] 後藤勇『民事実務の研究』（平成8年）448頁参照。

は，申立事項の制限は働かないとされるが，私見は疑問を持つ（本書34頁）。

(2) 一部認容は，どのような場合に問題となるか

前述のように，原告が1000万円の支払いを求めて訴えを提起したとき，裁判所が900万円の一部認容，100万円の一部棄却判決を出すことは差し支えない。1000万円全部は認められないとき，請求棄却判決を下した場合，その後に原告が900万円で再訴することは既判力で封ぜられる。そうだとすると，通常の原告の合理的意思は，請求棄却判決よりも900万円の一部認容・一部棄却判決を選ぶはずである。実務では，100万円の一部棄却は「原告のその余の請求は棄却する」と判決主文で書かれる。ある原告が，どうしても1000万円の認容判決が欲しい，そうでなければ請求棄却判決でよいと頑強に主張したとしても，裁判所は一部認容・一部棄却判決を出してよい。訴訟制度の合理的利用は，こうあるべきだからである。この意味では，個別事件での具体的原告の意思が決定的なのではない。通常の原告の合理的意思（通常の原告の意思，原告の合理的意思という表現もある）が決定的なのである。通常の原告の合理的意思が，請求の全部認容でなければ請求棄却を選ぶものとしては，いわゆる同居を命ずる判決がある。家屋の明渡し請求において，原告には6畳間と4畳半の間を明け渡せ，台所・トイレは共用せよ，残りの8畳間と3畳間は被告が使ってよいというような内容の判決であり，戦後の建物不足の時代には多く出されたが，現在では請求棄却を望むのが通常の原告の合理的意思であろう。

家屋明渡し判決では，立退き料との引換え給付判決が問題となる。正当事由の補完としての立退き料支払いである。賃貸人である原告が，無条件の明渡しを請求したとき，裁判所が合理的な立退き料の支払いと引換えに明け渡せという判決を出すことができるか，という問題である。無条件の明渡しを求めているのに，立退き料と引換えというのは通常の原告の合理的意思に反するか。しかし，実は，立退き料の性格上，こういう問題は生じない。立退き料は正当事由の補完であり，賃貸人（原告）が主張するものである（借地借家6条・28条）。原告が弁論で主張している以上，請求の趣旨では無条件であったとしても，原告の意思は立退き料の支払いを認めているのである。従って，形式的には無条件の明渡し請求を維持しているときでも，実質的には無条件を放棄しているのであるから立退き料との引換え給付判決は適法である。抽象論としても，無条件の明渡しを求めているのに立退き料と引換えというのは申立事項より量的に

小さなものを判決したと考えることができ，処分権主義に反しないと説明してよいであろう。では，原告が300万円の立退き料を主張しているとき，裁判所が500万円の立退き料を認めることは適法か。立退き料では，原告の求めるものより量的に少ないというのが，鏡で見るように逆転する。300万円よりも500万円の立退き料の方が，原告に不利であり原告が得るものが量的に少ない判決となり適法となる。300万円と主張しているのに100万円の立退き料でよいというのが，原告の求めるよりも量的に大きな判決となり申立事項の制限違反となる。ところで，原告が無条件の明渡しを主位的に主張し，予備的に300万円の立退き料を主張しているときは，無条件も主張している以上，間の150万円の立退き料を認めることは差し支えない。原告が求める以上の判決ではないからである。

ちなみに，500万円の立退き料の支払いと引換えに被告は原告に建物を明け渡せという判決が確定したとき，被告の方が，建物を明け渡したので500万円支払えという強制執行をすることができるか。これは，できない。この判決は，原告の明渡し請求を認容しただけである。被告への支払いとセットであるけれども，論理的には，被告の支払い請求を認容した判決ではない。そもそも，被告からの支払い請求は申し立てられていない。では，被告が立退き料支払いの予備的反訴を提起することはできるか。実体法的には賃借人に立退き料請求権がないという難しい問題を含むが，立退き料の支払いを確保する現実の必要性のため，肯定すべきであろう。

(3) 交通事故の損害賠償訴訟の訴訟物──金額を明示しない給付の訴えは許されるか

交通事故の損害賠償訴訟の訴訟物は，どこまでか。一つの交通事故で，さまざまな「損害」が生ずるので，そのどこまでを一つの訴訟物にくくるかという問題である（民法学で論ぜられる差額説で説明する。損害事実説での説明ではない）。衣服の破損，腕時計の破損等の個々の物損がある。そして，治療費等の積極損害，休業に伴う逸失利益等の消極損害，慰藉料という人損もある。これら毎に訴訟物が分かれるという考え方もある。人損においては，積極・消極合わせての財産上の損害と慰藉料の非財産上の損害とで訴訟物は二つだという考え方もある。物損，人損全部含めて訴訟物は1個だとする説もある。最判昭和48・4・5民集27巻3号419頁[百選74]は，人損においては，積極損害，消極損害，

慰藉料を合わせて一つの訴訟物となるとする。これが申立事項となるので，積極損害300万円，消極損害500万円，慰藉料200万円，合計1000万円を原告が求めたとき，判決が積極損害250万円，消極損害300万円，慰藉料350万円の合計900万円の支払いを命ずるのであれば，1000万円に対する900万円の一部認容・一部棄却であり申立事項の制限違反とはならない。弁論主義違反かを別に考える必要はあるが，処分権主義の違反はない。物損について判例はないが，物損はその性質上，衣服とか時計とかの個々の物毎に訴訟物となるが，一回の交通事故から生ずる物損は訴訟物の併合が法律上要求され，すべてを一回の訴訟で請求しなければならないと考えるべきであろう。

　ところで，交通事故の損害賠償訴訟では，原告が賠償金額を算定するのが必ずしも簡単ではない。慰藉料をはじめとして裁判所の裁量的判断の要素があるからである。そこで，原告が金額を1000万円などと明示せずに，裁判所が認める金額を被告は原告に支払えという請求の趣旨で訴えることができるか，が問題となる。金額を明示しない給付の訴えは許されるか，ということである。原告の便宜には資するであろう。しかし，これでは被告は防御の目標を立てることができず，不安定な訴訟追行となりかねない。要するに，申立事項の制限の趣旨に合わない。他方，希望する額を出せと原告に要求することは酷ではない。金額が出ている方が，訴訟上の和解をするにも役立つ。以上から，金額を明示しない給付の訴えは不適法だと考えるべきである。判例にも同旨のものがある（損害賠償請求権の確認という奇妙な事案においてであるが，最判昭和27・12・25民集6巻12号1282頁）。

(4) 一部請求訴訟は，許されるか

　数量的に可分な債権の一部を請求することを一部請求という。しかし，一部請求で問題とされるのは，この最初の一部請求の可否ではなく，残部請求をすることの可否にある。1000万円の債権のうち1円で訴訟を起こすというような極端な場合を除き，最初の一部請求は処分権主義から適法であることに争いがない。問題となるのは，最初の一部請求の後に残部請求をすることができるか，である。従って，一部請求の問題というよりも残部請求の問題という表現の方が正確であるが，慣用により一部請求の問題と称することとする。もっとも，相殺額をどこから控除するか，時効の中断はどこに生ずるか等という問題もあり，これらを綜合すると一部請求という問題設定・命名は適切だという指

摘もある。

　一部請求には，訴訟費用の負担を節約する意図の下で，勝訴の可能性や認容額の目安を探るため全体債権の一部を試験的に請求する試験訴訟型，訴え提起の時点では債権総額が不明であるため，とりあえず算定可能な金額で訴えを提起し被告の応訴内容や裁判所の訴訟指揮などを見て，みずからの債権総額を見定めようとする総額不明型，訴え提起当時における被告の資力が債権総額に満たない場合に，訴訟費用の節約や余計な立証の負担を避けるためなどの意図の下，執行による満足を得られない金額を控除した金額で提起する資力考慮型，被告からの過失相殺や相殺の抗弁が予想される場合に，訴訟費用の節約，敗訴判決の回避，審理の迅速化などの目的で，相殺等によって消滅する金額をあらかじめ控除して提起する相殺考慮型，全体債権が複数の費目の集合体である場合において，特定費目に関する立証手段や賠償方法などが異なり，他の費目と一緒に訴求することが困難な事情がある場合に，当該費目を控除して提起する費目限定型，等がある*2。大まかに言えば，裁判所がどう判断するか不安がある，または全額で訴え提起をしにくい事情があるという場合，債権全額で請求すると申立て手数料（訴状の貼用印紙代）が無駄になる危険があるので，債権の一部で請求し申立て手数料を節約しようとする原告の計算に基づく。申立て手数料が訴額に連動するドイツ・日本で盛んに議論され，申立て手数料が定額のアメリカでは，ドイツ・日本のような議論は見られず，かえって訴訟物の分割を許さないという議論が盛んである。なお，申立て手数料が基礎にあるとすると，後遺症に基づく後訴は，一部請求の問題と扱うべきではない（判例は，表面上は，反対。最判昭和42・7・18民集21巻6号1559頁[百選82]）。前訴では，全額を請求している積もりであり，申立て手数料節約の意図はないからである。これを無批判に一部請求で扱おうとすると，判例がそうであるが，前訴は客観的には黙示の一部請求であったのに，明示の一部請求だったと強弁する無理を犯さなければならなくなる。後遺症に基づく後訴が許されるのは，既判力が期待可能性で調整されるからだと考えるべきである（本書262頁）。

　一部のみを請求する最初の訴えは，前述のように，処分権主義から原告の自由であり，適法であることに問題はない。しかし，後訴の残部請求については，これを無限定に認めると，被告の応訴の負担，裁判所の二重審理の負担，複数

---

*2　三木浩一「一部請求論の考察」（初出：平成13年）同『民事訴訟における手続運営の理論』（平成25年）94頁。

の裁判の矛盾抵触の危険が生ずる。従って，処分権主義から残部請求は自由だと論ずるのは適切ではない。処分権主義，すなわち原告の自由は，被告の応訴の負担，裁判所の二重審理の負担，裁判の矛盾抵触の危険を包摂しないからである。また，実体法上，一部での請求が許されるからといって，一部請求訴訟が許されるということにもならない。実体法の世界は，被告の応訴の負担，裁判所の二重審理の負担，裁判の矛盾抵触の危険が問題とならない次元にあるからである。

　考え方は，分かれる。判例は，一部請求であることを明示しない黙示の一部請求では，後からあれは一部だったという主張を許さず，残部請求を否定する（最判昭和32・6・7民集11巻6号948頁[百選81]。この判例は，分割債務だとする判決の既判力が連帯債務であるとの後訴での主張を遮断するとも論ずるが，その後，債務の性質決定が既判力の内容となるとする判例は続いていない）。明示の一部請求では，訴訟物は一部請求部分だけであるとして残部請求を許すが（最判昭和37・8・10民集16巻8号1720頁），全部棄却または一部棄却のときは，残部請求はないとの判断が前訴でなされているのであるから，残部請求は信義則違反であり訴え却下となるとする（最判平成10・6・12民集52巻4号1147頁[百選80]）。しかし，一部請求が債権の特定の一部であるときは（費目限定型），具体例では不当仮差押えによる弁護士費用相当額の損害賠償が前訴であった場合，それが一部棄却判決であっても，不当仮差押えによって県からの買収が遅れた遅延損害金相当額の損害賠償という残部請求ができる，とする（最判平成20・7・10判時2020号71頁）。不当仮差押えによる同一の損害賠償請求の訴訟物に含まれるとはいえ，弁護士費用の損害と遅延損害金とは実質的には発生事由を異にする別種の損害というべきであり，また，前訴では遅延損害金の額が確定しておらず前訴で請求することは期待し難いものがあった，という理由による。理由付けはともあれ，これらの結論が学説でも多数説であろう。すなわち，黙示の一部請求の場合は残部請求は許されない，明示の一部請求の場合，請求認容のときは残部請求が許されるが，全部棄却または一部棄却のときは，信義則上，残部請求は許されず訴え却下となる。ただし，前訴での請求に期待可能性のない費目限定型では残部請求は許される，とするのである。しかし，学説では，残部請求を許さない一部請求否定説も有力である[*3]。その亜種として私見のように，費目

[*3] 新堂338頁。

限定型以外では，許さないという限定否定説もある。否定説は，裁判所がどう判断するかは訴訟の途中で判明するのが普通であるから，原告はその訴訟の中で請求の拡張をして対処すべきであり，残部請求の後訴は許されないと論ずる。被告の応訴の負担，裁判所の二重審理の負担，裁判の矛盾抵触の危険を重視するのである。その結果，最初の一部請求で勝訴し残部の実体権がまだある場合にも一部請求否定説は後訴を遮断することになるが，これは実体権を侵害しすぎる，実体権があるのに訴訟を許さないのは不当だと多数説は考え，判例もそう考えるのであろう。また，一部請求であることを明示する行為責任，一部請求をする理由を明示する行為責任（前述の費目限定型などの型を明らかにすることになる），場合によっては請求の拡張をする行為責任で考察し，たとえば理由明示責任を果たさない相殺考慮型では外側説（後述110頁）の利益を享受できない，請求拡張責任を果たさない場合には控訴の利益を否定する等とする学説もある[*4]。

　前述の判例で見たように，一部請求された場合，訴訟物は債権全額（たとえば1000万円）か，一部請求された額（たとえば300万円）かという議論がある。一部請求否定説は，訴訟物は債権全体だとし，最初の訴えで全体が審理されたのであるから，既判力で後訴が封ぜられると論理を運び[*5]，一部請求許容の判例・多数説は，訴訟物は債権の一部だとし，残部には既判力が及ばないと論理を展開させる傾向にある。実は，訴訟物が全体か一部かは，論理的に一義的に定まるものではなく，残部請求の後訴を許すかどうかの判断が先行し，許すとする判例・多数説は訴訟物は一部だとし，許さないとする説は訴訟物は全体だと構成するということであろう。法律学では，このように結論が先に判断され循環的に前提が決定されるということが少なくない。問題の真の構造を見抜く眼力が必要である。

　一部請求がなされたとき，過失相殺や反対債権による相殺は，申立事項となった一部（たとえば300万円）に対してなされるのか，債権全体（1000万円）に対してなされるのか（申立事項となっていない外側ということになる），という問題もある。一部請求で訴訟物はその一部だとすると，反対債権による相殺の抗弁は一部たる訴訟物に向けられたと考えるのが理論的には素直である。内側説と呼ばれる。過失相殺または反対債権による相殺で400万円が控除されるとい

[*4] 三木浩一「一部請求論の展開」（初出：平成20年）同・前掲［*2］119頁。
[*5] 新堂701頁。

う場合，申立事項300万円から400万円が控除されるからマイナスとなり請求棄却となる。しかし，原告としては，最初の訴訟で少なくともその一部額は欲しいということで一部請求をしたのであろうから，原告の意図に忠実に考えると，一部請求の外側から控除すべきだということになる。外側説と呼ばれ，判例である（最判昭和48・4・5民集27巻3号419頁[百選74]）。設例では債権全体1000万円から相殺400万円を控除するので，600万円の債権が残ることとなり，これの全部認容は申立事項300万円を超えるので，判決は申立事項300万円の全部認容となる。一般論としては，原告の意図で考える外側説でよいであろう。しかし，費目限定型の一部請求では，残部ないし債権全体は未確定であろうから外側説・内側説を採ることが論理的に不可能であり，内側と外側に過失相殺割合を按分するしかない。按分説と呼ばれる。費目として計上されている合計額はたとえば800万円だが，介護費用がいくらとなるか不明なので総額不明という事態で考えると，過失相殺割合2割を合計認定額800万円に掛け160万円を800万円から控除し，それが申立事項300万円を超えているので請求は全部認容とする，となる。介護費用を確定する後訴でも，過失相殺割合を掛けて減額することになる。しかし，過失相殺ではなく反対債権による相殺では割合でないので，費目として計上されている合計額800万円から反対債権額300万円を引いて一部請求300万の請求全部認容判決を出すことになろう。内側説ということになるが，最初の訴訟で原告にできるだけ多くの金額を確保させるという観点からは外側を確定する後訴に控除を全部委ねる，最初の訴訟では控除しない，後訴で過不足が生じたときは不当利得で調整するという解決も考えられないではない。

　一部請求で時効は中断するが（147条），判例は，一部が訴訟物だという前提にこだわるためか，中断するのは一部だけだとする（最判昭和34・2・20民集13巻2号209頁）。ただし，一部の訴え提起により，残部についても催告の効果（民153条）は生ずるとする（最判平成25・6・6判タ1390号136頁）。6か月以内に残部請求の訴えを提起すればよいことになる。

　ちなみに，民事訴訟法では，ある問題について原告の立場から考える，被告の立場から考える，裁判所の立場から考えるという三者の立場から考えてみると，問題解決のヒントが得られることが多い（本書51頁）。一部請求でも，原告の立場からは申立て手数料を節約して裁判所の意向を観測できるのであるから，一部請求は原告には有利であり肯定すべきことになる。しかし，被告の立

場からは，二重応訴の負担を伴うので，一部請求は否定すべきことになる。裁判所の立場からは，二重審理，裁判矛盾抵触の危険が生ずるので，一部請求否定となりやすい。このどれを重視するかで，解決が異なってくる。かつての判例は，明示の一部請求では残部請求を許すと見られていたが，これは一部請求だと明示されれば被告に残部請求の覚悟ができ，二重応訴を避けたいなら被告から積極的に残部債権不存在確認の反訴を提起すればよいとする考慮に基づいていたと見ることができる。そのように説く学説もある。しかし，1000万円のうちの100万円の一部請求で見てみると，原告の申立て手数料は1万円であり，900万円の被告からの債務不存在確認の反訴の申立て手数料は4万6000円となる。能動的当事者たるべき原告の方が申立て手数料を安くすることができる，それが嫌であれば被告がもっと高い申立て手数料を払って反訴を提起せよというのは，バランスを欠くのではなかろうか[*6]。すなわち，明示しても被告の不利益は完全には消えない。さらに，以上の議論は，原告と被告の立場からしか，ものを見ていない。また，被告の立場のみから見ると，裁判の矛盾抵触の危険の視点は弱くなる。一部請求の複数の判決が矛盾するとは，被告が勝つ場合もあるということであり，被告の立場からは裁判の矛盾抵触は不利ばかりではないからである。しかし，裁判の矛盾抵触は，裁判所の立場すなわち司法制度としては，合理的でない。現在の判例は，判決文の表面では「被告の」合理的期待に反し信義則違反だと言うけれども実質は裁判所の立場から見て，一部請求が棄却の場合は信義則で残部請求禁止と展開し，前訴での請求貫徹に期待可能性のない費目限定型では信義則による残部請求禁止を解除した，と見るのが真相に近いであろう。二重審理を避けるという裁判所の立場をさらに強化したのが，請求認容の場合にも残部請求を否定する少数有力説となる。

(5) 債務不存在確認の訴えは，どこが特殊か

債務不存在確認の訴えは，たとえば「原被告間の平成〇〇年〇月〇日の消費貸借契約に基づく原告の被告に対する金1000万円の返還債務が存在しないことを確認する，との判決を求める」という請求の趣旨となる。債務者が原告となり，債権者が被告となるのであり，通常の給付の訴えと原告・被告が逆転す

[*6] 山本和彦「一部請求」（初出：平成10年）同『民事訴訟法の基本問題』（平成14年）125頁。

る。しかし，証明責任の所在は変化しないため，債権者である被告が権利の発生原因事実の証明責任を負い，権利障害事実と権利滅却事実の証明責任は債務者である原告が負う（本書215頁）。従って，債務の不存在が認定されたときと債務の存在・不存在が真偽不明であるときに，債権者である原告の不存在確認請求が認容される。債務が存在すると認定されたときにのみ，請求棄却となる。請求棄却判決の既判力は，普通は，請求権が存在しないことに生ずるが，債務不存在確認の訴えではこれが逆となるので，請求棄却判決の既判力は，債務が存在することに生ずる。この辺りが不思議の国のアリスであり，ゆっくり考えないと混乱するところである。

　ところで，原告が債務は1000万円であり，それが不存在だと主張しているとき，債権者である被告が債務は1200万円だと主張して審理を1200万円の存否にすることは，できるか。これは，できる。申立事項は1000万円だが，審理は1200万円の存否であって差し支えない。判決対象と審理対象は，厳密には同じでなくてよいのである。一部請求での過失相殺において外側説を採るときも，判例によれば申立事項（訴訟物）の外側で過失相殺の審理をしており，審理対象の方が判決対象（訴訟物）より大きい。審理の結果，税務対策で借用書には1000万円と記載されたが真実は1200万円であり，その債務は残存すると裁判所が認定するときは，債務不存在確認は請求棄却となる。しかし，申立事項は1000万円なのであるから，既判力は1000万円にしか生じない。債権者である被告がそれに不満であれば，債権者は1200万円の給付を求める反訴を提起すればよいし，通常の被告であれば，そうするであろう。逆に，1200万円が不存在だと認定されれば，請求認容判決となる。しかし，この判決の既判力も，申立事項である1000万円の不存在にのみ生ずると解すべきである。残りの200万円の不存在については，既判力は生じない。債務者たる原告がこれを避けるためには，申立事項を1200万円の不存在に拡張しておけばよい。

　さて，前述のように（本書105頁），給付の訴えでは金額を明示しない訴えは不適法と解すべきである。しかし，債務不存在確認ではどうか。交通事故の損害賠償訴訟などでは，債権者である被告側が金額を言ってこなければ，債務者である原告には金額が分からないことがある。法は，不可能を強いることはできない。また，そもそも原告は交通事故の加害者ではないという主張もありえ，このときは，債務を負っていないことの確認となり金額が表に出てくる場面で

はない。これらから考えて，債務不存在確認の訴えでは，金額を明示しない訴えも適法と解すべきである。もっとも，契約型訴訟では，普通は原告も金額が分かるはずであるから，金額を出して債務不存在確認を求めるべきであり，裁判所もそのように釈明すべきである。

債務不存在確認で一部請求となるのは，一定額を超えては債務を負っていないことの確認請求である。300万円を超えては債務を負っていないという場合，300万円の債務については留保しており，それを超える部分だけの不存在確認を求めているから一部請求だということになる。この形の訴訟では，最判昭和40・9・17民集19巻6号1533頁[百選76]によると，金額全体のうちの300万円を超えた部分の不存在が申立事項（訴訟物）となる。たとえば，全体が1000万円だと判明すれば，1000万円のうちの300万円を超える部分，つまり700万円の不存在が訴訟物となる。そして，このとき，300万円以上の債務が残っていると裁判所が認定した段階で，直ちに請求棄却判決を出してよいかというと，出してはならない，とこの判例はいう。債務がいくら残っているかを審理し，500万円残っていると認定できるならば，債務は500万円を超えては存在しないことを確認する，その余の請求は棄却するという一部認容・一部棄却判決を出さなければならない，という。債務があといくら残っているかの紛争を後日に残さないのが適切であるから，つまり，紛争解決の一回性を重視して，通常はこの判例のように考えるべきである。しかし，常にそうか。交通事故の損害賠償訴訟では，債権者（被害者と称する者）である被告が金額を言ってこないときは，債務の上限（上記の例では1000万円）は原告（加害者とされた者）に不明である。そこで，原告としては，どうみてもこの事故での債務は300万円を超えては存在しないという請求は立てることができるが，被告が言ってこない以上は上限を示すことができない。従って，上限を示さない債務不存在確認の請求はできるとしなければならない。上限が分からない以上，上限と300万円の間の不存在額という金額を確定することができず，申立事項（訴訟物）は金額未定とならざるを得ない。さらに，審理をしてみても，症状が固定しておらず債務の残額を確定することができない場合もあり得るので，残債務額を無理に審理判断せず，300万円を超えることが確実と認定できるときには直ちに請求棄却とすることも，上記判例に反して，できると解すべきであろう。こう処理した下級審判決もある（東京地判平成4・1・31判時1418号109頁）。ということは，損害賠償型の債務不存在確認では，金額を示さない債務不存在確認

が許され，上限額を示さないで一定額を超えては不存在という確認請求が許され，さらに，一定額を超えると認定できるときに直ちに請求棄却判決をすることが許される場合もある，という三つの特殊性があることになる。債務不存在確認は，確かに給付の訴えの反対形相なのであるが，反対形相というだけでは見えてこない特殊性もあるということである。

ところで，300万円を超えては債務不存在という確認の訴えで請求認容判決を得た後，留保していた300万円の不存在確認を求めることができるか。あるいは，債権者である元被告が300万円の給付の後訴を提起したとき，留保していた300万円も不存在だと争うことができるか。一部請求論の応用である。300万円を超えては債務不存在と原告が請求をするとき，原告は300万円は存在すると自認しているとは限らない。300万円も弁済して不存在と考えているけれども，証拠がまだ集まらず，とりあえず300万円を留保して300万円を超えては不存在と請求していることもあり得る。給付の訴えの一部請求において，1000万円のうちの300万円を請求するというとき，残りの700万円は不存在だと自認しているのではないのと同じである。従って，判例・多数説の一部請求（正確には残部請求）を許容する見解では，300万円の不存在を元原告が主張することは許されると考えなければならない。訴訟物となっていないのであるから既判力は作用せず，明示的に自認している訳ではないから信義則に反する訳でもない。しかし，一部請求否定の学説では，費目限定型以外では，残部請求となる300万円の不存在を主張することは許されないということになる。前訴で請求の拡張をしておくべきであったとなる。

2 弁論主義

(1) 裁判では，弁論権が保障されなければならない

裁判は，公平中立な第三者である裁判官が，当事者の主張立証を聞いて判断を下すという形で行なわれる。当事者は，合理的な時間の範囲内では，言いたい主張を十分に展開し，調べてほしい証拠を完全に提出できるとされなければならない。その上で下される裁判であるから，納得するのである。

これを，審理に即しての当事者の権利と構成し，弁論権の保障と呼ぶことがある。すなわち，弁論権とは，積極面において，裁判所は，当事者の主張事実を，それが当該事件において意味のあるものである限り，必ず斟酌しなければ

ならない，という内容を持つ。また，弁論権は，消極面において，裁判所は，当事者に事前にそれに対する意見を表明する機会を与えなかった事実または証拠調べの結果を裁判の基礎に据えてはならない，という内容を持つ[*7]。手続保障といわれるものとほぼ同じ内容であり，後者の消極面は，別に，不意打ちの防止とも称される。

弁論権が保障されなければならないのは，およそ裁判である以上，当然のことだと考えられる。民事訴訟でも，人事訴訟でも，行政訴訟でもそうである。弁論主義の訴訟でも，職権探知主義の訴訟でも，弁論権の保障は作用するのである。

釈明（149条）も，この弁論権を保障するためにある，と考えられる。裁判所と両当事者との間で争点等の認識を共有化させ，十全の討議をさせるために裁判所に与えられたものが釈明だと積極的に位置付けられなければならない。単に弁論主義を補完するものと位置付けられるだけでは足りない。149条が，弁論主義の適用範囲を超えて，法律上の主張に関しても釈明を規定しているのはその現れであり，法的観点指摘義務（本書127頁）へと発展していく。

ところで，学生諸君の答案やレポートでは，手続保障ないし不意打ち防止だけを高らかに掲げるものがある。なにを論じても必ず手続保障ないし不意打ち防止に結び付けなければ気が済まないようである。確かに手続保障は重要な視点であるけれども，民事訴訟法の解釈は適正・公平・迅速・経済という理想をどうバランスさせるかがより重要であり，手続保障一本槍では単なるスローガンに堕してしまう。精密に分析し，考え抜かれた論拠を持ち出さなければ説得力は生まれない。実務家となった後の準備書面や判決書の作成でも，同様である。複眼的でなければならないのは民事訴訟法の解釈だけではないであろう。

（2） 弁論主義とは，どのような内容を持つか

判決の基礎をなす事実の確定に必要な資料の提出（事実の主張，証拠の申出）を，当事者の権能であり責任だとする規律を弁論主義と呼ぶ。当事者提出主義と呼ぶ学説もある[*8]。事実の確定に必要な資料の探索を，裁判所の職責でもあるとする職権探知主義に対置される。人訴法19条・20条が職権探知主義を規定するが，民訴法にはそのような規定がないので弁論主義が採られていると，

[*7] 山本克己「当事者権」鈴木正裕古稀『民事訴訟法の史的展開』（平成14年）61頁。
[*8] 松本＝上野〔57〕44頁。

条文解釈上は理解されるが，民事訴訟法の大原則であり自明のことであるから条文にするまでもないとされたというのが歴史的経緯である。

弁論主義の内容は，三つに分けて理解される。

第1に，裁判所は，当事者によって主張されていない主要事実を判決の基礎とすることができない。主要事実だけでなく，重要な間接事実を加える説も有力である（主要事実，間接事実については本書119頁）。

第2に，裁判所は，当事者間に争いのない主要事実については，当然に判決の基礎としなければならない。裁判所が拘束されるのであり，自白と呼ばれる。間接事実についても自白を認める説がある。

第3に，裁判所が調べることのできる証拠方法は，当事者が申し出たものに限られる。職権証拠調べの禁止と呼ばれ，条文上は例外が多少存在する。

このうち，自白と職権証拠調べの禁止は，第5章（本書170頁・190頁）で扱い，ここでは，第1のもの，いわゆる弁論主義の第1テーゼ（ないし弁論主義の主張原則*9）を扱う。

弁論主義の第1テーゼの内容は，別の角度から見れば，訴訟資料と証拠資料の峻別ということである。訴訟資料とは，当事者の弁論から得られる資料であり，要するに，当事者が主張した事実である。近時は主張資料と呼ぶ学説もある*10。証拠資料とは，証拠調べの結果，裁判所が感得する資料・情報である。訴訟資料と証拠資料の峻別とは，たとえば貸金返還請求訴訟において，証拠調べの結果，弁済の事実が証明されたとする。しかし，当事者は原告も被告も弁済の事実を主張していない。裁判所が釈明をしても，被告は弁済の事実を主張しない。こういう場合，裁判所は主張のない弁済を基礎にして判決をしてはならないということを指す。証明されているので弁済は証拠資料となっているが，主張されていないので訴訟資料ではない。訴訟資料と証拠資料は峻別され，証拠資料で訴訟資料を補充してはならないというのが，弁論主義の第1テーゼからの帰結である。弁済を主張しない被告は，普通は，敗訴するであろうが，主張しないことによる被告敗訴はみずからが招いた結果である。ちなみに，訴訟資料と証拠資料を合わせたものを広義で訴訟資料と呼ぶことがあるが，紛らわしいので，両者合わせたものは裁判資料と呼ぶべきであろう（本書306頁参照）*11。

---

*9 三木ほか203頁。
*10 三木ほか203頁。

弁論主義の第1テーゼから，主張責任という概念が生み出される。主要事実は当事者が主張をしないと判決の基礎とならない。このことのコロラリーとして，ある事実が当事者から主張されていないと，当事者の一方が不利な判決を受けることとなる。このように主張しないことで不利な判決を受けることを，その当事者にはその事実について主張責任があると表現する。主張責任は，当事者のどちらかにあるが，これが主張責任の分配であり，証明責任の分配と原則として一致する（証明責任の分配は，本書219頁）。貸金返還請求では，原告が金銭の授受と返還約束の主張・証明責任を負い（民587条。これに弁済期とその到来が加わる），被告が弁済の主張・証明責任を負う。従って，返還約束を主張しないと，原告に不利な判決，つまり請求棄却判決が下される。弁済の事実を被告が主張しないと，被告に不利な判決，つまり請求認容判決が下される。

　しかしながら，弁論主義は両当事者と裁判所との間で権限と責任をどうするかの問題であるから，どちらかの当事者から主張があれば裁判所は判決の基礎としてよい。主張責任のない当事者が主張した場合でも，裁判所は判決の基礎としてよい。これを主張共通の原則と呼ぶ。主張共通の原則は，前述114頁の弁論権の保障の積極面から説明することもできる。主張責任があろうとなかろうと，当事者が主張した事実について，裁判所は耳を傾けなければならないからである。主張責任のない当事者は，自己に不利な主張をしてしまった訳であるが，それでも弁論主義の第1テーゼは充たされるのである。当事者が主張した自己に不利な陳述を不利益陳述と呼ぶ。たとえば，貸金返還請求で，原告が弁済があったと主張するのが不利益陳述であり，被告がそれを援用すると，弁論主義の第2テーゼの自白となる。主張責任は，現実の訴訟ではそれほど実際に機能するものではないが，理論体系上は意味ある概念である。

（3）　弁論主義は，なぜ採用されたのか

　弁論主義は，事実について当事者に権限と責任を付与するものである。では，なぜ，民事訴訟法は弁論主義を採用したか。これは，民事訴訟の対象が私的自治の領域の問題であるから，私的自治の延長として，訴訟でも国家権力である裁判所が当事者の間に余計な介入をしないとしたからである。当事者間に裁判所の介入を受けない水平空間[*12]が確保されるようにしたのであり，換言すれ

　[*11]　伊藤635頁，河野696頁。
　[*12]　山本克己「弁論主義論のための予備的考察」民訴雑誌39号（平成5年）180頁。

ば，資料に関して当事者の自律的支配領域を確保するという価値[*13]を選択したのである。その結果，私的自治の領域の事件では，国家権力である裁判所がコストを掛けて事実を探索することをしなくてよいこととなり，裁判所のエネルギーの節約・有効活用に資するという面もある。しかし，根本は，当事者の自律的支配領域，国家権力の介入しない水平空間の確保が弁論主義の根拠である。

私的自治の領域の事件でない人事訴訟では，弁論主義でなく職権探知主義が採用された。国家権力が介入するのである。当事者が主張しない事実も判決の基礎としてよく，職権で証拠調べをすることもできる（人訴 20 条）。自白も，裁判所を拘束しない（人訴 19 条）。

ところで，裁判の基本的価値である弁論権の保障から弁論主義と職権探知主義を眺めると，次のようになる。弁論主義では，当事者の主張した事実しか判決の基礎とならないから，当事者は，自己の主張と相手方の主張だけに着目していれば足りる。これで，弁論権の消極的側面が確保される（それに対する意見を表明する機会を当事者に与えなかった事実または証拠調べの結果は，判決の基礎とならない）。不意打ちがないことが，これで保障されるのである。職権探知主義の下では，職権で事実を取り上げ証拠調べをすることができるから，弁論権は脅かされる。しかし，職権探知主義の人訴法 20 条後段は，「この場合においては，裁判所は，その事実及び証拠調べの結果について当事者の意見を聴かなければならない」と定めている。やはり，意見表明する機会を当事者に与えているのであり，消極面での弁論権は保障されている。弁論権保障の方法が，弁論主義と職権探知主義では異なるに過ぎない。

さて，ある事実が当事者からの主張がないにもかかわらず判決の基礎とされ，弁論主義違反で上告がされたとしよう。差し戻して当事者から主張があるかを確かめるべきであるが，しかし，勝った方の当事者は主張するのが普通であろう。上告審における被上告人（勝訴当事者）からの答弁書を読めば差戻審で主張されるのが確実であるというとき，形式的に主張させるためだけに破棄・差戻しをするのは訴訟経済に合わない。当事者の自律的支配領域は確かに原審では侵害されたが，上告後の展開から見れば，確実に主張されるのであるから当事者の自律的支配領域への侵害は治癒されたと見ることができる。むろん，一

[*13] 髙田裕成「弁論主義」法教 242 号（平成 12 年）15 頁，畑瑞穂「弁論主義とその周辺に関する覚書」新堂幸司古稀『民事訴訟法理論の新たな構築（下）』（平成 13 年）71 頁。

方当事者から主張された場合，その事実につき反対当事者からの反対方向の主張立証があるというときには，反対方向の主張立証をさせるため破棄・差戻しをすべきであるが，上告受理申立て理由書（反対当事者が書く）を読む限り反対の主張立証が想定できないという場合にも，差戻しをすべきか。反対方向の弁論権を保障すべきであるけれども，この場合は保障すべき内容ある弁論が想定できないのである。そうだとすると，すなわち弁論主義違反が治癒され，また弁論権の保障も保障すべき実体がないとすると，わざわざ原判決を破棄し事件を原審に差し戻して審理をやり直すまでのことはない，という判断があってもおかしくはない。形式的には弁論主義違反があっても，評価規範（本書3頁）としては違反を問責しないという微調整が，許容されることになる。判例・学説では，不意打ちがなければ弁論主義違反とならないと表現されることが多いが，実態は，上記のように弁論主義違反はあるけれども差戻しまでするかどうかで不意打ちの有無が作用するということであろう。ただし，反対当事者への反論の機会提供は弁論権保障のため重要であるから，反論があり得ないかどうかの見極めは慎重でなければならず，保障すべき弁論権の実体がない，または不意打ちがないと安易に認定すべきではない。

　また，裁判所の認定した事実が当事者の主張した事実と細部まで厳密に対応していなければならないかというと，あまりに厳格にするとかえって勝つべき当事者が迅速に勝訴するのを阻害することとなる。たとえば，金額で1円の差異があっても弁論主義違反だと暴き立てるのは妥当でない場合が多かろう。判例では，主張されていた事実と判決で認定された事実とが「社会観念上同一性が認められる」限り，弁論主義違反はないという。そういうものであろう。弁論権は実質的には侵害されていないからである。

　ともあれ，弁論主義が弁論権の保障，不意打ち防止として機能することは，弁論主義の重要な側面である。

（4）　主要事実と間接事実は，どう機能するか

　弁論主義の第1テーゼで述べたように，弁論主義が適用されるのは，訴訟に上程される事実のすべてではない。通説[14]は主要事実に限定し，重要な間接事実をそれに加える有力説もすべての事実に適用されるとはしていない（原

---

*14　兼子193頁。

則として，すべての事実に適用されるとする少数有力説もある）*15。煩雑に過ぎ，訴訟の機動性や裁判所の自由心証主義を害するからである。

　事実は，主要事実，間接事実，補助事実の三つに分類される。主要事実とは，権利の発生・変更・消滅という法律効果に直接必要な事実である。条文で要件に書かれている事実であるから，要件事実とも直接事実とも呼ばれる。民法587条の消費貸借でいえば，金銭の授受と返還約束が主要事実である。間接事実は，経験則，論理法則の助けを借りることによって主要事実を推認するのに役立つ事実である。急に金回りがよくなったという事実は，金銭の授受という主要事実を推認させる間接事実である。お金を渡したという日時に，遠い別の場所にいたというアリバイは，金銭の授受という主要事実をマイナス方向で推認する間接事実である（マイナス方向なので，金銭の授受がないと推認させる）。間接事実は，徴憑とも呼ばれる。補助事実は，証拠能力や証拠力（証拠価値，証明力ともいう）を明らかにする事実をいう。証人に虚言癖のあることとか，証人が当事者の親しい友人であることとかが，補助事実の典型例である。なお，実務では，紛争の背景のように主要事実以外のものを漠然と事情と呼ぶことがある。そして，事情の中には，間接事実が紛れ込んでいることもある。いずれにせよ，事情は実務用語であり，法典上の用語でも講学上の概念でもない。

　通説が，弁論主義の適用を主要事実に限定するのは，間接事実は証拠と同じ役割を持つからである*16。金銭授受の領収書という証拠と急に金回りがよくなったという間接事実は，金銭の授受という主要事実を推認させるという同じ役割を持つ。そうだとすると，領収書という証拠において働く自由心証主義が，間接事実にも作用してよい。裁判所は，間接事実は当事者の主張がなくとも自由に心証を得て判決の基礎としてよいということになる。逆に，間接事実にも当事者の主張が必要だとすると，主張するかの確認のために弁論の再開を要したりして煩雑となり，また，裁判所が釈明しても両当事者が主張しない場合には，証言その他から判明している間接事実を利用できないこととなり，裁判官は不自由・不自然な事実認定を強いられ，自由心証主義を裁判官に認めた趣旨を没却する，というのである。確かに，概念的には見事な説明である。しかし，

---

*15　竹下守夫「弁論主義」小山昇＝中野貞一郎＝松浦馨＝竹下守夫編『演習民事訴訟法』（昭和62年）369頁。

*16　中野貞一郎＝松浦馨＝鈴木正裕編『新民事訴訟法講義〔第3版〕』（平成30年）222頁（鈴木正裕）。

当事者の自律的支配領域，国家権力の介入しない水平空間の確保が弁論主義の根本であることから考えると，訴訟の結果に重要な役割を果たす間接事実についても，自律的支配，国家権力の介入のない空間を確保すべきだと考えることもできる。有力説は，重要な間接事実も弁論主義の適用を受けるとしており[*17]，私見もそれに属する。規53条が，請求原因事実と「当該事実に関する事実で重要なもの」，すなわち，重要な間接事実を訴状の記載事項としているのは，有力説に有利に働く。むろん，規則は訓示規定であるから，決定的ではない。

　ところで，民法709条の過失とか借地借家法28条の正当事由とかの規範的要件事実（評価的要件事実），別名，不特定概念では，主要事実の捉え方が問題となる。かつての通説は，過失を主要事実と理解し，それを根拠付ける飲酒運転とか脇見運転，スピード違反とかは間接事実と位置付けた。そうだとすると，当事者が飲酒運転で争っているのに，裁判所は主張のない脇見運転で過失を認定してよいことになる。間接事実だから，当事者の主張を要しないとするからである。しかし，これは弁論権の消極面での保障に反する。当事者には不意打ちである。しかも，過失というのは事実そのものではなく法的評価であるから，飲酒運転という間接事実から過失という主要事実を推認するというのが論理的に成り立たない。飲酒運転という事実を過失と評価するというのが事の実相である。そこで，近時の通説は，主要事実は証明・証拠調べの対象となる具体的事実であるべきだとし，飲酒運転とか脇見運転，スピード違反とかで具体的ふくらみをもった事実を主要事実と捉えるようになった。詳言すると，法規の条文に掲げられている大なり小なり抽象化された事実を要件事実だとし，それに具体的ふくらみを持たせた事実を主要事実だとするようになった。過失の要件事実は，過失と評価される具体的事実であり，飲酒運転とか脇見運転，スピード違反とかが要件事実となり，要件事実にさらに具体的なふくらみを持たせたものが主要事実だとなる。飲酒運転という要件事実でいえば，酒をどこでどのくらい飲んで運転したかというふくらみを持った事実が主要事実となる。民法587条の消費貸借契約における金銭の授受においても，金銭の授受が要件事実であり，いつどこでどのような態様で（現金か，小切手か，銀行振込か）金銭を受け取ったかという具体的なふくらみを持った事実が主要事実となる。もっと

[*17] 中野＝松浦＝鈴木・前掲［*16］226頁，小林秀之『民事裁判の審理』（昭和62年）168頁。

も，以上は講学上の整理であり，実務では要件事実と主要事実とは区別されずに用いられることが多い。普通は，それで大過はない（本書でも，要件事実と主要事実を厳密に分けないで論述することがある）。ちなみに，過失等の評価概念は，過失だとプラス方向の評価に資する評価根拠事実と，過失でないとマイナス方向の評価に資する評価障害事実で構成され，評価障害事実は抗弁と位置付けられる。たとえば，酒を飲んだというのが評価根拠事実の主張となり，突風でハンドル操作が不能となったというのが評価障害事実の主張となる。

(5) 弁論主義にかかわる判例には，どのようなものがあるか

重要な間接事実は当事者の主張を要するとしたものに，大判大正5・12・23民録22輯2480頁[百選49]がある。建物の家屋税は形式上Yが支払ってきたがその原資はXが出していた事実が控訴審で認定された。これは，Xが所有権者であることを推認させる間接事実である。しかし，控訴審（原審）は，Yを所有権者だと認定した。その際に，Xが家屋税の原資を支払ってきた事実は明らかであるけれども，家屋税の事実上の負担者（原資拠出者）は，所有権とは別の事柄として，Xの前主たるAとYとの間の約定によってA（その後はX）とすることができるのであり，本件ではそのような約定があったと推認することができる，と判示した。しかし，上告審は，そのような特約があったことは当事者からの主張に基づいて認定しなければならないにもかかわらず，本件ではそのような主張も釈明もされていないと論じ，破棄・差戻しとした。家屋税支払いは所有権取得を推認させる間接事実であり，本件特約はその間接事実からの推認を破る別の間接事実となる。従って，判旨は，間接事実についても当事者からの主張を要すると判示したことになる。明確に主張として提出させ，相互に立証させるということであろう。

他方，主要事実であるのに当事者の主張を要しないとしたものに，最判昭和33・7・8民集12巻11号1740頁[百選47]がある。斡旋料支払い請求訴訟であるが，黒砂糖の斡旋契約がYとXとの間で締結されたと当事者は第1審で主張していたところ，控訴審は斡旋契約は，Yの代理人AとXとの間で締結されたと認定したため弁論主義違反で上告された事件である。上告棄却であった。判旨は，契約が当事者本人によってなされたか，代理人によってなされたかで，法律効果に変わりはないから，当事者の主張のないYの代理人AとXとの間で締結されたと認定しても弁論主義違反はないという。しかし，これは乱暴な

議論である。法律効果に変わりがないというならば，被告が消滅時効成立を主張しているのに弁済で判決してよいということになりかねない。代理権の存在，顕名等は，代理人による意思表示が本人に効果を生じさせるのに直接必要な事実であり，主要事実である。主要事実について，当事者の主張がなくとも認定してよいとしたのであるから，この判例は誤りというべきである。ただし，使者が契約にかかわったのであれば法律論としては本人が契約したことになるが，代理人か使者かは微妙なところがあり，それに応じて，弁論主義違反かも微妙となることがある。この判例も，不意打ちがないから結論はこれでよかったとする論評もある。しかし，訴訟経過から見ると証拠資料で訴訟資料を補充しており，やはり誤りの判例であったというべきであろう。

　最判昭和55・2・7民集34巻2号123頁[百選46]は，所有権喪失の抗弁を明確に論じた判例である。Xは，所有権はAからBに移転し，相続でBからXに移転したと主張した。Yは，これに対し，AからCに移転し，CからYが相続したと主張した。しかし，裁判所は，AからBへ移転し，そして死因贈与でBからCに移転し，CからYが相続したと認定した。BからCへの死因贈与による移転が当事者から主張のない主要事実である。判旨は，弁論主義違反で破棄・差戻しとした。Bの所有権取得を認めた上で，その所有権が事後的に消滅したとするのは抗弁であり，主要事実である，従って，当事者の主張がないのに認定することは弁論主義違反となる，とするのであり理に適っている。このように原審たる高等裁判所の裁判官でさえ間違えるのであるから，弁論主義は容易な問題ではない。

　最判昭和46・6・29判時636号50頁[百選A15]は，前述の大正5年大判と異なり，間接事実には弁論主義が適用されないとした。手形金請求事件の被告Yが，原因債権は弁済したという抗弁を提出した。裁判所は，この抗弁を排斥したのであるが，その際，YからXへの金銭の移動は確かにあったのであるけれども，それは別口債務への弁済であって本件債務への弁済ではないと認定した。別口債務への弁済は当事者が主張していないことだから弁論主義に反するとして上告されたが，上告棄却であった。別口債務への弁済は別口債務が訴訟物となる訴訟では抗弁であって主要事実であるが，この事件では，本件債務への弁済をマイナス方向で推認させる間接事実となる。間接事実である以上，当事者の主張がなくとも認定してよい，とするのである。重要な間接事実であるかについては，判断が分かれるであろうが，本件債務への弁済という主要事

実の裏側の事実であるから，重要な間接事実でないとみてよいのではなかろうか。

　主要事実のふくらみの程度に関する判例として，最判昭和39・7・28民集18巻6号1241頁[百選59]がある。麻酔注射によって後遺症が生じたという医療過誤訴訟において，医者の注射に際しての過失の有無が争われた。原判決は，ブドウ状球菌の伝染経路としては，①注射器具，施術者の手指，注射部位等の消毒不完全，②注射薬の不良ないし汚染，③空気中のブドウ状球菌が侵入，④患者が保菌者であって注射部位に病菌が運ばれた，の四つが想定できるところ，本件では②③④の伝染経路が否定されるため①と推認するのが相当だと判示した。これは，注射器具，施術者の手指，注射部位等のどれかの消毒不完全ということであるので，どこかの消毒不完全という概括的認定であり，または器具・手指・部位のどれかだという択一的認定であり，その当否が問題となった。上告審は，これらの消毒不完全は，いずれも過失とするに足り，診療行為の特殊性に鑑みれば，具体的にそのいずれの消毒が不完全であるかを確定しなくとも，過失の認定として不完全ではないとして，上告棄却であった。医療過誤訴訟において原告患者側にあまりに具体的な事実を主張させるのは酷であり，他方，専門家である被告医師の側はある程度抽象的に主張されても防御は可能だという事情がある。こういう事案での概括的認定・択一的認定は，適法だと考えるべきである。ともあれ，これは，主張されなければならない主要事実が，どこまで具体的であるべきかというふくらみの程度の問題である。金銭の授受において，日時・態様をどこまで具体的に主張しなければならないかというのと性質上は同じ問題である。ところで，注射行為に際しての消毒不完全というのが主要事実だとして，それを具体化する注射器具，施術者の手指，注射部位の消毒不完全は，この主要事実を推認させる間接事実だと位置付けてはならない。間接事実は主要事実を推認させる別の事実であるが，ここでのこれらの事実は，別の事実ではなく，同じ事実の具体化の程度であるからである。呼ぶとすれば，補充的主要事実と呼ぶのが適切である。

(6)　釈明権，釈明義務は，どう考えるべきか

　国家権力は介入しないという規律を極端に推し進めるならば，裁判所は当事者が主張してきた事実の上に立ってのみ判決すればよく，当事者に不注意があり主張すべき事実を主張しなかったために敗訴したとしても，それは当事者の

自己責任だと突き放すことができる。しかし，これでは勝つべき者が勝たず訴訟がギャンブル的色彩を帯び，国民の正義感からも外れることになる。当事者主導の民事訴訟という観念の強いアメリカでもフランスでも，修正されてきている。

　当事者の自己責任として突き放すのでないとすると，当事者の訴訟活動に不明な点，不審な点があるときは，裁判所は当事者に釈明を求めることができる，のみならず，場合によっては釈明を求めなければならない，ということになる。149条は問いを発し，立証を促すことができるという権限規定の体裁を取るが，釈明は義務でもあることに異論はない。なお学説でも実務でも，「裁判所が当事者に対して釈明する」という表現が用いられる。裁判所が能動的に問いを発することを釈明と呼ぶのである。慣用語として理解すべきであろう。ただし，当事者が釈明するという条文表現もある（157条）。裁判所が質問する場合も，当事者が答える場合も，ともに釈明と呼ばれるのである。混乱しそうであるが，普通は前後の文脈から明らかである。なお，裁判所がする釈明を，裁判所が当事者に「求釈明」すると丁寧に表現する実務家・研究者もいる。

　釈明は，事実主張について質問し，立証を促すことができるにとどまらず，149条にもある通り，法律論について対論することも含み，判例によれば，訴えの変更を示唆する釈明もすることができる（最判昭和45・6・11民集24巻6号516頁[百選52]）。弁論主義は事実・証拠を対象とするが，釈明はそれを超えて法律論や処分権主義にまで及ぶのである。弁論権の保障のところで述べたように（本書115頁），釈明は，弁論主義の単なる補完ではなく，弁論権保障の観点から裁判所と両当事者との間で十全の討議をさせるためにあると考えなければならない。釈明権は裁判長によって行使される（149条1項）。陪席裁判官も，行使でき（149条2項），当事者も，裁判長を通じて釈明をしてもらうことができる（149条3項。求問権と呼ばれる。求釈明と呼ばれることもあるが，求釈明は裁判所からの釈明を指すこともあり多義的である）。さらに，裁判所は，当事者本人の出頭，検証・鑑定等の適当な処分をすることもできる（151条）。準当事者，すなわち当事者のため事務を処理し，または補助する者に陳述させることもできる（同条1項3号）。これらは釈明処分と呼ばれ，証拠調べではない。しかし，弁論の全趣旨（247条）を通じて，裁判官の心証に反映させることができる。さらに，旧法を変更し（旧民訴128条参照）現行法では，釈明は口頭弁論期日の外で行なうこともできることとされた。電話やファックスでの釈明は実務上少

なくない。しかし，これは相手方当事者の知らないところで行なわれるから，弁論権の保障からは大きな問題である。そこで，攻撃防御方法に重要な変更を生じ得る事項について釈明をしたときは，その内容を相手方当事者に通知しなければならず（149条4項），書記官はそれを訴訟記録上明らかにしなければならない（規63条2項）。両当事者に同時にファックスを送れば済むことであるが，裁判所がどの程度この条項を遵守しているかについては議論がある。

　釈明が義務である範囲，すなわち，釈明しなかったことが上告受理事由となって原判決が破棄されるのは，どこまでか。時期的に変遷があり，大審院は釈明義務を比較的広く認めていたが，戦後昭和20年代，最高裁はこれを狭く解していた。昭和30年代から，再び釈明義務の範囲は広げられた。裁判所の事件処理能力の関係もあり，理論で決めるのは難しいところがあるが，裁判の結果が逆転する蓋然性が高い場合に，当事者間の公平を加味して判断すべきであろう。参考になるものとして最判昭和39・6・26民集18巻5号954頁[百選53]がある。ちなみに，弁護士出身の最高裁判事が，反対意見で，弁護士である訴訟代理人は裁判所の釈明に頼るべきではない，すなわち，訴訟代理人は裁判所によりかかるべきものではない，訴訟代理人の受任事件に対する熱意と研究努力とが結果に現れてこそ，在野法曹の訴訟活動の進歩に伴う裁判本来の姿の出現が期待できる，訴訟代理人の訴訟手続上の失態を，裁判所の責任においてカバーすべきものであるとは私にはとうてい考えられない，と説示し感銘を与えたことがある（最判昭和51・6・17民集30巻6号592頁の藤林益三反対意見）。弁護士の気概としてそうあるべきだが，当事者本人の敗訴回避のためには恥を忍んで釈明義務違反で上告しなければならない場合もあろう。弁護士業務の難しいところである。

　釈明をし過ぎたことが，上告受理事由となるか。釈明のし過ぎも，観念的には違法になると考えられるが，実際上は，難しいところがある。すでに釈明がなされ当事者が釈明内容を知ってしまった以後のことであるから，後に当事者が自発的に主張を追加してきたときに，それを却下するのが，理論上はともあれ，実際上は難しいからである。裁判官が勝手に先走って発言（釈明）してしまったために，その後で陳述することを予定していた当事者の主張が封ぜられるのは納得がいかないという反論を退けることは困難である。その後で陳述することを予定していたということが虚偽であることが立証できれば別であるが，稀有な事態であろう。釈明が事案と適合している限り，訴訟法上は釈明を違法

とするのは難しい。事案と適合していなければ，釈明権の行使のし過ぎとしてではなく，経験則違反等を理由として上告受理事由を構成することができる。なお，釈明権行使の行き過ぎは，判例はないが，極端で不公平感を与える場合には裁判官の忌避事由（24条）となると考える（通説とはいえない）。

当事者が裁判所からの釈明に応じないとき，裁判所は当該攻撃防御方法を却下することができる（157条2項）。

(7) 法的観点指摘義務（法律問題指摘義務）とは，どのようなものか

弁論主義は，事実についての権限・責任を当事者に付与するものである。しかし，訴訟における事実は，無目的・無統制に弁論に上程されるのではなく実体法たる法的観点に支えられ指示されて弁論に上程されるのである。法律問題と事実問題は，密接に関連していると見なければならない。

事実について主張がなかったのに認定したとして弁論主義違反とされた判例の中には，実は，この法律問題と事実の密接関連性から，問題の核心は事実問題ではなく法律論・法的構成にあったと見られるものがある。たとえば，最判昭和41・4・12民集20巻4号548頁[百選A16]は，抹消登記手続請求事件であり，Xは，本件土地はもともとXのものであったが，Y₁に代物弁済に供し，その後Y₂から出た金でXがY₁から買い戻したと主張した（X→Y₁→X）。これに対してY₁は，もとX所有であったが，代物弁済でY₁に移り，その後Y₂に移転した，ただし，Xが一定期間内に95万円をY₂に持参すればXに売り渡すという約束があったがXが履行しなかったのでY₂名義で登記した，と主張した（X→Y₁→Y₂）。裁判所の認定は，XはY₂から借りた金でY₁から土地を買い戻し，それを直ちにY₂に譲渡担保に供した，と認定した（X→Y₁→X→Y₂）。Y₂への譲渡担保（X→Y₂）は当事者からの主張のない事実だとして上告され，最高裁は弁論主義違反で破棄した，というものである。しかし，この事件では，事実そのものは主張されていたと見ることができる。金はY₂から出ており，その金でY₁からXないしY₂側に土地は移ったという生の事実は十分に主張されていたと見ることができる。それをXは，その金で自分のところに買い戻したと法律構成し，Y₁は，Xへの売り渡し特約付きでY₁からY₂に譲渡されたと法律構成し，原審は，Y₁からXに買い戻された後直ちにY₂に譲渡担保に供されたと法律構成したのである。これら三種の法律構成が可能な生の事実は主張されていた，生の事実は出ていた以上，これは弁論主義違反ではないと

考えることができる。しかし，弁論主義違反がなかったとしても，それでよいというものではない。裁判所の採る法律構成がどのようなものであるかを当事者に伝え，その法律構成を裁判所と両当事者の間で討議すべきであったのである。釈明は，裁判所と両当事者との間で十全の討議をさせるためにある。しかも，法律問題であることに着目すると，釈明一般の中に埋没させるのではなく，法的観点指摘義務として独立に論ずるのが問題の所在を明らかにする意味で望ましい。

　ドイツでは，民訴法139条2項に「一方当事者が明らかに看過し又は重要でないと考えていた観点については，裁判所は，……その観点につき指摘をし，かつ，その観点に対して陳述する機会を与えているときに限り，みずからの裁判の拠り所とすることができる。裁判所が当事者双方と異なる判断をしている観点についても，同様とする」という条文がある。弁論権の保障として妥当な規定だというべきである。わが国でも，解釈論として，これを肯定すべきである[*18]。すなわち，法的観点指摘義務を果たしていない判決は，上告審で破棄・差戻しされなければならない。

　さて，法的観点指摘義務は指摘して討議することに重点がある。そこでの討議の結果に，裁判所は，法的に拘束される訳ではない。法律問題については，裁判所が最終的な判断権を持っているからである。ここから，弁論主義が適用にならない例外となる公序良俗違反の扱い方が鮮明となる。公序良俗違反などは，弁論主義の例外となり，証拠資料から公序良俗違反が明らかとなれば訴訟資料になくとも裁判所は公序良俗違反を判決の基礎とすることができる。公序良俗は，法律の中の法律，最も基本的な法律であること，また，たとえばばくちの金であったというようなことは両当事者とも陳述しようとしないこと，を背景にした処理である。証拠資料が訴訟資料を補充してよいのである。しかし，両当事者とも公序良俗違反で判決されることに気が付いていない場合，裁判所は，公序良俗違反の可能性を指摘し両当事者と討議しなければならない。両当事者との討議・反論の中で，当該事件では公序良俗違反ではないと裁判所が心証を変更することがあり得る。しかし，指摘したにもかかわらず，両当事者とも主張に反映させず訴訟資料としない，裁判所の心証は変わらないというときは，裁判所は両当事者の態度に拘束されず，公序良俗違反で判決してよい。こ

　[*18]　山本和彦『民事訴訟審理構造論』（平成7年）17頁。同書は法律問題指摘義務と呼ぶ。

れが，典型的な法的観点指摘義務の例である。一般条項のうちでも権利濫用，信義則違反をも弁論主義の例外としてよいかは議論があるが，権利濫用，信義則違反は当事者間での利益調整であるから弁論主義の例外は公序良俗違反に限定しておくのが穏当であろう。

なお，過失相殺も弁論主義の例外だという説がある。最判昭和43・12・24民集22巻13号3454頁[百選A17]は，判旨は不分明であるが，その説からは有利に引用される。過失相殺は公平の理念の現れだからという根拠付けもなされるが，釈明したにもかかわらず当事者から事実主張がない，すなわち当事者は公平を望んでいないという場合にも，公平を裁判所が当事者に押し付けるのが妥当だとは思われない。また，法の規律は，多かれ少なかれ，公平の理念の現れでもあろうから，公平だけでは正当化しがたい。従って，過失と評価される具体的事実が主要事実であり，この主要事実は当事者から主張されなければならない。当事者が過失相殺を論じていないとき，裁判所が法的観点指摘義務を行使するのは適切であるが，しかし，過失相殺は公序良俗のように強い規範ではないから，両当事者がなお主要事実を主張しないのであれば，弁論主義により裁判所は判決の基礎とすることができない，と考えるべきである。

(8) 真実義務・完全陳述義務とは，どのようなものか

弁論主義により事実の主張は当事者の権限・責任だとすると，当事者は何を主張してもよいのか。そうではなく，内在的な制限はあると考えなければならない。

当事者が主観的にも真実でないと分かっている事実主張は，してはならないというのが真実義務の議論である。ドイツ民訴法138条には「当事者は，事実状況に関するみずからの陳述を，完全かつ真実に即してしなければならない」という規定がある。

自己の認識に反してまで，ある事実を主張したり否認したりすることは許されないというのは，倫理的にもその通りである。弁論がアナーキーに陥ってはならないのも道理であり，2条の信義誠実訴訟追行義務からも説明することができる。

しかし，真実義務は，解釈論上の義務と捉えると，無用な審理を招来するという難点を持つ。解釈論上の義務と捉えると，真実義務に違反した主張は無効とすることになるが，真実義務に違反したかどうかは，ある事実主張が客観的

に真実に反していることが確定しただけでは判断することができない。主張者の主観的真実に反していたかどうかが確定されなければならない。しかし，これは内面にかかわる事実であるから立証が困難である。他方，事実主張の方は客観的に事実でないと確定しているのであるから，それで判決はできる状態にある。すでに判決ができる状態にあるにもかかわらず，ある事実主張を無効とするために審理を続けるというのは賢明ではない。真実義務は，行為規範としては存在するが，評価規範としては機能しないと考えざるを得ない。弁護士の倫理規範と捉えることは可能であるが（弁護士職務基本規程5条），その本来の効果は懲戒であって主張の無効ではない。

　完全陳述義務の方は，別の問題もある。完全に陳述をしなければならないということを文字通りに理解すると，当事者には事実についての主張の選択権がないということになる。しかし，弁論主義は，事実について陳述するか否かの権限と責任を当事者に付与しているのであるから，完全陳述というのを文字通りに捉えると，弁論主義に抵触する。そこで，完全陳述義務の内容を薄め，完全に陳述しないことにより自己の主観的真実に反する主張となってはならないという意味に理解しなければならない。つまりは，真実義務に近づけて理解することになる。

　真実義務も完全陳述義務も，いわば使える規範ではない。しかし，行為規範としては厳然として存在し，その遵守を怠ってはならないというべきである。訴訟が国民から信頼される試金石ですらあろう。

3　審理の諸原則

(1)　口頭弁論を規律する諸原則には，どのようなものがあるか

　口頭弁論は，「訴訟上の請求」など民訴法の他の例以上に，多義的な概念である。狭義では，受訴裁判所の面前でそのための期日において当事者双方が対立する形で，口頭で本案の申立てないし攻撃防御方法の提出，その他の陳述をなすことを言う。攻撃防御方法とは，訴訟手続に関するものや訴訟法上の事項に関するものもあるが（たとえば，責問権の行使，相手方の時機に後れた攻撃防御方法の却下の申立て，訴訟要件の欠缺についての主張・証拠の申出），主要なものは当事者が自己の申立てを基礎付けるために提出する法律についての主張，事実についての主張，相手方の主張に対する認否，証拠の申出・援用，相手方のそれ

に対する認否，証拠抗弁等である（63条・156条・156条の2・157条・161条・174条・245条等）。原告・被告で分けると，原告が行なうものが攻撃方法，被告が行なうものが防御方法となる。他方，訴えの変更，反訴，控訴などは，それ自体が本案の申立てであるから攻撃防御方法とはならない。第2に，口頭弁論は広義では，狭義の口頭弁論に加えて裁判所が行なう訴訟指揮，証拠調べ，裁判の言渡し等を含めたものを言う。さらに，口頭弁論は，審理の方式を意味することもあり，審理が行なわれる時間的・空間的な場を意味することもあり，当事者の訴訟行為を意味することもある。単に弁論というときは，当事者の訴訟行為を意味することが多く，弁論主義の弁論もそこに由来する。一見複雑であるが，文脈から自然に分かることが多く，また，常に厳密に使い分けられている訳でもない。要するに，過度に気にすることはない。

　判決をなすには，原則として口頭弁論を開かなければならない。これを必要的口頭弁論という（87条1項。上述の審理の方式としての口頭弁論であり，条文の文言上は当事者の角度から規定され狭義のものを指す）。手続的な公正さのために口頭弁論が必要とされる。敷衍すると，口頭弁論でなされたものだけが裁判資料となる。口頭弁論を開かなくてよい例外は，担保を提供しないことによる訴え却下（78条），不適法で補正ができない場合の訴え却下（140条）等である。決定で処理する場合には，口頭弁論を開くか開かないかは裁判所の裁量に任され（87条1項但書），任意的口頭弁論と称せられる。決定手続で口頭弁論を開かない場合に，無方式で関係人に対して口頭または書面で陳述の機会を与えることを審尋という（87条2項）。実務上，決定手続で口頭弁論が開かれることはまずない。審尋は，本来は弁論に対応するものであり，心証を取る証拠調べではないということであったが，民執法5条，民保法旧30条の立法で心証獲得の手段とも位置付けられ，平成8年新民訴法でも決定手続で参考人審尋が導入され（187条），民訴法でも位置付けが変化した。87条2項では口頭弁論に代わる審尋，187条では証拠調べとしての審尋と称してもよい。

　さて，裁判の審理の方式は歴史的には大きな変遷を経ている。刑事裁判からの影響も大きい。日本の民事訴訟では口頭弁論によるものとするほか，次の五つの主義によって構成されている。公開主義（憲82条），口頭主義（87条），直接主義（249条），双方審尋主義（94条），そして，これらと少し離れたものとなるが継続審理主義（集中審理主義，182条）である。さらに審理と少し離れ，訴訟手続の進行全般について職権進行主義があり，審理に関連して適時提出主

義もある。

(2) 公開主義とは，どのようなものか

　公開主義は，民訴法の概念上は一般人に公開する一般公開と，当事者にだけ公開する当事者公開とに区別される。しかし，審理方式の一つとして公開主義が語られるときの公開は，一般公開である。誰もが傍聴することができる公開法廷で行なわなければならないという規律である。裁判が公正に行なわれることが監視される。公開主義に反することは，絶対的上告理由となるが（312条2項5号），再審事由とはされていない。口頭弁論が公開されたかどうかは，口頭弁論の方式に関することであるので，口頭弁論調書だけで証明される（160条3項）。法定証拠主義（本書181頁）の残滓であり，公開されたことにつき証人を何人用意できようとも，口頭弁論調書に公開されたとの記述がない場合には，公開されたと認定することはできない。公開主義は諸外国とは異なりわが国では憲法上の要請であるが，憲法自身が，裁判官が全員一致で公の秩序または善良な風俗を害する虞があると決したときは，公開しなくてよいと認めている（憲82条2項）。法律が憲法を変えることはできないので，憲法のこの規律を確認するものという位置付けで，人事訴訟法では証人尋問・当事者尋問を公開しないことができる（人訴22条）。知的財産権訴訟でも，証人尋問・当事者尋問を公開しないことができる（特許105条の7，不正競争13条）。プライバシーや営業秘密に配慮した規定であり，公開したのでは適正な裁判ができないということをも要件に掲げている。しかし，これらと異なり，民事訴訟法では非公開を認める規定はない。あるのは，証人尋問における遮蔽だけである（203条の3）。しかし，公開は口頭弁論に関する規律であるから，口頭弁論でない弁論準備手続等は公開されない。ただし，裁判所は弁論準備手続についても，相当と認める者の傍聴を許すことができ，しかも，当事者が申し出た者については，手続を行なうのに支障を生ずる虞があると認めるときを除き，傍聴を許さなければならない（169条2項）。公正さの担保のための規定である。

　営業秘密の保護を真に考えるとなると，傍聴人に知られる一般公開を否定するのは勿論であるが，相手方当事者にも知られてはならない。特許権侵害で訴えられたとき，特許未出願の自己独自の製法で作っていると相手方に伝えたのでは，相手方にその製法を盗まれることとなる。そこで，特許法では，営業秘密につき，当事者，訴訟代理人または補佐人に対し，当該営業秘密を当該訴訟

を行なう目的以外の目的で使用し，または第三者に開示してはならないことを命ずる秘密保持命令の制度を持っている（特許105条の4）。

　口頭弁論の公開の憲法上の要請は，訴訟記録の閲覧・謄写の権限までは含まない。従って，法律で訴訟記録の閲覧・謄写を制限することに憲法上の問題はない。民事訴訟法でも，プライバシー，営業秘密にかかる記載があるときは，訴訟記録の閲覧・謄写ができるのを当事者に限ることができると規定する（92条）。人事訴訟法では，相手方当事者に対しても閲覧・謄写を否定することができる（人訴35条）。子供の供述を親に開示しない方が親子関係のその後によい場合等があるからである。特許訴訟では秘密保持命令を実効性あるものにするため，秘密保持命令を受けていない者から閲覧・謄写の請求があったときは，秘密保持命令を出す時間的余裕を作るため相手方当事者に通知をし2週間の猶予期間を置かなければ閲覧・謄写をさせてはならないという規定がある（特許105条の6）。

(3)　口頭主義とは，どのようなものか

　口頭弁論期日における弁論は，口頭でされなければならない。これが口頭主義であり，書面主義と対立する。口頭主義では，陳述から受ける印象が鮮明で，事実の真相を把握しやすい。あいまいな陳述をその場で確認することもでき，無駄な陳述は制限することができる等，臨機応変に両当事者の弁論をかみ合わせ活発な審理を実現することができる。また，傍聴人にも弁論が分かることとなり，公開主義と整合する面もある。しかし，口頭での陳述と聴取には脱落が生ずることもあり，複雑な事実関係では口頭の説明だけでは理解が難しく，また，記憶保存にも万全を期しがたい。書面主義の長所・短所は，この反対である。現行法は，口頭主義を採用しているが，短所を補うために，訴状等には書面を要求し（133条・286条・314条），準備書面の提出を規定する（161条）等，書面主義も部分的に併用する。しかし，訴状・準備書面等に記載された事項も，口頭弁論において口頭で陳述されないと訴訟資料とはならないとし，口頭主義を貫いている。証人尋問，当事者尋問でも，原則として書面に基づいて供述することはできず，口頭主義となっている（203条・210条）。

　口頭主義は，現行法の建前であり，証人尋問についてはまだ実際にも維持されているが，弁論においては実際には形骸化されているのが普通である。刑事訴訟とは異なる。「準備書面の通り陳述します」と口頭で述べ，それで口頭主

義は充たされていると扱われるからである。傍聴人には，準備書面に何が書かれているかは分からない。しかしながら，平成8年新法が創設した弁論準備手続では，裁判官と両当事者の間の口頭でのやり取りが期待されていた。実際に口頭での弁論準備手続が行なわれているかどうかは，裁判所・裁判官によるようであり裁判所が行なう訴訟運営の課題の一つである。

(4) 直接主義とは，どのようなものか

直接主義または直接審理主義とは，弁論の聴取と証拠調べを，その事件について判決する受訴裁判所（合議制であれば3人の裁判官，単独制であれば1人の裁判官）がみずから行なうという原則であり，249条1項が規定する。1877年民訴法制定前のかつてのドイツでは，当時の現行法であったローマ法（むろん，昔のローマ法ではなく時代に合わせて修正された「現代」ローマ法）に精通した裁判官が少なかったので，他の者が審理した結果の報告に基づいて裁判する間接主義が採られていた。しかし，法定証拠主義ではなく自由心証主義（本書181頁）に移行した現代の民事訴訟においては，事案を適切に把握し，真実を発見するのに直接主義が優れていることは論を俟たない。

けれども，直接主義の今日的問題として，裁判官が交代した場合に，口頭弁論を初めからやり直させるかという問題がある。これは効率的でないので，新しい裁判官の前で，それまでの弁論の結果を当事者から報告させることにより直接主義の要請を充たしたことにすることとなる。弁論の更新，または弁論の結果陳述と呼ばれる（249条2項）。しかし，実際には，本当に結果を陳述するのではなく，「従来の弁論の結果を陳述する」と述べるだけであったり，さらには，裁判官が弁論を更新しますねと質問し，当事者がしますと返答するという形となったりしている。形式的といえば形式的な処理であるが，それさえ行なわれなければ破棄差戻しとなる絶対的上告理由（312条2項1号。法律に従って判決裁判所を構成しなかったこと），再審事由（338条1項1号）に当たるというのが判例・通説である（最判昭和33・11・4民集12巻15号3247頁）。しかし，この絶対的上告理由・再審事由という効果と，実際に行なわれている弁論の更新の実態との乖離，そして弁論の更新なしとされる事案の多くは口頭弁論調書に弁論の更新ありと記載するのを失念しただけであるとの実態の乖離があり，アンバランスドでありすぎる。そもそも，弁論の結果の陳述は，それによって初めて従来の手続が通用せしめられる形成行為ではなく，単なる裁判所への報告

行為だと解すべきである。判例も，弁論の更新は，当事者の一方がすれば足り，また，従来の手続に欠席していた当事者がしてもよいとするが，これは報告行為説になじむはずである。報告行為であるのであれば，それが懈怠されたとしても絶対的上告理由・再審事由とならないと解してよい。責問権の放棄・喪失になると理論構成してもよい（90条）。

　弁論準備手続が行なわれたときも，結果の陳述が必要となる（173条）。しかし，単独裁判官が自分で弁論準備手続を実施したときは，裁判官の交代はないから，この場合の結果陳述は直接主義とは関係しない。むしろ，公開主義の趣旨に関係しよう。他方，合議体の受訴裁判所が弁論準備手続を受命裁判官にさせていたときには，この結果の陳述は直接主義の要請による。実務では，この結果の陳述も形骸化しているようであるが，傍聴人に裁判が理解できるよう工夫すべきだという意見に賛同する。

　ところで，直接主義により常に受訴裁判所が証拠調べをしなければならないというのも，法廷以外の場所で証拠調べをするとき等は効率的ではない。民訴法自身，合議体の構成員の1人の裁判官である受命裁判官，さらには，受訴裁判所の裁判官以外の受託裁判官による証拠調べを認めている（185条1項）。これは，実質的には間接主義の部分的許容である。大規模訴訟の特則にも，同旨の規定がある（268条）。

(5) 双方審尋主義とは，どのようなものか

　裁判所は，必ず当事者の双方から弁論を聞き，証拠調べの申出を受けなければならない。当事者の一方だけから弁論を聞き証拠を出させて裁判をしてはならないということであり，弁論権の保障を内容とする。しかも，民事訴訟の双方審尋主義は，双方から聞けばよいというだけではなく，相手方の在席する場で弁論をすることを要求する。すなわち，当事者は口頭弁論期日に立ち会う権利が保障される（94条。期日の呼出し）。対席主義とも言い，立会権の保障とも呼ばれる。憲法82条1項にいう「対審」は，双方審尋主義が保障された口頭弁論を指す。当事者対等の原則，武器対等の原則というのも，双方審尋主義と内容はほぼ同じである。

　もっとも，当事者には，機会を与えれば足りる。口頭弁論期日に呼び出されても，欠席をする自由が当事者にはある。裏から言えば，呼出しをしておけば，当事者が欠席しても口頭弁論を開くことができる。当事者の権利であるから，

行使しない自由も許容されるのである。

(6) 継続審理主義とは，どのようなものか

継続審理主義または集中審理主義は，一つの事件の審理は継続して一挙に集中して行なわなければならないとするものであり，旧法下でも昭和25年の継続審理規則以来，この建前を採っていた。しかし，実際には旧法下では，多数の事件を同時に併行して審理する併行審理方式によっていた。併行審理方式では，どの事件も早期に審理が始まり，多数の事件を一様に進められる利点があるが，しかし，一つの事件の期日と期日との間隔が空き，裁判官・両当事者の記憶は薄れ，期日が来るたびに記録を読み直すこととなり非効率である。記録に頼る裁判ともなりやすい。特に証人尋問，当事者尋問における併行審理方式では鮮明な証拠資料で判断することができなくなる。旧法下の併行審理方式は，かくして，五月雨方式と揶揄されてもいた。そこで，平成8年新法は，争点・証拠整理手続を充実し，証人尋問・当事者尋問はできるだけ集中して実施することとした（182条）。この集中証拠調べは，実務でもよく守られている。訴訟の判決までの期間は短縮化されているが（医療過誤等でない普通の対席事件でおよそ1年），それにはこの集中証拠調べが大きく寄与しているようである。他方，争点・証拠整理手続は，現在でも，併行審理方式であり，1か月強に1回ということが多い。

(7) 職権進行主義とは，どのようなものか

手続の内容面，実体面では，なお処分権主義と弁論主義により当事者に権限と責任が与えられているが，手続の進行の面では職権主義である。手続の進行の権限と責任は，裁判所に与えられているのである。近代民訴法の最初は1806年のフランス民訴法であるが，これは手続の進行も当事者に委ねていた。当事者進行主義と呼ばれる。しかし，その結果は，訴訟の著しい遅延となった。試験の終了時間を受験生に任せれば，終了時間はおそくなるのが道理である。1895年のオーストリー民訴法から，職権進行主義が始まり20世紀を通じて各国民訴法の趨勢となった。平成8年新法は，手続進行面でも当事者の意見を聴いて決するという規定を多く設けたため（168条・202条2項ほか），裁判所と当事者による協働進行主義となったとする学説もあるが，やや言い過ぎであり基本はなお職権進行主義だと解すべきである。次回期日の指定も，実務では当

事者の意見を聴いているが，法律上は裁判長の権限である（93条）。

職権進行主義の関係で，裁判長に訴訟指揮権が与えられている（148条）。手続を主宰する権能が裁判長にあるのであるが，しかし，これは手続を迅速に進め，公平にして充実した審理をなすべく行使されなければならない（2条）。訴訟指揮権のうち，本案（実体法）に関するものが釈明権だということができる。訴訟指揮権に対して，当事者の方には，裁判所が主宰する手続進行の適正性を監視し，手続において自己の利益を擁護する権能が与えられている。これを，講学上，責問権と呼ぶ。要するに，訴訟手続に関する規定の裁判所または相手方当事者による違背を攻撃し，効力を争う権能である。責問権行使に理由があれば，裁判所または当事者の訴訟行為はやり直されなければならない。しかし，訴訟法には，手続安定の要請もあり，責問権行使を無制限に許す訳にも行かない。そこで，当事者の利益を保護するための任意規定違反の場合には，責問権の放棄および喪失を認めてしかるべきこととなる（90条。平成8年新法で法文上は，責問権ではなく，訴訟手続に関する異議権となった）。瑕疵が治癒されたと扱うのである。遅滞なく行使しなかった場合に責問権は喪失したとされ，また，当事者が放棄することもできる。事前に放棄することはできないが，違反があった後に放棄することはできる。どのような場合が放棄，喪失となるかは，個々の規定が当事者の利益保護の規定であるかどうかを考えて処理するほかはない。公益に係わる重要な手続規定は，責問権の放棄，喪失の対象とならず，絶対的上告理由として上告審でも破棄理由となることがあり（312条2項），さらに一部は再審事由ともなっている（338条）。

(8) 適時提出主義とは，どのようなものか

口頭弁論は数期日にわたった場合でも，同時に行なわれたものと観念される。すなわち，当事者の弁論，証拠調べはいつなされたものであるとしても判決のための資料としては同一の価値を持つ。これを口頭弁論の一体性という。比喩的に言えば，最後の口頭弁論期日にすべて提出されたものとして法律的には扱われるということである。口頭弁論の等価値性ともいう。

口頭弁論の一体性は，当事者の側から見れば，攻撃防御方法の提出に時期の制限がなく，いつでも出せることを意味する。これを随時提出主義と呼ぶ。随時提出主義は，19世紀半ばまでのドイツ普通法の訴訟手続における法定序列主義，同時提出主義，証拠分離主義（請求原因，抗弁，再抗弁という法定の序列に

従って進行し，同じ序列の段階ではすべてを提出しなければならない，たとえば請求原因の段階ではすべての請求原因事実を提出しなければならず，弁論段階と証拠調べ段階が分離されるという規律）が審理の硬直化と遅延を招いたことの反省の上に立てられたものであるが，20世紀後半になると随時提出主義がかえって訴訟の遅延の原因の一つとなっているとの判断から母法ドイツでは，ある程度の序列主義の復活がある。これが，平成8年新法でもわが国にも導入され，適時提出主義と呼ばれる（156条）。

　かくして，攻撃防御方法の提出の時期は，完全には当事者の自由ではない。第1に，適時提出主義であるから，適時に提出しなかったもの，すなわち，時機に後れた攻撃防御方法は却下される（157条1項。時機に「後れた」であって，「遅れた」ではない。学生諸君の答案に多い間違いである）。要件は，故意または重過失で時機に後れたこと，それを審理すると訴訟の完結が遅れることである。当事者からの申立て，または職権で却下される。ただし，実務では，故意・重過失の認定にも訴訟の完結の遅延の認定にも慎重であるためか，果敢に行使されているとは言えない。また，控訴審では，時機に後れたか否かの判断は控訴審だけで捉えるのではなく，第1審手続から通覧して判断するというのが通説・判例であるが（大判昭和8・2・7民集12巻159頁），控訴審実務は必ずしもそうではないようでもある。時機に後れたとして却下すると提出した当事者との間で軋轢が生ずるので却下はせず，しかし，内容的に理由がないとして簡単に攻撃防御方法を否定するというのが裁判所の知恵であるとも言われるが，堂々と却下するのが訴訟法的には好ましいところであろう。

　第2に，釈明に応じない攻撃防御方法も却下される（157条2項）。のらりくらりと陳述することを許すと，訴訟は遅れるからである。訴訟の遅延は，他の当事者の事件にしわ寄せが行き，司法全体の健全性を阻害するのである。

　第3に，争点・証拠整理手続を終えた後に新たな攻撃防御方法が提出された場合には，相手方当事者が求めるときは，遅延した理由を説明しなければならない（167条）。遅延した当事者の遅延理由説明義務とも，相手方当事者の詰問権とも呼ばれる。この説明が納得できるかどうかが，時機に後れた攻撃防御方法の却下に繋がるというのが立法者の考えであり理論的にはその通りであるものの，詰問権をわが国の当事者は行使しない傾向にあるようである。弁護士同士が，相身互い，明日は我が身とかばい合うことがあるのではないかとわが国でも外国でも指摘されることがある。

第4に，弁論の制限（152条）や中間判決（245条）がある。弁論がある部分に制限されると，他の攻撃防御方法は自由に提出することができない。中間判決があると，裁判所に自己拘束力（羈束力）が生じ，裁判所もそれに反する判断ができなくなるため，当事者からも中間判決に反する攻撃防御方法の提出ができなくなる。

第5に裁判長は，特定の事項に関する準備書面の提出時期を制限することができる（162条）。さらには，審理計画を定めることもできる（147条の2。提出期間の設定は156条の2，却下は157条の2）。

このようにして，適時に攻撃防御方法が提出され，審理が適正公平かつ迅速廉価になされなければならないと民訴法は考えているのである（147条の2）。しかし，この理想実現は，どの国でも，実は裁判所および当事者（訴訟代理人としての弁護士）の永遠の課題だと言わなければならない。

4 訴訟行為

(1) 訴訟行為には，どのようなものがあるか

訴訟行為とは，その効果が訴訟法で規律される行為を言う（要件も訴訟法で規律される行為をいうとする少数説もある）。訴訟手続の主体は裁判所と当事者であるから，裁判所の行なう訴訟行為と当事者の行なう訴訟行為とがある。裁判，訴訟指揮等が，裁判所の行なう訴訟行為である。

重要なのは，当事者の訴訟行為である。訴え提起等のように裁判所の裁判を求めることを目的とし，裁判を介してのみ意味を持つ，裏から言えば裁判を離れては独自の意味を持たない訴訟行為があることが，実体法上の法律行為と異なる特色である。むろん，裁判を介することなくそれ自体で効果を発生させる訴えの取下げ，訴訟上の和解等の訴訟行為もある（本書231頁以下）。

訴訟行為は実体法上の法律行為と異なることが，19世紀後半のドイツで民事訴訟法学が民法学から独立する過程では強調された。たとえば，意思表示の瑕疵の実体法上の規律は，訴訟行為には適用ないし類推適用されないと強調された。当事者の訴訟行為は弁護士たる訴訟代理人が慎重に判断して行なうものであるし，裁判所の釈明によるチェックもある，さらに，撤回が原則自由であるから瑕疵ある訴訟行為は撤回で処理されると論ぜられた。また，訴訟行為は，手続の安定および明確性のため，表示主義・形式主義が妥当するとも強調され

た。内面からではなく外面で判断されるというのであるが、これも専門家である訴訟代理人が関与することから根拠付けられた。しかし、民事訴訟法学が民法学からの独立を果たした今日では、これらの命題は行き過ぎではなかったかと反省されている。表見法理は訴訟行為には妥当しないと判例はなお把握しているが（代表者と表見法理につき、本書18頁）、学説では類推されると説く見解が多い。訴訟手続について当事者が合意しても、訴訟という大量現象を効率的に処理する訴訟法ではその種の合意は、明文で認められる管轄の合意等を除き、認められない、当事者の自由に委ねる任意訴訟（便宜訴訟）は禁止される、とかつては説かれたが（本書21頁）、今日では一般的抽象的に不適法と説くのではなく、個々の合意毎に考察するのが学説である。訴えの取下げの合意は訴訟行為として適法だとするのが今日の学説の大勢である（本書234頁）。要するに、訴訟行為の一般論・抽象論はかつての勢いを持たず、解釈論としては個々の訴訟行為毎に要件・効果を考えて行く傾向にある。実体法と訴訟法が分離した近代民事訴訟法において、両者の交錯領域に位置する抽象的訴訟行為論はなお意味を有するが、多少は民事訴訟法解釈論を離れ、一般法学ないし法哲学の研究対象ということになろう。

　分類学となるけれども、当事者の訴訟行為は、申立て、主張、挙証に分けられる。申立ては、裁判所に対して一定の行為を要求するというものである。訴えの提起、上訴の提起はこれに当たり、本案の申立てと称される。訴えの変更、反訴なども本案の申立てである。本案の申立て以外にも、証拠調べを要求する申立て（申出と呼ばれることも多い）、送達等を要求する申立てもある。申立ては、その性質上、確定的になされなければならず、条件や期限を付けることは許されない。訴えを条件付きで提起したとすると、訴えが確定的に提起されたのかどうか不安定になり審理を進めてよいか迷うことになるからである。ただし、予備的に申し立てることは許される。売買契約は有効であるから代金1000万円を支払え、仮に売買契約が無効だとすれば目的物を返せという請求の予備的併合はその例である（本書294頁）。条件は付けられているが、その条件の成就の有無が審理の中で判明するため、手続が不安定となることがないから許される。

　申立てには、申立権のあるものとそうでないものとがある。申立権があると、裁判所は必ず応答しなければならない。本案の申立ては、申立権のある申立てである。ただし、応答はそれを容れることだけではなく、それを却下すること

もある。却下も応答だからである。申立権がない申立てでは，裁判所に応答義務が生じない。裁判所はその申立てを無視して差し支えない。申立権がない申立ては，裁判所の職権の発動を促すものだということになる。弁論の再開（本書155頁）の申立て等が，申立権のない申立てである。

　申立てを支持し根拠付けるためにする陳述を，本書130頁で述べたように，一括して攻撃防御方法と呼ぶ。責問権の行使のように訴訟手続に関するものや訴訟法上の事項に関するものもあるが，主要なものは，訴訟上の請求を支持しまたは排斥する本案（実体法上の権利・法律関係）についてのものである。これは，法律に関する陳述と事実に関する陳述とに分かれる。陳述と主張は相互交換的に用いられるが，陳述のうちで陳述者に有利なものを主張と呼び，不利益なものは陳述と呼ばれることが多い。条文では203条・209条等が証人尋問・当事者尋問への供述をも陳述としているが，これは訴訟資料と証拠資料の区別を乱すものであるから，講学上は好ましくなく供述と呼ぶべきである。また，民訴法の条文では，149条のように「事実上及び法律上の事項」という表現もあり，57条のように「事実に関する」という表現もある。「上」というのは，英語のonであって，「に関する」という意味であり，日常用語とはやや異なる。57条の「事実に関する」という表現の方が適切であろう。要するに，事実上の主張とは，事実に関する主張という意味であり，de factoの主張という意味ではないことに注意を要する。

　挙証は，証明をする行為ないし活動である。立証とも呼ばれる。証拠申出は，申立てでもあるが，挙証でもある。

(2) 主張は，どのようなものか

　法律に関する主張は，広義では法規の存在，解釈・適用に関する意見表明を含むが，狭義では，具体的な権利・法律関係の存否の主張をいう。たとえば，原告は所有権者である，消費貸借契約は無効である，というのは狭義の法律に関する主張となる。弁論主義は，事実に関するものであるから，法律に関する主張とは厳密に言えば関係せず，法律に関する主張では自白も成立せず，権利自白の成立が問題となるに過ぎない（本書179頁）。しかし，法律面でも当事者と裁判所が討議することの重要性は，法的観点指摘義務のところで述べた通りである（本書128頁）。法的観点指摘義務との関係では，広義の法律に関する主張も問題となる。

事実に関する主張は，具体的な事実についての主張をいう。金銭を渡したとか，弁済をしたとかの主張が例である。事実に関する主張に対して相手方の採る態様は，否認，不知，自白，沈黙の四つがある。否認は，そのような事実はないと否定することであり，直接に相手方の主張と対立するものである。規79条3項により，単純に否認することは禁止され理由を付けて否認しなければならない。たとえば，原告が金銭の授受を主張したとき，被告は金銭の授受はないと単純否認するのではなく，受け取ったのは同席した別人であるとか，その日は遠隔地におり受け取っているはずがないとか主張すべきであり，これを理由付き否認または積極否認と呼ぶ。しかし，被相続人のした契約などでは単純否認がやむを得ないこともあろう。単純否認の禁止は民訴規則の規定であって訓示規定でもあるから，単純否認をしたこと自体が不適法となることはないが，裁判所から釈明を受けるのが普通であろう。不知は，知らないと答えるものであるが，不知は争うものと推定され（159条2項），否認と同様に扱われる。たとえば，原告が被告の死んだ親に金を貸したと主張したとき，被告が不知と答えると，争われたと推定されるから証拠調べに進むこととなる。不知に関しては，自分のしたことを相手方が主張してきたとき，不知と答えることができるかという問題がある。自分のしたことを知らないと答えるのは不誠実だと評価されるであろうが，遠い昔のことであれば不知がやむを得ないこともあろう。不知も，合理的理由を示さなければ，裁判所から釈明を受けるであろう。自白は，相手方の主張を認めることである（自白の厳密な定義は，本書170頁）。自白が成立すれば，弁論主義の第2テーゼから裁判所は自白された事実に拘束されるし，自白した当事者は撤回が制限される。沈黙は，なにも言わないことである。沈黙は，争わないものと看做される（159条1項）。自白をしたと看做されるのであり，擬制自白と呼ばれる（本書173頁）。当事者が欠席したときも擬制自白が成立する（159条3項）。

相手方の言いたいことを最終的には否定するものであっても，否認と抗弁の区別がある。否認は，原告が金を渡したと主張してきたときに被告が金を受け取っていないという如く，相手方の主張を直接に否定するものである。抗弁は，論理的には相手方の主張を認めた上で，その法的効力を否定する事実を付け加えるものである。金は借りたが返したという弁済の抗弁が抗弁の典型である。否認と抗弁は，証明責任が相手方にあるのが否認であり，自分の方にあるのが抗弁と定義される。被告からの消滅時効の主張も，借りたことを論理的に前提

としているし，証明責任が被告にあるので抗弁である。抗弁のうちで，権利の発生・消滅の主要事実が弁論に出ているだけでは足りず，権利者からの権利行使の意思表示がないと判決の基礎となし得ないものを権利抗弁と呼ぶ。この限りで，権利抗弁は主張共通の原則（本書117頁）の例外となる。すなわち，主張責任のない当事者が主要事実を陳述しても，それだけで裁判所がその陳述を判決の基礎とすることはできず，権利者の権利行使の意思表示が口頭弁論でなされて初めて判決の基礎とすることができる。留置権の抗弁，同時履行の抗弁，対抗要件に関する抗弁などが，権利抗弁の典型である（最判昭和27・11・27民集6巻10号1062頁[百選51]）。これらの例から分かるように権利抗弁の「権利」というのは多少ミスリーディングであり，権利という言葉に拘泥するのは生産的ではない。取消権などの私法上の形成権も，取消し事由の陳述があるだけでは足りず，取消し等の意思表示が必要であるから，権利抗弁であるとされることが多いが，しかし，私法上の形成権の行使は口頭弁論でなされる必要はなく，訴訟外でなされ，訴訟外でなされたという事実がどちらの当事者からであれ口頭弁論で陳述されれば判決の基礎としてよく，すなわち，主張共通の原則が働くから，完全な意味での権利抗弁ではない。完全な意味の権利抗弁は，同時履行の抗弁のように延期や当面の阻止を内容とするものであるから，訴訟外で意思表示がなされていても，口頭弁論で，その都度改めて，意思表示がなされなければならない。

(3) 主張は，どのように規律されるか

　主張ないし陳述についての規律の第1は，撤回が自由だということである。機動的で生き生きとした弁論が，これによって保障される。撤回自由であるから，まずは言いたいことを自由に言うことができる。まずければ，撤回すればよい。弁論では，自由闊達に主張をしてよいのである。ただし，あまりに遅くなってからの撤回は，時機に後れた攻撃防御方法として却下されることがある（157条）。余りに頻繁に撤回することも，弁論の全趣旨（247条）として考慮されよう。また，主観的真実に反する主張も，真実義務・完全陳述義務の関係で行為規範として制限されることは前述した（本書129頁）。しかし，基本は撤回自由である。主張と異なり，自白は撤回が自由ではない。

　主張についての規律の第2は，申立てと異なり，仮定的な主張が許されることである。矛盾していて一貫しない主張は，不適法ではないが無意義となる。

たとえば，貸金返還請求訴訟で原告が金銭の授受が「あった」と主張し，後に「なかった」と陳述することは，矛盾していて一貫しない。裁判所から厳しく釈明されるが，釈明されても陳述を変えなければ，相互に排斥する関係にあるものであるから無意味な陳述と扱われる。金銭の授受が「あった」という主張も「なかった」という陳述も無意味と評価されるから，主張・陳述が両方ともなかったと扱われる。教室設例で考えれば，金銭授受の主張がないのであるから，貸金返還請求訴訟は原告の主張責任から請求棄却となる。被告の矛盾した主張・陳述であれば，主張・陳述が両方ともなかったと扱われるため，沈黙とされ，原告主張事実につき擬制自白が成立することとなる。しかし，同列に置くのではなく，段階を付して仮定的に（同じことであるが，予備的に）主張をすれば矛盾は消滅する。たとえば，被告が債務は不成立だと主張し，仮にそうでないとすれば（ここが，仮定的・予備的ということになる）時効で消滅したと主張するのが，その例である。債務は成立していないのに時効消滅したというのは矛盾であるが，仮定的であれば矛盾ではない。

　仮定的主張ないし予備的主張は，適法であるが，その仮定という部分，段階を付ける予備という部分は裁判所の審理の順序を拘束しない。裁判所としては，実体法上の論理的順序や実生活上の時間的順序にとらわれることなく，審理しやすい方から審理してよい。上記の例で，債務の不成立から審理するのではなく，いきなり消滅時効から審理してよい。審理の機動性と迅速・廉価性が，これによって確保される。債務不成立とか消滅時効とかの判決理由中の判断は既判力に結実しないので，こういう処理ができるのである（本書267頁）。債務は成立していないと主張し，仮にそうでないとしても時効消滅したと被告が主張した場合，裁判所は，一般的には審理の簡単な時効消滅をまず審理し，それが認められれば直ちに請求棄却としてよい。債務が成立しているかどうかが不明であるのに，消滅時効完成と認定して請求棄却判決をするのであるから，実体法から見れば奇妙であるけれども，訴訟法からは迅速・廉価に判決ができるので，このように処理するのが適法，適切となる。しかも，窮極的には実体法にも反していない。債務が成立しているかどうかを裁判所は審理判断していないが，仮に真実は成立しているとすれば時効消滅で請求棄却であるし，真実は債務は成立していないのであれば，これまた請求棄却であるから，既判力が生ずる請求棄却のところは同一に帰するからである。要するに，債務不成立と消滅時効は，訴訟法上は，対等・独立の請求棄却事由である。学生諸君は，実体法

に傾斜していることが多く，ここのところで，よくつまずく。丁寧に理解を深めるべきである。さて，以上のように仮定的・予備的の順序は裁判所の審理順序を拘束しないけれども，ただし，相殺の予備的抗弁は，抗弁であるが既判力が生ずるため（114条2項）例外となり，ほかの抗弁が成り立たない場合に初めて審理の対象となる。予備的という順序付けが，裁判所を拘束するのである（本書270頁）。

ところで，実務上は主張自体失当と称せられ，学問上は有理性とか主張の首尾一貫性とか呼ばれるものがある。当事者の主張事実がその通りだと仮定した場合，実体法に照らして法律上成り立つことを有理性または首尾一貫性と言い，成り立たないことを主張自体失当と言う。貸金返還請求をした原告が弁済の事実を陳述したり，物権法上認められていない物権を主張したりするのが有理性を欠く，または主張自体失当の例であり，直ちに請求棄却判決となる。証拠調べはしないが，判断のもとが実体法であるから本案であり請求棄却となる。実定法では，385条の支払督促の申立て却下における「申立ての趣旨から請求に理由がないことが明らかなとき」という部分に片鱗が見られる。

不利益陳述とは，自分の方ではなく相手方に有利となる陳述を言う。主張は利益なものを指すので，不利益「主張」とは言わない。たとえば，教室設例であるが，貸金返還請求訴訟で原告が金銭の授受を主張せず返還約束しか主張していないときに，被告が金銭の授受を陳述してしまうと，主張共通の原則により，原告の主張の有理性が補完されてしまう。これは被告がした不利益陳述ということになる。貸金返還請求訴訟で弁済があったことを原告が陳述することも不利益陳述であり，これは前述の主張自体失当から請求棄却判決をもたらす。

不利益陳述の一種となるが，等価値主張の法理（または等価値陳述の法理）と呼ばれるものもある。原告が請求を根拠付けるために或る事実を主張したところ，被告はその事実を否認し別の事実を主張した。ところが，その別の事実は，それによっても原告の請求を根拠付けるものであった，とする。このとき，裁判所は，原告の主張事実が真実であっても被告の主張事実が真実であっても，どちらにしても原告の請求は成り立つのであるから，証拠調べをすることなく，請求を認容してよい，とする法理である。証拠調べを不要とするところに意味がある。ドイツに淵源があり，わが国でも有力説が肯定する[19]。たとえば，原告が唯一の相続人であった場合に，原告が土地を自分が買ったとして所有権確認請求をしたところ，被告が原告が土地を買ったことを否定し，理由付き否

認として，土地を買ったのは原告ではなく原告の被相続人であると主張した場合が，この例となる。原告主張のように原告買得でも原告の所有権は確認され，被告主張のように買得者は被相続人であったとしても唯一の相続人なのであるから原告の所有権は認められる，そうだとすると，原告主張が真実か被告主張が真実かの証拠調べをする必要がない，証拠調べは時間と費用の無駄となる，という法理である。現実に例が多いとも思われないが，証拠調べをしないことにより訴訟の迅速・廉価に資するので，この法理を認めてよいであろう。ただし，真にその等価値の陳述をするのか，誤解ではないかの確認が必要である。

(4) 相殺権の訴訟上の行使の効果は，どう考えるか

昔から議論のあるものとして，私法上の形成権を訴訟の場で初めて主張する現象をどう理解するか，という問題があり，特に相殺の抗弁をめぐって議論がなされてきた。訴訟行為論として議論されてきたのである。

裁判外の実体私法生活の場でではなく，訴訟の場で初めて行使された相殺権を，訴訟行為と見る説，訴訟行為と私法行為が併存すると見る説，1個の行為であるが訴訟行為と私法行為の両者の性質を帯有すると見る説がある。ここでの議論の分かれるところは，意思表示の相手方への到達の仕方，条件を付けることの可否というような点にもあるが，最大のものは，訴えの却下とか取下げとかがされたり，あるいは相殺の抗弁自体が157条によって時機に後れたとして却下されたりした場合にも，つまり審理判断されず判決に結実していない場合にも，相殺の意思表示の実体法上の効果は残り，結果として，被告は反対債権を失う（弁済したことになる）のか，というものである。私法行為と訴訟行為が併存するとする説は，私法行為の相殺をした効果は残り被告は反対債権を失うという帰結になるのをやむを得ないとする（もっとも，不当利得返還請求によって実体法上の調整をするであろう）。訴訟行為説はそれを不当として反対債権は失われないとする代わりに，逆に相殺の抗弁が認められる場合，私法行為はないのであるから実体権に基づく裁判と言えなくなってしまうというジレンマに陥る。両性説では，1個の行為であるから訴訟行為の性質がなくなるときには連動して私法行為の性質もなくなるということになり反対債権は失われない

---

*19 鈴木正裕「弁論主義に関する諸問題」司法研修所論集77号（昭和61年）1頁。批判的なのは八田卓也「ドイツにおける不利益陳述の取り扱いについて」法政研究（九大）70巻4号（平成16年）899頁。

という帰結となるが，いささか技巧的な法律構成となる。

しかし，ここでの問題解決の方法は，訴訟行為の性質論から演繹されるのではなく，相殺の抗弁がなされる利益状況を直視することによってなされるべきである。そうだとすると，紛争解決のプロセスである訴訟の場でなされる相殺権の行使は，それ独自の効果意思を持つものとして理論構成されておかしくないことに気が付く。すなわち，訴え却下や取下げ，相殺の抗弁自体の却下があった場合にはその意思表示を撤回する（白紙にもどす）ものとして，実体法上も相殺権が行使されたと見るのである。訴訟の場でなされたという特殊性を考慮した私法行為と見る訳である。これで，当事者の意図に合するし，また手続の安定を害する訳でもない[20]。

他方，裁判外で行使された相殺には特別のことはない。裁判外で相殺権行使の意思表示があったという事実が，弁論主義で処理される。意思表示があったという事実は，どちらの当事者から主張されるのでもよい（主張共通の原則）。この意味で，相殺の意思表示は，完全な意味での権利抗弁でないことは前述した（本書143頁）。

(5) 訴え提起・争点形成において，信義則はどう作用するか

信義則という法の一般原則が民事訴訟法の領域でも適用になることに，今日では争いがない。2条に条文もある。その信義則が大きな役割を果たす領域の一つとして，訴え提起と弁論，要するに争点形成の場における信義則というものがある。一般条項であるので，抽象的に論ずるよりも判例を見ていく方が分かりやすいであろう。

(イ) **最判昭和41・2・1民集20巻2号179頁**　YがAに対する仮差押え決定に基づき，それを執行するために執行官と共にAの住所に赴き，A所有の薪炭・氷等を仮差押えしようとしたところ，第三者であるX会社（実際には，X会社の代表取締役B）が現れ，「Aの薪炭や氷を差し押さえられるとAは明日から商売ができない。本件仮差押えの被保全権利たる手形債権の実質上の債務者はX会社であり，X会社はAから机や椅子などを預かって保管している。自分がそこに案内するからそれを差し押さえて欲しい」と述べ，Yもそうしてくれと言ったので，執行官はX会社の本店に行き，机・椅子等を仮差押えし

---

[20] 新堂465頁。

た。しかし，その後になって，X会社は右仮差押えの目的物件の机・椅子等はX会社の所有であると主張して，それらへの仮差押えを排除すべく第三者異議の訴え（民執38条）を提起したというものである。X会社の所有物だという主張が信義則に反するとされ，第三者異議の訴えは請求棄却となった。

机・椅子等へ仮差押えをさせる行為をしておきながら，後にその主張を変えるのは矛盾挙動禁止の信義則に反するというのは，その通りであろう。この判決は，妥当だとしてよい。

(ロ) **最判昭和48・7・20民集27巻7号890頁**　Xが，A振出の約束手形の支払いを求め，ある動産を仮差押えしたところ，債務者Aの義父Yが，第三者異議の訴えを提起し，仮差押えより前にAとYとは営業譲渡契約を締結し仮差押え物件の所有権はYに移転しており，かつAの商号はYにおいて続用しているものであって，Xの仮差押えは違法であると主張し証拠も提出した。そこでXが，営業譲渡・商号続用があったとして，Yに対して手形金支払いの別訴を提起したところ，Yは一転して，営業譲渡・商号続用を否認したというものである。Xはそれを信義則違反であると攻撃したところ，第1審は，Yの営業譲渡・商号続用の否認を信義則違反としたが，控訴審・上告審は信義則違反ではないとした。

信義則に関して，一見，相異なる判決が出たことになる。しかし，(ロ)の昭和48年最判の事案では，Xは，Yの言葉を信用したのかもしれないが，それに基づいて何かをしたり何かを失ったりした訳ではない（判決文からは判然としない面もあるが，Xは動産への仮差押えを取り下げていないと思われる）。むしろ，義父Yの言葉を奇貨として，手形金をYから回収しようと攻撃に出たという関係にある。Yの営業譲渡・商号続用の否認は確かに不誠実ではあるが，それで真実に反して手形金支払いまでさせられるのは行き過ぎだと裁判所は判断したのであろう。信義則ではなく，営業譲渡・商号続用の事実があるかの真実を探求し事実認定をした上で判決すべきだとするのは納得がいく。他方，(イ)の昭和41年最判の事案では，Xの言葉を信じたYは，それに基づいて薪炭・氷等の仮差押えを自制するという行為をしており，第三者異議の訴えを請求棄却にしないと仮差押えの対象を失うという実害を受ける。この信義則違反の主張は防御的であり，考慮されてしかるべきであろう。

(ハ) **最判昭和51・3・23判時816号48頁**[百選42]　第1訴訟は，Xからの不動産売買の手付金・内金返還請求であった。Xは，売買契約の無効・取消

し・解除を主張した。それに対して，Yは反訴を提起し，残代金支払い請求し（第2訴訟），売買契約の有効を主張した。ここまでは，よくある展開である。しかし，その後，Xは第3訴訟として再反訴を提起し，目的物引き渡し，移転登記手続を請求した。代わりに，本訴請求（第1訴訟）を放棄した。さらにXは，従前の無効・取消し・解除の主張を撤回して売買契約は有効だとし，反訴の請求原因事実を認め，残代金も弁済供託したのである。この結果，Yの反訴（第2訴訟）はXの自白によりY勝訴となることとなり，Xの再反訴（第3訴訟）もX勝訴となることとなる。この事態を受けて，Yの方も反訴請求を放棄し，Xが先に撤回した売買契約の無効・取消し・解除をXの再反訴請求を拒むための抗弁事実として主張した，というものである。この最後のYの対応（反訴請求放棄，売買契約の無効・取消し・解除の主張）が信義則違反とされ，この主張は取り上げられないこととなった。

4年間もの審理の間に目的物の価額が高騰したため，当初は手付金の返還を目論んでいたXが，手付金よりも目的物を欲しくなったという事案であろう。Yも，目的物を渡すことが惜しくなり，売買契約の無効等を主張することになったものと思われる。

主張が相互に二転したケースであるが，二転三転はXYお互いのことである。Xも主張を売買契約無効等から有効に変え，本訴請求を放棄している。Yも主張を売買契約有効から無効等に変え，反訴請求を放棄しているのである。にもかかわらず，Yの態度変更だけが信義則違反とされたのは，当事者対等でなく疑問とすることができる。信義則で処理せずに真実探求で判決する方がよかったと思われるが，売買契約が有効か無効かの真実の探求が困難であるため，裁判所は信義則で処理したのかも知れない。信義則で処理する結果，Xの再反訴（第3訴訟）は請求認容となる。

さて，信義則が一般条項であるため，これらの判例の評価は難しく，また，信義則違反の主張の一般化・類型化も困難である。当面は，これらの判例のあることを念頭に置いて，カズイスティッシュに判断して行くしかないであろう。しかし，大きな方向性としては，信義則で余りに強く当事者の主張を拘束しない方がよい。真実探求の事実認定で決着を付ける方が，判決の座りはよい。主張を余りに拘束すると，活発な弁論を阻害するであろう。主張は本来，撤回自由のはずである。そうだとすると，(イ)(ロ)の判例までの線でよく，(ハ)は疑問というべきではなかろうか。

5 口頭弁論の手続

(1) 口頭弁論は，どのように準備されるか──争点・証拠整理手続

　口頭弁論を充実させ迅速・効率的に実施するためには，準備が必要である。平成8年新法は，口頭弁論準備のため，というよりも実態は集中証拠調べの準備のために，争点・証拠整理手続を整備し，かつ旧法以来の準備書面の制度を継承した。なお，争点整理手続と略称されることもあるが，条文上は，「争点及び証拠の整理手続」（民訴2編3章3節）である。証拠も入れておくのが望ましく，争点・証拠整理手続と呼ぶべきである。

　口頭弁論がうまく行なわれないために，旧法下の昭和50年代後半頃から実務が生み出したのが，弁論兼和解（和解兼弁論）という手法であった。これは法廷ではなく，和解室や裁判官室で裁判官と両当事者（訴訟代理人）が肩肘張らずに膝を突き合わせて率直に事件につき話し合うというものであった。本音が語られるとして好評であり，和解にも有用だと言われた。書記官の立会い・調書作成は不要とされたため，機動的に開くこともできた。しかし，これは弁論と和解勧試を兼ねるものとされたので，弁論の面では公開されていない点に問題があった。和解の協議の面では，和解のために譲歩する情報が，弁論に混入することがないかという大きな問題があった。たとえば，2000万円の損害賠償請求訴訟での和解協議で，原告が1000万円もらえれば実質は満足だという情報を裁判官に流し，被告が800万円までは出してもよいという情報を裁判官に流したとき，和解が失敗し判決となったときに，規範的にはこの情報は判決に影響を与えてはならないのであるが，現実にはどうかという問題があったのである。和解という側面から，弁論面でも手続がルーズになりがちであり，訴訟代理人の裁判官牽制，責問権行使が働かず，裁判官の力が強くなりすぎるという問題もあった。その辺りを理論的に敢えて詰めないでおくのが実務の知恵というものであろうが，立法でこれを正面から認知することはできないものであった。

　平成8年新法は，弁論兼和解を換骨奪胎して弁論準備手続を創設した。ほかの争点・証拠整理手続として，書面による準備手続，準備的口頭弁論をも用意した。

　(ｲ) 弁論準備手続　　公開法廷ではないところで開かれ，和やかな雰囲気の

もとで，争点・証拠を整理する手続である。書証の証拠調べをすることができる（170条2項）。書証の証拠調べは，公開法廷で裁判官が文書を閲読して行なうのが建前であるが，実際には法廷外で裁判官が読むことに照応する。

　弁論準備手続は，当事者の意見を聴いて，決定により開始する。当事者の意見は聴くが，法的には意見に拘束されない。しかし，実務的には当事者の意見を無視して開いてみても，普通はうまく機能することはない。一旦弁論準備手続を開始した後も，相当と認めるときは，裁判所はこの開始決定を取り消すことができる。訴訟指揮の一環という位置付けである。ただし，当事者双方が開始決定取消しを申し立てたときは，必ず取り消さなければならない（172条）。この限りで，当事者に牽制権が与えられている。

　弁論準備手続において，裁判所は，当事者と協議をし，書証の証拠調べをして事件の道筋を理解した上で，適切な法律構成を選択して，主要事実，間接事実を浮かび上がらせ，対応する証拠を相互に認識し，争点を絞り，調べるべき証人等を選別する。書証の証拠調べができる点に立法上の工夫があり，心証をある程度形成した上で争点・証拠の絞り込みをすることができる。準備書面も，むろん，提出させることができ（170条1項），実務上は準備書面なしには実施されていない。また，証拠の申出に関する裁判，および口頭弁論期日ですることを必要としない裁判，たとえば，訴訟引受けの決定，補助参加許否の決定，訴えの変更許否の決定，受継申立て却下の決定，訴訟救助の決定等をすることができる（170条2項）。弁論準備手続は受命裁判官にさせることができるが，受命裁判官の権限には制約があり，前述の口頭弁論期日外でできる裁判をすることはできない（171条2項括弧書）。ただし，受命裁判官も調査の嘱託，鑑定の嘱託，文書送付の嘱託についての裁判はすることができる（171条3項）。しかし，受命裁判官は文書提出命令は出すことができない。文書提出義務の判断は微妙だからだとされる。

　当事者の一方が遠隔地に居住するような場合には，当事者の意見を聴いて，電話会議の方法で弁論準備手続を行なうこともできる（170条3項）。実際にも，よく利用されている。ただし，あくまで期日であるから，当事者のもう一方は期日に出頭していなければならない（平成23年制定の非訟事件手続法47条では，双方が出頭しなくとも電話会議で期日を開くことができると考え方を転換した）。

　むろん，両当事者は弁論準備手続期日に立ち会う。争点・証拠整理をするのであるから，当事者公開が必要とされるのである。和解協議を弁論準備手続に

続けて行なうことは差し支えないが，争点・証拠整理であるのか和解協議であるのかの区別を裁判所は明確にしなければならないと規範的には解されている。公開法廷ではないが，裁判所は，傍聴を許すことができる。当事者が申し出た関係者については，手続に支障を生ずる虞があると認められる場合以外は，傍聴を許さなければならない（169条2項）。弁論準備手続でも，調書が作成される（規88条）。

争点・証拠整理ができたときは，その後の証拠調べにより証明すべき事実を当事者との間で確認し（170条5項・165条1項），相当と認めるときは，当事者に対して争点・証拠整理の結果を要約した書面を提出させることができる（170条5項・165条2項）。要約書面を裁判官が作成することも差し支えない。その後，口頭弁論に移行したとき，当事者は弁論準備手続の結果を陳述しなければならない（173条）。公開主義と口頭主義を充たし，受命裁判官による弁論準備手続のときは直接主義をも充たすための規定であるが，現実にどれだけ実質的に履行されているかは心許ないという指摘がある。結果陳述がなされなかった瑕疵は，責問権の喪失・放棄によって治癒されると解してよい（本書135頁参照）。弁論準備手続終了後に新たに攻撃防御方法を提出した当事者は，相手方が求めたときは，提出が遅れた理由を説明しなければならない（174条・167条）。時機に後れた攻撃防御方法の却下につながることがあり得る（本書138頁）。

(ロ) **書面による準備手続**　当事者が裁判所に出頭することなしに，準備書面と電話会議によって争点・証拠整理を行なうこともできる。すなわち，裁判所は，当事者が遠隔の地に居住しているとき，その他相当を認めるときは，当事者の意見を聴いて，書面による準備手続に付すことができる。この手続は，裁判長が実施する。ただし，高裁では受命裁判官に実施させることもできる（176条1項）。電話会議を利用することができるが，書面による準備手続では期日という概念がないため，当事者の一方は出頭していなければならないという制限はない。書面による準備手続が終了するときは，裁判所は，当事者に手続結果の要約書面を提出させることができ，その後に新たな攻撃防御方法を提出した当事者には遅延理由説明義務が生ずる。書面による準備手続終了後の口頭弁論では，裁判所は，その後の証拠調べにおいて証明すべき事実を当事者との間で確認し，確認された事実を調書に記載する（177条，規93条）。

(ハ) **準備的口頭弁論**　口頭弁論自体を，本格的審理の段階とその準備をす

る段階とに分けて運用する場合において，準備をする段階を準備的口頭弁論という。争点・証拠整理の一つの工夫であるが，平成8年新法以前の旧法下でも可能であり実施もされていたものである。

　口頭弁論の中で争点・証拠整理を行なうものであるが，口頭弁論であるから公開法廷で行なわれる。ただし，公開法廷ではあるけれども，高い法壇がなく，同じラウンド・テーブルに裁判官と当事者が着席して協議することができるようになっている。現在では，どの裁判所にもラウンド・テーブル法廷が用意されていると言ってよい。

　口頭弁論であるから，弁論準備手続のような制約はなく，あらゆる行為をすることができる。適切な事案では，一定の証人尋問を先行させることもできる。他方，電話会議は利用することはできない。準備的口頭弁論を終了するときは，その後の証拠調べにより証明すべき事実を当事者との間で確認しなければならない（165条1項）。要約書面を当事者に提出させること（165条2項），遅延理由説明義務が生ずること（167条）は，他の争点・証拠整理手続と同様である。

　(二)　**進行協議期日**　　争点・証拠整理手続ではないが，証拠調べと争点との関係を確認したり，その他訴訟の進行に関する事項について，裁判所と当事者が協議したりする期日を開くことができる。進行協議期日と呼ばれる（規95条以下）。審理の進め方，スケジュールについての裁判所と当事者との共通認識を深めるため，また，専門技術的な事項につき説明を聞き理解を深めるために利用される。裁判所の外，たとえば紛争の現場で開くこともできる。

　これは争点・証拠整理手続ではないので，訴訟資料が提出されることはない。証明すべき事実の確認も，法的には，規定されていない。遅延理由説明義務も発生しない。他方，期日であるから両当事者に立会権が保障され，当事者は呼び出される。電話会議の方法を利用することはできるが，当事者の一方は期日に出頭していなければならない。口頭弁論調書のような厳格な調書は作成されない。進行協議期日で和解を成立させることはできないが，訴えの取下げ，請求の放棄・認諾はすることができる（規95条2項）。

(2)　**口頭弁論は，どのように準備されるか——準備書面**

　準備書面とは，口頭弁論に先だって当事者が弁論の内容を相手方に予告する書面であり，みずからの攻撃防御方法および相手方の攻撃防御方法に対する応答を記載してあるものである（161条）。詰まるところ，口頭弁論は，準備書面

の交換で準備される。弁論準備手続等でも利用される。

　準備書面の記載内容は，規則で定められている（規79条以下）。事実を記載するときは，主要事実と間接事実をできる限り区別して記載し，立証を要する事項毎に証拠を記載しなければならない。相手方主張事実を否認するときは，単純否認ではなく，理由付きの否認をしなければならない（本書142頁）。被告側の答弁書では，訴状に記載された事実に対する認否を記載し，抗弁事実を具体的に記載し，立証を要する事項毎に，重要な間接事実および証拠を記載し，重要な書証（文書証拠）の写しを添付しなければならない。

　準備書面は当事者間で直送し，かつ，裁判所にも提出する。裁判長は，準備書面の提出時期を定めることができる（162条）。

　準備書面を提出したとしても，それは口頭弁論の準備のためのものであり，口頭主義の要請から，実際に口頭弁論で陳述して初めて判決の基礎となる訴訟資料となる。もっとも，実際には，「準備書面の通り陳述します」という陳述で済まされており，口頭で内容が語られることはまずない（本書133頁）。現実の口頭弁論期日または弁論準備手続期日が準備書面の交換だけに堕し，口頭での弁論が殆どなされていないという批判はよく耳にするところである。他方で，口頭での弁論，つまり準備書面を前提としての裁判所・両当事者間の質疑応答を真に実施しようという裁判所・弁護士会の試みもある。民事訴訟法が後者を志向していることは論を俟たない。

　相手方が出席していない口頭弁論期日では，準備書面に記載された事実以外，当事者は主張することができない（161条3項）。相手方は，そのような事実が主張されることを予告されておらず，予告されていない事実について，応答の機会を与えられることなく，擬制自白を成立させられては不当だからである。裏から見れば，相手方が出席していれば，準備書面に記載していない事実も主張することができるが，相手方が即答できず期日の続行を求めたときには続行とせざるを得ない。続行に要した訴訟費用は，記載していない事実を主張した当事者の負担となることがある（63条）。

(3)　口頭弁論は，どう実施されるか——弁論の制限・分離・併合，弁論の再開

　口頭弁論は，裁判長の指定する期日に行なわれ，期日の続行によって進展する。

　最初の口頭弁論期日において，原告は，訴状に基づいて本案の申立てを陳述

する。口頭主義である。原告が欠席した場合は、訴状・準備書面が陳述されたと擬制され、被告側でも答弁書・準備書面の陳述が擬制される（擬制陳述、158条）。

　裁判所は訴訟の審理を秩序立てるため、弁論の制限・分離・併合ができる（152条）。弁論を一定の事項に限るのが弁論の制限であり、複数の訴訟物・当事者につき弁論を一緒にするのが弁論の併合、弁論を分けるのが弁論の分離である。裁判所は、訴訟の一部につき判決をすることもできる（一部判決、243条2項・3項）。これらとの対応で、条文にはないが、判決段階からの併合、すなわち判決の併合も認めてよい（反対説もある）。審理に区切りを付けるべく中間判決をすることもできる（145条）。

　ところで、弁論の併合があった場合、それ以前の別個の手続であった段階でなされた証拠調べの結果は、そのまま併合後の手続でも効力を持たせてよいか。当事者の防御権および直接主義の見地から問題となる。たとえば、X_1とYとの間の訴訟で、Aの証人尋問がなされたとする。その後に、X_2とZとの間の訴訟とX_1とYとの間の訴訟が併合されたとき、X_2Z間請求の関係でもAの証人尋問があったとしてよいか。X_2とZは、Aの証人尋問に関与していないのである。X_2Z訴訟の方の裁判官に併合されたときは、その裁判官もAの証人尋問に関与していない。判例は、併合後も、特段の措置を要せず、そのまま証拠調べとしての効力があるとする（最判昭和41・4・12民集20巻4号560頁）。平成8年新法は、この事態に対して、尋問の機会のなかった当事者（前述のX_2、Z）が申出をしてきたときは、再尋問をしなければならないと規定して、この問題に対処した（152条2項。249条3項も参照）。再尋問なのであるから、当初の尋問も尋問として有効であることを前提とし、判例の延長上に措置したことになる。

　判決ができる状態になったとき、条文上の表現では「裁判をするのに熟したとき」（243条）、口頭弁論は終結となる。しかし、いったん終結を宣言した手続も、弁論の不足や証拠調べの不足が判明したときは、裁判所は職権で再開を命ずることができる（153条）。弁論の再開は、裁判所の裁量に基づくものであり、当事者に申立権はない。従って、当事者が弁論の再開を上申しても、それは職権の発動を促すだけであり、裁判所は応答する義務はなく、無視しても違法ではない（本書141頁）。しかし、裁判所の裁量も無制限のものではなく、再開しないことが明らかに手続的正義の要求に反する場合には弁論の再開をしな

いことは違法となり，破棄・差戻しとなるとするのが，判例である（最判昭和56・9・24民集35巻6号1088頁[百選41]）。そうあるべきものであろう。

（4） 口頭弁論調書は，どのように規律されているか

　口頭弁論がどう行なわれたかについては，立ち会った書記官が期日毎に口頭弁論調書を作成する（160条）。裁判官・書記官の氏名，出頭した当事者・代理人等の氏名，弁論の日時・場所等の形式的記載事項，当事者の弁論内容，証人等の供述内容，裁判の言渡し等々の実質的記載事項は，規則で定められている（規66条・67条）。書記官は，裁判長の許可を得て，証人等の供述を録音テープに記録して調書に代えることもできる（規68条）。書記官の負担軽減と手続の迅速化のためである。他方，当事者その他の関係人は，調書の記載について異議を述べることができ，異議は調書に記載される（160条2項）。訴訟代理人たる弁護士は，調書に何が記載されているかに常に注意を向けていなければならない。

　口頭弁論調書には，口頭弁論の方式に関する事項は調書によってのみ証明されるという強い効果が付与される（160条3項。本書132頁）。調書に記載があればあったとされ，記載がなければなかったとされ，その他の証拠方法による証明を許さないのである。近代法では例外となる法定証拠主義（本書181頁）の規定である。判例では，口頭弁論調書に判決言渡しに関与した裁判官の氏名の記載がないときは，判決の言渡しが適式にされたことが調書によって証明できないことになり，破棄差戻しとするとしたものがある（最判平成11・2・25判時1670号21頁）。独占的な証明力を付与したのは，口頭弁論の外部的形式（誰が出席したか，裁判官は誰であったか，公開されたか，弁論の更新があったか等々）について紛争が派生・拡大し，本案の審理が遅れることを防止しようとするためである。書記官の公証によるのであるから信頼性が高いことも根拠となり（裁60条），関係人の閲覧・異議によって調書の記載内容は遺漏なきことが期され万全が図られていることも担保となる。もっとも，異議の記載があっても，法定証拠主義であるから，口頭弁論の方式に関する事項の証明力には影響しない。他方，実質的記載事項では，異議の記載は意味があり得る。他の証拠方法による証明を総合して判断されることとなる。

　訴訟記録については，何人も閲覧請求ができ，当事者および利害関係を疎明した第三者は謄写等を請求できるが，口頭弁論調書も訴訟記録の一部として閲

覧・謄写の対象となる（91条）。ただし，営業秘密やプライバシーが記録されている場合には，閲覧が制限され得ることは公開主義のところで前述した（92条，本書133頁）。

6　当事者の欠席

当事者の欠席につき，民訴法は，当事者の一方の欠席と双方の欠席とを分けて規律する。

当事者一方の欠席の場合には，最初になされる口頭弁論期日においては訴状，答弁書，その他の準備書面に記載された事項は陳述されたものとみなすという規定を置いた。前述の擬制陳述である（158条）。口頭主義の建前から原告からの陳述があったと擬制しないと審理の主題がなく審理をスタートさせることができない。かつ，原告に擬制陳述を許すならば，被告にも許すのが公平であるので原告の場合だけでなく，当事者の一方の欠席に拡大したのである。これにより，弁論がなされる状態になった以上，その最初の期日は，その後は，当事者双方が出席したのと同様に進行する。擬制自白（159条）の適用もある。擬制陳述と擬制自白により，擬制権利自白も成立すると解すべきであろう。原告の所有権が擬制権利自白となるのは必要であり合理的でもあろう（しかし，擬制権利自白を認めない説もある）。

続行期日における当事者の一方の欠席については，特別の規定はない。従って，手続は原則通り行なわれるが，しかし，実際には擬制自白によって多くが処理される。擬制自白によって裁判に熟するならば弁論が終結され判決に至る。民訴254条1項1号の調書判決となろう。当事者一方が欠席してもなお審理すべき点があるのであれば，続行期日が指定されることになる。

以上，日本法は，当事者一方が欠席しても，当事者双方が出席したのと同じように扱っている。しかし，このような徹底した「対席判決主義」は立法例としては少数である。立法例としては，欠席ということそれ自体で欠席者敗訴の判決を出す代わりに，欠席者からの故障の申立てがあれば従前の訴訟状態への復帰を認めるという「欠席判決主義」の方が多い。日本の明治23年制定の旧々民訴法246条以下も欠席判決主義であった。立法論としては，再考すべき面がある。なお，実務上，欠席判決という呼び方が一般的になされるが，この欠席判決は，上記立法例で見た欠席自体による敗訴という「欠席判決」では

なく，単に当事者が欠席しているのに出された判決という意味であり，民訴法理論的には特別の意味を持たない。

以上に対して，当事者双方が口頭弁論期日に欠席した場合で，1か月内に当事者のどちらからも期日指定の申立てがないとき，または，連続して2回当事者双方が欠席したときは，訴えの取下げがあったとみなされる（263条）。訴えの取下げの擬制であり，実務では，休止満了と呼ばれる。当事者双方に訴訟進行の熱意がない以上，訴えの取下げの場合と同視するというのであり，一つの筋は立とう。最初の口頭弁論期日に当事者双方が欠席した場合にも，適用可能である。しかし，実際問題としては，期日への双方の欠席，1か月内の期日指定の申立て，期日への当事者の一方の出席，期日への双方の欠席の繰り返しによって訴訟をいつまでも眠らせておくことが，ある程度，可能となる。他面，期日への双方の欠席を直ちに不当であり，裁判所を愚弄するものだとまで断ずることはできない。示談の進行中とか，関連別訴の判決待ちとかのように訴訟を休止させておくことにそれなりの理由のある場合もあるのであり，立法論としては旧々民訴法188条にあった当事者の合意による手続休止の制度を復活せよという学説もある[*21]。もっとも，正当な理由のある場合には，裁判所に上申すれば，裁判所も手続を，事実上，止めておく等の適宜の措置を執るであろうから，裁判所に無断の当事者双方欠席は，やはり望ましいことではない。そこで，正当な理由のない263条の潜脱に対しては，なんらかの措置が講ぜられるべきであり，旧民訴法下の裁判例の中に現れた対策として次のものがある。①繰り返される期日指定の申立てを，申立権の濫用として却下し，その結果として訴えの取下げ擬制を適用させるという対応。②原告の不熱心を，訴権濫用または訴えの利益なしと構成して，訴えを不適法却下とするもの。③そのバリエーションであるが，補正不能の訴訟要件欠缺の場合の140条を使って訴え却下とするもの。④当事者双方欠席の期日で，判決をなすに熟したとして弁論を終結し，本案判決をするという対応（最判昭和41・11・22民集20巻9号1914頁），等々。

平成8年新法は，これらを受けて，審理の現状に基づく判決を新設した（244条）。243条の裁判をするのに熟したという基準を緩和するものと位置付けることができる。当事者双方欠席では，旧法下の対応④を立法化し，審理の

[*21] 新堂532頁。

現状および当事者の訴訟追行の状況を考慮して相当と認めるときは，終局判決をすることができる，とする。どちらの当事者の勝訴であるかは，審理の現状による。当事者一方の欠席でも，出席した当事者が申出をしたときで，審理の現状および当事者の訴訟追行の状況を考慮して相当と認めるときは，終局判決をすることができる，とする。出席した当事者からの申出があっても，相当と認めることができないときは，終局判決をすることはできない。これは，出席をし申出をした当事者が敗訴となるときなどに，そうなるであろうと説明される。ちなみに，当事者一方の欠席の場合の審理の現状に基づく判決は，欠席当事者に対する制裁というよりも，早く判決を得たい出席当事者の利益を考慮した制度だという把握もある。

なお，手続進行は裁判所の裁量であるから，当事者双方が欠席したにもかかわらず，裁判所が続行期日を指定することは差し支えない。

7　手続の停止

(1)　手続の停止とは，どのようなものか——中断と中止

訴訟の係属中に，その訴訟手続が法律上進行しない状態になることを手続の停止という。現行法上，停止には中断と中止がある。

中断は，訴訟をする者が交代すべき事由が発生した場合等に新当事者が関与するまで手続を停止することであり（124条），中止は，裁判所（130条）または当事者（131条）に支障がある場合に，法律上当然にまたは裁判所の訴訟指揮上の処分によって手続を停止することをいう。

中断は，広義の訴訟承継とゆるやかに対応した制度である。係争物の譲渡による狭義の訴訟承継（49条以下）ではなく，当然承継があったことを受けて中断となるのが通常の流れとなる（本書340頁）。中断事由のうちの，自然人当事者の死亡がこれに対応し，法人当事者の合併，当事者適格の喪失，信託財産管理人とか選定当事者とかの資格の喪失がこれに準ずる（124条1項2号・4号～6号）。しかし，正確には当然承継と中断は1対1に対応はしていない。訴訟能力の喪失では，当事者に変更はなく当然承継はないけれども，中断が生ずるからである（124条1項3号）。もっとも，これらの中断事由が発生しても，破産の場合を除き（破44条），その事由が発生した当事者の側に訴訟代理人がいる間は，訴訟代理人が訴訟をそのまま続けてよく中断しない（124条2項）。当然

承継は生じているが，中断は生じないのであるから，これも当然承継と中断が正確には対応していない一例となる。訴訟代理人は，その事件については前主から情報を得ており承継人よりも詳しいことも稀ではなく，また，訴訟代理人たる弁護士は専門家であるから続けて訴訟を代理させても承継人を害することがないと考えられるからである。むろん，承継人は，将来に向かってその訴訟代理人を解任することは自由である。なお，判例によれば，中断事由が発生したものの訴訟代理人がいるため中断が生じない場合で，訴訟代理人が上級審での訴訟代理権を有していないときは，判決の送達とともに訴訟手続は上訴の関係において中断する（大決昭和6・8・8民集10巻792頁）。原審の訴訟代理権は，判決言渡しまでではなく判決の送達まで及んでいるということである。

　しかし，訴訟代理人がいる場合は中断がないという124条2項は，大正15年改正によるもので，当事者の当然承継をめぐって手続が遅延することをなくすために設けられたものであるが，額面通りに受け止めると問題が多い。124条は訴訟代理人は旧当事者の代理人から相続人の代理人に当然に移行し，しかも，当事者の記載の変更も請求の趣旨の変更も要しないとしているが，これが理論的には一つのフィクションであり過ぎる。原告Xの死亡により，被相続人XのYに対する請求は，相続人X_1・X_2のYに対する請求に変更となり，請求原因事実としても，相続の要件事実が加わっているからである。現実にも，当該訴訟物について相続があったのか，相続人は誰か等々の問題があり，それについて審理せざるを得ないこともあるのであるから，その間の事情を手続に反映させない現行法の扱いは合理性を欠く。そこで，実務では，受継類似の手続を践んで，請求の趣旨・原因の変更，当事者の変更を原則としてさせているという。平成8年新法に伴う規52条は，この実務を反映し，訴訟代理人は中断事由の発生を書面で裁判所に届け出なければならないと規定した。

　もっとも，これだけであれば，単なる実務のやり方というにとどまる。が，124条2項は承継人を誤ったときに致命的な帰結を招来する。XのYに対する請求でXが死亡し，Aが承継人とされた場合，訴訟代理人はAと連絡して訴訟行為をするであろう。Aの意向を受けて自白したり，証拠申出を見送ったり，訴訟を取り下げたり，和解をしたりすることがあり得る。しかし，実は承継人はAではなく，Bが承継人たるべきであったことが後に判明したとする。相続放棄の申述が申述期間外であったりして（民915条）無効だった場合に，こういう現象が起こり得る。Bが真の承継人であった場合，124条2項からは，

訴訟代理人がいた以上，その訴訟代理人はBの代理人であったとみなされ，訴訟代理人がした訴えの取下げや和解もBに効力が帰属するということになる。しかし，これは，Bの弁論権から見て承服しがたいことである。これらの訴訟行為は，訴訟代理人がAと協議して行なったことだからである。Bに効力が生ずるという帰結を避けるためには，124条2項の規定にもかかわらず，承継を手続の上にも反映させ，Aを承継人と扱った以降の手続は訴訟上の請求は原告Aの請求であると変更し，訴訟代理人もAの代理人であるとしてのみ扱うべきである。そして，このAの訴訟の途中で，真の承継人がBであると判明したときは，原告Aの請求はAが相続人でないのであるからそういう本案の理由で請求棄却とする。そして，真の承継人であるBについては，訴訟代理人がいなかったので中断していたとし，改めて受継の手続を取るべきである。実務は，このように処理しているということであり，妥当な措置というべきである。

ところで，当事者が変動した結果，対立当事者の地位に混同が生ずることがある。たとえば，親が子を訴えていた事件では，親が死亡すると子が原告の地位を引き継ぐが，子は被告でもあり，原告と被告が同じ人間となり地位の混同が生ずる。また，訴訟物たる権利関係の性質上，承継人が実体法上存在し得ない場合がある。相続の対象とならない被相続人の一身専属的な権利の場合である。これらの場合には，訴訟は当然に終了する。従って，中断という現象も生じない。判例では，生活保護処分に関する裁決の取消し訴訟は一身専属的であるから原告の死亡により終了するとしたものがあり（最大判昭和42・5・24民集21巻5号1043頁），他方，有限会社解散の訴え等では一身専属的でないから，原告が死亡した場合には原告の相続人が訴訟を承継する，としたものがある（最大判昭和45・7・15民集24巻7号804頁[百選A35]）。株式の譲渡による譲受人たる株主は，株主総会決議取消しの訴え等において受継できないとするのが前記昭和45年最大判の傍論であるが，学説では，参加承継はできるが，引受承継の対象とはならないとする見解も有力である[*22]。

中断でなく中止の事由は，裁判所の職務不能（130条），当事者の故障（131条）である。大震災で，裁判所の職務不能により手続が中止となった例がある。当事者の中止事由は，法定伝染病で隔離された場合などが例となる。業務多忙

＊22　新堂・判例128頁。参加承継，引受承継は，本書340頁。

とか海外旅行とかは中止事由たる「不定期間の故障」とならない。

なお，特別法による中止もある。民事調停法20条の3は，調停となった場合，同じ事件について受訴裁判所は調停が終了するまで訴訟手続を中止することができる，と規定する。家事事件手続法275条にも，家事調停につき同旨の規定がある。裁判外紛争解決手続の利用の促進に関する法律26条も，認証された機関による裁判外紛争処理手続（ADR）において当事者の共同の申立てがあるときは，受訴裁判所は4か月以内の期間を定めて訴訟手続を中止することができる，とする。

(2) 中断・中止は，どうすれば解消されるか

中断の解消は，まず，当事者からの受継の申立てによってなされる。中断事由の発生した側の新当事者からのもののみならず，相手方当事者からの申立てでもよい（126条）。いつまでも手続が中断していることは，相手方に不利となることがあり得るからである。また，裁判所の職権での続行命令によっても，中断は解消される（129条）。両当事者が受継の申立てをしないとき，手続がいつまでも中断のままでは不都合だからである。

受継の申立てがあると，裁判所は職権で調査して，承継人とされた者が真実はそうでない等ということで受継申立てに理由がないと認めるときは，決定でそれを却下する（128条）。受継申立てが却下されたときはなお中断が続く。受継申立てが理由があると認めるときは，裁判所は期日を指定して手続を再開する。手続再開には特に明示の裁判を必要としない。受継に不服のある当事者は，続行された手続内で当事者適格等を争うことになる。ただし，口頭弁論終結後の受継申立てにあっては，受継を認める決定をきちんとするべきである。さらに，控訴審の終局判決後の受継決定に対しては，受継決定のみの破棄を求める上告が許されるとするのが判例である（最判昭和48・3・23民集27巻2号365頁）。実質論として，本案と切り離して受継決定の当否のみにつき決着を付けることは妥当である（本書372頁）。

中止は，中止決定を裁判所が取り消すことで解消される（131条2項）。

(3) 中断・中止中，訴訟手続はどうなるか

中断・中止で手続が停止中は，当事者も裁判所も，訴訟手続上の行為をすることができない。したとしても，法律上，当然に無効である。ただし，口頭弁

論終結後に中断した場合は，判決の言渡しはできる（132条1項）。判決言渡し期日では，当事者の関与は不要だからである。できるのは言渡しまでであり，判決の送達はできない。

　手続が停止しているにもかかわらず，手続が行なわれ判決まで出された場合は，どうなるか。当事者の訴訟行為も裁判所の訴訟行為も当然に無効なのであるから，判決も当然無効になると解するのが一貫するが，通説はそう解していない。手続保障がないという338条1項3号の再審事由があるに過ぎないとする。判決の当然無効をできるだけ限定したいということであろうが，理論的に一貫せず，判決は当然無効だと解すべきであろう（少数説である）。判決が当然無効だとすると，再審を経ることなく，直接に損害賠償請求や強制執行を止める請求異議の訴え（民執35条）等を提起することができ，当事者の保護はそれだけ厚くなることとなる。

第5章 証　　　拠

1. 証拠法総論
2. 自　白
3. 自由心証主義
4. 情報収集の手段
5. 証拠調べの手続
6. 証人尋問
7. 当事者尋問
8. 鑑　定
9. 書　証
10. 検　証
11. 証拠保全
12. 証明責任

1　証拠法総論

(1)　証拠法の理念はなにか——真実発見，公正

　裁判は，事実に法を適用する形で行なわれる。従って，事実がどのようなものであるかの確定・認定が重要となる。これを規律するのが証拠法である。なお，自白等によって証拠調べをせずに事実が「確定」される場合もあり，証拠調べ・弁論の全趣旨によって事実が「認定」される場合もある。

　証拠法は，まずもって，真実を明らかにすることを理念とする。ただし，その費用は低廉である方がよいし，迅速であることも要求される。証拠調べをするのに障害があり，それがいつ解消するか分からないときは，証拠調べをせずともよいという規定（181条2項）は，この現れである。

　しかし，同時に公正が強く要求されることも証拠法の理念である。証拠調べは真実が発見されればよいというものではなく，公正でなければならない。一方当事者に通告せずになされた証拠調べは，それが真実に合致していたとして

も，民訴法の証拠調べとしては肯定することができない。当事者は，証拠調べに立ち会うことができ，かつ，当事者には証拠調べの結果につき意見を言う権能が保障されなければならない。弁論権の保障の一環である。

　公正でなければならないことから，裁判官の私知の利用が禁止される。裁判官が個人的にたまたま知り得た事実や経験則を用いて裁判をしてはならない，ということである。それが，どれだけ確実であり真実性を担保されているとしても，当事者に可視化されておらず，当事者・裁判所の共通理解となっていないもので裁判することは公正の観点から許されない。裁判官の除斥原因の一つである23条1項4号は，裁判官は証人・鑑定人を兼ねることができないと規律しているが，これも抽象的ながら私知の利用の禁止の現れである。要するに，裁判官が個人的に知っている経験則・事実は，訴訟の場に現わし可視化されなければならない。もっとも，通常人が誰でも知っているような経験則・事実は，私知には当たらない。通常人が知らないであろうが，裁判官が個人的に知っているものが私知である。裁判官が建築士や医師の資格を持ち専門的知識を有しているとしても，それを訴訟の場に顕出し討議の対象として批判を仰ぐことをせずに裁判で利用することは禁止される。

　私知の利用の禁止の関係で，専門委員や調査官が問題となり得る。専門的な知見を裁判に注入する専門委員（92条の2以下）は，慎重に規定されている。まず，争点・証拠整理手続で専門委員から説明を聞くときは，当事者の意見を聴く必要があり，専門委員の説明も口頭弁論または弁論準備手続での口頭の説明，または書面による説明であり，当事者に対して透明化されている。専門委員の除斥・忌避もある（92条の6）。また，証拠調べ期日で専門委員が質問をするのであれば当事者の意見を聴くだけで足りるが，専門委員が和解に関与するには，意見を聴くだけでは足りず，当事者の同意を必要とする（92条の2第2項・3項）。裁判官が裏で専門委員から情報を得ることがないように設計されているのである。調査官は，高裁や地裁にも税務，知的財産権の関係で置かれるが（裁57条），知的財産に関する事件では，当事者に質問をし，立証を促すことができ，和解でも説明をすることができ，裁判官に対して事件につき意見を述べることができる（92条の8）。除斥・忌避の規定はあるが（92条の9），裁判官に対する意見開陳が当事者に可視化されている訳ではなく，手続の透明性は専門委員に比べて希薄である。裁判官は，私知の利用に陥らぬよう戒心して調査官を利用すべきである。

(2) 証拠法における概念には，どのようなものがあるか

証拠法には，独特の概念がある。無理に記憶しようとする必要はないものの，法律家の常識であろう。自然に身に付くものである。

(イ) **証拠方法**　裁判官が五官の作用により調べることのできる有形物をいう。要するに，証拠調べの対象である。人も証拠方法となる。人証（「にんしょう」または「じんしょう」）として，証人，鑑定人，当事者本人があり，物証として文書，検証物がある。

(ロ) **証拠能力**　ある有形物が証拠方法として用いられる適性をいう。証拠能力のない証拠方法は，適法な証拠調べをすることができず，誤って調べられても事実認定の資料とすることはできない。民訴では，刑訴とは異なり証拠能力の制限は厳しくなく，伝聞証拠も証拠能力を否定されない。しかし，違法収集証拠の問題はある（本書 182 頁）。

(ハ) **証拠資料**　証拠方法を調べることによって感得された情報内容をいう。証人の証言内容，文書の記載内容などである。弁論主義の第 1 テーゼにより，訴訟資料と峻別されるものである（本書 116 頁）。

(ニ) **証拠力**（証明力，証拠価値）　事実認定に証拠資料が役立つ程度・力量をいう。当事者と近い関係にある証人の証言内容は証拠力が弱いことになる。補助事実が，ここにかかわる（本書 120 頁）。

(ホ) **証拠原因**　裁判官の心証形成の原因となった資料をいう。刑訴と異なり，証拠調べの結果だけでなく，弁論の全趣旨も証拠原因となり得る（247 条）。

(ヘ) **直接証拠・間接証拠**　以上の概念とは角度が異なるが，契約書のように主要事実を直接証明する証拠方法を直接証拠といい，間接事実や補助事実を証明する証拠方法を間接証拠という。

(ト) **証明・疎明**　事実についての裁判官の内面の判断を心証といい，どの程度の心証に至れば事実ありとしてよいかを証明度と呼ぶ。この証明度が高く設定されているのが狭義の証明であり，それほど高く設定されていないのが疎明である。裁判官が確信を抱かなければならないのが，狭義の証明であり，一応の確からしさの程度で足りるのが疎明ということである。しかし，個々の裁判官のまったくの主観的な確信ではなく，通常の裁判官であれば抱くであろう客観的な確信を意味する。蓋然性という客観的用語の方が確信という用語より優れているという指摘もあり，もっともなところがある。狭義の証明と疎明を合わせたものが，広義の証明である。

疎明でよいのは法定されているのが原則であり，迅速な処理が要求されたり派生的な事項であったりする場合に，疎明となる。補助参加の利益（44条1項），訴訟救助の要件（規30条），仮差押え・仮処分の要件（民保13条2項）などが疎明でよいと規定されている。疎明では，証拠方法が即時に取り調べることのできるものに限定される（188条）。呼出しを要する証人尋問，決定を要する文書提出命令などは疎明で用いることができない。

なお，近時は，狭義の証明と疎明は，証明度によって区別されるのではないという少数有力説がある[*1]。証明度は異ならず，異なるのは解明度（または審理結果の確実性）だという。解明度とは，新たな証拠によってそれまでの証拠調べの結果が覆される虞れが少ない度合いを言う。つまり，十分に調べ尽くしたということである。疎明は解明度が低くてよい，すなわち，証拠調べの結果が覆される虞れがそれなりにあってもよいものだという。興味深い指摘である。

(チ) **本証・反証**　自己が証明責任を負う事実を証明するための証拠方法ないし証明活動を本証といい，相手方が証明責任を負う事実を否定するための証拠方法ないし証明活動を反証という。本証は，自己が証明責任を負うのであるから，証明度を超えて裁判官に確信を抱かせなければならない。反証は，相手方が証明責任を負っているのであるから，真偽不明の状態に持ち込めば目的を達する（本書217頁）。

(リ) **厳格な証明，自由な証明**　180条以下の法定の証拠調べ手続に則って行なわれるのが厳格な証明であり，法定の手続によらなくてよいのが自由な証明と呼ばれる[*2]。学説は多少あいまいであるが，186条の調査の嘱託は厳格な証明から除かれるという見解も有力である。証明であるから，疎明とは異なり，自由な証明も証明度が低くなる訳ではない。私見は疑問を持つが，訴訟要件の基礎たる事実，外国法，決定手続で判断される事実は自由な証明でよいとする学説が多い。

刑訴から導入された概念であるが，しかし，自由な証明には公正の点で懸念がある。当事者の反対尋問権は保障されていないし，裁判官が電話によって質問するときのように当事者に立会権も保障されていない。つまり，自由な証明は，裁判官の私知の利用となる危険がある。そこで，自由な証明においても，当事者に意見を述べる機会を保障し，かつ，裁判の中で自由な証明の過程を明

[*1]　新堂577頁。
[*2]　髙田昌宏『自由証明の研究』（平成20年）11頁。

らかにしなければならないと説かれる。しかし，あまり詰められた議論はなされていない。刑訴と異なり，民訴の証拠調べはもともと柔軟であるから，自由な証明の有用性がどこまであるかは問題であろう*3。

(3) 証明の対象となるのは，どのようなものか
　証明の対象は，通常は，事実である。しかし，経験則，法規も証明の対象となる。
　民事訴訟は，権利・法律関係の存否をめぐる紛争であるが，権利・法律関係の発生・変更・消滅は実体法の要件事実に凝縮されている。そこで，証明も要件事実をふくらませた主要事実の存否，主要事実を推認させる間接事実の存否，証拠の証明力にかかわる補助事実の存否を対象とする。しかし，証明の対象は事実に限られない。経験から帰納される事物に関する知識・法則を経験則というが，経験則は事実認定および法規の解釈で重要な役割を演ずる。その経験則も，証明の対象となる。鑑定（212条以下）が，その証拠調べの方式である。法規を知っていることは裁判官の職責であるものの，しかし，外国法，地方の条例，慣習法は裁判官が当然に知っているものではなく，証明の対象となる。鑑定や調査の嘱託（186条）を使うこととなる。
　ところで，証明の概念内容は多様である。まず，過去に生起した事実の再現という類型がある。これが証明の典型であり，金銭の授受があったか否か，病院に支払った治療費はいくらであったか，などがこの例となる。次に，過去に存在した事実の再現であるけれども，定型的に事実の再現が困難なものもある。焼失家財道具の価額算定が，この例である。さらに，過去ないし現在の事柄ではあるが，存在した事実の再現でないものもある。賃貸家屋の継続賃料の算定が，この例である。これは，事実の再現とは言いがたく，評価というべきものである。鑑定によって調べられる。過去・現在の事実ではなく，将来の事実にかかわるものもある。逸失利益の算定は，この例である。将来の事実にかかわるものであるから，必然的に評価となる。最後に，事実とは言いがたいものもある。慰藉料の算定が，この例であり，外国法，慣習法も事実ではない。経験則もそうである。詰まるところ，証拠調べの対象，証明の対象には，種々雑多なものが含まれているのである。

---

　*3　伊藤350頁，松本＝上野〔482〕426頁。

2 自　白

(1) 証明を要しない事実とは，なにか

　民事訴訟では，事実のすべてが証拠調べの対象となるのではない。証明を要しない事実がある（179条）。自白された事実，顕著な事実が証明を要しない。

　顕著な事実には，公知の事実と裁判所に顕著な事実とがある。公知の事実，たとえば20世紀に東京オリンピックが開催された年月は，誰でも知っている事実であり，裁判官の知っている事実を裁判の基礎としても，真実であることは間違いなく，公正が疑われることもない。そのため，証拠調べをする必要がない。一定の日時が到来したか否かも，公知の事実となる。裁判所に顕著な事実は，一般人が知っているとは限らないが，裁判所が職責上，知っている事実である。自分が下した判決，裁判官として職務上知っているべき破産手続開始決定の有無，などが例であり，真実であることに間違いがなく，公正が疑われることもないから，証拠調べを必要としない。

(2) 自白とは，どのようなものか

　自白とは，相手方の主張と一致する自己に不利益な事実の陳述，または相手方の主張する自己に不利益な事実を争わない旨の意思の表明をいう。前者は，自白を観念の通知と捉える学説による定義であり，後者は自白を意思の表明と捉える学説による定義である。最近は後者が多数説であり，私見もそこに属する。弁論主義の根拠である当事者の自律的支配領域の確保，国家権力の介入しない水平空間の確保から後者となると説かれることがあるが，後者の定義が弁論主義からの直截的な論理的帰結という訳でもないであろう。かつての通説は観念の通知という前者の定義であった。

　ともあれ，自白があると，弁論主義の第2テーゼにより，裁判所は自白された事実に拘束され，それに反する事実を判決の基礎とすることが禁ぜられる（審判排除効または判断拘束効）。自白した当事者も拘束され，自白した事実を自由に撤回することが禁ぜられる（不可撤回効または撤回制限効）。それ故，自白された事実については，証拠調べが不要となる（179条，不要証効）。ただし，審判排除効が不要証効を包摂ないし凌駕し，不要証効が意味を持つことは一般的にはない。しかし，後述のように私見は異なるが，間接事実の自白否定説や権

利自白否定説では，不要証効だけは認められるという形で独自の意味を持つ（本書176頁・179頁）。不要証効は，あいまいな学説が多いけれども厳密に言えば，証拠調べを不要とはするが禁止するものではないし，また，ほかの証拠調べや弁論の全趣旨の結果，自白された事実と別の事実を裁判所が認定することは差し支えないとされる*4。

(3) 自白が成立するための要件は，四つある

自白が成立するためには，(イ) 事実についての陳述でなければならない。法律上の主張，法律を適用した結果である法律効果の陳述は，純粋の自白ではない。権利・法律関係に関する陳述は，権利自白と呼ばれ，別に考察される（本書179頁）。

(ロ) 自白は，口頭弁論または弁論準備手続における弁論としての陳述でなければならない。それ以外の場所で不利な事実を認めたとしても，それは「裁判外の自白」であり，ここでいう自白（正確には，「裁判上の自白」）ではない。別の訴訟事件での自白も，当該事件の口頭弁論等での陳述ではないから，裁判外の自白となる。裁判外の自白は，裁判所と当事者を拘束する自白とは異なり，それ自体が証拠方法であって証拠調べ，事実認定の領域に属する。すなわち，裁判外の自白は証拠方法であるから，そのような陳述を行なったことを調べてそれが認定された場合，その陳述内容と他の証拠資料とを綜合して裁判官が自由心証主義に基づき事実主張の真偽を判断するのである。次に，弁論としての陳述が自白の対象であるから，弁論ではなく証拠調べである当事者尋問の中で当事者が供述した内容は，相手方の主張と一致しても自白ではない。証拠資料となるに過ぎない。なお，争点・証拠整理手続は自由闊達に陳述し合い争点を絞って行く過程であるから，そこでの不利な陳述を即座に自白としてしまうのは趣旨に合わない。仮定的・暫定的な陳述と扱い，即座に自白の対象とはしない，自白とするには当事者の意思を確認するという運用が適切である。

(ハ) 自白は，相手方の主張事実との一致がなければならない。主張の一致は，主張内容の反復である必要はなく，援用で足りる。当事者の一方が有利な主張をし，それを他方当事者が認めるという流れが普通であるけれども，一方当事者が不利な陳述を先にし他方当事者が後からそれを援用するのでも足りるとさ

---

*4 兼子248頁。ニュアンスは異なるが，加波眞一「当事者に争いのない陳述の取扱いと証明不要効」法政論集（名大）223号（平成20年）93頁。

れ，これを先行自白と呼ぶ。援用があるまでは，単に，不利益陳述（本書145頁）であって自白は成立しておらず，撤回可能である。

　もっとも，自白を争わない旨の意思の表明と捉えるならば，対象事実が訴訟でどういう意味を持つかが当事者に分かっていなければならない。先行自白は，訴訟でその事実が持つ意味を理解しない段階でなされる危険があり，他方当事者が援用したときに，争わない旨の表明を維持するか改めて確認する作業がなされるべきである。維持しない場合には，自白は成立しない。こうなると，先行自白の成立は減るであろうが，弁論権の保障，不意打ち防止の観点からはそのように解すべきである。

　(二)　最後に，自白は，自白した当事者に不利なものでなければならない。有利なものは主張であり，主張は前述のように（本書143頁）撤回自由である。不利なものが自白であって，拘束力が生ずる。では，何をもって不利と判断するか。敗訴可能性があるものを不利益と捉える考え方と，相手方が証明責任を負う事実が不利益だと捉える考え方がある（そもそも不利益要件は不要だとする少数説*5もある）。証明責任の所在で考える説は明確だと言われることがあるが，証明責任の所在につき見解が分かれるときは自白の成立も不分明となる。履行期の到来は，請求原因事実か抗弁事実か証明責任の所在に争いがあり，自白の成否もそれに左右されてしまう。また，被告（正確には義務者）が弁済はしていないと陳述し原告がそれを援用した場合，証明責任説では弁済の証明責任は被告にあるから自白は成立しない。しかし，敗訴可能性説だと弁済で勝つ可能性を捨てるのであるから被告に自白が成立する。むろん，被告が弁済をしていないという不利益陳述をしたのが不注意であったということがあろうから，裁判所は争わない旨の意思を確認しなければならないが，確認できた以上，自白が成立したとしてよいであろう。弁論主義でいう，国家権力の介入しない当事者間の自由な水平空間，当事者の自律的支配領域となる。ところで，XがAからBへの所有権の移転，BからXへの所有権の移転を主張し，YがAからC，CからYへの所有権の移転を主張し，しかも，Y主張の所有権の移転が証明できそうになったとき，XがA元所有の主張を撤回することができるか。敗訴可能性説では，これも自白であり撤回できないと説かれることがあるけれども*6，A元所有という事実自体はAからB，BからXへという主張が通るな

---

　*5　松本博之『民事自白法』（平成6年）26頁。
　*6　兼子・判例214頁，新堂585頁，伊藤359頁。

らば不利な事実ではないし，また，証拠調べの結果によって不利となることは，主張・陳述の段階である自白の規律としては不要な観点であろう。この例は，敗訴可能性説でも，自白にならないと考える（ただし，少数説である）。

　以上が自白の四つの要件である。不利益性の要件があるため，自白は当事者の一方だけに成立するのが原則である。撤回ができない拘束力も当事者の一方のみに生ずるのが原則である。しかし，ある事実が両当事者に別の経路ではあるが不利益となることがあり，そのときは，両当事者に自白が成立する。貸金返還請求で，原告がみずから一部弁済があったと陳述し被告がそれを援用した（金額が減るので原告に不利）ところ，原告は続けて，一部弁済があった以上は消滅時効が完成していないと主張した場合（時効中断であるから被告に不利），争わない旨の意思が確認されれば，一部弁済の事実につき両当事者に自白が成立する。ただし，弁済と時効中断という別の主要事実の関係においてである。

　自白に関連して，興味深い判例がある。XがYに対して土地の移転登記手続を請求し，請求原因事実として相続と時効取得を主張した。Yは，自己が買い受けたと主張し，また，その自己の土地をXに使用貸借させていたのであるから時効取得は成立しないと主張した（第1の訴え）。ところで，他方で，YはXに対して建物収去土地明渡しの訴えを提起しており（第2の訴え），この二つの訴えで弁論が併合された。第1審，控訴審ともにYの勝訴であったが，上告審で，第1の訴えで使用貸借の事実をYが主張しているが，それは第2の訴えの建物収去土地明渡しではY敗訴を招来する抗弁事実であることが指摘され，破棄・差戻しとなったのである。使用貸借の事実は，第1の訴えでは明確に主張されているが，第2の訴えでは明示的には援用されていない。援用されれば，Yに自白が成立したことになるが，援用されていないので単なる不利益陳述となる。しかし，判決の基礎とはなり得る。判旨は，これを指摘したのである。さて，これはよいとして，この判例がさらに示すことは，併合された第1の訴えと第2の訴えとで，事実陳述は一致し一体としてなされなければならないということである。第1の訴えでは使用貸借の事実を主張し，併合された第2の訴えで主張しない，裁判所の判断を仰がないという自由は存在しない。弁論主義も，そういう恣意的な事実陳述を許すものではない。

（4）　擬制自白は，自白とどこが異なるか

　当事者が，口頭弁論において相手方の主張する事実を争うことを明らかにし

ない場合，自白したものと看做される（159条）。これが擬制自白である。弁論の全趣旨において争ったと認めるべきときは，擬制自白は成立しない。この弁論の全趣旨は，口頭弁論の全過程を通じてみて争う意思が見て取れるかというものであり，自由心証主義において個々の主張・証拠方法の評価で用いられる弁論の全趣旨とは意味合いが異なる（本書183頁）。擬制自白には，自白と同様に，審判排除効ないし不要証効が生ずる。しかし，争う意思を見せれば成立しないのであるから，定義上，不可撤回効は存在しない。

　この擬制自白は，通説によっても，主要事実に限定されないとされる。間接事実，補助事実でも擬制自白は，理論上，成立する点で自白と異なる。当事者が争う態度を示せば成立しなくなるものであり，その意味で撤回が制限される訳ではないので範囲を広く捉えてよいからである。ただし，審判排除効を肯定することは，次述のように，自由心証主義との関係で間接事実と補助事実に自白を成立させない通説と整合しない。擬制自白を主要事実に限定しない通説は，審判排除効までは肯定せず，不要証効だけを肯定しているのであろう。

　擬制自白も，自白と同様，不利益な事実となる当事者の側に生ずる。有利な当事者の側には，自白の定義上，生じない。そこで，貸金返還請求訴訟で，返還約束につき被告が錯誤は無かったと陳述したが原告がそれにつき態度を明らかにしない（援用することも，明らかに争うこともしない）場合でも，錯誤が無いというのは原告に有利な事実であるから，原告に擬制自白は成立しない。しかし，では，裁判所が証拠調べをするかとなると，錯誤の有無は当事者間で争点となっていないのであるから，裁判所がわざわざ証拠調べをする必要はないと考えることができ，そのまま判決の基礎にしてよいと考えられる[*7]。擬制自白の類推ということになる。もっとも，これは争点・証拠整理手続において裁判所が被告の錯誤無しという陳述に対して原告の認否をきちんと取らなかった結果でもある。認否をきちんと取れば，普通の原告は援用し，敗訴可能性説からは被告に自白が成立することとなる。ただし，事件によっては，認否を敢えてきちんと取らないことが実務の運用の妙だということもあるのであろう。

(5)　間接事実の自白，公知の事実に反する自白は成立するか

　自白は，弁論主義からの要請である。当事者支配ということである。これに

[*7]　畑瑞穂「弁論主義とその周辺に関する覚書」新堂幸司古稀『民事訴訟法理論の新たな構築（下）』（平成13年）71頁．

対抗できるのは，まず，裁判所の自由心証主義であり，間接事実の自白をめぐる議論がこれに当たる。

　間接事実a，b，cから主要事実Aが推認されるという構造となるが，間接事実aにつき争わない旨の意思の表明があった場合，間接事実aに自白が成立するか。二つのことを考えておかなければならない。一つは，別の間接事実dが証明され，dからは主要事実Aへの推認が否定される場合である。この結果，間接事実aにつき自白があったとしても主要事実Aは認定されないこととなる。しかし，これは事実認定において通常生じ得ることであり，格別の問題はない。間接事実aについての自白を否定する論拠とはならない。しかしながら，裁判所は多様な証拠資料に基づき事実認定をしているのであるから，証拠資料全体から間接事実aが存在し得ないという心証が形成される場合がある。裁判所が存在しないと確信している間接事実aを自白により存在するとして，主要事実Aを認定してよいか。これが第2の問題である。これは，裁判所の心証に反することであり，自由心証主義と抵触する。

　当事者支配を強調すれば，自白を成立させてよい。裁判所の心証に反するという事態は，主要事実の自白でも起こりえ，それでも自白が優越するのであるから，間接事実でもそれでよいと考えることもできる。しかし，主要事実の自白では，裁判所は当該主要事実につき心証を形成することが弁論主義の第2テーゼにより禁ぜられている。裁判所の心証に反するというのは，たまたま生じた規定外の事柄である。けれども，間接事実においては，間接事実に他の証拠資料を綜合して主要事実の認定を自由心証主義で行なうことが裁判所の責務であり，規定外の事柄ではない。そのとき，存在しないという心証を得ている間接事実aを存在するとして主要事実の認定をすることは，裁判官にとって不自然で無理な事実認定であり自由心証主義に抵触する。ここでは，主要事実の場合と異なり，しなければならない事実認定の過程での自由心証主義違反が発生しているのである。また，無理に間接事実aに自白が成立していると強要すると，裁判所は，間接事実b，cの証明力を無意識のうちに低く評価し，あるいは，無意識のうちに別の間接事実dの存在を認定し，しかも間接事実dの証明力を高く評価するということになりかねない。要するに，別のところで，無理で不自然な事実認定が発生しかねない。これを憂慮すれば，間接事実については自白は成立しないと考えることになる。これが通説であり，判例である（最判昭和41・9・22民集20巻7号1392頁[**百選**54]。もっとも，この事件で問題とな

った事実は，現在では，間接事実でないと解されている）。ただし，近時は反対説も有力である*8。反対説の一つである私見は，証拠資料全体から存在しないとされた場合には，間接事実 a についての自白は裁判所を拘束しない，しかし，そうでない限り裁判所を拘束する，とする（少数説である）。

　なお，間接事実の自白を否定する通説も，両当事者が一致した陳述内容について証拠調べを経ることなく判決の基礎に据えることは許容する。不要証効である。それで真実発見が大きく害されることもなく，迅速・廉価にもなるからである。しかし，裁判所への拘束力（審判排除効）と当事者への拘束力（不可撤回効）を，通説は否定するのである。不要証とされた両当事者一致の事実につき，審判排除効がないので裁判所は別の事実を認定することができることとなるが，その際には，裁判所は釈明をして，争わない意思の表明の有無を確認すべきであり，または，裁判所が認定したい事実につき当事者からの反論を十分に聴くべきである。さもなければ，弁論権の侵害となろう。

　公知の事実に反する主要事実の自白は，主要事実の自白であるから事実認定とは無縁であり自由心証主義とは関係しない。そこで問題は，公知の事実に反する事実を基礎とした判決を，一般国民はどう見るか，ということになる。自白により 20 世紀における東京オリンピックが開催されたのが昭和 25 年であったとする判決を例に挙げるならば，普通に考えると，そういう判決を一般国民は信頼しないであろう。判決ないし司法制度に対する信頼の見地から，公知の事実に反する自白は認めないというのが通説である（当事者支配強調からの反対説*9 もある）。

　補助事実については，一般的には自由心証主義に任せればよく，自白を考えなくてよい。しかし，書証のうちの処分証書の成立の真正については，自白の成立を認めてよい（最判昭和 52・4・15 民集 31 巻 3 号 371 頁は反対）。書証の成立の真正は，証明が要求されていること（228 条 1 項），134 条の証書真否確認の訴えの対象であって請求の認諾が可能であること，処分証書では主要事実の自白に近似する効果を持つこと，つまり事実認定の要素が少なく自由心証主義を重視しなくてよいことから，そう考えるべきである。

---

*8　新堂 587 頁。
*9　兼子 248 頁，山本和彦「裁判上の自白」（初出：平成 12 年）同『民事訴訟法の基本問題』（平成 14 年）165 頁。

(6) 自白の撤回は，どういう要件で許されるか

自白は，それをした当事者を拘束する。しかし，一定の場合には，自白した当事者も拘束から解放されてしかるべきである。

第1に，相手方が撤回に同意した場合は，撤回が許される。自白があると，それが当然に判決の基礎となるのであるから，相手方当事者は，証拠方法の収集，保管の注意を減ずる可能性が高い。そのため，証拠方法が散逸してしまう危険がある。それを不可撤回効が守っている関係にあり，その不可撤回効で守られている相手方当事者が撤回してよいと同意するのであるから，不可撤回効にこだわる必要はなくなる。

第2に，自白が相手方当事者を含む第三者の刑事上罰すべき行為によって惹起された場合も，撤回が認められる。これは338条1項5号の再審事由である。判決が確定しても再審で取り消されるのであるから，その前の段階で自白を撤回させても差し支えないという考慮に基づく。判決が確定していない段階であるから，338条2項の有罪の刑事判決等の存在は不要である。

第3に，自白が錯誤から生じ，かつ真実に反している場合も，撤回が許されるというのが通説・判例である（大判大正4・9・29民録21輯1520頁[百選56]）。その上で，判例は，真実に反していることの証明があれば，錯誤に出たものと認めてよいとする（最判昭和25・7・11民集4巻7号316頁）。錯誤が推定されるのであるから，事実上，反真実が撤回の要件となる。その錯誤とは，事実に関する誤解であり，誤解があったことに過失があるかは問わない，つまり，過失があっても錯誤ありとしてよい，と判例はいう（最判昭和41・12・6判時468号40頁）。

しかし，この第3の撤回要件については議論が多い。一方には，反真実だけで撤回を認めてよいとする学説がある[*10]。自白があると，相手方は証拠方法の収集・保管の手をゆるめる可能性が高いので，撤回されると相手方は証明困難に陥る。そこで，相手方の証明困難を救済するため，自白した当事者の側に反真実の証明責任を課せばよいと論ずるのである。公平が保たれるように見えるが，しかし，狡猾な自白当事者は重要証拠を残して簡単に反真実を立証できるようにしておいて自白し，相手方の証拠方法の収集・保管の手抜きを誘うという悪質な訴訟戦術を採るかもしれない。この場合は，自白した当事者に証

[*10] 松本・前掲[*5]26頁。

明責任を課しても，相手方当事者は救済されない。他方では，自白は証拠調べの段階ではなく，その前の主張の段階なのであるから，主張の規律，すなわち自己責任から考えるべきだとして，錯誤のみを撤回の要件とする学説がある*11。

自白を争わない旨の意思と私見のように捉えると，争わないとした意思の瑕疵，すなわち錯誤で，撤回を考えることになろう。判例と異なり，重過失ある場合は錯誤を肯定すべきではないので，訴訟戦術の読みを間違えたということでは錯誤は肯定できないのが普通であろう。真実でないことを知りながら争わないとしたときも，通常は，錯誤は肯定されない。ある事実を真実であると誤解して争わないとしたときは，重過失のない限り，錯誤が肯定されてよい。もっとも，弁護士が，自分のした行為について誤信して自白するというのは通常あり得べからざることであるので，いかなる錯誤であるかにつき釈明し十分の審理をすべきであるとした戦前の判例があり（大判昭和16・12・9法学11巻715頁），その通りであろう。法律の錯誤があって，当該事実の重要性について誤解して自白した場合も，重過失のない限り錯誤があるとしてよいであろう。ただし，当事者本人には法律の錯誤を肯定しやすいが，訴訟代理人たる弁護士に法律の錯誤を認定できるのは稀である。そこで起こり得るのは，当事者本人（依頼者）に法律の錯誤があって，その錯誤の下に或る事実を真実だと訴訟代理人に述べた場合であり，この場合，訴訟代理人がした事実自白につき撤回を認めることはありえよう。ところで，誤解したという立証，さらに誤解したことに重過失がなかったという立証は必ずしも容易ではなく，撤回が認められず自白した当事者に酷となる場合が生じ得る。そこで，折衷的ではあるが，錯誤を主張させ，狭義の証明でなく疎明させた上で反真実の立証に入らせ，それが成功すれば自白の撤回を認めると考えるのが妥当ではなかろうか（通説ではない）。

ちなみに，自白対象事実の位置付けが訴えの変更，反訴提起等で変わった場合には，争わない旨の意思を再確認すべきである。こう考えると，自白が成立する事態は減少する。従って，自白の撤回が生ずる場面も減少する。そこで，撤回を厳しく規律するのもバランス上問題は少ない。そうなると，錯誤の主張立証を疎明にゆるめる必要はないと考えることもできるかもしれない。錯誤と反真実の証明を要求する通説に回帰することになろう。

---

*11 池田辰夫『新世代の民事裁判』（平成8年）160頁。

(7) 権利自白は，どのように考えるべきか

　弁論主義による当事者の自律的支配領域に対抗する原理には，前述の自由心証主義のほかに，法律の解釈・適用は裁判所の専権事項であることがある。これが権利自白で問題となる。

　ところで，法律についての陳述は，ⓐ法規の存否，内容，解釈に関する陳述，ⓑ特定の事実が法規の構成要件に該当するか否かに関する陳述，ⓒ法的効果の存否の陳述に分けることができる。ⓐの法規の存否，解釈等が裁判所の専権であることは疑いがなく，当事者の陳述が一致したとしても自白は成立しない。ⓑの構成要件への当てはめも，一般的には，裁判所の専権であり，自白が成立しない。古いが，判例もある（大判大正7・3・7民録24輯379頁）。ただし，過失，正当事由といった不特定概念は，幅があるものであり，伝統的に権利自白の対象となり得るものとして議論されている。ⓒの法的効果の陳述は，原告が所有権者であることを認める，売買契約の存在を認めるといったものであり，これが権利自白論の主戦場である。

　権利自白を認めない学説も有力である。法的効果の存否は法律判断であり，裁判所に委ねられていると考えるからである。もっとも，権利自白があれば，相手方はそれについて証明する必要がなくなり，裁判所も証拠調べを経ずに判決の基礎にしてよい（不要証効），しかし，確定的に裁判所の判断を排除するものではなく，権利自白に反する判断をすることは裁判所に認められている，とする[*12]。また，権利自白を否定する学説も，売買や賃貸借のように日常的な法律用語で陳述の一致があるときは，具体的な事実関係の表現と認められる限り，事実自白と認めてよいとする。さらに，裁判所が当事者に事実を提出させた上で，その事実につき自白をさせれば，事実自白として処理することができ，権利自白を問題にせずに済むと考えることもできる。しかし，問題は，両当事者が所有権者は原告だと一致して陳述しているのに，所有権取得の事実・経緯を裁判所がわざわざ当事者に提出させる必要があるかに反転する。教室設例となるが，先決的法律関係について中間確認の訴え（145条）が提起され，それが認諾された場合，裁判所は当事者の認諾に拘束されるのであるから，先決的法律関係についての当事者支配，つまり権利自白を，理論上は一定程度，認めざるを得ない。ただし，当事者は法律概念を誤解して権利自白をしている

---

*12　兼子246頁。

可能性があり，そういう当事者を保護する責務が裁判所には残るであろう。

　以上の調和として，法律関係の内容を十分に理解した上でそれを争わない意思が明らかであれば，権利自白として効力を認めるというのがよいであろう*13。訴訟代理人である弁護士が権利自白をする場合には，原則として，法律関係の内容を十分に理解した上だとされよう。審判排除効と不可撤回効が認められる。擬制権利自白も肯定してよい。ただし，強行法規に反する権利自白は認めることができない。利息制限法違反，公序良俗違反の権利自白がその例となる。最判昭和30・7・5民集9巻9号985頁[百選55]がこれであろう（天引きに関して利息制限法・消費貸借契約法に反する自白の効力否定）。ただし，以上の考え方は通説ではない。下級審裁判例の主流は，事実も出ていて，かつ，法律効果について陳述の一致があるときは，権利自白を認めず事実の証拠調べをして法的判断をする，または事実自白の上に法的判断をする，他方で，事実が出ておらず法律効果のみの陳述一致があるときは権利自白を認めると整理されることがあるが，上記東京地判昭和49・3・1のように必ずしもこの整理に服さないものもある。

　では，権利自白の撤回は，どういう要件で認められるか。事実が出ていない場合であろうから，反真実というのはそぐわない。しかも，反真実をいうのであれば，法律上の権利推定の覆滅のようにあらゆる権利根拠事実の否定または特定の権利滅却事由の肯定が要求され（本書224頁），自白撤回者に不可能を強いるに近づく。そこで，錯誤の疎明と，当該法律効果の存在と相容れない一つの事実の証明でよいと考えるべきであろう。たとえば，原告の所有権を被告が権利自白したが，それは原告が裁判外でA元所有，AからXへの移転を主張しており，それが真実だと無重過失で誤解したから被告が権利自白したのであり（錯誤），後に実はAから所有権が移転したのはBであったことが判明し立証できるというような場合に（反真実），権利自白の撤回を認めることになろう。錯誤・無重過失の証明だけでよいと徹底する学説もあるが，錯誤・無重過失の証明は容易でないこともあるから疎明にゆるめ，代わりに変容した反真実要件，正確には，当該法律効果の存在と相容れない一つの事実の証明を要件に入れておく方が穏当であろう（ただし，通説ではない）。

---

*13　東京地判昭和49・3・1下民集25巻1～4号129頁[百選A18]が，この例である。新堂590頁。

3　自由心証主義

(1)　法定証拠主義から自由心証主義へ移行した

証明が必要であれば，証拠調べをして事実認定をすることとなる。その事実認定の根本的規律が自由心証主義である（247条）。

裁判官の心証形成において用いられる証拠方法の種類，証拠資料の証拠力の評価，事実から事実への推定等に関して，法が法則を定めて裁判官を拘束する規律を法定証拠主義と呼び，法則を定めず裁判官の自由な判断に任せる規律を自由心証主義という。たとえば，証拠方法として文書が必要か，証人で足りるか，証拠資料の証拠力につき3人の証人の証言が一致すれば必ずその事実ありと認定しなければならないか，a，bという間接事実があればAという主要事実を推定しなければならないか等々につき法律が定めてしまうのが法定証拠主義である。歴史的には法定証拠主義が先行した。社会関係が単純で，裁判官の資質も低い時代には法定証拠主義の方が合理的であったろう。しかし，社会関係が複雑となり，裁判官の資質も向上した近代社会では自由心証主義へ移行するのである。

もっとも，自由心証主義も裁判官の全くの主観的な判断に委ねるというものではない。心証形成は，他者を納得させるだけの内容を持っていなければならない。判決書には，事実認定の理由も書かなければならない。自由心証主義も，経験則・論理則による内在的制約を抱えているのである。自由を強調するよりも，法定証拠主義でないことの方に意味がある。

しかし，現代でも法定証拠主義であるものもある。口頭弁論の方式に関しては調書のみが証明力を有するという160条3項が，そうである（本書156頁）。

ところで，申請され調べられた証拠方法は，事実認定において申請した当事者の有利に使われるだけでなく，不利に使われることもある。これを証拠共通の原則という。証拠調べの結果については，当事者からの制約を受けないということであり，自由心証主義のコロラリーをなす。裁判官は自由に，綜合的に判断するのである。

(2)　証明度はどの程度か——高度の蓋然性

裁判官が心証を固めて行く過程において，どの程度に達すればその事実があ

る，またはないと認定してよいか。この心証の程度を，証明度と呼ぶ（本書167頁）。最判昭和50・10・24民集29巻9号1417頁[百選57]は，医療事故訴訟において因果関係の証明は，1点の疑義も許されない自然科学的証明ではなく，特定の事実が特定の結果発生を招来した関係を是認し得る高度の蓋然性を証明することであり，その判定は通常人が疑いを差し挟まない程度に真実性の確信を持ち得るものであることを必要とし，かつ，それで足りる，と判示した。抽象論であるが，高度の蓋然性を証明度とし，厳密な自然科学的証明よりは低いが，証拠の優越よりは高いとしたのである。もっとも，自然科学的証明というのも多義的であることに注意すべきであろう。証拠の優越で足りるという少数説もあるが*14，高度の蓋然性説が通説・判例ということになる。判決は給付判決に至るものであり，給付すなわち強制執行は確実な権利に基づくことが望ましく，そうであれば高度の蓋然性を証明度とするのが適当であろう。

(3) 証拠能力に制限はあるか──違法収集証拠

　自由心証主義で裁判官が使うことができるのは，証拠調べの結果と弁論の全趣旨の二つである。裁判官の私知は排除されることは前述した（本書166頁）。このうちの証拠調べの結果に関係して，証拠能力の制限の問題がある。刑訴と異なり，民訴では証拠能力の制限は原則として存在せず証拠力で処理するとされている。伝聞証拠も証拠能力があり，すなわち人から聞いた伝聞でも証拠調べの対象とするが，伝聞であることを考慮して一般的には証拠力を高く評価しないとされるのである。規115条2項6号は，証人尋問において伝聞証言をさせてはならないとしているが，但書で正当な理由があるときはこの限りでないとしているし，そもそも訓示規定であり，民訴では伝聞証拠も証拠能力があるという命題に背馳するものではない。

　しかし，民訴でも証拠能力が例外的に制限されることがある。第1に，他人の日記帳や手紙のように，プライバシーの侵害となり得るものは本人の同意がない限り，証拠能力がないと考えるべきである。むろん，ブログで本人が公開しているような「日記」は，公開しているのであるからプライバシーの侵害とならない。第2は，違法収集証拠である。下級審裁判例では，話者の同意なくして録音されたテープ，摂取された文書が問題となっている。無断録音テ

---

　*14　新堂571頁。

ープにつき，下級審では傍論ながら，その証拠が著しく反社会的な手段を用いて，人の精神的肉体的自由を拘束する等の人格権侵害を伴う方式によって採集されたものであるときは，違法の評価を受け，証拠能力を否定されると判示したものがある（東京高判昭和52・7・15判時867号60頁）。無断録音テープではこれでよいとしても，窃取文書ではいささか違法収集証拠となるのが狭くなり過ぎるようにも思われる。真実発見の価値を重く見れば証拠能力を肯定して後は証拠力の問題として処理する傾向となり，違法な活動の抑制，公正，刑法で禁ぜられているものを民事裁判で用いてよいかという法秩序の統一性，司法に出てくるものはクリーンであるべきだという司法の廉直性を重く見るならば，違法収集証拠の証拠能力は否定するするものが多くなる。下級審裁判例の多くは，前者を採用し証拠能力を肯定する傾向にあり，大局はそれでよいかもしれない。しかし，神戸地判昭和59・5・18判時1135号140頁[百選66]は，被告会社の労務課の施錠された専用キャビネットに保管されていた文書が紛失して原告側に渡ったという事案において，単に第三者の窃取にかかる文書であるという事由のみでは証拠能力を否定するに足りないとしたが，疑問がある。判旨は，誰が窃取したか不明とも述べるので，原告が窃取したと認定できるのであれば証拠能力を否定する趣旨ではあろうが，窃取者が誰であれ窃取という事実が認定されるのであれば，窃取されたものを訴訟で利用するのはクリーンではないし関係者による窃盗行為を助長することにもなりかねず，証拠能力を否定するべきではなかったか。無断録音テープでは証拠力を低く評価することが可能なことが多いが，窃取文書では証拠力は一般的には高いので証拠力による調整が難しいという事情もある。なお，当事者の一方である夫が訴訟のために書いていた大学ノートを他方当事者である妻が持ち出したという事案では証拠能力を否定した下級審判決があるが（東京地判平成10・5・29判タ1004号260頁），これは違法収集証拠の問題であるよりも，訴訟のために一方当事者が準備活動をした成果は訴訟戦術でもありえ開示しなくてよいというアメリカ法のワーク・プロダクト法理（訴訟準備活動秘匿法理）で考えるべきであろう（本書206頁）。

(4) 弁論の全趣旨とは，どのようなものか

証拠調べの結果だけでなく，口頭弁論の全趣旨，略して弁論の全趣旨も証拠原因となり得る（247条）。弁論の全趣旨とは，口頭弁論に現れた一切の資料・情報のうち証拠資料を除くものをいう。証拠資料は証拠調べの結果となるから

除かれる。当事者の主張の内容（訴訟資料であり証拠資料ではない），主張する態度，主張する時期，初めは争わなかったのに後から争うという態度変更，釈明を避けること，等々である。証人の態度，表情，言葉つきも入る。釈明処分（151条）の結果も，証拠資料とはならないが，弁論の全趣旨には入る。似たものとして専門委員の説明（92条の2）も，弁論の全趣旨に入るであろう。

　弁論の全趣旨は，証拠調べの結果を補充する副次的なものではなく，これのみで心証を形成し得る独立・対等の証拠原因であり，適切な場合には証拠調べの結果よりも弁論の全趣旨を重視して事実認定をすることも可能だというのが通説である（近時は，反対説[*15]も有力である）。さらに，判例によれば，弁論の全趣旨の具体的内容を判決理由の中で説示しなくてもよい（最判昭和36・4・7民集15巻4号694頁）。弁論の全趣旨の性質上，具体的に書けないものもあろうからやむを得ないところであるが，公正の観点からは，可能な範囲では説示すべきであろう。

　なお，弁論の全趣旨は前述の擬制自白でも現れる概念であるが，心証形成の資料というここでの意味とは異なることは本書174頁で述べた通りである。

(5)　248条は，どのように理解されるか

　平成8年新法で新設された損害額の認定（248条）と自由心証主義の関係については，議論がある。慰藉料は，諸般の事情を考慮して裁判所が妥当だと考える金額を算定し，幼児の逸失利益は，予想年収に予測稼働年数を掛けた予想総収入から予想生活費を控除した金額だとするのが判例であるが，平成8年新法の立案担当者は，この慰藉料の算定，幼児の逸失利益の算定に関する判例を明文化したのが248条であり，証明度の軽減だと説明する[*16]。条文が，損害の性質上，額を立証することが極めて困難であるときは弁論の全趣旨と証拠調べの結果により認定するとなっているのも，証明度の問題だからだとする。他方，248条は，証明度の軽減ではなく，法的評価（裁判官の裁量評価）だとする理解がある[*17]。法的評価であるから，これは証明度の問題ではなく，法の解釈論と同じく説得力の問題だとする。

---

　*15　伊藤370頁。
　*16　法務省民事局参事官室編『一問一答新民事訴訟法』（平成8年）287頁・288頁。
　*17　春日偉知郎「民事訴訟法第248条の『相当な損害額』の認定」（初出：平成8年）同『民事証拠法論』（平成21年）255頁。

これは，前述のように（本書169頁），証明が多様な内容を含むことに関係する。過去に生起した事実の再現というのが中核的な姿であろうが，証明には，過去に存在した事実の再現であるけれども，定型的に再現が困難なものにつき，たとえば焼失家財道具の価額算定を損害保険金を参考に算定するというものもある。過去ないし現在の事柄ではあるが，存在した事実の再現でないもの，たとえば賃貸家屋の継続賃料の算定のようなものもあり，これは，事実の再現とは言いがたく，評価というべきものである。過去・現在の事実ではなく，将来の事実にかかわるものもあり，逸失利益の算定はその例である。さらには，事実とは言いがたいものもあり，慰謝料の算定がこの例となる。証明度の問題というのは，過去の事実の再現において最も機能するものであり，継続賃料の算定や逸失利益，慰謝料の算定は過去の事実の再現ではなく，法的評価だというべきであろう。248条も，法的評価を認めた規定だと考えるべきである。

　議論の対象となったのは，焼失家財道具の価額算定であるが，これは過去の事実の再現という面を持っている。しかし，この角度からの算定は，迅速・廉価には行なうことができず証明度も低く，損害保険金を参考に「認定」することになる。これは，もはや率直に，法的評価だというべきである。もっとも，裁判官の心理においては，事実の再現の証明度の問題と法的評価における説得力の問題は，同種のものに感ぜられるということはあろう。従って，証明度の軽減か，法的評価かという争いは学説の争いという面がある。証明度の軽減であることもあり法的評価であることもあるとする学説もある[*18]。

　実践的により重要なのは，安易に248条に頼ることなく，当事者の立証活動をどう構築していくか，裁判所が甘い算定に陥るのをどう防止するかである[*19]。248条による推論過程を判決書で開示することが望ましいが，裁判例は必ずしもそうなっていない。さらに，心証割合による認定をするためとか，訴額100万円の事件で30万円の鑑定費用を出すのは経済合理性に欠けるので鑑定費用節約のためとかを理由に248条を使うというのは，やはり，王道ではない。鑑定費用は，訴訟費用であり勝訴すれば回収できるのである。あるいは，両当事者が合意して，低廉な費用による仲裁鑑定を利用すべきである。

[*18] 伊藤371頁。

[*19] 畑郁夫「新民事訴訟法248条について」原井龍一郎古稀『改革期の民事手続法』（平成12年）493頁，伊藤滋夫「民事訴訟法248条の定める『相当な損害額』の認定(上)～(下・完)」判時1792号（平成14年）3頁, 1793号（平成14年）3頁, 1796号（平成14年）3頁。

186　第5章 証　　拠

　判例は，248条の損害額の認定を積極的に活用すべきだという立場にある（最判平成20・6・10判時2042号5頁。採石権侵害の期間が明確にできない場合の採石権侵害の損害額）。積極的に活用せず請求を棄却した判決を破棄する傾向にあり，特許庁の職員の過失により特許権を目的とする質権を取得できなかった場合の損害額（特許権は消滅している），有価証券報告書の虚偽記載によって上場廃止となった株式会社の株主に生じた損害額を，248条で認定すべきだとする（最判平成18・1・24判時1926号65頁，最判平成23・9・13民集65巻6号2511頁）。

(6)　証拠契約は，どのような場合に許されるか

　事実の確定・認定方法に関する両当事者の合意を証拠契約と呼ぶ。一定の事実を認めて争わないことを約束する自白契約，ある事実の認定を第三者の判定に委ねる仲裁鑑定契約，証明責任の分配を定める証明責任契約，ある事実の証拠方法を書証だけに限定する等の証拠制限契約，等々がある。

　弁論主義から，裁判の資料は当事者の支配下にあるのであるから，証拠契約は広く認められてしかるべきである。裁判所を拘束することとなる。しかし，裁判所の自由心証主義を制約する形の証拠契約は，違法となる。特定の証拠方法の証明力を定める契約，一定の事実があると他の事実が推定されるとする事実推定契約等は，自由心証主義を制約するので違法，無効というべきである。

4　情報収集の手段

(1)　当事者照会とは，どのようなものか

　当事者は，主張または立証のために必要な事項について，相手方に対して，書面で回答するよう求めることができる。ただし，具体的または個別的でない照会，相手方を侮辱し困惑させる照会，すでにした照会と重複する照会，意見を求める照会，相手方が回答するのに不相当な費用または時間を要する照会，証言拒絶事由のある事項の照会は，することができない（163条）。平成8年新法で新設された。これは，真実に基づく裁判の理念と信義則とを梃子として，立法者が決断したものと解することができる。そこには，相手方が情報を欠くことを奇貨として勝訴するのは妥当でないし公正でもないというものの考え方（思想）の転換がある。それ以前は，相手方の情報欠乏により勝訴するのは構わない，当然だと考えられていたからである。文書提出義務の一般化（220条

4号)，単純否認の禁止・積極否認の要求（規79条3項）と併せて，ここに平成8年新法の情報開示の理念を読み取ることができる。従って，理論的には重要な規定である。

　相手方は，回答する義務を負う。しかし，義務に違反しても制裁はない。口頭弁論でなされるものではないから，弁論の全趣旨ともならない。また，当事者照会に裁判所は関与しない。アメリカではディスカバリー手続に裁判所が関与し，回答するよう命令を下すことがあるのと異なる。

　主要事実に関する照会も適法である。自己が主張・証明責任を負っている主要事実についても，照会することができる。むしろ，このような事実こそ，照会する必要性が高いということもできる。もっとも，事実の認否は口頭弁論でするものであるから，相手方はすぐに答えず，追って弁論で認否すると回答することも許される。しかし，照会そのものが違法となるものではない。

　当事者照会の対象となる事項は，製造物責任訴訟でいえば，製品の設計図，製造工程表，部品の調達先，従来の事故例などであり，交通事故訴訟でいえば，同乗者の氏名・住所，速度，事故現場への経路，医療過誤訴訟でいえば，担当した看護師の氏名，チームを形成した医師の氏名などがあろう。かなり広範囲に対象とすることができる。

　訴えの提起を予告する予告通知を出せば，訴え提起前にも，4か月以内に限り，当事者照会をすることができる（132条の2）。平成15年改正で新設された。被告とされた方も，答弁の要旨を記載した書面を出せば，反対方向で当事者照会をすることができる（132条の3）。もっとも，提訴前であり情勢が不安定な関係にあるから，一定の親族関係にある者以外の者のプライバシー，判例が職業の秘密・技術の秘密とする範囲より広い営業秘密に関する事項も照会できないと非照会事項が拡大されている（132条の2第1項但書）。提訴予告通知を出すと，当事者照会に加えて，訴えが提起された場合の立証に必要なことが明らかである証拠につき，文書送付の嘱託（226条），調査の嘱託（186条），専門家の意見陳述，執行官の現況調査（132条の4）という証拠収集処分を裁判所に求めることができる。被告の入っている損害保険の保険金額を質問して情報を得ることができるが裁判では使うことができないとして，情報と証拠を分離して情報を広く開示させるアメリカ法までは進化せず，文書送付の嘱託等の証拠の収集にとどまるが，立法としては一歩進んだと評すべきである。

　しかしながら，期待されたものの，当事者照会も提訴前の当事者照会・証拠

収集処分もあまり使われていないようである。使い方につき，弁護士業務の高度化が必要であろう。

(2) 弁護士会照会とは，どのようなものか

弁護士法23条の2は，弁護士は，受任している事件について，公務所または公私の団体に照会して必要な事項の報告を求めることを所属弁護士会に対して申し出るができる，と規定する。弁護士の職務・活動の公共的性格に基づいて昭和26年に追加されたものである。これにより，弁護士は，提訴の前後を問わず，情報を得ることができる。当事者照会に似ているが，弁護士会が照会する主体であること，弁護士でない当事者本人（依頼者）は求めることができないこと，相手方当事者に対してはできないこと，等で異なる。

照会された者は，報告をする義務がある。しかし，義務違反に制裁がないことは当事者照会と同じである。弁護士会は弁護士からの申出に対して照会するかどうか審査するが，裁判所が関与することはない。照会された者は，自己の責任で回答（報告）するかどうかをの判断をしなければならないというのが最判昭和56・4・14民集35巻3号620頁[百選73]である。回答したことでプライバシーが侵害されたとする者からの損害賠償請求で，回答者である市区町村長側が敗訴したというものである。これは，回答者に心理的負担を課すこととなり立法論的には問題がある。他方，照会申出をしたが回答を拒否された側からの回答者側への損害賠償は，照会は私人（当事者本人）ないし弁護士が行なうものでなく弁護士会が行なうものであることを理由に認められないとするのが下級審裁判例の主流である（ただし，傍論では，調査の嘱託であるが，東京高判平成24・10・24判タ1391号241頁は損害賠償責任を認めた。また，私人ないし弁護士ではなく弁護士会が請求する場合に，名古屋高判平成27・2・26判時2256号11頁は損害賠償を認めた）。

弁護士会照会においても，個人情報等を理由に，回答がないことが多いようであり，遺憾というべきである。

(3) 情報獲得のための模索的証明は，否定されるべきか

ドイツにおける子の認知請求訴訟で，いわゆる多数関係者の抗弁，すなわち，原告（子供）の母親は多数の男性と関係していたと被告の男性が具体的な手掛かりもなしに主張して，母親の証人尋問を求めるという例が多発した。これは，

証人（母親）の人格に対する攻撃であり，原告への圧力ともなり，問題とされた。この単純な多数関係者の抗弁に基づく証人尋問の申請では，立証事項が特定されていないので，不適法であり却下するとドイツの判例でされると，当て推量でA男，B男，C男と関係したとして母親の証人尋問を申し出るようになった。ドイツの判例は，これをも，ともかくも証拠調べに入り，その中から情報・証拠を得ようという模索的証明だとして不適法だとしたのである。確かに，証拠調べは，本来，主張が先行し両当事者の主張が一致しないときになされるものであるから，このような証拠調べを先にして主張を後にしようという証拠調べの申出は，不自然であり不当なものである可能性が高い。しかし，情報・証拠獲得のための証拠調べは，すべて違法だというべきであろうか。公害訴訟や医療過誤訴訟のように証拠方法が当事者の一方に偏在する訴訟では，情報・証拠獲得のための証拠調べもやむを得ない面もある。これが，模索的証明という問題状況である。

　模索的証明と呼ばれるもののうち，上記の関係者の名前を挙げずに申し出られた多数関係者の証拠調べの申出のようなものは，前述のように，立証事項が特定していないことを理由に不適法とすることができる。立証事項が特定していないと，相手方当事者はどう防御してよいか対応に困難を生じ，不意打ちとなることもある。裁判所も証拠調べの採否（181条1項）の判断が付きにくく，証拠調べに入ったとしても目標が不明のため漂流的な証拠調べとなりやすく非効率となるからである。当て推量で関係男性の名前を出した申出は，立証事項は特定しており形式的な瑕疵はないものの，主張に具体的な手掛かりがない場合は証拠調べの必要性がないとして却下することができる（同条）。要するに，情報を獲得するためだけの証拠調べの申出は，本来の証拠調べではなく不適法としてよい場合があり，その理論的根拠もある。他方，証拠偏在型の訴訟では定義上「模索的証明」とされるものも一概に否定できない面がある。結局，情報・証拠獲得のための模索的証明は不適法という一般命題は，大筋が間違っている訳ではないが，きめの粗いところがある。証拠調べの申出に対しては事案に応じて柔軟な対処をして行くべきであり，模索的証明は不適法という命題を金科玉条のように振り回さない方が賢明であろう[20]。

---

[20]　畑瑞穂「模索的証明・事案解明義務論」鈴木正裕古稀『民事訴訟法の史的展開』（平成14年）607頁。

5　証拠調べの手続

(1)　証拠調べの申出は，どう扱われるか

　弁論主義の下では，当事者から申し出られた証拠方法のみが証拠調べの対象となるのが原則である。しかし，現行法でも，職権証拠調べが許される例外はある。当事者尋問（207条），調査の嘱託（186条），鑑定の嘱託（218条），公文書の真否の問い合わせ（228条3項），検証の際の鑑定（233条），証拠保全（237条），商業帳簿の提出（商19条4項，会社434条），等である。鑑定は，裁判所の知識・判断能力を補充するためのものであるから，職権でできるとする学説もあるが[*21]少数説である。

　当事者からの証拠調べの申出（略して，証拠申出または証拠申請）は，その証拠方法によって証明される事実を特定してなされなければならない（180条1項）。証明されるべき事実である立証事項（立証命題とも呼ばれる），証拠方法が要証事実とどう関係するかの立証趣旨を明らかにすることになる（規99条）。実務では，表形式の証拠説明書も活用されている（規137条）。そして，当事者は証拠調べの費用を予納しなければならない。申出をした当事者が予納するのが普通であるが，要は費用が予納されていればよいので相手方当事者が予納してもよい。証拠申出は，口頭弁論期日でだけでなく，その前に申し出ることもできる（180条2項）。証拠調べをするかどうかの決定も期日外ですることができる。しかし，裁判所は，決定をする前に，相手方当事者に意見を言う機会を与えなければならない。証拠調べは法廷でされるのが原則であるが，裁判所外でされることもある（185条）。

(2)　証拠調べの申出は撤回することができるか

　証拠調べに入る前は，証拠調べの申出は撤回することができる。しかし，証拠調べがなされた後は，証拠共通の原則（本書181頁）で相手方に有利な証拠資料が得られることもあるので，撤回は許されない。撤回に相手方当事者が同意している場合には，弁論主義からは撤回を許さない理由はないが，裁判所が心証をすでに形成していることもあり自由心証主義から相手方の同意だけでは

　[*21]　三ケ月418頁。

撤回を認めることができない（最判昭和32・6・25民集11巻6号1143頁[百選A21]）。もっとも，実務では書証の撤回は，相手方の同意があれば認めている。旧々民訴350条が書証の撤回を同意により許していたことと，書証は，実際のところ法廷で証拠調べされるものではなく，裁判官室等で判決起案の直前に丁寧に閲読されることとがその理由であろう。なお，証拠調べが開始されたが終了していない途中の段階での撤回は，相手方の同意があれば許されるというのが多数説であるけれども，正確には，撤回はできて証拠調べは中止されるが裁判所がすでに形成した心証は取り消すことができないと考えるべきであろう。

(3) 証拠調べの申出があっても，すべてを証拠調べしなければならないのではない

　証拠調べの申出が適法であっても，実際に証拠調べをするかどうかは裁判所が必要性を判断して決定する（181条1項）。すでに十分に心証が形成されている事実を立証するためのさらなる証拠申請は却下してよいのが典型例である。判例は，ある主要事実についての唯一の証拠方法を調べないことは違法だとするが（最判昭和53・3・23判時885号118頁），同時に，唯一の証拠方法であっても費用予納がないとかの正当な理由があれば却下してよいという法理を形成する。唯一の証拠方法の法理は，従って，例外も広くそれほど有用なものではない。結局，双方審尋主義の趣旨から考えて行くことになろう。適正，公平，迅速，廉価の観点といってもよい（本書396頁）。

　証拠調べの必要性の判断に当たって，その証拠方法の証拠力を予め判定する証拠評価の先取り，すなわち予断はすべきでない。証拠調べをすると決定したとき，旧々民訴法のように一定の形式を充たした証拠決定は現行法では要求されていない。しかし，採否の決定は明示的になされることが望ましい。とはいえ，却下決定をしないまま終局判決をした場合には，黙示に却下決定をしたとするのが判例である（最判昭和27・12・25民集6巻12号1240頁）。証拠調べの採否は，訴訟指揮の一種であるから，一度決定したものも取り消すことができる。証人が行方不明であっていつ発見されるか分からないというように証拠調べに障害があり，その障害がいつ解消するか予測できないときは調べる必要はない。不定期間の障害と呼ばれる（181条2項。本書165頁）。

(4) 証拠調べに対して当事者には証明権がある

　証拠調べの結果によって勝訴・敗訴が決まるのであるから，当事者は証拠調べに立ち会う機会を保障されなければならない。証拠調べ期日に当事者は呼び出される（94条）。当事者には立会い，質問し，証拠評価を表明する証明権があると唱える学説もある[*22]。証明権と呼ぶかどうかはともかく，立会い等の手続保障は重要である。もっとも，呼び出されればよく，当事者が欠席しても証拠調べはすることができる（183条）。出頭してもらった証人を待たせ，さらには再度の出頭を命ずるのは不当だからである。

　証拠調べは，できる限り，集中してなされなければならない（182条）。平成8年新法以前は，同じ証人に対する尋問を何回もの期日で行なうこともあり，計画性のない漂流型証拠調べもあったが，現行法はそれを不当としたのである（本書136頁）。

6　証人尋問

(1) 証人，証人尋問とは，どういうものか

　自己が知得した事実を裁判所に報告することを命ぜられた第三者が証人であり，証人の供述から事実認定を行なう証拠調べが証人尋問である（190条以下）。かつては証人「訊」問と書かれたが，現行法では証人尋問と書かれる。

　日本の裁判権に服する者は，証人となる義務を負う（190条）。証人は，口頭弁論期日（証拠調べ期日）に出頭し，宣誓し，証言する義務を負う。訴訟能力のない子供も証人となることができる。正当な理由なしに出頭しないと10万円以下の過料に処せられ（192条），また，10万円以下の罰金または拘留の刑罰を科される（193条）。さらに，証人は代替性がないから，出頭しない証人を勾引することもできる（194条）。宣誓して虚偽の証言をすれば，偽証罪に問われる（刑169条）。

　職務上の秘密につき公務員を証人尋問するには，監督官庁の承認を得なければならない。承認を得れば公務員は職務上の秘密についても証言することができるが（197条1項1号の裏側），監督官庁は，公共の利益を害し，または公務の遂行に著しい支障を生ずるおそれがある場合を除き，承認をしなければなら

[*22]　石川明「証拠に関する当事者権」新堂幸司編『講座民事訴訟（5）』（昭和58年）1頁。

ない（191条）。公務員の職務上の秘密であるかどうかについては裁判所に判断権があり（反対説も有力），裁判所の判断で監督官庁の承認を求めることができるが，監督官庁の承認拒否が要件を充たしているかどうかの判断権は裁判所にないと解すべきであろう。公務秘密文書の提出命令とは異なる（本書205頁）。

　証人には，一定の場合，証言拒絶権がある。自己および特定の範囲の者が刑事訴追や有罪判決を受ける，または名誉を害されることを避けるために証言拒絶をすることができる（196条）。前者は，憲法38条1項の自己帰罪（負罪）拒否特権と基礎を同じくする。次に，医師，弁護士，公証人，宗教者等，職務に関連して他人の秘密を知り得る職業の者にも，証言拒絶権がある（197条1項2号）。その職業にあることを信頼して秘密を打ち明けた者の信頼を裏切ってはならず，かつ，裏切られないことによって公共的な職業自体の信頼を維持するためである。ところで，弁護士には依頼者から提供された秘密につき明文で証言拒絶権があるが，弁護士から依頼者に提供された秘密について依頼者に証言拒絶権は明定されていない。英米法が弁護士依頼者間通信秘匿特権を弁護士から依頼者への通信にも認めるように，この証言拒絶権は弁護士・依頼者間の双方向で理解されるべきであり，日本法でも，弁護士から提供された秘密について依頼者に証言拒絶権を肯定すべきである。さらに，自己の技術・職業の秘密を守るためにも証言拒絶権が認められる（197条1項3号）。直接労務費，販売費の額は企業秘密として守られるとした判例があり（大阪高決昭和48・7・12下民集24巻5〜8号455頁），新聞記者のニュース・ソースも守られる方向にあるとした最決平成18・10・3民集60巻8号2647頁[百選67]がある。後者は，職業の秘密とは，その事項が公開されると，当該職業に深刻な影響を与え以後その遂行が困難になるものをいうが，その中で，保護に値するものだけが証言拒絶権を与えられると定式化する。保護に値するかどうかは，秘密の公表によって生ずる不利益と証言の拒絶によって犠牲となる真実発見および裁判の公正との比較衡量によって決せられる，とする。敷衍して，ニュース・ソースの秘密が保護に値するかどうかは，当該報道の内容，性質，その持つ社会的な意義・価値，当該取材の態様，将来における同種の取材活動が妨げられることによって生ずる不利益の内容，程度等と，当該民事事件の内容，性質，その持つ社会的な意義・価値，当該事件において当該証言を必要とする程度，代替証拠の有無等の諸事情を比較衡量して決すべきだ，とする。要するに，技術・職業の秘密では比較衡量を判例は正面から認めるのである（学説には反対論もある）。証

言拒絶の理由は疎明しなければならない（198条）。理由がなければ，証言拒絶に対して10万円以下の過料，罰金または拘留という制裁が課される（200条）。

(2) 証人尋問は，どういう風に行なわれるか

証人尋問の方式は，戦後の昭和23年，大陸法方式からアメリカ法方式に大きく転換した。大陸法では，証人尋問の主体（尋問者）は裁判所であり，かつ，証人は物語風に自由に証言する。今でも，ドイツ，フランス等はこうである。しかし，英米および現行日本法では，交互尋問制であって，証人尋問の主体は当事者（弁護士）であり，申請した側からの主尋問，相手方からの反対尋問，再主尋問，裁判所の補充尋問と続き，かつ，証言内容は一問一答方式である（202条1項，規113条〜115条）。もっとも，尋問の順序は，当事者の意見を聴いて，裁判長が変更することができる（202条2項）。複数の証人に相互の前で順次質問する対質も可能である（規118条）。

証人尋問では，証人を侮辱する質問，または困惑させる尋問をしてはならず，主尋問で誘導をしてはならず，誤導も許されず，重複する質問，争点に関係ない質問，意見を求める質問も許されず，伝聞事実の質問も許されない（規115条2項）。ただし，規則であって訓示規定であり，違反した場合の尋問の効力はおのずから別問題である。後に尋問を受ける証人は，先に別の証人が尋問を受けている法廷には在廷せず，隔離されるのが原則であるけれども，裁判長は在廷を許すことができ（規120条），最近では口裏を合わせる危険のないときは隔離しないことも多い。証人は手帳などの書類を見て供述することは許されないが，裁判長の許可を得て書類を見ることができる（203条）。複雑な事項の供述では，裁判長が許可することが多い。また，犯罪の被害者等が証人尋問を受ける際には，二次被害を避けるため，付添い，遮蔽，ビデオリンク方式が認められる（203条の2〜204条）。遠隔地にいる証人についても，テレビ会議システムによる証人尋問が認められる（204条1号）。

反対尋問権は保障されているのであるが，反対尋問を欠く証言はどう扱われるか。最判昭和32・2・8民集11巻2号258頁[百選65]は，病人であったため立会い医師の勧告に従い反対尋問をしなかった当事者尋問の事案であるが，やむを得ない事由により反対尋問ができなかった場合には，証拠能力を否定することはできない，後は自由心証主義の枠内での証拠力（証拠価値）の判断の問題だとする。反対尋問があり得ない伝聞証拠の証拠能力を否定しない日本法の

下ではこうなるはずであるけれども，意図的に反対尋問が妨害されたような場合には，証拠能力が否定されることも起こり得よう。

なお，実務では証人尋問に先立って証言内容を文書に記載して，相手方および裁判所に提出する習わしがある。陳述書と呼ばれ，当事者尋問における供述内容でも陳述書が提出される。証人尋問・当事者尋問の予習となり，特に相手方当事者には反対尋問を準備することができる効用がある。しかし，陳述書によって主尋問を全面的に省略するのは行き過ぎであり，また，陳述書から心証を形成しきってしまうのも弊害が大きい。陳述書をどう有効適切に使うかについては，実務の工夫が必要であろう。

7 当事者尋問

当事者本人を証拠方法とし，その見聞した事実について尋問し，供述内容を証拠資料とする証拠調べの方式を当事者尋問という。実務では，本人尋問とも呼ばれる。歴史的には，当事者は自己の訴訟なのであるから証言することができないという規律が一般的であった。当事者も証言することができるようになったのは，19世紀半ば頃からである。

当事者は訴訟の主体であり，弁論をする主体である。と同時に，証拠方法ともなるということになる。この両面は厳格に区別されなければならない。当事者の弁論は，それ自体として証拠資料となることはなく（訴訟資料と証拠資料の峻別。本書 116 頁），弁論の全趣旨として証拠原因となり得るにとどまる。当事者尋問としての供述は，弁論ではないから，相手方主張事実と一致しても自白とならず（本書 171 頁），訴訟能力も必要でない。すなわち，未成年者も，弁論はできないが，当事者尋問での供述はすることができる。当事者ではないが，現実に訴訟活動をする法定代理人，法人の代表者も，当事者に準じ，当事者尋問の対象となる（211 条）。

見聞した事実を供述するという点で性質が近いため，当事者尋問には証人尋問の規定の多くが準用される（210 条）。しかし，宣誓は義務ではない（207 条 1 項後段），出頭義務はあるが勾引はされない，正当な理由のない不出頭，不宣誓，不供述の場合は相手方の主張を裁判所は真実とみなすことができる（208 条），虚偽の供述をしても偽証罪には問われず 10 万円以下の過料にとどまる（209 条）。また，当事者尋問は職権でも実施される（207 条 1 項）。このように

証人尋問と異なる規律となるのは，当事者が訴訟の主体だからである。詳言すると，当事者は自己の利害が訴訟にかかっているのであるから，その供述はゆがみがちとなる，すなわち，偽証の誘惑があり，そこまで行かずとも，主観的に事実を自己に有利にゆがめて理解・記憶するのは人間としてありがちであり，証拠力は一般的には高くはない。従って，たとえば勾引までする必要はないことになる。また，証人と同じような供述を強制するのは酷である，すなわち，敗訴の原因となるかもしれない不利な事実も供述せよと迫るのは酷である。従って，たとえば偽証罪に問うことはないことになる。さらに，自己の利害が訴訟にかかっているのであるから，不出頭，不宣誓，不供述に対する制裁は，真実擬制による敗訴の方が過料・罰金等より有効となる。

　ドイツ法系の民事訴訟法は，当事者尋問は他の証拠調べによって心証が獲得できないときに二次的に行なわれる証拠調べであるとしている。わが国でも旧民訴法336条は「裁判所が証拠調べに依りて心証を得ること能はざるときは申立てに因り又は職権を以て当事者本人を訊問することを得」(原文はカタカナ) としていた。証人尋問や書証で心証が形成できたときは，当事者尋問を実施しないということである。これを当事者尋問の補充性と呼ぶ。しかし，これは平成8年新法で変更され，現行法は申出段階での補充性は要求せず，証人尋問の申請も当事者尋問の申請も，できる限り，一括してすべきだと規定する (規100条)。証人と当事者を尋問するときは証人から実施するという規定は置くものの，これも当事者の意見を聴いて，当事者から尋問することもできるとし，緩和されている (207条2項)。以上を綜合して，緩和された補充性となったと表現してよいであろう。

　なお，人事訴訟では，実体的真実の要請が強く働き職権探知主義が妥当しているのであるから，もともと当事者尋問の補充性は存在しない (人訴19条)。

8　鑑　定

　裁判所の知識・判断能力を補充するために特別の学識経験や専門知識を報告させる証拠調べの方式を鑑定という。その証拠方法は鑑定人である。

　証拠調べの方法は，証人尋問に準ずる (216条)。ただし，鑑定人には代替性があることもあり，不出頭に対して勾引は準用されない，他方，鑑定人は裁判官に近づく面もあるので当事者からの忌避がある (214条) 等の違いはある。

誰を鑑定人とするかは裁判所が定める（213条）。証人尋問では，当事者が証人を特定して申請するのと異なる。鑑定事項も裁判所が定める。鑑定人は，審理に立ち会い，証人・当事者本人に問いを発することもできる（規133条）。鑑定の報告は，口頭または書面であり，どちらによるかは裁判長の裁量による（215条1項）。鑑定書を補充するために，鑑定人を期日に呼び出してさらに質問をすることができる（215条）。鑑定人への質問は，交互尋問制による必要はない（215条の2）。鑑定人を侮辱する尋問の多かった実務への反省として平成15年改正で改められたのである。虚偽鑑定には，3月以上10年以下の懲役が科される（刑171条）。他方，鑑定人には，旅費，日当，宿泊料，実費，鑑定料が支給され，訴訟費用となる（民訴費18条）。

鑑定は，ドイツ法では裁判官の知識・判断能力を補充する面が強調され，職権鑑定も許容される。裁判所のための鑑定と評してもよく，鑑定人には中立性が求められる。英米法では，当事者からの証拠方法として位置付けられ，従って，鑑定人（英米法では専門家証人と呼ばれる）の党派性が表に出る。両者の交錯の中に日本法の鑑定の妙味と難しさがある。

なお，特別の学識経験を持つために知ることのできた過去の具体的事実について陳述する者を，鑑定証人と呼び，証人尋問の規定で律せられる（217条）。診察治療をした医師が，負傷者の負傷の程度等を尋問される場合が，これに当たる。しかし，診察治療をした医師が，負傷が将来どういう後遺症を残すかの判断を求められた場合は専門家としての予測であるから，この部分では鑑定人となり，この医師は鑑定証人兼鑑定人ということになる。理論的にはそうなるが，現実には区別の実行は微妙であろう。

また，裁判所は，必要があると認めるときは，官庁等または相当の設備を有する法人に鑑定を委嘱することができる（218条）。職権でできるのであるから，調査の嘱託の延長にあると位置付けられるべきである（反対説もあり，職権による法人鑑定を積極的に肯定する学説もある[*23]）。

ちなみに，裁判所から命ぜられる鑑定ではなく，当事者から依頼されて専門家が鑑定意見書を書くことがあり，私鑑定と呼ばれる。書証として扱われるのが普通である。しかし，私鑑定では，専門学識経験者としての適格性を相手方が争うことができず，忌避もない。当事者からの主張の一部と位置付けるのが

[*23] 中野貞一郎「鑑定の現在問題」（初出：昭和60年）同『民事手続の現在問題』（平成元年）150頁。

本来のあり方であろう[*24]。

9　書　証

(1)　書証とはなにか

　文書を閲読して記載内容を証拠資料として収得する証拠調べの方式を書証という。これが正式の用語法であるが，実務ではこの書証の対象となる文書を書証と呼ぶ慣行がある（規139条も同じ）。どちらの意味であるかは，前後から明らかであるのが普通である。文書は，文字その他の記号の組み合わせによって人の意思，判断，報告，感想等を表現する外観を持つ有形物をいう，と定義される。この人の意思，判断，報告，感想等を，かつてはドイツ語の直訳で「思想」と表現したが，誤解されやすい。この場合の「思想」とは，人の頭の中にある情報というような意味である。

　文書は，公務員が権限に基づき職務上作成した公文書と，それ以外の私文書の区別がある。より重要なものとして，証明しようとする法律上の行為がその文書によってなされている処分証書と，それ以外の作成者の見聞，意見等を記載した報告証書という区別がある。手形，遺言書，解約告知書などが処分証書であり，商業帳簿，日記，手紙などが報告証書である。さらに，本体である原本，複数作成された原本のうちの送達に使われる副本，公証権限ある者が作成し法律上原本と同一の効力を持つ正本，写した謄本，という区別もある。

(2)　形式的証拠力と実質的証拠力とがある

　文書では，形式的証拠力と実質的証拠力とが区別される。形式的証拠力とは，挙証者（証拠申出人）が主張する特定人の意思，判断，報告，感想等の表現と認められることを指す。これが認められるためには，文書がその特定人の意思に基づいて作成されたものであることが前提となり，これを文書の成立の真正（略して文書の真正）と呼ぶ。真正に成立した文書は，その特定人の意思・判断等の表現であるのが普通であるから，通常は形式的証拠力があることになる。しかし，習字のために書いた文書は，成立は真正だが，その特定人の意思・判断等の表現ではないので，形式的証拠力はない。なお，特定人の意思に基づき

[*24]　松本＝上野〔549b〕498頁。

作成されたのは確かであるが，その意思に詐欺・脅迫等が作用していたとか錯誤があったとかという場合もあろう。このように意思表示の瑕疵がある場合でも，形式的証拠力は肯定し，瑕疵は実質的証拠力の局面で判断するのが証明責任の分配の観点からも合理的である。

　民訴の形式的証拠力は，刑法の偽造文書と内容が異なる。刑法では，名義を偽ることが偽造であり，名義人と作成者が異なれば真正に成立した文書とはしないであろう。しかし，民訴では，「偽造文書」も，挙証者がその偽造者が作成したと主張しその通りであれば，偽造者によって真正に成立した文書ということになる。この種の「偽造文書」も無権代理人の責任追及のため等には証拠として意味がある。

　実質的証拠力は，文書の記載内容が，証明すべき事実（要証事実）の証明に役立つ力をいう。つまり，普通の意味での証拠力（証明力，証拠価値）である。処分証書では，成立の真正が認められれば，作成者が法律行為をしたことの実質的証拠力は極めて高い。報告証書では，成立が真正であっても，作成の目的，作成者の人格等により実質的証拠力は大きく左右される。

　文書の証拠調べ（すなわち，本来の意味の書証）は，形式的証拠力が証明されなければ，実質的証拠力の判断に入ることができない。形式的証拠力がなければ，証拠として使うことができないと言い換えてもよい。形式的証拠力と実質的証拠力を融合して判断するのではない。立法論としては，作成者とされた者が作成したかどうかが70％であって証明度に達していなくとも，その70％であることを勘案して実質的証拠力を判断するということが考えられないではなく，その方が緻密な事実認定ができるかもしれない。しかし，現行法の解釈論としては，形式的証拠力が70％であって証明度に達していない文書は，証拠として使うことができず，従って，実質的証拠力を判断することはあってはならない。

(3)　成立の真正には「推定」規定がある

　形式的証拠力の証明は，自由心証主義によるのであり，証明責任は挙証者にある。ただし，成立の真正には「推定」の規定がある。まず，文書の方式・趣旨から公務員が職務上作成したものと認められるときは，真正に成立した公文書と「推定」される（228条2項）。次に，本人または代理人の署名または押印のある私文書も，真正と「推定」される（228条4項）。しかし，私文書の「推

定」のこの条文の表現は，誤解を招きやすい。押印があると条文では表現されているが，これは押印の跡，すなわち印影があるということではない。押印行為があった，ということを指している。本人が押印行為をしたとき，正確には，押すのは秘書でもよいのだから，本人の意思に基づき押印行為がされたとき，と動詞形で理解しなければならない。そうだとすると，文書に印影があるというだけでは，この「推定」は作動しない。そこで，最判昭和39・5・12民集18巻4号597頁[百選70]は，作成名義人の印影が同人の印章（はんこ）によるものであることが明らかであれば，その押印行為が同人の意思に基づいて行なわれたものであると推定される，と判示した。この推定の結果初めて，本人が押印行為をしたときという228条4項の要件が充たされ，文書全体の「推定」が成立することになる。講学上，二段の推定または二重の推定と呼ばれる。

　ところで，この「推定」は本来の意味の推定，すなわち証明責任を転換させる推定ではないというのが通説である（本来の意味の推定は，本書223頁）。民訴228条4項は，推定ではなく，法定証拠法則だと表現される。しかし，この法定証拠法則の「法定」という用語法も誤解を招きやすい。法定証拠法則とは，証拠法則，つまり証拠上の経験則を法律の条文として単に書いたということを意味するだけである。そういう証拠上の経験則によって判断してよい，というにとどまる。要するに，経験則のままであり，自由心証主義の枠内の事実上の推定のままだというのである。もっとも，全体の真正を推定することは経験則を超えており，その限りでは自由心証主義の外にあるという理解もあるが，いずれにしても，証明責任の転換はない。さらに，法定証拠「法則」という用語は，自由心証主義と対峙する法定証拠「主義」とも混同されやすく，注意しなければならない。ともあれ，通説によれば証明責任を転換させる推定ではないのであるから，たとえば，ある文書の殆どがワープロで書かれ，最後に数行手書きの部分があるというとき，印影が作成者の印章に依る場合は二段の推定が働き，文書全体が作成者が作成した真正の文書と「推定」される。しかし，手書きの部分は，どうも内容からも文字の有り様からも作成者の意思で書かれたのか，後から別人が書き加えたのか判然とせず真偽不明というとき，自由心証主義で証明度に達していないのであるから真正だと証明されていないということになる。ワープロの部分のみが，作成者が書いたとして成立の真正が認められるということになる。文書は，部分毎に成立を認めたり認めなかったりすることができるので，このようになる。本来の意味の推定であれば，手書きの部

分を含めて全体が真正となろうが，そこまでの効力を認めないのである。本来の意味の推定だという反対説もあるが，わが国の文書・押印の実状，文書が証拠の中で強い証拠力を持つ事実から考えて，通説でよいであろう。

　文書の成立の真正については認否が問われる。処分証書では，自白を認めるのが私見である。また，平成8年新法以前は，個々の文書毎に認否を取るのが実務であったが，現在は，民訴規145条が文書の成立を否認するときは，その理由を明らかにしなければならないと規定するのを受けて，真正を争う文書がないかどうかを一括して確認するようになった模様である。訴訟代理人は，注意深くあらねばならない。

(4) 書証の手続は三つある

　書証の申出は，三つの方法によって行なうことができる。第1に，申出人自身がその文書を所持する場合には，それを裁判所に提出することによって申し出ることができる（219条）。第2に，文書の所持者に対して文書送付の嘱託をするよう裁判所に申し立ててすることができる（226条）。第3に，所持者に対して文書を提出することを命ずるよう裁判所に申し立てることによってすることができる（219条）。

　第1の所持する文書の提出では，申出をするときまでに文書の写しを裁判所に提出しておくとともに，文書の標目，作成者および立証趣旨を明らかにした証拠説明書を提出しなければならない（規137条）。文書の正式の提出は，期日に原本または正本，認証謄本でしなければならない（規143条）。なお，実務上の工夫として，「写しを原本とする書証」というものがある。写し（コピー）自体を原本として書証の手続を行なうものであり，便利であり実務ではよく見られるが，形式的証拠力の判断に難点を伴う。写しの作成者は複写者であるけれども，文書の意味内容からは元の文書の作成者で考えなければならないからである。いずれにせよ，理論上は，期日において裁判官が文書を閲読することで書証の手続は終了するが，実際には裁判官は裁判官室等で随時文書の写しを閲読して心証を形成する。

　第2の文書送付の嘱託は，文書の所持者に任意に提出するようお願いするというものである。官公署または公務員は公法上の共助義務の関係で，嘱託に応ずる義務があるが，私人には義務はない。しかも，お願いであるから，官公署等も私人も嘱託に応じなくとも制裁はない。

第3の文書提出命令は，民訴220条で提出義務があるとされる文書を強制的に提出させるものである。提出しないと，制裁がある。文書提出命令の申立書には，文書の表示，文書の趣旨，文書の所持者，証明すべき事実，文書提出義務の原因を記載しなければならない（221条）。文書の表示とは，標目（タイトル），作成者名，作成年月日，文書の種別などをいい，文書の趣旨とは，文書に記載されている内容の概略・要点をいう。両者相まって，どの文書の提出が申し立てられているのかの文書の特定の役割を担う。これらを記載していなければ，文書提出命令の申立ては不適法却下となる。そこで，文書の表示と趣旨という要件を緩和するため，民訴222条は，文書の表示と趣旨を明らかにすることが著しく困難な場合には，代わって「文書の所持者がその申立てに係る文書を識別することができる事項」を明らかにすることで足りる，とする。裁判所は，これを受けて，文書所持者に文書の表示と趣旨を明らかにするよう求めることとなる。所持者がこれらの情報を明らかにすれば，申立人は補正して222条の要件を充たすことができる。しかし，所持者が裁判所の求めに応じず，文書の表示と趣旨を明らかにしないとき，所持者に対する制裁がない。その結果，文書提出命令の申立ては，文書の特定を欠いているのであるから，不適法却下となるというのが論理的帰結である。ただし，裁判所は再度検討し，221条の要件を充たしていると判断し直すことはできる。もっとも，文書特定のための民訴222条は，実務ではあまり利用されていない。

(5) 文書提出義務は，どのようなものか

文書の所持者は，当事者であろうと第三者であろうと，民訴220条に定める文書につき，裁判所への提出を制裁付きで義務付けられている。平成8年新法により，4号の一般義務文書が追加され，文書提出義務の範囲は拡大した。

民訴220条の他にも，商法19条4項，会社法434条は，商業帳簿，会計帳簿について特別の要件を定めずに文書提出義務を課している。職権でも命ぜられ，民訴の文書提出義務とは異質であるので，民訴の文書提出命令とは併存するものと捉えておくべきであろう。制裁の規定もない。

文書の所持者とは，現実に文書を持っている者だけではなく，預け主のように社会通念上文書に対して支配力を有する者を含む。公務文書では，公法上の権利義務の法主体である国または地方公共団体が所持者であるという説と，文書の閲覧の許否の決定権限を持つ下部の行政庁が所持者だという説とがある。

理論的には法主体説となろうが，仮処分の緊急性等を考慮すると行政庁説も機動的に対応できる利点があり行政庁説をむげに否定するまでのこともない。事案によるというべきであろう。

　文書は，民訴 220 条の要件を充たし，かつ，民訴 181 条の証拠調べの必要性を充たした場合に，提出が命ぜられる。

　(i)　**引用文書（1号）**　　当事者が，ある文書につき訴訟で言及し，かつ，その文書を所持するときは提出義務が生ずる。所持する文書に言及した以上，相手方がそれを見せてくれというとき断わることは信義則に反するというのが文書提出義務の根拠である。第三者所持の文書は，定義上，引用文書とならない。

　(ii)　**引渡・閲覧請求権のある文書（2号。権利文書）**　　挙証者（文書提出命令申立人）が，ある文書について引渡請求権または閲覧請求権を持つ場合には，所持者には文書提出義務がある。所持者は，当事者でも第三者でもよい。実体法上，引渡しまたは閲覧を求められる以上，挙証者は訴えを提起し勝訴すればその文書を見ることができる。最終的にそうなるのであるから，訴え提起・強制執行という迂路を通らず，文書提出命令で処理するのが簡明だというのが根拠である。

　引渡請求権または閲覧請求権があるかどうかは，実体法で決まる。契約上の請求権でもよい。弁済者の債権者に対する債権証書の返還請求権（民 487 条），株主や会社債権者の株主総会議事録の閲覧請求権（会社 81 条 3 項・4 項，318 条 4 項・5 項）等々がある。

　ちなみに，訴訟担当では，引渡請求権または閲覧請求権の主体は訴訟担当者ではなく被担当者，すなわち実体法上の権利義務主体で考えなければならないことがある。たとえば，人事訴訟事件で，訴訟担当者である検察官が引渡請求権または閲覧請求権を持つかで決するのは奇妙なことになろう。

　(iii)　**利益文書（3号前段）**　　挙証者の利益のために作成された文書は，挙証者が訴訟で使うことも許されてしかるべきだというのが根拠である。

　利益文書というためには，その文書は，作成時において挙証者の地位，権利ないし権限を直接証明し，または基礎付けるものであり，かつ，そのことを目的として作成されたことを要する。典型例は，挙証者を受遺者とする遺言書，挙証者の契約書，挙証者の代理権を証明する委任状，挙証者を名宛人とする領収書，身分証明書等々である。必ずしも，挙証者の利益のためだけに作成されていることまでは必要でない。平成 8 年新法で後述の一般義務文書が認めら

れる前には，この利益文書と後述の法律関係文書を拡張する解釈論が盛んであったが，現在では無理な拡張は必要でない。そこで，単に文書の記載内容が争点に関連しているという程度では，利益文書とならないと解すべきである。たとえば，賃金台帳は，使用者の資料であって，労働者の地位を明らかにするために作成されたものではないから，労働者にとって利益文書ではない。医師の診療録（カルテ）も，患者にとっては利益文書であるが製薬会社や公害排出を主張された企業にとって利益文書ではない。

　(iv)　**法律関係文書（3号後段）**　挙証者にかかわる法律関係が記載された文書は，所持者に提出義務を課してもよいというのが根拠である。挙証者の法的地位が記載されているが故に，提出するかどうかを所持者のみの自由な判断に任せるのが不当となるということである。ドイツ法では，そのような文書は挙証者と所持者の共同支配の下にあると考え，利益文書とともに共通文書と称せられた（明治23年制定の旧々民訴法336条第2も同じ）。

　挙証者と所持者との間の法律関係が記載されている場合に限らず，挙証者と所持者以外の者との間の法律関係でもよい。記載内容が挙証者の法律関係であることが重要であり，所持者との法律関係に限定する必要はないからである。法律関係の構成要件の全部または一部が記載されていればよい。法律関係は契約関係が典型となるが，それに限らず不法行為でもよい。挙証者と所持者が共同で作成したことは必要でなく，所持者が単独で作成したものでもよいし，第三者が作成したものでもよい。以上の法律関係文書の典型は，契約書，家賃台帳，判取り帳，売買の際に交付された印鑑証明書，契約解除通知書等々である。医師の診療録（カルテ）は，患者にとって利益文書であると同時に法律関係文書であり，賃金台帳は労働者にとって利益文書ではないが法律関係文書となる。

　しかし，自己使用のために作られた内部文書は，共通文書ではなく，法律関係文書とはならない。会社内部の稟議書，議事録がこれに当たることが多い。

　(v)　**一般義務文書（4号）**　1号から3号までの文書は引用，実体法上の権利，利益・法律関係という特別な関係があるときに文書提出義務があるとする構成であるが，4号文書は特別の関係を要求していない。文書提出義務を拡張するために平成8年新法で創設されたものであり，一般義務文書と呼ばれる。しかし，真に一般義務となるのであれば，1号から3号までの規定は不要となろう。現行法は，真の一般義務ではなく，イからホまでの除外事由のないことを挙証者が主張立証しなければならないという構造となっている。そこで，除

外事由のないことの主張立証よりも引用の主張立証の方が容易であると考える挙証者は，4号の一般義務文書ではなく1号の引用文書で文書提出命令を申し立てることとなる。かくして，4号があっても，1号〜3号の存在意義は消失しないのである。

　除外事由のイは，196条の証言拒絶権の対象となる記載のある文書である。自己および一定の親族が刑事訴追または有罪判決を受けるおそれのある文書，それらの者の名誉（人の社会上の地位ないし価値）を害する文書は，提出義務から除外される。

　除外事由のロは，公務員の職務上の秘密に関する文書で，その提出により公共の利益を害し，または公務の遂行に著しい支障を生ずるおそれのあるものである。公務秘密文書と呼ばれ，平成13年に追加された。裁判所は，公務文書の提出命令の申立てがあるときは，除外事由があるかにつき監督官庁の意見を聴かなければならない（223条3項）。監督官庁が，その文書の提出により国の安全が害されるおそれ，外国との信頼関係が損なわれるおそれ等，または犯罪予防・捜査その他の公共の安全と秩序の維持に支障を及ぼすおそれがあることを理由として除外事由があるとの意見を述べたときは，裁判所は，その意見について相当の理由があると認めるに足りない場合に限り，提出を命ずることができる（223条4項）。証人尋問では，高度の公益性について裁判所に判断権はないとされたが（本書193頁），文書提出命令では二次的であるにせよ判断権があるのは，文書提出命令ではイン・カメラ手続があり公務秘密の保持が保障されているからであろう。次に，監督官庁は，文書の所持者以外の第三者の技術・職業の秘密が記載されている文書につき意見を述べようとするときは，あらかじめ，当該第三者の意見を聴くものとされている（223条5項）。第三者の保護のためである。最決平成17・10・14民集59巻8号2265頁[百選A22]は，安全配慮義務違反の労災訴訟において労働基準監督署が作成した災害調査復命書の中の再発防止策・行政上の措置に関する調査担当者の意見の部分が「行政内部の意思形成過程に関する情報が記載されたものであり，その記載内容に照らして，これが本案事件において提出されると，行政の自由な意思形成が阻害され，公務の遂行に著しい支障が生ずるおそれが具体的に存在すること明らかである」として除外事由ロにあたる，とした。判例では他に，国外退去命令取消し訴訟において外国との外交文書（口上書）（最決平成17・7・22民集59巻6号1888頁），漁業補償金支払い請求訴訟において県が手持ち資料として作成した

補償額算定調書（最決平成16・2・20判時1862号154頁）が除外事由ロに当たる，とするものがある。

　除外事由のハは，197条1項2号・3号の証言拒絶権の対象事項を記載した文書である。すなわち，医師・弁護士などの守秘義務と技術・職業の秘密である。ノウハウも，除外事由となる。なお，証言拒絶権で述べたように（本書193頁），依頼者が弁護士に宛てた文書だけでなく，弁護士が依頼者に宛てた文書も除外事由となり得ると解すべきである。技術・職業の秘密とは，これも前述のように（本書193頁）判例によれば，その事項が公開されると当該技術の有する社会的価値が下落しこれによる活動が困難になるもの，または，当該職業に深刻な影響を与え以後その遂行が困難になるものをいうが，その中で，保護に値するものだけが除外事由となる。保護に値するかどうかは，秘密の公表によって生ずる不利益と開示拒否によって犠牲となる真実発見および裁判の公正との比較衡量によって決せられる。ちなみに，最決平成19・12・11民集61巻9号3364頁は，民事訴訟の当事者となった場合に顧客自身が開示義務を負うときは，金融機関は，顧客情報につき守秘義務を理由に開示拒否はできず当該情報を記載した文書を提出しなければならない，と判示した。守秘義務の主体（金融機関）と秘密の主体（顧客）が異なる場合に，秘密の主体に着目して金融機関の開示義務を判断するということであり，金融機関独自の職業の秘密を重視しないということである。さらに技術・職業の秘密のほか，特定の訴訟を念頭に置いて，その準備のために作成した文書も，訴訟準備活動秘匿法理（アメリカ法でいうワーク・プロダクト法理）として除外事由となると解すべきである。さもないと，相手方弁護士の事件ファイルに「手を突っ込む」こととなり，公平で適正かつ熱意ある訴訟活動ができなくなるからである。わが国でも下級審裁判例の中に，離婚訴訟で夫が訴訟準備のメモを記していた大学ノートを妻が提出したのを証拠能力なしとしたものがあるが，この訴訟準備活動秘匿法理の角度から見ると理解しやすい（本書183頁）。この訴訟準備活動秘匿法理は，次の自己専利用文書の亜型とも捉えられるであろう。

　除外事由のニは，自己専利用文書である。自己利用文書とも呼ばれる。およそ外部の者に開示することを予定していない文書は，いかに真実発見という司法の利益があるとはいえ，提出を強制されるべきではないという考慮に基づく。さもないと，文書作成の自由な活動を妨げることとなろう。個人のプライバシーにかかわる日記，手帳，手紙，家計簿等が典型例となる。

立案担当者は「個人的な日記，備忘録のようなもの」のほかに「専ら団体の内部における事務処理上の便宜のために作成されるいわゆる稟議書のようなもの」も自己専利用文書に当たると説明していた。銀行の貸し手責任で貸出稟議書が問題となったのが，最決平成 11・11・12 民集 53 巻 8 号 1787 頁 [百選 69] であり，最高裁は，①文書の作成目的，記載内容等の事情から判断して専ら内部の者の利用に供する目的で作成され，外部の者に開示することが予定されていない文書であって（内部文書性または外部非開示性），②開示されると個人のプライバシーが侵されたり，個人・団体の自由な意思形成が阻害されたりするなど，開示によって所持者の側に看過しがたい不利益が生ずるおそれがあると認められる場合には（不利益性），③特段の事情のない限り，自己専利用文書に当たるという定式を確立した。②の不利益性の要件は条文の明文にはないファクターである。この判例により，稟議書は自己専利用文書に当たるので文書提出義務はない，とされた。ただし，別の判例で，破綻した信用組合から債権を譲り受けた整理回収機構が所持する信用組合の稟議書については，破綻した金融機関のものであるから開示されたからといって自由な意思形成が阻害されるとはいえないので特段の事情がある，とされた（最決平成 13・12・7 民集 55 巻 7 号 1411 頁）。個別具体的な不利益性が，特段の事情の中で考慮されていることに注意を要する。逆に言うと，判例では，②の不利益性の要件は文書の性質から抽象的・一般的に把握されていることになる。ところが，その後，判例は，銀行の社内通達文書について，内部の者の利用に供する目的で作成されたものではあるが（内部文書性は肯定），しかし，銀行の内部の意思が形成される過程で作成される文書ではなく，上部の意思決定の内容を各支店長などに周知徹底するために作成された文書であって開示によって直ちに銀行の自由な意思形成が阻害される性質のものではない，として自己専利用文書に当たらない，提出義務があると判示した（最決平成 18・2・17 民集 60 巻 2 号 496 頁）。さらに，銀行の不良債権に関する自己査定文書につき，銀行は法令により資産査定が義務付けられており，本件自己査定文書は銀行が金融庁の検査マニュアルに沿って取引先企業 A 社に対して有する債権の資産査定を行なう前提となる債務者区分を行なうために作成し，事後的検証に備える目的もあって保存した文書であるから，銀行以外の者による利用が予定されているものだとし（内部文書性を否定），自己専利用文書に当たらず提出義務があるとした（最決平成 19・11・30 民集 61 巻 8 号 3186 頁）。のみならず，この判例は自己専利用文書には当たらないとし

ても，当該銀行の職業の秘密に当たるかどうかを審理する必要があるとして差戻しをしたところ，再度の許可抗告があり，そこでは判例は，当該文書のうち非公開財務情報が記載された部分は取引先企業 A 社の情報である等々の理由から銀行の職業の秘密に当たらないとし，銀行による分析評価情報が記載された部分についても，一般的には金融機関が分析評価した顧客の財務状況，業務状況等は金融機関の職業の秘密に当たるけれども，取引先企業 A 社の民事再生手続開始決定前の情報であって開示により受ける不利益は小さく影響も軽微であり，本件文書の証拠価値の高さ，代替する中立的・客観的な証拠の不存在を考慮すると，保護に値する職業の秘密ではないとして開示を命じたのである（最決平成 20・11・25 民集 62 巻 10 号 2507 頁[百選 68]）。銀行による分析評価情報は，稟議書に記載される情報とほぼ同じであり，稟議書であれば自己専利用文書となり提出命令は出されないけれども，自己査定文書であれば職業の秘密とならず提出命令が出されたのであるから示唆するところは小さくはない。他方では，弁護士会の綱紀委員会の議事録・議案書は，開示により自由な意思形成が阻害されるとして（不利益性肯定），自己専利用文書であるから提出義務がないとした判例もある（最決平成 23・10・11 判タ 1362 号 68 頁）。

　判例は，平成 11 年最決の内部文書性，不利益性，特段の事情という定式に，その後も，一応従っていると見ることができよう。しかし，不利益性は，意思形成過程の文書にはあるが，意思決定がなされた後の通達文書にはない，と進展した。内部文書性については，法令が作成を命じているときには内部文書でないとするのが一般的であるが，市議会会派が有する政務調査研究報告書は条例で作成が命ぜられているけれども内部文書だとした例もある（最決平成 17・11・10 民集 59 巻 9 号 2503 頁）。のみならず，銀行の自己査定文書の判例により，監督官庁が検査のために見る文書は，内部文書性がないとまで進んだかに見える。しかし，官庁ないし公務員は守秘義務があり，そこから先には出て行かないのであるから，監督官庁等が見る可能性がある文書は内部文書でないとまで一般化するのは行き過ぎであろう。銀行の自己査定文書の判例は，不良債権処理という事態において金融庁検査が確実に行なわれる状況の下での事例判決と見るべきである。とはいえ，法人の文書について判例は，内部文書性，不利益性ともに厳しく判断するようになってきている（自己専利用文書と認めず提出を命ずる方向），職業の秘密の角度でも厳しく判断するようになっている（稟議書と同じ情報でも提出を命ずる）と見ることもできるであろう。総じて判例は，多

少の揺らぎを示しているのかもしれない。研究者は，判例は一枚岩ではないと見て新しい胎動を読み取りたがる傾向があり戒心しなければならないが，逆に，学生諸君は，判例は整合的だと信じたがる傾向がある。しかし，それは危険であり，判例に揺らぎがあり得るのを率直に認めるべきであろう。それはともあれ，学説では，自己専利用文書は個人のプライバシーに限定すべきであり，法人文書は自己専利用文書ではなく技術・職業の秘密で処理すべきだとする説も有力である[*25]。結局，自己専利用文書については，判例の定式に従ってよいが，しかし，当該事件における証拠としての重要性，代替証拠の有無等の考慮要素によって微調整されると考えるべきであろう。

除外事由のホは，刑事事件に係る訴訟に関する書類もしくは少年保護事件の記録またはこれらにおいて押収されている文書である。民事訴訟において刑事事件記録は，立法により，カテゴリカルに4号の一般義務文書から外れることとなった。そのため，刑事事件記録は，3号後段の法律関係文書として提出命令が申し立てられる。最決平成16・5・25民集58巻5号1135頁[百選A23]は，共犯者の供述調書につき，刑訴法47条但書によって公にすることが相当と認められるかの判断は，公にする目的，必要性の有無，程度，公にすることによる被告人，被疑者および関係者の名誉，プライバシーの侵害等の弊害発生のおそれの有無等諸般の事情を綜合的に考慮してされるべきものであり，それは文書保管者の合理的裁量に委ねられる，しかし，裁量権の逸脱または濫用に当たると認められるときは裁判所は提出を命ずることができる，という定式を確立した。この事案では，裁量権の逸脱または濫用がないとして申立て却下であるが，裁量権の逸脱または濫用に当たるとされた例もある（最決平成17・7・22民集59巻6号1837頁）。

(6) 一部提出，イン・カメラ手続もある

文書提出命令では，証拠調べの必要性のない部分，または提出義務が否定される部分を除いた文書の一部のみを提出させることができる（223条1項後段）。

さらに，4号（一般義務文書）の文書提出義務の存否を判断するため，裁判所だけがその文書を閲読することができる（223条6項）。イン・カメラ手続（非公開審理手続）と呼ばれる。所持者は，むろん文書の内容を知っているので，

[*25] 松本＝上野〔560a〕519頁ほか。

裁判所だけが見るというのは文書提出命令申立人が見ることができない、ということである。4号イからニの除外事由があるかを審理し、あれば申立ては却下される。ないと判断されれば、文書提出命令が出される。一部提出とすべきかも、判断される。

イン・カメラ手続はよくできた手続のように見えるが、日本法では文書の閲読するのは本案の受訴裁判所である。受訴裁判所は、文書を閲読するのだから、その内容を知ることになる。知った上で、除外事由ありとして文書提出命令申立てを却下しても、記載内容は裁判官の頭に一度は入るのである。その記載内容からは、たとえば原告勝訴となるが、その文書を使うことができないとすると原告敗訴となるという場合、建前としては、使うことができないのであるから記載内容を頭の中から消して原告敗訴の判決を下すこととなるが、実際にはなかなか難しいところであろう。和解を勧試するであろうけれども、説得の材料として記載内容を使うことはできないのであるから、和解の勧試も容易ではない。立法論としては、受訴裁判所以外の裁判官が閲読するという方が優れていよう。また、イン・カメラ手続に文書を提出することを所持者が拒否した場合に、制裁の規定はない。

特許法は、さらに進んでいる。意見を聴くために、当事者、その代理人、使用人その他の従業員、訴訟代理人、補佐人に当該文書を開示することができる（特許105条3項）。その裏側として、営業秘密につき、当該訴訟以外の目的で使用し、または別の者に開示してはならないという秘密保持命令を裁判所は発することができる（特許105条の4第1項）。秘密保持命令に違反した者は、5年以下の懲役もしくは500万円以下の罰金、またはその併科に処せられる（特許200条の2）。

(7) 不服申立ては、どう制限されているか

文書提出命令には、即時抗告することができる（223条7項）。

しかし、判例では、証拠調べの必要性がないという理由で申立てが却下された場合には、これは即時抗告事由とはならない。即時抗告事由となるのは、文書提出義務の存否だけだという（最決平成12・3・10民集54巻3号1073頁[百選A24]）。証拠調べの必要性（181条）は、書証や証人尋問でも判断されるが、そこでは訴訟指揮の一環であって即時抗告ができない。文書提出命令でだけ即時抗告が許されるのであるから、それは証拠調べの必要性以外の事由によるもの

でなければならないというのである。しかし，当該事件における証拠としての重要性，代替証拠の有無等によって提出義務は微調整されると考えるのであれば，その限りでは証拠調べの必要性と重なることがあり，重なる部分は不服申立ての理由となると考えるべきではなかろうか。

また，即時抗告をすることができるのは，判例によれば，申立人と所持者である。所持者が第三者である場合，申立人の相手方当事者は，即時抗告をすることができない（最決平成12・12・14民集54巻9号2743頁）。しかし，文書が証拠調べされるかどうかは，訴訟における相手方当事者にとっても重大な利害があるのであるから，即時抗告ができると解すべきではなかろうか。

(8) 文書提出義務に違反して提出しないと，どうなるか

文書提出義務違反への制裁は，第三者と当事者とで分かれる。

第三者が違反して提出しないときは，20万円以下の過料に処される（225条1項）。判決をするのに決定的な文書である場合は，20万円という金額は低すぎるかもしれない。敗訴しそうな当事者は，20万円負担することを約束して，提出しないように働きかけるであろう。

当事者が違反して提出しないときは，過料ではなく，訴訟の勝敗にかからしめられる。その方が，制裁としてシビアであり実効性がある。本則の規律では，裁判所は，当該文書の記載に関する相手方当事者（文書提出命令申立人）の主張を真実だと認めることができる（224条1項）。当該文書の記載に関する相手方当事者の主張とは，申立て手続における民訴221条1項1号・2号の文書の表示・趣旨のことであり，その文書に何が書かれているかという主張である。文書提出命令に従わないときの制裁としては，論理的には，その文書が提出されたと同じ状況にすれば必要にして十分である。そこで，記載内容に関する相手方当事者の主張を真実だと認めれば，文書が提出されたのと同じ状態となる。真実だと認められたその主張に基づいて，裁判所は他の証拠資料と綜合して事実認定をすることとなる。しかし，この論理は実は完全ではない。当該文書の記載内容に関する相手方当事者の主張は，多かれ少なかれ，文書そのものよりは簡潔である。文書そのものを読むよりは迫力を欠き，証拠力は落ちるのが普通である。従って，抽象論として，所持者側当事者としては，文書を提出するよりも，提出せず真実擬制の制裁を受ける方が有利となり得ることがある。

そこで，所持者側当事者の違反に対する制裁を強化するため，文書提出命令

申立人当事者の側が，文書の記載に関して具体的な主張をすることが著しく困難であり，かつ，その文書で証明しようとした要証事実を他の証拠で証明することが著しく困難である場合には，裁判所は要証事実そのものを真実擬制することができる（224条3項）。たとえば，航空機事故が整備不完全により惹起されたということが要証事実であり，整備不完全と評価される具体的行為をした，あるいはしなかったことが文書に記載されているというのが文書に関する申立人当事者の主張となり，文書が提出されない場合，上記要件を充たせば，事故は整備不完全により惹起されたという要証事実そのものを真実擬制することができる。平成8年新法が，裁判例（東京高判昭和54・10・18下民集33巻5～8号1031頁）を条文化した規律であり，証明妨害への制裁である。

なお，提出義務のある文書を滅失させる等の証明妨害をしたときも，文書の記載に関する相手方当事者の主張を真実擬制することができる（224条2項）。

10 検 証

裁判官が視覚，聴覚等の五官の作用によって直接に，事物の性質，形状，状況等を検査・観察して獲得する事実判断を証拠資料とする証拠調べを検証という。検査・観察の対象となるものを検証物（条文では，検証の目的）といい，得られた事実判断は検証の結果と呼ばれる。人間も，容姿，病状を観察するときは検証物となる。

手続は書証に準ずる（232条）。挙証者が検証物を所持するときは，みずから裁判所に提出して検証を申し出る。相手方または第三者が所持するときは，送付の嘱託をすることができる。また，文書提出命令に準じて，検証物提示命令または検証受忍命令を申し立てることができる。命令に対しては即時抗告をすることができる。

検証に際して，裁判官の五官作用を補助し正確を期すことが要求される場合には，専門知識を持つ者を鑑定人として立ち会わせることもできる（233条）。

11 証拠保全

訴訟での証拠調べ期日を待っていたのでは，証拠方法の使用が不能または困難となる事情のあるとき，あらかじめなされる証拠調べ手続を証拠保全という

(234条)。死期の迫っている証人，消失する危険のある文書や建築現場などがその例である。訴え提起前でも訴え提起後でも，することができる。訴え提起後は職権ですることもできる（237条）。

　証拠保全は，現行法上，証拠調べの前倒しとして作られている。方式は，証人尋問，鑑定，検証に限定されず，当事者尋問も書証も条文上可能である。証拠調べであるから，裁判官が実施する。事前にあらかじめ行なうものであるから，証拠調べの必要性は審査しない。将来の訴訟を正確に予測することは困難であるから，必要性の審査はしないのではなく，できないというべきであろう。証拠調べへの当事者の立会権は保障される。しかし，交通事故の現場の検証では，相手方当事者（加害者）が不明だということがある。そこで，裁判所は，相手方となるべき者のために特別代理人を選任することができる（236条）。訴訟法上の法定代理人である（本書18頁）。

　証拠保全をするという決定に対しては不服申立てはできない（238条）。不服申立てを許して時間を与えると，証拠方法が消失するかもしれないからである。証拠調べの結果を含めての記録は，本案の裁判所に送付される（規154条）。証拠保全の結果は，本来の証拠調べとしての効力を本案訴訟で有する。たとえば，証人尋問が行なわれたのであれば，本案訴訟でも証人尋問が行なわれたと扱われる。証人尋問の調書が，書証となるのではない。

　証拠保全は，相手方に立会権もあり事前に証拠を見るのであるから，証拠開示の機能を持つ。この証拠開示機能を積極的に認めるか，消極的に位置付けるかには争いがある。解釈論としては，証拠保全の事由の疎明（規153条）をどの程度具体的に行なうべきかという形で現れる。広島地決昭和61・11・21判時1224号76頁[百選72]は，カルテの証拠保全において，抽象的な改竄の虞れでは足りず，当該医師に改竄の前歴がある，当該医師が説明を相当な理由なく拒絶した，前後矛盾ないし虚偽の説明をした，その他ことさらに不誠実または責任回避的な態度に終始したなど，具体的な改竄の虞れを一応推認させるに足る事実を疎明することを要する，とした。証拠開示機能に厳格（消極的）な見解だということができよう。解釈論としては，こうなるであろう。

　証拠保全命令に当事者が従わないときは，証拠調べにおける制裁が働く。書証では真実擬制をすることができる。ただし，これは本案裁判所の権限であり，証拠保全の裁判官が行なうのではない。そこで，証拠保全の段階では提出しなかった文書を，本案の訴訟では提出するという訴訟戦術が生じ得る。理論的に

は，本案での文書提出を時機に後れた攻撃防御方法として却下し，真実擬制を発動させることができる。しかし，真実発見の見地からは，提出されてきた文書を裁判官は読みたがるということになろう。そうだとすると，証拠保全段階での不服従には実際上制裁がないということになる。立法論として問題である。

12　証 明 責 任

(1) 証明責任とは，なにか

　貸金返還請求訴訟で，原告は金銭の授受と返還約束を証明しなければならない（民587条。弁済期とその到来も請求原因事実であるが，省略する）。裁判所は，これまで述べた証拠調べをし自由心証主義に基づいて事実の認定に努めることとなる。その結果，金銭の授受があったと証明できたとき，または，金銭の授受がなかったと証明できたときは問題はない。請求認容または請求棄却の判決をすることができる。しかし，金銭の授受があったようでもあり，なかったようでもあるという真偽不明の状態に陥ったとき，どうするか。判決をしないという訳にはいかない。そこで，近代民事訴訟法は，その事実の存在または不存在を仮定（擬制）することによって，判決を可能とすることとした。金銭の授受では，なかったと仮定され請求棄却判決となる。このように，ある事実が真偽不明のときにその事実の存在または不存在が仮定されて裁判がなされることにより当事者の一方の被る不利益を証明責任という。立証責任とも挙証責任とも呼ばれるが，立証する又は挙証するとの行為責任が連想されるためか，近時は証明責任という語が用いられることが多い。ともあれ証明責任とは，事実主張が真偽不明に陥ったときに当事者の一方が不利に扱われるという，事前に定められるハンディキャップである。金銭の授受と返還約束については，原告（債権者）が証明責任を負い，従って，真偽不明のときは原告の不利に判断される。

　証明責任は，ある事実主張が真偽不明となったときに発動されるものであり，定義上，決して証明をすべき行為責任ではない。審理の終結段階で，すなわち証拠調べが終わった後で，自由心証主義での判断が尽きたところで問題となるものであり，結果責任である。そこで厳密には，客観的証明責任とも呼ばれる。ただし，この客観的証明責任が事前の事項にも反映する。たとえば，自己が証明責任を負うものは抗弁となり，相手方が証明責任を負うものは否認となる

（本書142頁）。抗弁か否認かは，訴状・準備書面の書き方，証拠調べのあり方にも影響する。ここから，証明責任は重要な役割を演じ，民事訴訟のバックボーン（背骨）だと表現されることもある。

　証明責任は，当事者からの事実主張の真偽が不明のときに裁判を可能にするためのものであるから，そのコロラリーとして，ある事実につき証明責任を負うのは当事者のどちらか一方でなければならない。当事者の双方が負うことはない。貸金返還請求で金銭の授受につき，原告は金銭の授受の「存在」につき主張立証活動を行ない，被告も金銭の授受の「不存在」につき主張立証活動を行なうが，金銭の授受の「存在」につき原告が証明責任を負い，金銭の授受の「不存在」につき被告が証明責任を負うとすると，金銭の授受が真偽不明のときに原告も請求棄却という敗訴の不利益を負い，被告も請求認容という敗訴の不利益を負うということとなり，勝訴敗訴が決まらず裁判とならないからである。ある事実の存在と不存在というように事実を表と裏に分けて証明責任を負うのではなく，当事者の一方だけが，ある事実の「存否」という一括した形で，すなわち，ある事実の「存否」不明の場合の結果責任という形で証明責任を負担するのである（正確には，ある事実主張の「真偽」不明となる）。

　ところで，証明責任は，後述する通り実体法に関係して観念される（本書222頁）。従って，それを負担するのは原告，被告という訴訟法上の地位によってではなく，権利者，義務者という実体法上の地位による。貸金返還請求訴訟では，金銭の授受につき権利者が証明責任を負う。このとき権利者は原告である。貸金の債務不存在確認訴訟でも（本書111頁），金銭の授受につき証明責任を負うのは権利者であるが，債務不存在確認訴訟のとき権利者は被告である。どちらの訴訟でも，証明責任は権利者，義務者という実体法上の地位に着目して負担させられるのである。

　証明責任の負担は，真偽不明のときにも裁判を可能にするためであるから，主要事実について考えれば必要にして十分である。主要事実を押さえておけば，法規の適用・不適用は可能となり裁判ができるからである。間接事実，補助事実には証明責任を観念する必要はない。むろん，間接事実においても証拠調べをしたが真偽不明ということはあり得る。しかし，間接事実においては五分五分または七分三分という心証のままで，他の間接事実あるいは弁論の全趣旨と綜合して主要事実の存否を認定すればよい。その方がきめの細かい事実認定をすることができる[*26]。詰まるところ，間接事実の真偽不明は主要事実に吸収

されるのである。ところで，ある間接事実 a，b から主要事実 A が推定されるときでも，間接事実 a，b と両立する別の間接事実 c が証明されたときは主要事実 A への推定が覆ることとなるが，このとき間接事実 c は裁判官に確信されなければならず，証明責任が観念されるとする間接反証と呼ばれる議論がある。しかし，これは間接事実に証明責任を観念するという悖理を犯しており，採用すべきではない。主要事実 A への推定の確実度が高ければ，間接事実 c の反証の程度・密度も高まるということがあるだけであり，主要事実に作用する証明責任という概念を間接事実に持ち出すべきではない。敷衍すると，間接事実 a，b から主要事実 A が推定されるときでも，間接事実 a，b と両立する別の間接事実 c が証明されたとき主要事実 A への推定が覆るという心証形成があることはその通りであるけれども，それを証明責任を伴う間接反証として概念化すべきではないということである*27。次に，補助事実にあっても，文書の成立の真正は特殊であり，証明責任が観念される（228 条）。文書の成立の真正は，自白の対象ともなる（本書 176 頁）。他方，主要事実であっても証明責任で判断しないものもある。借地借家法 6 条・28 条の「正当の事由」のような総合判断型の不特定概念（規範的要件）の場合には，正当の事由と評価される個々の具体的事実が主要事実となるが，しかし，それらの主要事実は真偽不明であっても，個々の主要事実において存在・不存在を仮定するのではなく，間接事実のように五分五分とか六分四分とかの心証のままで他の主要事実と総合判断して正当の事由の成立・不成立という法律判断をすることになる*28。

　経験則や法令も証明の対象となるが，これも証明責任を観念する必要はない。経験則が真偽不明であれば，それが真偽不明であることの結果としての主要事実の真偽不明で処理すればよい。法令でも，外国法や地方の慣習法が分からないということはあるが，これは証明責任の問題ではなく法源論の問題である。

(2) 証明責任の周辺の混同されやすい概念には，どのようなものがあるか

　自由心証主義の枠内で，裁判官の心証が自己に不利に形成されつつあるときは，何もしなければ相手方有利に判断されてしまうから，裁判官のその心証を

---

*26　伊藤滋夫『事実認定の基礎』（平成 8 年）175 頁。
*27　松本博之「損害賠償請求における因果関係の立証にかんする若干の考察」民訴雑誌 24 号（昭和 53 年）75 頁。
*28　松本博之『証明責任の分配〔新版〕』（平成 8 年）336 頁。

打ち崩す必要が生ずる。たとえば貸金返還請求訴訟で金銭の授受につき，権利者（原告）の証明が成功しつつあるときは，義務者（被告）は金銭の授受がなかったという証明活動を活発化するよう追い込まれる。これを「証明の必要」という。証明の必要を負わされる当事者は，裁判官の心証の形成によって，刻々と変わり得る。証明の必要は，そういう事実状態に即した概念である。しかし，金銭の授受の証明責任の負担は規範であるから，当事者の訴訟活動の結果によって変わることはなく，終始一貫して権利者が負う。

　証明の必要は，本証と反証とで必要度が異なる。本証であるときは，裁判官の心証を証明度を超えるところまで持っていかなければならず，負担が重い。反証であるときは，裁判官の心証が証明度を下回わるようにする，つまり真偽不明の状態に持ち込めばよく，負担は軽い（本書168頁）。

　主観的証明責任という概念がある。真偽不明という事態は，弁論主義の下でも職権探知主義の下でも起こり得ることであるから，客観的証明責任は弁論主義の訴訟でも職権探知主義の訴訟でも必要となる。しかし，弁論主義の下では，事実・証拠の提出は当事者の責任であるから，証拠提出責任を観念することができる。弁論主義の下では，当事者のいずれもが証拠を提出しない場合，証拠調べをすることができず，証明なしと扱われる。証明なしと扱われることを望まないのであれば，どちらかの当事者が証拠を提出しなければならず，どちらの当事者が提出すべきかという問題が生じ，これが（抽象的）証拠提出責任となる*29。結果責任ではなく，証拠を提出すべき行為責任である。（抽象的）証拠提出責任の負担と，客観的証明責任の負担は一致するのが原則である。この（抽象的）証拠提出責任の概念の実益は，（抽象的）証拠提出責任を負う当事者がまったく証拠を申し出ない場合，裁判所は相手方の提出した証拠方法を調べることなく，証明なしと扱うことができることにある。証明がないのであるから，普通は権利者（原告）敗訴となる。ところで，この（抽象的）証拠提出責任を主観的証明責任と呼ぶ学説がある。他方で，前述の証明の必要を主観的証明責任と呼ぶ学説もある。主観的証明責任という用語は，論者によって違いがあり，出てきたときにはどのような内容であるか注意して考えなければならない。

　弁論主義のところで述べたように，そこから主張責任という概念が生ずる（本書117頁）。ある主要事実につき主張がないとその法規は適用されないこと

＊29　松本・前掲［＊28］9頁。

となるが，法規が適用されないことによって不利益を受ける当事者がその主要事実につき主張責任を負うと表現する。主張の観点から法規が適用されないことによる不利益が主張責任であり，証明の観点から法規が適用されないことによる不利益が証明責任であるから，両者は類似する。事実，通説は主張責任の所在（どちらの当事者が負担するかの分配の問題）と証明責任の所在は，原則として一致する，とする（本書117頁）。理論的には，主張の局面と証明の局面とであるから，一致しないこともあってよいと考えることができるが，具体的に考察すると殆どの場合は一致する，ないし一致させることができるようである。むしろ，証明責任の所在に合わせて主張責任の所在を考えているというのが実態であろう。主張・証明責任と一括して表現されることも多い。

　もっとも，証明責任の所在と主張責任の所在を一致させることは，訴訟になにがしかの人為性・不自然性を持ち込むこととなる。たとえば，貸金返還請求で金銭の授受と返還約束は権利者（原告）が主張・証明責任を負い，弁済は義務者（被告）が主張・証明責任を負う。その結果，訴状等で，権利者は金銭の授受があり返還約束があったと主張すればよい。弁済はまだないと主張する必要はない。しかし，日常生活ではまだ返してもらっていないから返してくれと，弁済につき権利者が言及するであろう。訴訟では，返してもらっていないと権利者が言う必要がないとされるのであるから，人為的であり多少不自然である。もっとも，これは主張する必要がないというだけであり，必要のないことを主張することが違法となる訳ではない。

　なお，訴状の記載事項は，主張責任を負う事実に限定されていない。民訴規53条により，訴状には請求を理由付ける事実（いわゆる請求原因事実）のほか，当該事実に関連する重要な事実を記載することになっているからである。後者は，間接事実であり主張責任の対象となるものではない。ただし，訴状却下の制裁を受けるのは，請求の趣旨と訴訟物を特定させるための請求原因事実を記載していない訴状だけであり（137条），民訴規53条はその意味では訓示規定である。実際には，同条の事項を記載していないと訴状の補正の促し（規56条）を厳しく受けるであろうけれども，訴状却下とはならない（本書43頁）。

　また，債務不存在確認訴訟では主張責任と証明責任が分離すると言われることがあるが，これは正確ではない。債務不存在確認で原告（債務者）は，どのような債務が不存在であるかを訴訟物として特定しなければならない。たとえば，債権者と称する被告が何月何日に何万円を貸したと言うが，そのような金

は借りていないと述べる。そして，金を貸したかどうかという請求原因事実について証明責任を負うのは被告（債権者）であるから，ある債権の不存在につき原告が主張責任を負い，債権の存在について被告が証明責任を負うことになり，主張責任と証明責任が分離すると言われる。けれども，原告（債務者）が債権について述べるのは，主張責任としてではなく，訴訟物の特定として行なっているに過ぎない。訴訟物の特定の段階で述べられた事実は，弁論にすでに出てしまっているのであるから，もはや主張責任は問題とならず証明責任だけが残る，と理解すべきである。主張責任と証明責任の分離がある訳ではない。

（3） 当事者間で証明責任は，どのように分配されるか

では，特定の主要事実につき証明責任は当事者間でどのように分配されるか。この問題は，わが国では昭和40年代に大きな論争となった。それ以前の通説は，法律要件分類説と呼ばれるものであり，ドイツのローゼンベルク教授の規範説と呼ばれる学説を大幅に受容したものであった。

ローゼンベルク教授の規範説の根幹には「法規不適用の原則」があった。実体法は，その要件事実の存在につき裁判官が確信を得たとき，すなわち証明がなされたときに初めて適用される，要件事実の不存在につき裁判官が確信を得たときは勿論，真偽不明のときも実体法は適用されない，と考えるのである。真偽不明をただちに法規の不適用に結び付けるのである。

ローゼンベルク説の第2の内容は，当事者は自己に有利な法規について，その真偽不明の場合に当該法規が適用されない不利益を受ける，とする。つまり，当事者は自己に有利な法規の要件事実について証明責任を負担する，とする。

そこで第3に，有利な法規かどうかをどう見分けるかであるが，それは実体法規の実体法としての性質に求められた。実体法規は，権利の発生を根拠付ける権利根拠規定と，根拠規定に基づく法律効果の発生を妨げる権利障害規定，一旦成立した権利を消滅させる権利滅却規定とに実体法上の性質として分けられる。ほかに，同時履行の抗弁のように権利の行使を一時的に阻止する権利阻止規定も観念することができる。権利根拠規定は権利者が，権利障害規定と権利滅却規定，権利阻止規定は義務者が証明責任を負う，とする。

では第4に，権利根拠規定，権利障害規定，権利滅却規定，権利阻止規定はどのようにして識別できるかというと，法規の条文の構造に依拠する。本文，

但書という書き方は最もよい例であり，但書はたとえば本文の権利根拠規定に対する権利障害規定となる。権利滅却規定は，一旦成立した権利の消滅であるから，条文を見て分かりやすい。

そして最後に，ローゼンベルク説は，証明責任については裁判官ごとに実質的考慮を入れて判断してはならず，何世紀にも渡って精錬され立法者によって組み立てられた正義，つまり実定実体法規に基づいてのみ判断されるべきだとする。裁判官ごとに実質的考慮を入れて判断しては，各人各様の分配になってしまう，として忌避するのである。この点，わが国の法律要件分類説は，実定実体法規定のみに依拠せず裁判官・学者その他の解釈者の実質的考慮を容れていたので，ローゼンベルク教授の規範説とは多少異なることになる[*30]。

半世紀以上に渡って通説であったローゼンベルク説は，ドイツでも日本でも批判の対象となった。まず，法規不適用の原則であるが，実体法は，その法律要件が「存在」するときに適用されると考えるべきであろう。裁判官が確信を得たという「証明」にかからせるのではなく，直接に「存在」そのものにかからしめられていると考えるべきである。立法者が実体法を作るときは，まさにそうしているはずである。そうだとすると，法律要件が存在するか不存在かはっきりしないときは，実体法を適用した方がよいか適用しない方がよいかも実体法自体からは明らかでないと考えるべきである。このとき，実体法の適用または不適用を裁判官に指示するものが証明責任規範であり，この証明責任規範が実体法のいわば裏側に存在すると考えると理論的に通りがよい。多くの証明責任規範は，要件事実が証明されないときは当該規定の不適用を指示するけれども，権利障害規定に分類されるものは実体法の適用を指示しているのであり，後述の法律上の推定規定は，要件事実の存在が証明できないときでも，別の事実の証明によって当該法規の適用を指示する証明責任規範だということになる。法規不適用の原則の否定と証明責任規範の承認は，抽象的な議論であり言わば工学部の実験ではなく理学部の実験であるが，ローゼンベルク説を突き崩す契機となった。証明責任規範の承認は，考え方を柔軟にするという効用もある。

次に，実体法規が，「実体法の性質として」権利根拠規定，権利障害規定，権利滅却規定等に分けられるかが批判された。権利を発生させる権利根拠規定と消滅させる権利滅却規定の区別は，実体法の性質としてまだしもなし得るが，

[*30] 竜嵜喜助「証明責任の分配」（初出：昭和58年）同『証明責任論』（昭和62年）169頁。

権利根拠規定と権利障害規定の区別が実体法の性質としてなし得るであろうか。契約成立における錯誤で考えてみよう。たとえば「契約は合意があり、錯誤が無ければ成立する」という実体法規と「契約は合意があれば成立する。ただし、錯誤があればこの限りでない」という実体法規があるとしてみよう。ローゼンベルク教授の規範説によれば、前者では錯誤の無いことが権利根拠規定となり、後者では錯誤のあることが権利障害規定となる。しかしながら、実体法自体としては、錯誤のあるなしは表と裏の事実であるから、両者は同じ事柄を表から表現するか裏から表現するかの違いに過ぎず、実体法の性質から区別することはできない、と批判された。実体法としては、合意と錯誤の有無を要件とするのであって両者に差異はない、というのである。現行法の解釈として、錯誤は権利障害規定であることに争いはないが、しかし、それは他のなんらかの考慮によって、すなわち証明責任規範によって錯誤は義務者（錯誤主張者）が証明責任を負うのが妥当だとされ、それを後から権利障害規定だと説明しているだけではないか。権利障害規定は、実体法の性質から導き出されるのではなく、証明責任の所在を指示された結果、そのように分類されているだけではないか、というのである。実体法は、人々の行為を規律する法体系でもあり、事実はすべて分かっていると前提されている（全知全能の神様の目から見ている、と表現される）。立法者は、ある事実が存在することを前提にして、そこに特定の法律効果を結び付けるのであるが、それと同じように、事実は存在または不存在がはっきりしていると前提して実体法というものは理解されるべきである。そうだとすれば、「契約は合意があり、錯誤が無ければ成立する」という実体法規と「契約は合意があれば成立する。ただし、錯誤があればこの限りでない」という実体法規とは、「実体法の性質としては」同じことを述べており区別はない、と批判説は言うのである。これは、批判説の言う通りであろう。

　また、法規の構造がどれだけ頼りになるかにも疑問が向けられた。特に日本では、民法典の起草者自身が、証明責任の分配を犠牲にしてでも分かりやすい表現を心掛けたと述べているのであり、法規の構造は全面的には頼りにならない。現に民法415条後段の履行不能による損害賠償は、条文では「債務者の責めに帰すべき事由によって履行することができなくなったときも、債権者はその損害の賠償を請求することができる」と読むことができるが、この条文構造では、「債務者の責めに帰すべき事由によって履行することができなくなったとき」、すなわち債務者の帰責事由の存在は権利根拠規定となるが、しかし

通説・判例は帰責事由の不存在を権利障害規定としているのであり，条文構造とは異なる解釈を採るのである。

かくして，ローゼンベルク教授の規範説は，そのままでは採ることができないが，では分配はどう考えるべきであろうか。すなわち，証明責任規範の内容は，どう考えるべきであろうか。基本は，実体法の趣旨により分配し，それに立証の難易，証拠との距離等を微調整として用いるということであろう。真偽不明の場合，どちらの当事者を勝たせた方が実体法の趣旨から見て妥当かを考える。ここから権利根拠規定と権利障害規定の区別が生まれる。貸金返還請求で金銭の授受と返還約束が外形的には証明されたが，返還約束に錯誤があるかどうかが真偽不明のときは，返すという意思表示が外形的になされたことまで権利者が証明したのであるから，一応は権利があるとしてよく，錯誤は義務者が証明責任を負うというのが実体法の趣旨から見て妥当であろう。つまり，錯誤が無いことまで権利者に証明責任を負わせることは権利者の権利行使を狭めすぎ，取引の安全という実体法の理念を害すると判断するのである。また，意思表示に錯誤があるのと無いのとでは，無い方が普通であるから，例外的である錯誤の存在を主張する方に証明責任を負担させる方がよい，また，錯誤の不存在を権利者に証明させるのは困難であり，悪魔の証明となりかねないので錯誤の存在を義務者に証明させる方がよいという立証の難易の視点から，さらに錯誤があったか否かの証拠方法は錯誤主張者（義務者）側にあるという証拠との距離の視点からも補強される。かくして，錯誤は，権利障害規定となる。また，現状を変更する側に証明責任を負担させる方が法律関係の静的安全から妥当であり，権利根拠規定と権利滅却規定の区別はこうして生まれる。たとえば，金銭の授受と返還約束が証明されているときで，弁済をしたかどうかが真偽不明のときは，返せという請求認容をする方が妥当であろう。金銭の授受と返還約束が証明されていれば，現状は貸金返還請求権が存在するとなるから，それを変更させる弁済は，その主張者に証明責任を負わせる，弁済が真偽不明であれば弁済主張者（被告）に不利，つまり請求認容判決をするとするのである。

なお，上述のところでも権利根拠規定，権利障害規定，権利滅却規定等という語を用いたが，これはローゼンベルク説による実体法の性質として区分されたものではなく，証明責任規範によって権利者が負うとされたものを権利根拠規定，義務者が負うとされたものを権利障害規定，権利滅却規定等と言っているに過ぎない。これは，「修正された法律要件分類説」と呼ばれることもある。

これはローゼンベルク説と同じではない。ちなみに，学生の一部は，法律要件分類説は明確であるから採るべきだと論ずることがあるが，学生の一部が念頭に置いているのは修正された法律要件分類説であり，それは実質的考慮を施した上での結果上の分類であるから決して誇示するほど明確ではない。旧訴訟物論などでもそうであるが，明確だという俗論に振り回されてはならない。

さて，実体法の趣旨がポイントだということになると，個々の実体法規の要件事実の証明責任は，実体法の解釈の問題となる。いわゆる要件事実論である。判例では，最判昭和35・2・2民集14巻1号36頁[百選63]が虚偽表示における第三者の善意は，第三者が証明責任を負うとする。しかし，学説では無効を主張する側が負うという説も有力である。法規の構造は判例に有利であり，取引の安全という実体法の趣旨は反対説に有利であって，証明責任の分配は難しい作業である。決して明確ではない。

(4) 証明責任による判決を回避する法理論には，どのようなものがあるか
(イ) 証明責任の転換とは，どういう法理か　立証の難易，証拠との距離等で微調整されるとはいえ，証明責任を負担する当事者が証拠方法を十分に持っているとは限らない。そのため，証明責任で裁判することが時には公平，適正でないと感ぜられることがあり，証明責任で裁判をするのを回避する法理が展開されることとなる。

その第1は，証明責任の転換である。一般法理では証明責任を負うことのない当事者の方が証明責任を負うと転換させてしまうのである。たとえば，不法行為では加害者の過失と評価される具体的事実の証明責任は権利者（被害者）が負うが，自動車損害賠償保障法3条但書は，過失に当たる事実のなかったこと（反対事実）等の証明責任を義務者（加害者）に課している。これにより，権利者（被害者）が証拠方法を十分に持たないことで敗訴するのを回避するのである。製造物責任法4条も，証明責任転換の例である。

しかし，証明責任の転換は，ドラスティックであるし，また，解釈論としては政策論以上の論拠を示すのが難しい。立法では有用な法理であるが，解釈論として採用するのは困難なところがある。

(ロ) 推定とは，どのような法理か　ある事実から他の事実を推認することを推定と呼ぶ。それが法規化され法規の適用という形で行なわれる法律上の推定と，裁判官の自由心証の枠内で行なわれる事実上の推定とがある。「事実上

の」というのは，ここでは，「デ・ファクトの」という意味である。「事実上の主張」という場合が，事実に関する主張という意味であるのと異なる（本書141頁）。ともあれ，推定は擬制（みなす）とは異なり，相手方は反対方向の立証活動をすることができる。

　法律上の推定には，まず，権利ないし法律関係そのものを推定する法律上の権利推定がある。民法188条の占有に基づく所有権の推定がそうだとされる。所有権そのものが推定されてしまうのであり，相手方当事者は，その推定を覆すためには，推定される権利ないし法律関係に至ることが可能なあらゆる発生原因に該当する事実の不存在，または，なんらかの消滅原因に該当する事実の存在を本証として主張立証しなければならない。極めて困難な状態に置かれるため，法律上の権利推定は例外的にのみ認められる。もっとも，事案によっては，事実主張の具体化（実質化）の観点から，権利推定を得る方の当事者に権利または法律関係に至る経緯の一つの事実を主張させ，それを否定する証明責任だけを相手方に課すという緩和策も考えられないではない。

　法律上の推定は，かくして，多くが法律上の事実推定となる。ある事実から，他の事実を推定するのである。たとえば，破産法15条1項は，ある人（自然人，法人）に破産手続開始決定をするには，その人が支払不能でなければならないと規定する。しかし，支払不能は，資産だけでなく，その人の信用と稼働力をも内容とするので，支払不能の証明は簡単でないことが多い。そこで，破産法15条2項は，支払停止があれば支払不能だと推定すると法律上規定する。支払停止とは，債務を一般的に弁済できないことを外部に表示する債務者の行為をいい，代表例は手形の不渡りであり，古典的な例は夜逃げである。証明は，はるかに容易である。法律上の事実推定は，証明の困難な事実に替えて証明の容易な事実の証明で裁判をなし得るようにする法技術である。

　ところで，法律上の事実推定があった場合，相手方当事者は反対事実の証明責任を負う結果となる。たとえば，相手方は，夜逃げという支払停止の事実はあったが，稼働力があるのでまだ支払不能ではないことを証明すれば，推定の法律効果である破産手続開始決定を免れることができる。これは，よく見ると，稼働力があり支払不能の事実がないことの本証を相手方に課しているのである。従って，法律上の事実推定とは，推定の前提事実（支払停止）を立てることによって，本来の主要事実（支払不能）の証明責任を相手方に転換する法技術なのである。なお，反対方向の証明として，相手方は夜逃げという事実のないこ

との証明活動をすることもできる。しかし，これは通常の反証であり，推定に特有のものではない。

事実上の事実推定とは，ある事実（地面が濡れている）から他の事実（昨晩，雨が降った）を推認することであり，自由心証主義の枠内で普通に行なわれる作業である。

推定と法文では用いられているが，真の推定でないこともあるので注意が必要である。たとえば，推定とあるが，事実を推認させるのではなく，法律行為の解釈の基準を示す場合がある。民法 136 条 1 項の期限の利益が，その例である。また，推定の前提事実がない無条件の推認の場合もあり，暫定真実と呼ばれる。暫定真実は，特定の実体法規に適用されると，要件事実の一つの存在によって他の要件事実を推定してしまうことになるので，暫定真実とは，特定の法律効果の基礎となる複数の法律要件事実が存在するときに，法がある要件事実の証明に基づいて他の要件事実の存在を推定することだ，という定義もある。どちらでもよいであろう。たとえば，民法 186 条 1 項の占有者の所有の意思，善意，平穏，公然の無条件の推認が暫定真実であり，これが民法 162 条 1 項の取得時効の規定と結び付くと，民法 162 条 1 項の法内容は，「他人の物を 20 年間占有した者はその所有権を所得する。ただし，所有の意思をもって平穏かつ公然に占有したのではない場合はこの限りでない」と規定するのと同じこととなる。暫定真実も，証明責任の転換を含むのである。

(ハ) **表見証明，一応の推定とは，どのような法理か**　不法行為の過失，因果関係で特に論ぜられるが，定型的事象経過と呼ばれる高度の蓋然性のある経験則が働く場合，細かい事実認定を飛び越して，いきなりある事実が認定されてよいことをドイツの判例・学説は表見証明と呼び，わが国判例も，ほぼ同じことを一応の推定と呼ぶ[*31]。過失が一応推定された，というように表現される。たとえば，港湾管理者が定めた場所に停泊していた船舶に他の船舶が衝突した場合は，他の船舶の運航者の過失の表見証明が認められる。わが国の判例では，仮処分が取り消された場合，仮処分申立人の過失が一応推定されるとする最判昭和 43・12・24 民集 22 巻 13 号 3428 頁[百選 60]等がある。

定型的事象経過とは，型にはまった事態の成り行きであり，「一般的な生活経験上これ以上詳細な解明を行なわなくともその存在を認められ，その定型的

[*31] 中野貞一郎『過失の推認』（昭和 53 年）1 頁。

性格の故に個別事実の具体的事情を差し当たり度外視して差し支えない事象の経緯」と表現される。

　表見証明ないし一応の推定では，事態の外形的経過の証明だけで十分だとされ，それ以上の細かい事実の認定は不要とされること，また，なんらかの過失に当たる事実というように概括的に認定されることに特色がある。注射液の不良か注射器の消毒不完全かというような択一的認定も許される（本書124頁）。しかし，擬制ではないから，反対事実を反証することはできる。これは通常の反証である。

　この表見証明ないし一応の推定は，事実上の推定の一種だと位置付けられる。その限りでは，特別の法理を指す訳ではないが，事実認定ないし自由心証の枠の外側で，立証困難に対する法的評価，適用実体法の規範目的，相手方の行為に対する非難可能性といった要素が絡んでいる可能性があり，そうだとすると，単純な自由心証ではないことになる。それを表に出すならば，意味ある法理の形成となるかもしれない。

　㈡　**証明妨害**とは，どのような法理か　証明責任を負う当事者の相手方が，重要な証人の居所を隠す，国外逃亡させる，文書を改竄する，重要な書類をうっかり捨ててしまう等々をすることにより，証明責任を負う当事者が証明窮乏（証拠欠乏）に陥り，ひいて真偽不明となって敗訴してしまうとすれば，それは公平でなく不当であろう。このように，故意または過失によって証拠方法を毀損したり，その利用を妨害したりすることを証明妨害と呼ぶ。個別的には実定法の民訴224条2項等に規定があり，これを一般化して一定の法理とすることが構想される（東京高判平成3・1・30判時1381号49頁[百選61]）。

　もっとも，理論構成は容易ではない。実体法上の証拠保存義務を構想したり，信義則違反としたり，訴訟上の協力義務を構想したりされている。要件も，軽過失を含むかが問題であり，効果（制裁）も，証明妨害をするのはその証拠方法が不利だからであろうという経験則の適用による自由心証の枠内で処理するもの，証明責任の転換を考えるもの，裁判官の健全な裁量による真実擬制と考えるもの等々，多様である。しかし，経験則では軽過失による文書の廃棄には対応できないし，証明責任の転換もドラスティックで硬直的すぎることもある。

　結局，当事者間の公平の問題と位置付け，すでに他の証拠資料で得られている心証に，妨害の態様，帰責の程度，妨害された証拠方法の重要度等を勘案し，裁判所は健全な裁量によって，①妨害者側に訴訟費用の負担を課す，②妨害者

側に反証を要求する（自由心証主義の枠内となる），③妨害者側の反証の負担を重くする（被妨害者に対して後述の証明軽減を認める），④妨害者側に本証を要求する（証明責任の転換となる），⑤さらに妨害者側の本証が成功する場合でも被妨害者側に有利な真実擬制を課す（被妨害者が主張する事実を確定されたと扱う）という諸対応を事案に応じて取ることができる，と考えるべきであろう。証明妨害が多様である以上，法理としても包摂的なものを用意しておくべきだからである。

(ホ) **事案解明義務，具体的事実陳述＝証拠提出義務とは，どのような法理か**

証明責任を負わない当事者は，相手方の本証が成功するかどうかをじっと見ていれば足りるものではなく，主張立証についてみずからも一定の義務を課されると考えることができる。ドイツで有力な考え方である。

事案解明義務とは，①証明責任を負う当事者が自己の権利主張について合理的な基礎があることを明らかにする手掛かりを示し，②証明責任を負う当事者が客観的に事実解明をなしえない状況にあり（事実からの懸絶），③そのことに非難可能性がなく，④証明責任を負わない相手方当事者の方が容易に事実を解明することができる期待可能性があること，を要件として，証明責任を負わない相手方当事者に事案解明義務が生ずる，事案解明義務とは，主張を具体的に行ない，さらに証拠を提出する義務をいう，相手方当事者がこの義務を果たさない場合は証明責任を負う当事者の主張を真実だと擬制することができる，相手方当事者が義務を果たしたものの真偽不明である場合には本来の証明責任の負担に従って裁判をする（権利者側が敗訴），というものである[*32]。

これは医療過誤訴訟をモデルにしており，その例で考えると理解しやすい。事実から懸絶している患者側原告が医師側に過失があることについてそれなりの手掛かりを示した場合には，証明活動に期待可能性のある医師側が無過失の事実を主張立証する義務が生ずる，この義務を果たさない場合には過失ありと真実擬制をする，義務を果たして無過失が立証されたときは患者側敗訴となる，過失があるかないか真偽不明となるときは証明責任に従って患者側敗訴となる，となる。

また，具体的事実陳述＝証拠提出義務とは，手掛かりを要求しない点で事案解明義務と異なる。要件は，①証明責任を負う当事者が事象経過の外におり，

[*32] 春日偉知郎『民事証拠法研究』（平成3年）233頁。

②事実をみずから解明する可能性を有していないが，③証明責任を負わない相手方当事者は難なく解明をすることができ，④具体的事情から解明を相手方当事者に期待できる，という四つだとする。手掛かりを要求しない他は，事案解明義務とよく似ている。この要件が充たされる場合，相手方当事者が具体的事実を陳述し，証拠も提出する義務を負う。義務を果たさなければ，それを理由に請求棄却または抗弁棄却とすることができる。義務を果たして反対事実が証明されれば，それで裁判をし，義務を果たしたが真偽不明のときは本来の証明責任に従って裁判する，というものである[*33]。

　最判平成4・10・29民集46巻7号1174頁[百選62]の伊方原発訴訟は，この具体的事実陳述＝証拠提出義務の例だと見ると分かりやすい。本来の証明責任は原告にあるけれども，手掛かりを要求せずに，いきなり被告行政庁の側が，判断に不合理な点のないことを相当の根拠や資料に基づき主張，立証する必要がある，とするからである。手掛かりを要求しないのは，国民を保護するのが行政庁の存在理由であることから理解することができよう。しかし，医療過誤訴訟などでは，手掛かりを要求せずに，いきなり医師側に主張，立証を要求するのは行き過ぎであろう。

　要するに，事案解明義務と具体的事実陳述＝証拠提出義務は，適用対象を分けて発展させて行くべきものであろう。

　㈥　**証明度の引下げとは，どのような法理か**　　証明度は高度の蓋然性で考えるべきであるが（本書181頁），具体的事案では引き下げることも考えられる。判例にも，明言しないが，そう見られるものがないではない。証明度が引き下げられると真偽不明がそれだけ少なくなるので，証明責任による裁判も少なくなる。

　これを理論化して，①事実の証明が事柄の性質上困難であること，②証明困難の結果，実体法の規範目的・趣旨に照らして著しい不正義が生ずること，③原則的証明度と等価値の立証が可能な代替手段を想定することができないこと，という三つの要件を充たす場合には，証明度の引下げが肯定されるとする学説がある[*34]。賛成すべきであろう。実体法の趣旨が出て来ることは，証明責任の分配と同様である。

　ところで，割合的認定という議論もある（東京地判昭和45・6・29判時615号

　[*33]　松本＝上野〔384〕347頁，松本博之『民事訴訟における事案の解明』（平成27年）25頁。
　[*34]　加藤新太郎『手続裁量論』（平成8年）124頁。

38頁)。不法行為において，過失との因果関係が7対3の心証であると，証明度には達していないので請求棄却となるが，7割の心証があるのでこれは原告に酷な結果となる。和解の勧試であれば，7割の賠償額を勧めることができるのであるから，判決でもそうしてよいのではないか，という議論である。証明度の引下げと似た結果となるが，割合的認定は，証明度はそのままとしながら，裁判官の心証だけで7割の賠償額を命ずるものであり，証明度・証明責任の原則に反している。証明度の引下げのように，きちんと理論構成して実施すべきであり，安易に心証に応じた賠償額に走るべきではない。

　証明度の引下げは，証明度が引き下げられるのであるから，本来は，賠償額は全額で肯定されることとなる。しかし，判例の中には，証明度の引下げをして，かつ，賠償額も低く査定しているように見えるものがある。これも一つのバランスの取り方かもしれないが，これでは，割合的認定と同じこととなるであろう。賠償額の切下げは，証明度の引下げの先にある問題としておくべきである。

　さて，ドイツと異なり，わが国の判例は証明責任を使った判決をしない。真偽不明ではなく，自由心証主義の中で事実認定ができたとして処理している外観がある。しかし，自由心証で真に事実が認定できているのだとすると，その実質は，これまで見てきた表見証明，証明妨害，事案解明義務，具体的事実陳述＝証拠提出義務，証明度の引下げ等々の法理を無意識，無自覚的に適用した結果である可能性がある。今後，理論を詰めて事態を明らかにして行くべきであろう。他方，わが国の実務慣行は，要件事実Aが真偽不明の場合をも，要件事実Aを認めることができないと表現する。すなわち，要件事実Aを認めることができる，できないという2分類の表現をわが国の実務は採るのであり，認めることができないという表現が，積極的に要件事実Aの不存在が認定された場合と真偽不明の場合との双方を含んでいる。要するに，わが国の実務でも，真偽不明という事態がない訳ではなく，それが2分類表現のため顕在化しないのだと見ることもできる。学説の一部は，わが国でも，要件事実Aが認定できた，真偽不明であった，要件事実Aの不存在が認定できたという3分類で判決を書くべきだと提言する。この提言に従えば，わが国でも真偽不明が表に出ることとなり，その結果，証明責任を使った判決が増え，議論は深化して行くであろう。

第6章　判決によらない訴訟終了

1　訴えの取下げ
2　請求の放棄・認諾
3　訴訟上の和解

1　訴えの取下げ

　処分権主義の第2の内容として，当事者はその意思により判決によらずに訴訟を終了させることができる（処分権主義の第1の内容は，本書101頁）。興味深い事件なので判決を出したいと裁判官が望んだとしても，当事者の訴訟終了の意思が優先する。当事者の意思による訴訟終了には，訴えの取下げ，請求の放棄・認諾，訴訟上の和解の3種がある。これらは，伝統的には訴訟行為論としても論ぜられてきた。訴訟行為とは，民法学の法律行為に模して作られた概念であり，効果が訴訟法で規律される行為を言う。訴訟行為には，かつては民法の規定は適用されない等のドグマが結び付けられていたが，今日では，訴訟行為一般で論ずるのは粗すぎる嫌いがあり，訴えの取下げなら訴えの取下げという個々の訴訟行為の要件・効果を具体的に論ずる傾向にある。ただし，理論的には，訴訟行為論は実体法と訴訟法を関係させる基礎理論としての意味がある，等々は本書139頁ですでに述べた。また，訴えの取下げ，請求の放棄・認諾，訴訟上の和解は，訴訟代理人への特別授権事項であり，訴訟代理人が勝手にすることはできない（55条2項。本書22頁）。

　請求の放棄・認諾の実例はわずかであるが，訴訟上の和解と訴えの取下げは，第1審の訴訟終了原因のうち近年では，年によってかなり変動するけれども，それぞれ3分の1前後を占める。裁判所における紛争処理のおよそ半数超であり，重要な役割を担っているのである。

(1) 訴えの取下げの意義および要件は、どういうものか

　訴えの取下げとは、訴えによる審判要求を撤回する旨の裁判所に対する原告の意思表示を言う。紛争解決の基準が示されることなく、訴訟が終了することに特色がある。この点で、紛争解決の基準が示される請求の放棄・認諾や訴訟上の和解と異なる。

　訴えを取り下げるかどうかは、原告の自由であり、原告の単独行為である（261条1項）。しかし、訴えの取下げは訴訟係属の遡及的消滅をもたらし、紛争解決の基準を定立することなく訴訟を終了させるものであるから、被告が紛争解決基準の定立、具体的には請求棄却判決を欲し、かつ、そのために本案で防御活動を開始させた後には、被告の同意を得て初めて原告は訴えを取り下げることができる（261条2項）。つまり、被告が請求棄却判決を欲するときには、原告が単独で訴えを撤回してはならない。被告が本案で防御活動をするとは、本案の主張を記載した準備書面を提出したり、弁論準備手続で本案の申述をしたり、口頭弁論で本案の弁論をしたりすることである。実定法上、本案の主張を記載した準備書面を提出していれば足り、準備書面の陳述までは必要とされていない（261条2項）。裁判例によれば、管轄違いによる移送の申立てをし、かつ、本案につき請求棄却を求めるとは述べたとしても、それ以上の具体的な本案の主張をしていないとき（東京地判昭和51・12・3判タ353号253頁）、あるいは、訴訟要件欠缺による訴え却下の申立てをし予備的にのみ本案の主張をしているときは（山形地鶴岡支判昭和49・9・27判時765号98頁）、被告が確定的に本案の防御活動をしたとは言えないとして被告の同意を不要としている。これらの場合には、原告が単独で訴えを取り下げることができる。

　訴えの取下げは書面で行なうのが原則であるが、裁判官の面前であれば口頭でもよい（261条3項）。被告の同意が擬制されることもある（261条5項）。

　訴えの取下げは、判決が確定するまで、することができる（261条1項）。従って、終局判決（その審級を終わらせる判決）があった後でも、上訴期間中に訴えの取下げをすることができる。ただし、終局判決後の訴えの取下げには、後述の再訴禁止の効果が付与される（262条2項）。

　なお、当事者双方が口頭弁論期日または弁論準備手続期日を欠席した場合、1月以内に期日指定の申立てをしないと訴えの取下げがあったと擬制される。当事者双方が連続して2回期日を欠席した場合も同様である（263条）。しかし、これは訴訟行為ではなく、理論的位置付けも、処分権主義ではなく、不熱心当

事者への規制である（本書158頁）。

(2) 訴えの取下げには，どういう効果が付与されるか

訴えが取り下げられると，訴訟係属は遡及的に消滅する。つまり，訴訟係属は初めからなかったことになる（262条1項）。ただし，訴えが提起された事実が，事実として消滅する訳ではないので，法がなお特別の規律をすることは可能である。関連裁判籍が消滅しないことは（15条。管轄固定の原則と呼ぶことは本書55頁），訴訟法上の規律の例である。古い判例によれば，履行の請求や解除の意思表示の効果は残るが，これらは実体法上の規律の例である。

本案の終局判決後の訴えの取下げには，再訴禁止という効果が付与される（262条2項）。上級審での訴えの取下げは，訴え却下判決に対する上訴以外では当然に本案の終局判決後の取下げとなるから，再訴禁止となる。この規律の趣旨は，最判昭和52・7・19民集31巻4号693頁[百選A29]によれば，終局判決を得た後に訴えを取下げることにより裁判を徒労に帰せしめたことに対する制裁であり，また，同一紛争を蒸し返して訴訟制度をもてあそぶような不当な事態の生起を防止する目的に出たものである。このように判例は制裁というが，しかし，それなら端的に終局判決後の訴えの取下げを禁止すればよいのであるから，制裁という面は強くはないであろう。また，終局判決を契機として当事者間で訴訟外で和解が成立することを禁ずる理由もない。そこで，再訴禁止の趣旨は，判決内容を見た上で両当事者が談合して訴えを取り下げ，続けて再訴することを禁ずる，つまり，判決内容を両当事者が選択することを禁ずること，要するに再訴の濫用を禁ずることにある。判決を見てから既判力に反する訴訟上の合意をすることが禁ぜられていることと（既判力に反する訴訟上の合意は，本書256頁），同趣旨だと言うべきである。

禁止される再訴は，当事者が同一であり，訴訟物たる権利関係が同一であり，かつ，前掲の昭和52年最判によれば訴えの利益または必要性も同一であることを要件とする。訴えの利益または必要性も同一であることが要求されるのは，再訴を提起するに至った背景にまで目を向け，再訴を提起するにはそれだけの事情があったという場合に禁止を外すためである。被告の主張に合わせて訴えの取下げをした後に，被告が前述の主張と矛盾する主張をするようになった場合に，再訴が許されるとしたのが前掲の昭和52年最判であり，再訴を提起するにはそれなりの事情があったという例である。

(3) 訴えの取下げの有無をめぐる紛争は、どう処理されるか

訴えの取下げの有無、有効無効について争いが生じたときは、訴訟内の手続問題としてその訴訟内で処理するのが合理的である。「訴えの取下げの無効確認の訴え」などの別訴を認めるべきではない（本書79頁）。訴えの取下げの不存在または無効を主張する当事者に期日指定の申立てをさせ、口頭弁論期日を開いて審査すべきである。審査の結果、取下げが有効にあったということであれば、「訴訟は訴えの取下げによって終了した」旨を宣言する訴訟判決をする。訴訟終了宣言判決と呼ばれる。訴えの取下げが不存在または無効であれば、訴訟は係属中だということとなり、本案の審理を続行する。訴えの取下げが不存在または無効であることは、中間判決（245条）で示してもよいし、本案の終局判決の理由中で示してもよい。

訴えの取下げという原告の意思表示に瑕疵があるとき、取下げの無効または取消しを認めるべきかについて、かつては争いがあった。前述の訴訟行為には民法の規定は適用されないというドグマがあったからである。しかし、詐欺脅迫など刑事上罰すべき他人の行為により取下げが行なわれた場合には、338条1項5号の再審事由があるのであるから、再審事由の訴訟内顧慮（前倒しで処理すること）により取下げは無効と解すべきであり、かつ、確定判決の既判力を覆す訳ではないから有罪の確定判決（338条2項）は不要だというのが最判昭和46・6・25民集25巻4号640頁[百選91]である。訴訟行為には、その上にさらに別の訴訟行為が積み重なるので後から覆滅させるべきでないという考慮が働くのが普通であるが、訴えの取下げは訴訟を終了させる行為であるから、訴訟行為ではあるけれども、こういう考慮は相対的に小さくて済む。他方、錯誤がある場合などの当事者間の利益調整は民法の規定が担っているところであり、訴訟行為としての特別の考慮が小さい訴えの取下げでは民法の規定に従うのが望ましい。かくて、現在の多数説は、刑事上罰すべき他人の行為による場合を超えて、民法上の意思表示の瑕疵の規定が訴えの取下げに適用ないし類推適用されることを肯定する[*1]。賛同すべきである。

(4) 訴え取下げ契約は、どう考えるべきか

訴訟外で和解が成立し、しかし、それを訴訟上の和解にするのではなく、訴

[*1] 河野正憲「訴訟行為と意思の瑕疵」（初出：昭和49年）同『当事者行為の法的構造』（昭和63年）155頁、新堂350頁、伊藤342頁、松本＝上野〔576〕548頁。

訟については単に訴えを取り下げるとだけ合意することがある。訴訟外で和解が成立しなくとも，訴えを取り下げる旨だけの合意をすることもある。これらを訴え取下げ契約，または訴え取下げの合意と呼ぶ。

　訴え取下げ契約に従って原告が訴訟内で訴えの取下げの申出をすれば，問題はない。訴訟法としては，訴えの取下げの申出があったとだけ扱えば足りる。

　しかし，契約に反して原告が訴訟内で訴えの取下げの申出をしないことがある。原告が変節したのである。このとき，被告を保護しなくてよいか。保護するとして，理論構成はどうするか。なお，原告が合意に従って訴えの取下げの申出をしたにもかかわらず，被告が同意しない場合も想定できるが，原告が取下げの申出をしないときの応用として処理すればよいので，原告の変節の場合のみを論ずることとする。

　古く戦前は，このような裁判外の合意は訴訟法上も実体法上も不適法であり，なんらの効果も発生しないという説が通説・判例であった。しかし，これは変節した原告を保護し，信頼した被告を保護しない結果となり，不当というべきである。そもそも，訴え取下げ契約は原告と被告が合意したことであり，両当事者に不利益をもたらすことはなく，訴訟が終了するのであるから裁判所にとっても不都合とは言えない。そこで，訴え取下げ契約は任意訴訟（便宜訴訟）の禁止（両当事者が法文を離れて自由に訴訟をすることの禁止。本書21頁・397頁の大量現象からの帰結である）から訴訟法上は不適法だが，私法上は契約として有効である，そして訴訟においてこの私法上の契約の存在が証明されたときは訴えの利益を欠くに至り訴え却下となる，という説が通説*2・判例となった。最判昭和44・10・17民集23巻10号1825頁[百選92]である。

　しかし，理論構成としては私法上の契約・訴えの利益という迂路を通すよりも，端的に訴訟係属の遡及的消滅という効果をもたらす適法な訴訟契約だと構成し，それが訴訟上証明されたときは訴え取下げ契約に基づき訴訟が終了した旨の訴訟終了宣言判決をすべきだ，とするのが明快であろう。この訴訟契約から，付随義務（実体法上の義務）として，違反した場合の損害賠償責任も導くことができる。私見はこの説であるが，理論構成は学説により多岐にわたる。訴えの利益を欠くという構成は，訴えの取下げの合意ではなく控訴の取下げの合意では控訴の利益で処理することが控訴の利益の定義上できないので，適切で

---

*2　兼子293頁。

はない（控訴の利益については，本書356頁）。

　なお，不提訴の合意，別名，不起訴の合意というものもある。理論状況は，訴え取下げ契約に準ずる。訴訟契約として有効であり，これが訴訟上証明されれば訴え却下判決をすればよい。訴訟係属があってはならない類型なので，訴訟終了宣言判決は事態に即さず，訴え却下判決となる。

2　請求の放棄・認諾

(1)　請求の放棄・認諾の意義，要件は，どういうものか

　請求の放棄は，請求に理由がないことを認めてもはや争わないという原告の意思表示であり，請求の認諾は，請求に理由があることを認めてもはや争わないという被告の意思表示である。これが裁判所に確認されて調書に記載され，「確定判決と同一の効力」が生ずる（267条）。ちなみに，原告が1000万円請求していたのを750万円に減らす「請求の減縮」は，訴えの一部取下げだというのが通説であるが，残部請求を許さない一部請求否定説からは請求の一部放棄だとされる。

　請求の放棄・認諾は，請求の趣旨（訴訟物）のレベルで訴訟に決着を付けるものであり，事実のレベルで争わない自白と異なる。事実の法的評価面での権利自白とも異なる。また，紛争解決の基準が，請求の認諾では請求認容判決，請求の放棄では請求棄却判決と同じ形でできあがる点で（ただし，判決理由はない），訴えの取下げと異なり，訴訟上の和解に類似する。しかし，請求の当否についての相手方の申立てを無条件で認める点で，請求内容と異なる紛争解決基準をもたらし得る訴訟上の和解と異なる。一方当事者の意思表示である点で，両当事者の関与が必要な訴えの取下げ，訴訟上の和解と異なる。

　要件としては，①当事者が訴訟物についての係争利益を自由に処分できる場合であること，②請求の認諾の場合，認諾によって認められることになる権利・法律関係が，法律上存在の許されないものではなく，公序良俗や強行法規に反するものでもないこと，③訴訟能力があること，となる。②について，公序良俗違反の原因や，強行法規違反の原因に基づく請求，たとえば賭博に関する金銭支払い，利息制限法違反の利息請求は，認諾することができない。そのような請求に手を貸して強制執行までさせることは，裁判所の使命・廉直性に反するからである。行為規範として認諾を許さないだけでなく，評価規範とし

ても認諾の無効・取消しを認めるべきである。一度なされた請求の認諾につき，後から無効・取消しの主張を許すことは，無効・取消しの審理をすることで強制執行引き延ばしの手段ともなるので好ましくはないが，真に公序良俗違反等の原因での請求の認諾の強制執行を許す訳にはいかない。

請求の放棄・認諾は，母法ドイツでは放棄判決・認諾判決という本案判決がなされるのであり，わが国でも大正15年改正以前は同様であった。請求の放棄・認諾は，かくして判決の代用物であるので，訴訟要件の具備が必要であるというのが通説・判例である。しかし，訴訟要件の具備は個々の訴訟要件ごとに考えてよく，任意管轄や訴えの利益のような被告の利益保護や紛争解決の実効性を確保するための訴訟要件は，当事者の意思を優先させて，具備不要と解してよい*3。

請求の放棄・認諾は，期日における当事者の陳述としてなされる。ただし，書面の提出によってもよい（266条）。終局判決の後でもできるし，上告審ですることができる。請求の放棄と請求の認諾の双方が出されて衝突する場合には，既判力の双面性に準ずる拘束力の双面性から認諾が被告に有利になることもあるので，請求の認諾を優先させるべきである。

（2） 請求の放棄・認諾があると，どういう効力が生ずるか

請求の放棄・認諾があると，訴訟は当然に終了し，認諾調書には執行力も生ずる。請求の放棄は，請求棄却判決と同じ内容であるから，執行力が生ずることはない。

「確定判決と同一の効力」が生ずるとあるが（267条），放棄・認諾は当事者の自主的紛争解決であって裁判官の判断作用でない点で既判力の前提を欠く。また，裁判所による事前のチェックも万全ではないので無効・取消し原因を完全には排除することができない。詰まるところ，当事者の意思表示に瑕疵がある場合には無効・取消しを認めるべきであるので，既判力は否定すべきである。既判力を肯定すると，再審事由以外の主張はできなくなり，たとえば錯誤無効を主張できなくなるが，それは当事者の意思表示である以上，行き過ぎだからである*4。

もっとも，既判力否定説，既判力肯定説以外に制限的既判力説という説も有

---

*3 新堂362頁。
*4 新堂366頁。

力であり*5，判例はこれによっていると見られている（最判昭和33・6・14民集12巻9号1492頁[百選93]）。無効・取消し原因がない限り，既判力がある，とする説である。無効・取消し原因を遮断しない点では既判力を否定するが，請求の放棄をした原告が改めて同一訴訟物で再訴をしてきた場合，既判力がないと，後訴裁判所は放棄調書の内容に反する主張立証を許さなければならないこととなり，さらには放棄調書と矛盾する内容の判決をしなければならないことにもなるが，それは不当であるので，この限りでは既判力を肯定しこれらの主張立証を封ずるべきだ，とするのである。これは，既判力の機能が，判決が適法に形成されていないという攻撃を許さない機能（この機能は，形式的確定力の効果だと見ることもできる）と，判決主文の判断と矛盾する主張を許さないという機能の二つあることに由来する。既判力否定説は，両方の機能を否定することになるが，しかし，判決主文内容の拘束力は請求の放棄・認諾をした行為の中に実体法上の処分行為を見ることによって肯定することができる，とする*6。他方，制限的既判力説は，判決主文内容と矛盾する主張を許さないという機能は肯定し，適法に形成されていないとの攻撃を許さない機能は否定し（従って，無効・取消し原因があるという主張は可能となる），既判力の二つの機能を分解するものである。理論上，採り得ない見解とまでは言えないが，既判力の二つの機能を分解させるのは既判力論に混乱を招くので，既判力否定説を採るべきである。

　無効・取消し原因があるという主張の方法は，訴えの取下げの無効・取消しと同様，期日指定申立てによって訴訟内でなされるとしてよいであろう。しかし，後述の訴訟上の和解と同様，請求の放棄・認諾の無効確認の別訴を肯定する見解も有力である*7。

3　訴訟上の和解

(1)　訴訟上の和解の意義と性質は，どういうものか

　訴訟上の和解とは，訴訟係属中の紛争につき裁判官の面前で両当事者が一定

---

*5　伊藤485頁，松本＝上野〔587〕555頁。
*6　兼子一＝松浦馨＝新堂幸司＝竹下守夫ほか『条解民事訴訟法〔第2版〕』（平成23年）1466頁。
*7　新堂367頁。

内容の紛争解決をすることに合意し，かつ，訴訟を終了させることに合意し，それが調書に記載されるものをいう。訴訟係属前の紛争につきなされる提訴前の和解（起訴前の和解，即決和解とも呼ばれる。275条）と併せて，裁判上の和解とも言う。調書に記載されず執行力も生じない裁判外の和解と対比される。

訴訟上の和解は，その性質をめぐって，かつては訴訟行為論の中心的課題であった。四つの学説がある。一つは，訴訟上の和解も本質は私法上の和解契約と同じものであるという私法行為説である。第2に，私法上の和解契約とは別の訴訟上の合意だとする訴訟行為説がある。この説の中でも，訴訟上の合意を，和解のあったことを裁判官の前で陳述する両当事者の合同訴訟行為と捉える説[*8]と，訴訟終了の合意だと捉える説とがある。第3に，訴訟上の和解は表面的には1個の行為と見られるけれども，法的には私法行為としての和解と訴訟行為としての合意の2個の行為があり，それが併存するとする説がある。併存説と呼ばれる。発想に忠実であれば，2個の行為は別個であり相互に関連しないとなるが，関連性を認める説もある[*9]。第4に，法的にも1個の行為であるが，私法上の面と訴訟法上の面の両面がある，とする説があり，両性説と呼ばれる。両性説は，両面の関連性を肯定することに眼目がある。

この性質論は，中間的な理論を介入させることにより，和解をめぐる解釈論に直接的・演繹的に結論を示すものではなくなっているが，間接的には解釈論に影響を与える，あるいは，解釈論的結論を見越した上で性質論を展開していると見ることもできる。過度にこだわると自己撞着に陥りやすく戒心しなければならないが，性質論としては，牽連性を認める併存説または両性説が穏当ではなかろうか。

下級審裁判例に，常務取締役の肩書きを有していたが会社の代表権を有しない者がした訴訟上の和解につき，訴訟行為としては無効であるが，私法行為としては会社法354条の表見取締役の規定により有効となる，としたものがある（広島高判昭和40・1・20高民集18巻1号1頁）。判旨には訴訟行為説のような表現もあるが，併存説のようでもある。ともあれ，晦渋なこの判決と異なり，訴訟行為にも表見法理が適用ないし類推適用され（本書140頁），訴訟上の和解は（訴訟行為の面でも私法行為の面でも）有効だとする方が，簡明であろう。

訴訟上の和解には，上訴がない範囲で紛争解決が早くなる，実情に応じた柔

[*8] 兼子304頁。
[*9] 伊藤489頁。

軟な紛争解決をすることができる，当事者間の関係を決定的に破壊しないこともできる，合意したのであるから履行される確率が高い，裁判官は判決書を書く負担を免れ他の事件に労力を注ぐことができる，等のメリットが存在する。かつては，事実認定と法解釈の技倆を鈍磨させるので和解判事（判決を書かず，もっぱら和解で事件を処理する裁判官）となるなかれという言い伝えが裁判所内部にあったが，現在の裁判所では上記メリットから和解が多用されている。ただし，裁判官による和解の押し付けとならないよう自制も必要である[*10]。

(2) 訴訟上の和解の要件・手続は，どういうものか

　訴訟上の和解の要件は，①係争利益が当事者が自由に処分できるものであること，②和解条項によって認められる権利義務が法律上存在の許されないものでないこと，かつ，公序良俗・強行法規に反するものでないこと，③訴訟能力があること，である。訴訟要件は，和解は判決ではないので，一般的には具備を要しない。

　民法695条は，和解契約は当事者が互いに譲歩して行なう，とする。訴訟上の和解でも互譲が必要であるとするのが通説であるが，互譲は広く解されており，被告が請求を全部認める代わりに原告が訴訟費用を負担するというのでも互譲がある，とする。しかし，そこまで広く解するのであれば，互譲は法的には要件でないと解することもできるであろう。

　訴訟上の和解では，両当事者が訴訟物につき紛争解決の合意をするのが自然である。しかし，訴訟物以外の法律関係を含めて和解することも，両当事者以外の人物を入れて和解することも適法である。必要もあり，効用もある。たとえば，所有権に関する和解で隣接地を入れたり，貸金返還請求の和解で第三者を保証人として入れたりするのは，効用がある。すでに裁判所に係属している訴訟物または当事者を入れるのを併合和解，まだ係属していないものを入れるのを準併合和解と呼ぶことがあるが，言葉にとらわれる必要はない。

　訴訟上の和解は，期日においてなされる。口頭弁論期日である必要はなく，弁論準備手続期日でもよいし，和解のための特別の期日（和解期日）でもよい。口頭弁論終結後でもよく，終局判決後でもよく，上告審でも和解をすることができる。逆に裁判官の方も，手続のどの段階でも和解を勧めることができる

[*10] 垣内秀介「裁判官による和解勧試の法的規律(1)〜(3)」法協117巻6号（平成12年）751頁，118巻1号（平成13年）93頁，122巻7号（平成17年）1137頁。

(89条)。なお，裁判官は，和解ではないが，職権で調停に付すこともできる（民調20条）。

さらに和解条項の書面による受諾（264条），裁判所が定める和解条項という処理もできる（265条）。後者は，実質的には，和解ではなく裁判官による仲裁である。また，実務では当事者の一方だけと裁判官が面談し，それが終わると他方当事者だけと裁判官が面談するという交互面談方式で和解の勧試がなされるのが通常である。しかし，この方式では，当事者は，相手方と裁判官との面談内容を知ることができず，裁判官に圧倒的な情報操作力が生ずるという問題がある。裁判官は，運用に当たって留意しなければならない。

(3) 訴訟上の和解の効力は，どう考えるか

和解調書が作成されると，「確定判決と同一の効力」が生ずる（267条）。請求の放棄・認諾と同じであり，同様に，執行力が生ずることに争いはないが（民執22条7号），既判力を含むかに議論がある。

請求の放棄・認諾と同様，和解は当事者の合意による自主的紛争解決であり，裁判官の判断という既判力の前提を欠く，当事者の合意に基づく以上，無効・取消しという意思表示の瑕疵を救済しないのは妥当でない，等から既判力は否定すべきである。既判力概念を分解させる制限的既判力説も，混乱を招くので採らない方がよいであろう。さらに，既判力を欠いたとしても，実体法上の拘束力があるので（民696条），紛争の蒸し返しは封ずることができる。なお，既判力否定説に対しては，和解後の承継人に効力を及ぼすことができないという批判があるが，和解を知って承継人となった者に実体法上の拘束力が及ぶとすることができ，他方，和解につき善意であった承継人には合意の拘束力を及ぼすことは困難であり，既判力というマジックワードで既判力拡張を導くのは本末転倒の嫌いがある。他人のした合意に善意の第三者が拘束されるというのは，契約法や私的自治の基本に反するであろう。

さて，無効・取消しの主張を認めるとして，それをどういうルートで主張させるか。実務では，錯誤と代理権欠缺という無効事由が主張されることが多い。判例は，期日指定の申立てでも，和解無効確認の別訴でも，さらには強制執行を止めるための請求異議の訴え（民執35条）でも，いずれのルートでもよいとしている。

従来の訴訟手続の再開を求めるという形を採る期日指定の申立てというルー

トのメリットは，和解が無効である場合に従来の訴訟手続をそのまま維持続行できること，従って，自白の拘束力・証拠調べの結果等々の従来の訴訟状態をそのまま妥当させることができる点にある。また，和解が無効等であるかどうかを，和解に関与した裁判官が判断できる点も利点だとされる。しかし，上級審で訴訟上の和解がなされたときは，期日指定の申立ても上級審になされるので無効・取消しにつき三審制が保障されない。また，当事者でなかった者や訴訟物でなかった事項を含む和解では，従来の訴訟手続はそこにはなかったのであるから，期日指定の申立てで必ず処理できるとはいえず，和解無効確認を許さざるを得ないことも生ずる。

　別訴の和解無効確認説のメリット・デメリットは，期日指定の申立説の逆となる。さらに，紛争の焦点が移動したときは和解無効確認説に利点が生ずる。たとえば，建物明渡し訴訟で，建物は明け渡させるが賃貸人の別の建物を貸すという訴訟上の和解が成立し賃借人は別の建物に移住したという場合，元の建物の明渡し訴訟を復活させても意味はない。紛争は新しい建物に居住し続けられるかに移っているからである。むろん，元の訴訟を復活させ，それに訴えの変更を施して新しい建物に関する紛争を訴訟対象とすることはできるが，迂路という感が深く，端的に和解無効確認の別訴を提起する方が簡明である。和解無効確認だけで紛争が解決しない場合には，和解無効確認に新しい建物の明渡し請求訴訟を併合するか，和解無効確認の勝訴の後に新たに建物明渡し請求訴訟を提訴することになろう。他方，紛争の焦点が移動していない場合には，和解無効確認で三審級を経た後に，以前からの紛争の解決のために旧訴訟を期日指定の申立てで復活させるというのでは手続があまりに冗長となる。すなわち，和解無効確認説には，和解の無効が確認された後で紛争解決をどうするかの問題が残るのである。

　請求異議の訴えというルートは，別訴提起のバリエーションであり，また，強制執行停止という特殊な状況のものであるから，和解無効確認のルートに準じてメリット・デメリットが生ずる。

　期日指定の申立説と和解無効確認説の両者に決定的な長所がないとすると，当事者が選んだルートをそのまま認めればよいではないか，という説が生ずる[11]。卓見であるが，しかし，和解無効を主張する攻撃者側に偏ったものと

＊11　新堂 374 頁。

なる。すなわち，和解攻撃者は和解無効確認を選び，防御者は期日指定の申立てを選ぶというとき，和解攻撃者の選択が優先する理由を見い出すのは困難である。また，和解攻撃者側が合理的とは限らない。控訴審の結審近くでなされた訴訟上の和解につき，強制執行の引き延ばしのために和解攻撃者が三審の保障のある和解無効確認を敢えて選んでくるという弊害も起こりえよう。そうだとすると，両当事者がルートにつき一致するときは，裁判所が介入するまでの必要はないが，不一致のときには原則としてどのルートで行くべきかは確立させておいた方がよい。原則型はシンプルな事例で考えるべきであるから，そうだとすると，和解の無効・取消しは，和解についての再審なのであり，再審は判決でも三審級が保障されていないのであるから（本書383頁），三審級にこだわることはなく期日指定の申立てを原則と考えるべきであろう。ただし，当事者でなかった第三者や訴訟物でなかった事項を加えた和解，あるいは，紛争の焦点が移行した場合などには，訴えの追加的変更で処理する，または和解無効確認の余地も認めるという微調整を施さなければならない。

(4) 訴訟上の和解の解除は，どういうルートで主張していくか

訴訟上の和解が解除されることがある。分割払いを認めたのに，それを怠ったという場合などである。これは，和解締結後の事由であるから，既判力における口頭弁論終結後の新事由に当たるものであり（本書261頁），解除の主張ができることに争いはない。なお，和解を解除するのではなく，和解の執行力に基づき和解内容で強制執行をするという途もある。

争いがあるのは，解除をどういうルートで主張させるかである。ここでも，無効・取消しに準じて，期日指定の申立てとする説，新訴提起とする説（別訴ではなく新事由による新訴となる），当事者の選択に任せる説，とがある。

ところで，訴訟上の和解には，従前の法律状態を前提にしてそれを言わば量的にのみ変更する通常型の和解と，従前の法律状態と言わば質的に断絶して新たな法律関係を創設する更改型の和解とがあるという分析がある。1000万円の貸金返還請求において，800万円に減額する，弁済期を猶予する，分割払いとする等々が通常型の和解であり，建物明渡し訴訟において，建物を明け渡させるが賃貸人の別の建物を新たに貸す等が更改型の和解である。この分析自体はその通りであるが，この分析をルート選定に結び付け，通常型では期日指定の申立て，更改型では新訴提起とすべきだという折衷説もある。芸の細かい議

論であり魅力もあるが，通常型か更改型か不明であったり，両者が混交していたり（建物明渡しと不払い賃料の支払いを一緒にする和解では，こうなろう）するため，少数説にとどまっている。

　ここも両当事者の意向が一致するのであれば，裁判所が介入するまでの必要はないが，一致しない場合の原則型を考えておかなければならない。原則型は，ここでは口頭弁論終結後の新事由に類する新たな紛争なのであるから，三審級の保障を重視すべきであって新訴提起説で行くべきであろう。最判昭和43・2・15民集22巻2号184頁[百選94]も，新訴提起説である。

　なお，訴訟上の和解を攻撃する側が，和解の無効・取消しと和解の解除の両者の主張をしてくるときどうするかという応用問題が生ずる。前者では期日指定の申立て，後者では新訴提起として訴訟を二つに分断させることは適当でなく，主位的に主張する側に合わせて処理すべきであろう。無効・取消しを主位とするときは，解除を含めて期日指定の申立てで処理することとなる。

第7章 判　　決

1. 裁判の意義・種類
2. 既判力総論
3. 既判力の時的範囲（時的限界）
4. 既判力の客体的範囲
5. 争　点　効
6. 既判力の人的範囲
7. 反　射　効
8. 執行力，法律要件的効力

　いよいよ，判決に入ります。当事者，訴え，訴訟要件，審理，証拠の規律の結果として判決が出されるのですから，判決の項目はそれらの事項の集大成ということになります。目に見えて出て来ることが多いとまでは言えませんが，言わば隠し味として，当事者論等々が判決効論に流れ込んでいるのです。従って，判決効の議論で第1審民事訴訟は，一応初めから終わりまでを見たということになります。以前の比喩をまた使いますと，登山でいよいよ頂上に近づいたのですから，見えてくる風景はまったく別のものとなるはずです。円環的構造の円環という意味が理解できるはずです。しかしながら，判決効論は独特の論理を使い，日常の論理とは異なる世界を展開します。集約としての判決効論は，残念ながら，理解が簡単ではない世界でもあります。でも，これを克服すれば，民事訴訟法はがぜん知的に面白いものとなります。最後の（正確には，多数当事者訴訟がありますので最後ではないのですが）頑張りです。

1　裁判の意義・種類

(1)　裁判には，民訴法学上，どのようなものがあるか

　裁判とは，裁判機関がその判断または意思を法定の形式で表示する手続上の行為を言う。民事訴訟法上の裁判は，判決，決定，命令の3種類に分かれる。すなわち，裁判はこれら3種の上位概念である。日常用語としては，裁判は判決あるいは訴訟と同義であろうが，民訴法学上は，判決等の上位概念として

定義される。

　判決は，重要な事項を対象とし，裁判所が行なう。この場合の裁判所は，東京地裁，大阪高裁といった国法上の裁判所（または官署としての裁判所）ではなく，いわゆる受訴裁判所であり裁判機関としての裁判所である（本書44頁・52頁）。単独裁判官であれば1人で行なうが，合議体であれば合議体が行なう。地裁，高裁の合議体は3人構成である。その成立のための手続，そして成立後の不服申立て手続も慎重であり，原則として，口頭弁論に基づくものであり（必要的口頭弁論，87条。本書131頁），必ず言渡しという厳粛な方法で告知される（250条以下）。不服申立ても，控訴・上告という重い手続である（281条以下）。

　決定は，判決よりは軽い事項を対象とするが，やはり裁判所が行なうものをいう。いわゆる付随的事項の裁判を対象とし，たとえば，移送，裁判官の除斥・忌避，補助参加，文書提出命令等々が決定で判断される。手続としては，簡易迅速を旨としている。すなわち，口頭弁論を経るかどうかは任意であり（87条1項但書），告知の方法も，相当と認める方法を採れば足りる（119条）。口頭弁論は開かないのが通常であるが，そのときは審尋を用いることができる（87条2項・187条）。審尋は，旧法では審訊と表記した。審尋は，本来は，主張に対応するものであるけれども，民事執行，民事保全，倒産手続の立法が先行し簡易な証拠調べの機能も有することになった（本書131頁）。決定に対する不服申立ては，抗告である（328条以下）。なお，判決手続では，決定は付随的事項を対象とするが，民事執行，倒産手続，非訟事件では決定が表面に出る。強制執行開始決定，民事再生手続開始決定が軽い事項とは言えない。軽い事項というのは判決手続の中で判決と比較してのものにとどまる。また，文書提出命令，差押え命令，仮差押え命令などは命令という名を付して呼ばれるが，それは裁判所からの命令という内容に着目しての表現であり，ここでいう裁判の種類としては決定である。

　命令は，最も軽い事項を対象とし，裁判所ではなく個々の裁判官が裁判長の資格で（または受命裁判官・受託裁判官の資格で）行なう裁判である。たとえば，35条の特別代理人の選任，93条の期日の指定，137条2項の訴状却下，148条の訴訟指揮等がある。成立のための手続，不服申立ての手続は決定に準ずる。

　民事訴訟法は，判決を中心に規定されており，本書も同様である。

(2) 判決は，どのように分類されるか

(イ) **終局判決・中間判決**　第1審なり控訴審なりの審級の審理を完結させる判決が終局判決である（243条）。審理の途中で問題になった争いを終局判決に先だって中間的に解決しておくのが中間判決である（245条）。

終局判決は，その審級を終わらせるだけであって，訴訟手続全体を終わらせる訳ではない。つまり，終局判決は上訴の対象となるのであって，さらに上の審級が続くことがある。学生諸君が，よく混乱するところである。要するに，終局判決は，上訴がなされなければ手続の終局となることがあるが，言葉自体としては手続の終局を意味しない。審級の終結を意味するだけであり，手続全体を終わらせるのは確定判決である。手続という用語が，第1審から上告審まで続くものを意味することは前述した（本書22頁）。

中間判決は，それ自体としては上訴の対象とならない（281条1項）。終局判決と合体して，上級審の審理を受ける（283条）。中間判決は，それがなされると，その審級においては裁判所を拘束し，それに反する終局判決はなしえなくなる。これがあるため，中間判決は審理の整序に役立つ。というよりも，審理の整序のために中間判決をするのである。もっとも，中間判決をした後に，当該裁判所自身が判決が間違いであったと判断を変えたときにも，中間判決の自己拘束力（自縛性）をそのまま妥当させてよいかという難しい問題がある。裁判所はみずから間違いであるとした判断に拘束されて間違った終局判決を下し，その修正は上訴に委ねるということになるからである。ともあれ，中間判決をするかどうかは裁判所の裁量に任される。中間判決をしてよいのは，ⓐ所有権取得原因等の独立した攻撃防御方法，ⓑ訴訟要件等の中間の争い，ⓒ数額と区別された請求の原因の三つである（請求原因の三つの意味については，本書43頁）。日本の裁判所では中間判決は滅多にされないが，例外として，国際裁判管轄があるという中間判決はよく出される。国際裁判管轄がないというときは，訴え却下の終局判決である。

(ロ) **全部判決・一部判決**　同一訴訟手続で審理している事件の全部を同時に完結処理するのが全部判決であり，一部を他と切り離して判決するのが一部判決である（243条2項）。一部判決で残された部分を完結させるのが，結末判決，別名，残部判決である。

全部判決も一部判決もともに終局判決である。従って，一部判決にも上訴ができ，その結果として，一部と残部は上級審の受訴裁判所を異にすることにな

る。

　一部判決ができるのは，同一請求の一部（たとえば，土地明渡し請求のうちの特定の部分のみの明渡し），あるいは同一の手続で併合提起されている数個の請求のうちの一部である。審理が進み，一部につき判決をするに熟したときには，一部判決をすべきことになるのであるが，一部判決をすると上訴の関係では手続が二つに分かれるから統一性を失うというデメリットもある。そのため，共通の事項が主要な争点になっている場合に一部判決は許されないとの解釈論を採る有力学説がある[*1]。主要な争点が共通の場合には別訴禁止・併合強制の意味の重複訴訟禁止が働くという考え方（本書47頁）の延長にある。

　(ハ)　**追加判決**　　裁判所が判決すべき事項の一部について判決をし忘れることを裁判の脱漏というが（258条。慣行上，判決の脱漏とは言わないようである），この場合，脱漏された部分はまだ裁判所に係属したままであり，その部分について判決をしなければならない。これを追加判決という。追加判決は，前の脱漏した判決とは別の判決であって，上訴期間も別々に進行し，訴訟は上級審で分裂する。

　一部判決が許される事項についての裁判の脱漏は，追加判決で処理できるが，一部判決が許されない場合（必要的共同訴訟，同時審判申出共同訴訟，独立当事者参加，請求の予備的併合）には，脱漏のある判決は違法であり，それ自体が取消し・破棄の対象となる。原審に差し戻されて，全部判決がなされる。

　(ニ)　**訴訟判決・本案判決**　　訴訟要件または上訴要件の欠缺を理由として訴えまたは上訴を不適法却下する終局判決が訴訟判決である。訴訟終了宣言判決（本書234頁）も訴訟判決の1種である。

　本案判決は，請求または上訴に理由があるかないかの本案（実体）について判決するもので，請求認容または請求棄却，それに準じて上訴認容または上訴棄却となる（理由がある，理由がないという表現については，本書28頁）。請求認容判決は，訴えの類型に応じて給付判決，確認判決，形成判決となる。請求棄却は，訴えの類型を問わず，すべて確認判決ということになる。判決の効力でいえば，給付判決には執行力と既判力，確認判決には既判力，形成判決には形成力と既判力が生ずることは前述した（本書31頁）。

　以上の判決の分類のうち，最も重要なのは，この訴訟判決と本案判決という

　　[*1]　新堂663頁・760頁。

分類である。

　ところで，却下されるのは申立てとしての訴えであり，棄却されるのは内容としての請求である。現代の用語法では，訴え棄却とか請求却下とか言うことはない。学生諸君が，しばしば間違えるところである。

(3)　判決は，どのようにして成立するか

　判決は，まず受訴裁判所内部で，合議体であれば評議によって（裁75条〜78条），判決内容が確定され，続いて判決書（判決原本）が作成され，これに基づいて期日で言い渡されることによって効力を生ずる（250条〜252条）。言渡しがなければ，判決としては発効しない。言渡しは，口頭弁論終結から2か月以内にしなければならないとされるが（251条1項），訓示規定である。また，言渡しは，当事者が在廷していなくとも，することができる（251条2項）。判決言渡し期日に，当事者がすることはないから不在でもよいのである。言渡し後，判決正本が当事者に送達され（255条），送達から2週間の上訴期間が進行する（285条・313条）。

　判決書の記載事項は，253条に定められている。判決主文，事実，理由に大別して記載されることが法定されているが，実際には「事案の概要」と「裁判所の判断」とか，「事実および理由」とか臨機応変に表題が付される。ほかに口頭弁論終結日，当事者，裁判所があり，さらに事件番号，裁判官の署名・捺印（規157条）が加わる。訴訟費用の負担割合も判決主文に加わる（67条）。

　裁判官の負担の軽減のため，被告からの争いのない事件で請求認容のときは，判決原本を作成することなく判決を言い渡すことができ，それが調書に記載されて判決書の代わりとなる（254条）。調書判決と呼ばれる。少額訴訟でも，調書判決ができる（374条2項）。

(4)　判決の自縛性とは，なにか

　判決には，色々な効力が付与される。既判力，執行力，形成力，争点効，反射効などが主なものであるが，それらの前提として，判決の自縛性と判決の確定に触れておかなければならない。

　判決の自縛性（不可撤回性）とは，判決を言い渡した裁判所もその判決を撤回したり変更したりすることが許されないことをいう。判決の成立自体がいつまでも不安定では，紛争解決の基準たる意義が弱くなるからである。自縛性

(不可撤回性)は伝統的には覊束力とも呼ばれていたが，覊束力に別の意味を与える学説もあり用語には多少の混乱がある。なお，非訟事件での決定には，原則として，自縛性はない（非訟 59 条）。

ところで，現行法では判決の自縛性は，判決の更正と判決の変更の 2 種の例外に服する。

(イ)　**判決の更正（257 条）**　判決の内容を変えることなく，ただ判決書の表現上の誤りを訂正することであり，正確には自縛性の例外でないと見ることもできる。判決書に計算違い，書き損じ等の明白な誤りがあるときに，申立てまたは職権で決定をもってなされる。更正はいつでもでき，判決確定後でもできる。更正決定は元の判決と一体となり，更正された後の判決が遡ってなされたものと扱われる。上訴期間も変動しない。実務上，名前・住所といった固有名詞等の誤記を避けられないため，更正決定はそれほど珍しいものではない。

(ロ)　**判決の変更（256 条）**　更正と異なり，判決の判断内容そのものを変更するのが判決の変更である。上訴でどうせ取り消されるのであれば，上訴を待たずに是正する途を設けておくことにも合理性があるとして，戦後昭和 23 年に，アメリカ法の影響の下に導入された。自縛性の正面からの例外である。変更の要件は，判決が法令に違背したこと，言渡し後 1 週間以内であること，口頭弁論を開く必要がないこと，の三つである。変更は職権でなされ，当事者に申立権はない。判決の変更があると，新しい判決として扱われ，上訴期間も新たに進行する。もっとも，実務上，変更判決は殆ど行なわれない。

(5)　判決の確定とは，なにか

判決が，その訴訟手続内で取り消される可能性がなくなることを，判決が確定するという。手続とは，上訴手続も含む概念であるから，第 1 審，控訴審，上告審とつながって行く。そういう手続の中で，もはや取り消されることがなくなったことを，判決の確定といい，そのような判決を確定判決という。また，判決に形式的確定力が生じたとも表現される。要するに，通常の不服申立て方法が尽きた場合をいうのであり，それ以上の上級審のない上告審の判決，上訴期間の途過した判決，上訴権が放棄された判決などが確定判決の例となる（116 条参照）。

既判力その他の判決の効力の主なものは，確定判決の効力である。未確定のうちには，これらの効力は生じない。日本の教科書の多くは，既判力の後に上

訴を記述しているが，これは不正確であり，上訴の後に，すなわち判決が確定した後に判決効を記述するのが理論的には正確である。もっとも，講学上は従来の記述順序にも意味はあり本書もそれに従う。

(6) 判決の不存在，無効とは，どういうものか

裁判官がその職務活動と認められる外形をとって発表したものとはいえないもの，すなわち，判決としての成立の外観すら有していないものを，判決の不存在ということがある。非判決とも呼ばれる。裁判官でない者がした判決，言い渡されていない判決書などがその例とされ，通説は訴訟法上なんらの意義を有せず，上訴の対象ともならないのは当然とする。しかし，多少は判決らしい外観はあり，異議や上訴・再審の対象としてよい場合もあり得るとする学説もある。要するに，判決の不存在という概念の内包・外延は厳密でなく流動的である。実務上，めったに出て来るものではない。

判決は，不存在でなければ，内容や手続に瑕疵がある場合でも判決としては成立しており，その瑕疵を攻撃するのは上訴・再審の領域というのが原則である。しかし，判決が成立していても，その内容上の効力たる既判力・執行力などが生じない場合がある。存在しない当事者に対してなされた判決，当事者適格のない者の得た形成判決，日本法が認めていない物権の存在を確認した判決，奴隷となることを命ずるような公序良俗に反する内容を持つ判決などがその例であり，「内容上無効な判決」略して「無効の判決」と呼ばれる。無効の判決も，外形上は成立しており，当該訴訟手続を終了させる効力はあり，上訴の対象ともなり得る。内容上の無効を主張して請求異議の訴え，損害賠償の訴え等を提起することができるが，当事者が欲すれば，判決を取り消しておくため再審の対象にもなり得ると解すべきであろう（本書4頁・379頁）。

2　既判力総論

(1) 既判力とは，どういうものか

確定した判決の主文に表された裁判所の判断の通有性を既判力という（114条1項）。つまり，判決が確定すると，判決主文で判断されたことは，もはや再審理されない。決まったこととして，その判断で通用させられる。ひらたく言えば，蒸し返しが禁ぜられ，裁判所の判断が間違っていたと攻撃することが

できなくなる。判決主文で判断されたことと述べたが，通常はそうであるけれども，相殺の抗弁に使われた反対債権については，判決主文には現れないが例外として既判力が生ずる（114条2項）。

　決まったこととして，再審理されず通用させられるので，たとえば，1000万円支払えという判決が確定すると，口頭弁論終結前に弁済していたとか消滅時効が完成していたとか主張して1000万円の支払いを免れることは，もはやできない。強制執行で取られた1000万円を返せと言うこともできない。これが，既判力である。

　なぜ，既判力が必要かといえば，既判力がなければ紛争がいつまでも解決しないからである。1000万円支払えという判決が確定しても，あれはすでに弁済していたという主張ができて再審理され弁済があったという理由で前の判決が取り消され，その後でまた，あの弁済は無効であったと主張され再審理される，というようになったのでは紛争はいつまでも裁判所で再審理，再々審理が続き，終わらないからである。訴訟は，紛争を終わらせるためにあるのに，その使命を果たすことができない。紛争解決という訴訟の使命を全うするためには，既判力が制度として必要となる。そのため，当事者の一方が欠席したいわゆる欠席判決（本書157頁）にも，既判力が生ずる。公示送達で始められ実際には被告の知らないうちに出される判決にも，既判力は生ずる。紛争解決のためである。しかし，公示送達で始められた訴訟を除き一般論としては，再審理をさせない強い効力の既判力で当事者を拘束するためには，当事者が手続に関与できたといえなければならない。自分の関与しないところで行なわれた判決に拘束されるのは，不当だからである（人的範囲として例外があることは本書279頁で後述する）。これを要するに，既判力を肯定する根拠は，紛争解決という訴訟制度の使命である。そして，当事者に手続保障があったことは，当事者に既判力を及ぼすための正当化根拠となる。

　ところで，なぜ既判力に拘束されるかの理論的説明として，大きく分けると実体法説と訴訟法説の対立がある。既判力本質論とも呼ばれる。学説史としては実体法説が先行した。判決を両当事者の契約になぞらえて，両当事者が契約したのだから契約内容通りに実体法状態が変更され，変更された実体法状態に当事者は拘束され，その結果に後訴裁判所も従う，と説明する。判決を，あたかも実体法の和解契約のように理解するのである。法現象を契約ですべて説明する傾向のあった19世紀のフランスで唱道された。しかし，この実体法説で

は既判力が職権調査事項であることを説明できない。実体法状態の変更は、当事者が主張立証していくべきものであり、裁判所が職権で取り上げる事項ではありえないからである。また、所有権の存在を確認する判決は、所有権の存在の和解契約であれば物権として対世的に効力を持つはずであるが、既判力は原則として両当事者にしか効力を持たないことをうまく説明できないとされ、実体法説は衰退して行った。代わってドイツで出て来たのが訴訟法説であり、既判力は一国の裁判所の判断の一体性の現われとする。一国の裁判所が同一紛争につき別々の判断をしたのでは訴訟制度の使命を果たすことができない、ある裁判所がした判断は他の裁判所をも拘束することによって裁判所間での一体性が保たれ紛争解決が実効性を与えられる、後訴裁判所が拘束され、それ以外の判断をしないから当事者も反射的に既判力に従う、と説明する。以上が既判力本質論であり、現在の既判力を説明する理論としては訴訟法説が破綻が少なく、通説となっている（私見もここに属する）。もっとも、実体法説、訴訟法説にもバリエーションがある。法規は一般的拘束力を持つが、具体的事件に法規が適用されて出て来る判決は法規を当該事件に応じて具体化したものであるから、法規の拘束力が判決に具体化して拘束力が生ずるという具体的法規説もドイツでは有力であるが、これは訴訟法説と実体法説の折衷のようなところがある。わが国で有力であった権利実在説[2]は、判決前には権利の仮象があるに過ぎず、判決によって初めて権利が存在することになると説くものであるが、実体法説に近いものと理解されている。他方、一事不再理に既判力の根拠を求める説[3]は、訴訟法説のバリエーションである。しかし、バリエーションには深入りしなくともよいであろう。既判力本質論は、解釈論に直結しないとも言われるが、そうとも言えないことは後述の通りである（本書269頁）。

（2） 既判力は、どのように作用するか

既判力は、現象的には、後訴が出来たときに作用する。後訴への作用は、消極的と積極的の二つのものがある。まず、既判力が生じた判断内容に矛盾・抵触する主張立証は排斥され、後訴で審理判断されない。これが消極的作用である。たとえば、252頁で前述した通り、1000万円支払えという判決が確定

---

[2] 鈴木正裕「兼子博士の既判力論（権利実在説）について」兼子一還暦『裁判法の諸問題（上）』（昭和44年）315頁。

[3] 三ケ月17頁。

すると，口頭弁論終結時以前に弁済していたと主張立証することができない。弁済等があったということは，1000万円支払えという判決と矛盾・抵触するからである。また，1000万円支払えという判決に基づき強制執行で原告に取られた1000万円を不当利得で返せという被告の主張立証も排斥される。後訴の不当利得返還請求は，強制執行で取ってよいという前訴判決と矛盾・抵触するからである。次に，後訴裁判所は，既判力内容に基づいて後訴の判決を下さなければならない。これが積極的作用である。たとえば，ある土地の所有権が原告に属すと判決された後で，原告が被告に対して移転登記手続を求める後訴を提起すると，後訴裁判所は原告が所有権者であると前提して後訴を判決しなければならない。普通は，後訴も原告の勝訴となる。

　ところで，既判力の消極的作用等を訴訟物の枠を超えて理解してしまう学生が意外に多い。たとえば，XがYに対して所有権に基づき建物明渡し請求訴訟を提起し請求棄却の敗訴判決を受けたとする。同じくXがYに対して，第2訴訟として移転登記手続請求を提起したとき，一部の学生は，取得時効に基づく所有権取得の主張は前訴標準時前の事実であるから遮断されると考えてしまう。しかし，取得時効に基づく所有権の主張が遮断されるのは，前訴の建物明渡し請求権なしという既判力に抵触する場合である。別の訴訟物であり建物明渡し請求権とかかわらない移転登記手続請求の関係では，Xは取得時効に基づく所有権の主張を，前訴標準時前の事実であっても，持ち出すことができる。さらには，同じく建物明渡し請求権とかかわることのないXのYに対する所有権確認訴訟でも，取得時効の主張は持ち出すことができる。所有権確認は，建物明渡し請求権なしという既判力に抵触することがないからである（訴訟物の枠を超えて作用するのは，本書271頁で後述の争点効である。既判力は訴訟物の枠の中にある）。ただし，逆は異なる。第1訴訟が所有権確認訴訟であるとすると，そこで既判力が生ずる「Xに所有権がない」という判断は，建物明渡し請求や移転登記手続請求の前提問題であり積極的作用として既判力が及んで行き，建物明渡し請求や移転登記手続請求に請求棄却をもたらす。この辺りが学生諸君にとって難解なところのようである。もっとも，根本的には，建物明渡し請求と移転登記手続請求とが，同じ所有権を基にしていても別の訴訟物であるという規律を理解することができるか，に難解さの原因があるのかもしれない。さらに，建物明渡し請求と移転登記手続請求が先に訴訟されると，所有権確認は無縁の別の訴訟物であり，所有権確認が先に訴訟されると建物明渡し請求と移

転登記手続請求は関連する訴訟物となることを理解できるか，である。

　以上のように後訴に作用して行くが，これを普通は，前訴と後訴の訴訟物が同一，矛盾，先決の関係にあるときに既判力が及んで行くと説明する。訴訟物同一の例は，前訴で所有権確認で敗訴した原告が，再び，後訴で所有権確認を求めたときであり後訴も請求棄却となる。もっとも，前訴の貸金返還請求訴訟で勝訴した原告が，再度，貸金返還請求を提起してきたときは，既判力論を展開する前に，すでに給付判決を得て強制執行ができる原告が再度の給付訴訟をする利益がない，すなわち訴えの利益を欠くとして訴え却下判決となる（本書75頁）。次に訴訟物の矛盾は，前述の不当利得返還請求が例であり，また，前訴で不動産甲の所有権者が原告だと確定したときに，後訴で前訴被告が自分こそ甲の所有権者だと主張することも矛盾の典型例となる。先決は，前述の所有権確認と登記手続請求が例となる。しかし，前訴と後訴の訴訟物が同一，矛盾，先決の関係にあるときに既判力が及んで行くというこの説明は，目安となりおおまかな説明としては有効であるが，必ずしも厳密とは言えない。前訴の貸金返還請求1000万円で原告が勝訴したときは，前述のように，被告が不当利得返還請求をすることは許されない。しかし，前訴の貸金返還請求1000万円で原告が敗訴したとき（請求棄却），被告が原告に渡していたものを返せという不当利得返還請求をすることは許される。原告が1000万円を被告から取ることができないという前訴の判断と，被告が原告に渡したものを返してもらうこととは矛盾・抵触せず両立する，つまり関わりがないからである。消費者金融での過払い金返還請求訴訟とは，そういうものであろう。貸金返還請求訴訟で原告が勝訴したときと敗訴したときとにおいて，どちらにおいても前訴の訴訟物は貸金返還請求であり後訴の訴訟物は不当利得返還請求であって（厳密にはともあれ）訴訟物の配置は同じであるが，既判力が一方では作用し他方では作用しないのであるから，前訴の訴訟物と後訴の訴訟物に着目するのは正確ではない。前訴で何が決まったか，再審理ができないとされた事項が何かという既判力の本来の姿から考える方が正確である。つまり，前訴の判決内容と後訴とで考えるべきである。

　関連して，前訴で原告が1000万円の支払いを求めて請求棄却となったにもかかわらず，原告が後訴を提起し，前訴判決が請求棄却の理由とした弁済は実は無効であったと主張し，にもかかわらず前訴で自己の債権が請求棄却判決で失われたのであるから不当利得が生じているとして原告が被告に再訴してきた

場合はどうなるか。この再訴は封ぜられなければならない。後訴で不当利得返還を正当化するには，前訴標準時に訴求債権は存在したが裁判所の間違った判断で失われたと主張しなければならない。しかし，前訴標準時に訴求債権は存在したという主張は，前訴標準時に訴求債権は存在しないとした前訴裁判所の判断の消極的作用によって封ぜられる。また，形成判決の既判力の議論と同様（本書31頁），既判力は判決が正しく判断されたことを担保する，つまり，裁判所の判断が間違っていたという主張を封ずる効果があることから，前訴裁判所の弁済の認定が間違っていたという原告の主張を既判力が封ずると説明することができる。これは形式的確定力で説明することもできる。判決を攻撃するのは上訴しかない，ということである。さらに，不当利得返還の要件事実（民703条）からは，前訴原告が損失を被ったという要件が，請求権なしと判断した前訴判決によって欠けることになる，すなわち，前訴原告が失ったとする請求権は，前訴判決でないと判断されたのであるから，「失った」ことにはならず損失を被っていないと説明することもできる。この辺りは，学生諸君が初めて聞いたとき当惑するところである。既判力論は，独特の論理展開を行なうので，早くその論理展開に習熟しなければならない。

　既判力は，職権調査事項である。すなわち，当事者が既判力を援用していなくとも，後訴裁判所は職権で既判力の問題を取り上げることができる。また，資料の収集方法は，訴訟制度という公益にかかわるから職権探知主義が妥当する。また，判決内容は裁判所に顕著な事実として証拠調べを要しない（179条）ことも多いであろう。

　既判力に反する訴訟法上の合意は，することができない。合意しても無効である。既判力に反する訴訟法上の合意とは，詰まるところ，ある裁判所で判決が出て確定したが，両当事者がともにその判決に不満があるので別の裁判所で再審理してもらおうとする合意である。むろん上訴することはできるが，上訴と異なり，判決がなかったこととして第1審での再審理を求めて合意するのである。これを許したのでは，特定の両当事者がいつまでも訴訟を続け裁判所を私物化することとなり，他の多くの裁判所利用者を害するから無効とされる。しかしながら，既判力に反する実体法上の合意をすることは差し支えない。判決で原告が所有権者だと確定した後で，被告が原告からその対象物を買うことは問題がない。通常の取引行為であり，実体法上の処分行為だからである。これは，本書261頁で見る口頭弁論終結後の新事由となる。

既判力に反する判決をしてはならない。しかし，裁判所も見落として，既判力に反する判決をしてしまうことが起こり得る。第1の裁判所はXを所有権者だとし，第2の裁判所はYが所有権者だと判決して矛盾しているとき，登記関係訴訟を提起された第3の裁判所はどちらの判決に従うべきか。これは，既判力に反する実体法上の合意からも明らかなように，民事の紛争は時々刻々実体法状態を変えるので，標準時の遅い判決を優先させるとされている。第3の裁判所は，第2の判決のYが所有権者だとする判断を前提として判決する。しかし，第1の判決の既判力に反した第2の判決は，再審により取り消されXが所有権者だという判決に変更される（338条1項10号）。それにより，第3の判決も再審で取り消され変更される。理論上は，このように処理される。取り消され変更されることが見通される判決を第3の裁判所がわざわざするかは運用上の問題であり，普通の裁判官であれば第3の訴訟手続を事実上停止しておき，Xに再審提起を促すであろう。

既判力は双面性を持つ。すなわち，前訴で勝訴した当事者も，既判力に拘束される，つまり既判力に服さないと言うことはできない。たとえば，前訴である建物の所有権者が原告だとされた後，土地所有者である被告が建物の収去を求める訴訟を提起したとき，原告は建物は自分のものでないと主張することはできない。建物は原告のものだという既判力に拘束されるのである。既判力は，当事者の有利不利にかかわらず両当事者を拘束するのである。

(3) 訴訟判決にも既判力はある

訴訟要件が欠けることによる訴え却下の訴訟判決にも既判力はあるか。既判力本質論における実体法説では，訴訟要件につき当事者が和解契約を結ぶということは考えにくいから，訴訟判決に既判力があるとは言い難いこととなる。しかし，訴訟法説では，こういう問題は生じない。かえって，たとえば当事者能力なしとして却下された後に，その後の新事由をなんら付け加えることなく原告が再訴してきた場合には，前訴の訴え却下判決の存在を理由に再審理を拒否する方が合理的である。当事者能力なしは前訴で決まったことであるから，再審理しないと扱うのである。この機能は既判力と同じであるから，訴訟判決にも既判力が生ずると言ってよい。

しかし，訴訟判決の既判力は本案判決の既判力とは多少異なる面もある。第1に，訴え却下の訴訟判決の既判力は，却下の理由とされた訴訟要件について

のみ生じ，他の訴訟要件については生じない。当事者能力がないとして訴え却下となったのであれば，当事者能力なしという点にのみ既判力が働く。訴訟要件全般がないということに既判力が働くのではない。本案判決であれば，弁済があったという理由であろうが消滅時効完成という理由であろうが，請求権がないという全般に既判力が生ずるのと異なる。これを言い換えれば，具体的な個々の訴訟要件の欠缺判断は，判決理由中の判断にとどまるのではなく，判決主文と一体となって訴訟判決の既判力内容を構成する。この結果，当該訴訟要件の欠缺のみを埋めての再訴が容易となる。なぜ，容易にするかといえば，訴え却下判決では本案の審理がされていないところ，原告には本案の審理を一度は保障すべきだからである。これが訴訟要件全般が不存在となると，訴訟要件すべてがその後に充足したと主張立証して再訴しなければならず，本案審理の保障が希薄となるのである。

　第2に，訴訟判決の既判力にも標準時がある。標準時前の事由を持ち出して再訴することは，本案判決の既判力と同様，封ぜられる。しかし，訴訟判決の既判力では標準時前の事由を持ち出すことも，多少はゆるやかに認めてよいであろう。たとえば，当事者能力なしという理由での訴え却下判決が確定したが，規約を整える等の当事者能力具備は標準時前にも一挙手一投足で簡単になしえたという場合，本案判決の既判力では後述する白地手形の補充権の例のように再審理は遮断されるけれども（本書264頁），訴訟要件の具備ではゆるやかに解してもよいであろう。原告には本案の審理を一度は保障すべきだからである。ただし，この説は通説ではない。

　なお，訴訟要件の中でも提訴行為の有効要件としての訴訟能力の有無や代理権の有無の場合には，多数説は既判力は生じないとする。訴訟能力なしということで訴え却下判決が出た後での再訴でも，再訴の時点での訴訟能力の有無は必ず審理されるのであるから，訴訟能力なしという判断が再訴を既判力で遮断するとは言い難いからである。しかし，これは，既判力は生ずるものの，訴訟能力の具備は常に標準時後の新事由となると説明できるかもしれない。

(4) 既判力を破り修正させるのが再審である

　既判力は強い効力であるが，再審（338条）と確定判決変更の訴え（117条）が既判力を破り本案を再審理し修正する機能を持つ。逆に言えば，再審または確定判決変更の訴えによらない限り，既判力の拘束力に服しなければならない。

これが原則である。

　しかし，確定判決を騙取した場合には，最判昭和44・7・8民集23巻8号1407頁[百選86]は，再審を経ずに損害賠償請求の後訴を提起することを認めた。貸金返還請求訴訟で裁判外で和解が成立し金銭を被告が支払ったにもかかわらず，原告は合意していた訴えの取下げをせず，判決を得て確定させ，しかも強制執行を開始した。被告はやむを得ず，金銭を払い強制執行の申立てを取り下げさせたが，このような原告の行為は判決の不正取得という不法行為だとして損害賠償請求の訴えを提起したのである。判旨は，判決の成立過程で，当事者が相手方の権利を害する意図の下に相手方が訴訟手続に関与することを妨げ，あるいは虚偽の事実を主張して裁判所を欺罔する等の不正な行為を行ない，本来あり得べからざる内容の確定判決を取得し，かつ，これを執行した場合においては，仮に再審の訴えを提起し得る場合であっても，不法行為による損害賠償の請求をすることは妨げられない，という。

　この判例は，貸金返還請求の勝訴判決があり，原告は強制執行をしてよいはずであるにもかかわらず，それと矛盾する損害賠償請求の後訴を適法としたのである。再審を経ずに，既判力を破ることを認めたということになる。むろん，損害賠償請求を一般的に認めたのではなく，害意を持ってあり得べからざる判決を得たときとして，害意という要件で絞っている。

　講学上，判決の騙取とか判決の不正取得とか呼ばれる問題であり，この判例には賛否両論がある。やはり再審を経るべきであったという批判がある[*4]。再審の訴えと損害賠償請求の訴えを併合する等の工夫が可能であるから，再審の訴えを提起することの重さ，鈍重さは見かけほどではないと考えるのである。他方で，害意を持って相手方の手続保障を奪うこのような場合には，再審提訴の負担を掛けさせることなく，いきなり損害賠償請求の後訴を提起することを認めてよいという判旨賛成論もある。再審の訴えの管轄裁判所が控訴審である場合には損害賠償請求の訴えとの併合は困難であるし，また，不法行為の成立要件の審理の中で再審事由の存否は判断することができ，実質的には再審事由を無視していないという理由による[*5]。再審のバイパスを認めるとも，隠れた再審とも表現される。再審事由の審理が職権探知主義であること，再審の訴えには期間制限（342条）があることが，損害賠償請求の後訴では働かないと

---

*4　中野貞一郎『判例問題研究強制執行法』（昭和50年）94頁。
*5　新堂682頁，河野正憲『当事者行為の法的構造』（昭和63年）323頁。

いう欠点はあるものの，運用でそれに近い処理をすることはできる，と補充する。理論的には職権探知主義と期間制限の点でやや不純な面があるが，後者の再審のバイパスを認める説でよいのではなかろうか。ただし，既判力を無視するのであるから害意ある場合に限定される。

3　既判力の時的範囲

　既判力は，裁判所も当事者も拘束する強いものであるので，その範囲ないし限界を明確にしておかなければならない。時的範囲，客体的範囲，人的範囲の3種で画するのが通常である。「範囲」ではなく時点「限界」等と称することもある。客体的範囲を物的範囲と呼ぶ説もある。なお，ドイツ語の不適切な訳によって，客体的範囲と人的範囲を客観的範囲，主観的範囲と呼ぶのが従来の学説であったが，近時の学説は主観的，客観的という訳から離れつつあり，私見もそれに賛同する。

(1)　既判力の時的範囲とは，どういうものか

　既判力は，事実審の口頭弁論終結の時点において生ずる（民執35条2項参照）。口頭弁論は一体性（本書137頁）からその終結の時点ですべて等価値なものとして判断されるから口頭弁論終結時が重要であり，当事者から見れば，口頭弁論終結時が裁判資料を提出できる最後だからである。逆に言えば，口頭弁論終結時までに生じていた事実については当事者は主張立証をできるのであるから，それについての判断の再審理を禁じても不当とはならない。この事実審の口頭弁論終結時，つまり第1審で訴訟が終われば第1審の口頭弁論終結時，控訴されれば控訴審の口頭弁論終結時を既判力の標準時または基準時と呼ぶ。上告されても上告審は法律審であるから，控訴審の口頭弁論終結時が標準時であることは動かない。既判力は，この標準時において，訴訟物たる権利・法律関係が存在するかしないかの判断に生ずる。

　裏から言うと，口頭弁論終結時の前や後における権利・法律関係の存在・不存在に既判力は関係しない。口頭弁論終結時に所有権者でないと判断されても，その直前に売却したのであって第8回口頭弁論期日の時点までは所有権者であったのかもしれない。かくして，既判力は，口頭弁論終結の前の時点の権利・法律関係を確定しない。また，口頭弁論終結時に所有権者でないと判断さ

れても，その直後に原告が被告から買得すれば標準時後は原告が所有権者となる。既判力は，口頭弁論終結の後の時点の権利・法律関係を確定しない。標準時後の事実は，前訴では提出できないのであるから前訴の裁判資料となり得ないのであり，それについての主張立証を封ずることはできないからである。こういう事態は，当事者に手続保障がなかったと表現される。前訴で1000万円支払えという判決が出て確定しても，標準時後に弁済をすれば請求権はなくなるのであり強制執行をすることはできない。標準時後の弁済の事実は，請求異議の訴え（民執35条）で主張することができる。このように既判力で遮断されない標準時後の事実を，「口頭弁論終結後の新事由」または「標準時後の新事由」と呼ぶ。

　もっとも，既判力の消極的作用の結果は，これとは次元を異にする。前訴で1000万円支払えという判決が出て確定すると，本書252頁・253頁で述べたように既判力の消極的作用により標準時前に弁済していたとか消滅時効が完成していたとかの主張はすることができない。言葉が多用されるけれども，この効果を既判力の遮断効（失権効）と呼ぶこともある。既判力は口頭弁論終結の時点での権利・法律関係の存在・不存在のみに生ずるということと，消極的作用により標準時前の弁済等の主張が遮断されるということとは次元が異なり両立するのである。ここも，学生諸君が混乱するところである。

　ところで，弁済期が到来していないという理由で貸金返還請求訴訟が請求棄却となることがある。この場合の既判力は特殊であって，請求棄却判決であるが，弁済期が到来したから支払えという再訴を封ずることはない。つまり，請求棄却であっても原告は請求権を失う訳ではない。これを期限の到来が口頭弁論終結後の新事由だとする説明もあるが，請求棄却であるのに再審理が許されるのは期限未到来という判断理由の特殊性によると見る方が妥当であろう。権利・法律関係の有無自体を判断していないという特殊性である。物権に基づく返還請求訴訟において被告が物を占有していないという理由による請求棄却も，同じであって，被告が占有を取得したとしての再訴は許される。これらを通常の請求棄却と区別して，請求の一時的棄却と表現する学説もある[*6]。原告が債権者であること，物権者であること自体を否定していないので，一時的棄却となるのである。

[*6] 松本＝上野〔704〕669頁，伊藤551頁。

(2) 時的範囲は，期待可能性で調整されるべきである

時的範囲は，標準時によって画される。標準時前の事実の主張は遮断される。しかし，交通事故の後遺症はどうであろうか。交通事故の被害者が損害の全部だと思う額を請求し勝訴したが，その確定の後に，後遺症があることが判明したとする。しかし，後遺症というのは交通事故と因果関係のある損害であるから，前訴の訴訟物の中に神様の目から見れば含まれるべきものであった。従って，前訴で勝訴した後は，勝訴の後の後訴は訴えの利益がないのであるがそれを捨象して考えると，原告の後遺症損害の主張立証は既判力で遮断されるというのが論理的帰結である。しかし，この帰結は社会の実状に合わない。

そこで，後遺症に基づく再訴を許容するために，前訴は，一部請求であったとする法律構成が現れる。判例でもそう構成するものがある（最判昭和42・7・18民集21巻6号1559頁[百選82]）。しかし，前訴は全部の請求だと思う額でなされていたのであるから，一部請求論で言えば黙示の一部請求となり後訴は提起できないはずであり（本書108頁），この法律構成は成功していない。そこで，後遺症は口頭弁論終結後の新事由だとする構成も現れる。原告が気が付いたのが口頭弁論終結後であったことは，その通りであろう。しかし，後遺症は交通事故と因果関係があり神様の目から見れば発生していたものであるから，論理的には口頭弁論終結後の新事由だということはできない。

かくして，口頭弁論終結前に主張することに期待可能性のなかった事由は，既判力の遮断効から外れるという理論構成が現れる[*7]。当事者には判明しておらず，その意味で主張立証の期待可能性がなかったのであるから，主張立証の機会が存在しえない口頭弁論終結後の新事由に準ずるとするのである。これは，期待可能性なしと主張されれば，後訴裁判所はその審理をしなければならないこととなり，既判力が画一的，機械的である利点を失うという代償を払うが，既判力の当事者への正当化は手続保障にあり，前訴で主張立証することに期待可能性のなかった事由は手続保障がなかったと見てよく口頭弁論終結後の新事由に準じて遮断されないとするのであり，理論構成としては最も妥当なものであろう（ただし，通説とはなっていない）。期待可能性なしの他の例としては，債務者に無断でなされた第三者の弁済がある。期待可能性による既判力の調整には，既判力を破る再審との境界があいまいになるという批判もあるが[*8]，

[*7] 新堂694頁，河野583頁。
[*8] 鈴木正裕「既判力の遮断効（失権効）について」判タ674号（昭和63年）4頁。

再審の硬直性の方を考え直すべきであろう[*9]。

(3) 標準時後の形成権の行使は遮断されるか

時的範囲（限界）の問題として，標準時後の取消権，解除権等の形成権の行使がある。形成権の要件は標準時前に具備されていたが，行使されたのは標準時後であるという場合，具備されていたから遮断されるとするか，行使されたのは標準時後だから遮断されないとするかという問題である。

これは，かつては形成権一般で考えられていたが，取消権，相殺権等々の個々の形成権毎に考えるべきである。形成権毎に事情が異なるからである。

取消権は遮断される。最判昭和55・10・23民集34巻5号747頁[百選77]も同旨である。原告が権利を行使して紛争の決着を求めてきた以上，被告も全力で応訴すべきあり，そうだとすると，要件を具備した取消権は行使しておくべきだからである。民法126条の消滅時効期間は取消権行使につき5年を保障したように読めるが，これは訴訟が途中にない純粋実体法での場面を想定した規定であり，途中で訴訟が提起された場合には5年経過前でも全力で応訴すべきである。反対説は，既判力で一律に封ずるのではなく，民法の法定追認（民125条）や信義則を使って被告からの取消権行使を封ずると論ずるが[*10]，前訴で勝訴判決を得た原告がさらに法定追認事由や信義則違反と評価される具体的事実の証明責任を後訴で負担するというのは，バランスを欠き公平でない。なお，原告の訴求債権に付着する取消権のような瑕疵は遮断されるという表現があり判例でも用いられている。付着する瑕疵は被告も十分に認識できるであろうし，また判決で紛争を解決する以上，その瑕疵にまつわる争点も決着を付けさせ判決で洗い流させるのが適切だということである。しかし，そういう考慮なのであり，付着する瑕疵であるかどうかで機械的に判定すべきではない。おおまかな目安というに止まる。

解除権も，取消権と同様に遮断されると解すべきである。

建物買取請求権（借地借家13条・14条）も，同様に遮断されると解してよい。しかし，最判平成7・12・15民集49巻10号3051頁[百選78]は遮断されないとする。原告（土地賃貸人）が建物収去土地明渡しを要求しようとするとき，

[*9] 小林秀之「司法改革の影と横断的考察雑感」小島武司古稀『民事司法の法理と政策（上）』（平成20年）387頁。

[*10] 中野貞一郎・判批・民商84巻6号（昭和56年）902頁。

被告（土地賃借人）の交渉力を強化するために法律で与えられたのが建物買取請求権である。また，建物買取請求権には，建物を維持するという社会経済的価値もあり，被告（賃借人）の投下資本の回収という面もある。しかし，投下資本の回収のためには，別訴での建物価格請求を認めれば足り，建物買取請求権を行使しての請求異議の訴え（民執 35 条）で建物収去土地明渡しの強制執行を止めるまでの力はなくてよい。建物維持という社会経済的価値も，特殊な建築であればともあれ，普通の借地上の建物では現在ではさほど重視すべきものでもない。むしろ再開発の利点を見るべきであろう。交渉力強化は，まさに訴訟で防御方法として使われるべきものであり，訴訟では行使しなかった被告が請求異議の訴えで強制執行を止めるために使うというのは被告（賃借人）に有利すぎる。なお，建物買取請求権の行使は敗訴を前提とするので，被告は訴訟で行使しがたいという反対論もあるが，タイミングを見ながらの予備的主張は可能であるし，第 1 審敗訴後の控訴審での予備的主張では行使しがたいということはないはずである。このように考えると，他の多くの抗弁と同様に，判例とは反対に，建物買取請求権は遮断されると考えてよい*11。確かに，建物買取請求権は原告の請求権に付着する瑕疵ではないが，建物買取請求権があることに気が付かない被告訴訟代理人（弁護士）はいないであろう。しかしながら，被告（賃借人）保護の見地から，請求異議の訴えにおいて一部認容とし，建物「退去」土地明渡しの限度での強制執行に縮減されるとする説も有力である。建物収去であると，収去費用は被告（賃借人）の負担となるが，建物退去であると，退去すればよいのであるから収去費用を被告（賃借人）が負担することはない。さらには，請求異議の訴えで，建物「退去」土地明渡しを建物価格の支払いと引換えにする判決を下すべきだとする説もある*12。被告（賃借人）を最も保護する説となる。

　形成権ではないが，白地手形の補充権も遮断されると解してよい。判例も同様である（最判昭和 57・3・30 民集 36 巻 3 号 501 頁[百選 A26]）。これは，前訴では白地のままで請求をし請求棄却となった原告が，標準時後に白地を補充して再訴してきたとき，どうするかという問題である。前訴で白地を補充することは一挙手一投足で簡単にできたのに，それをしないでおいて再訴することは公

---

　*11　新堂 697 頁，河野・前掲［*5］144 頁，山本和彦『民事訴訟法の基本問題』（平成 14 年）210 頁。
　*12　原強・判批・法教 188 号（平成 8 年）76 頁。

平でないと考えるべきである。しかし，被告がいわば棚からぼた餅で弁済を免れるのは行き過ぎだとして，反対説も有力である。けれども，相手方のミスによって利益を得ることは訴訟ではよく見られることであり，異とするに足りない。訴訟は全力で，注意深く行なうべきものであり，そのために専門家である弁護士という制度があるのである。

他方，相殺権は遮断されない。判例も同旨である（最判昭和40・4・2民集19巻3号539頁）。相殺は反対債権を行使するいわば相打ちである。つまり，弁済の方法であり，弁済は典型的な口頭弁論終結後の新事由である。また，反対債権をいつ行使するかは，債権者の自由に委ねるべきであろう。また，相殺の担保的効力を重視しなければならない。原告の資力が落ちていることに標準時後に気が付いたとき被告が相殺で両債権を対当額で消滅させることができるというのは，まさに相殺の担保的効力の発現である。また，遮断されるとすると，原告の債権の強制執行と被告の債権の強制執行で強制執行の掛け合いとなるが，これも余り合理的ではない。ただし，学説には反対説もある。

（4） 将来の判断では既判力は柔軟に考えてよい

将来の給付の訴えでは，将来の時点での請求権の存在を判断するのであるから，大なり小なり，予測という要素が入っている。予測である以上，外れることもあり，判断は脆弱性を本来的に持っている。既判力は再審理を禁ずる堅く強い効力であるが，予測に基づく判決では本来的に堅く強い効力であることができない。将来の給付の訴えではなくとも，将来への予測に基づく判決には，この脆弱性が同様に付随する[*13]。

既判力を破る確定判決変更の訴え（117条）は，これを実定法化したものである。これは将来の給付の訴え，すなわち将来の損害賠償請求ではない。「口頭弁論終結前に生じた損害につき定期金による賠償を命じた」判決だからである。しかし，定期金の額がいくらが妥当かは物価水準，治療の要否・内容を含め将来への予測を含んでいる。そこで，「損害額算定の基礎となった事情に著しい変更が生じた場合には」判決の修正を認めたのである。毎月50万円支払えという判決を，毎月100万円支払えという判決に修正するのであるが，これは毎月50万円支払えという既判力を破るものである。

[*13] 山本弘「将来の損害の拡大・縮小または損害額の算定基準の変動と損害賠償請求訴訟」民訴雑誌42号（平成8年）25頁。

判例には他に，昭和30年代の古いものであるが，原告が，自動車事故に遭遇し生業の荷馬車引きができなくなったと認定され50万円の請求認容判決を得て確定した，5年後に原告は，被告が事故を苦にして自殺していたため被告の相続人たる両親に対して強制執行の申立てをした，そこで，被告の両親が請求異議の訴えを提起し，原告の負傷はその後に回復し荷馬車運送を行なっているから事情変更により強制執行できないとすべきだ，と主張したという事案についてのものがある。判旨は，荷馬車運送ができるようになったにもかかわらず，5年後に突然強制執行を申し立てたのは，確定判決に基づく権利の行使であっても信義誠実の原則に違反し権利濫用の嫌いなしとしない，とした（最判昭和37・5・24民集16巻5号1157頁）。強制執行はできない，としたのである。権利濫用を用いているが，実質は，荷馬車運送ができないという予測に基づく既判力を修正したと見うるのである。

前訴判決で判断されていない事項は，標準時後の新事由が典型であるが，既判力の外にある。期待可能性によって既判力の外にあるとされるものもある。これに対して，前訴判決で判断されていた事項は，既判力の中にあり，本来は遮断される。しかし，既判力の中にある事項でも，それが将来への予測判断であるときは，既判力が脆弱性を持つことを率直に承認し，その既判力を柔軟に考えるべきだということである。

4 既判力の客体的範囲

(1) 既判力は，判決の主文事項に生ずる

既判力は，判決主文に包含するものに生ずる（114条1項）。判決主文に包含するものとは訴訟物のことであり，結局，既判力は訴訟物に関する裁判所の判断に生ずる。ただし，訴訟判決の既判力は別論となる（本書257頁）。訴訟は請求の趣旨として掲げられた訴訟物をめぐって争われるのであるから，訴訟物の存否の判断に既判力が生ずるのはいわば当然の帰結である。訴訟手続は，請求の趣旨，訴訟物，判決主文で一本貫かれることとなる。そこで，この条文の意味は裏側にあり，判決主文の判断でなく判決理由中の判断には既判力が生じない。たとえば，請求を理由付ける事実として所有権を掲げる建物明渡し請求訴訟では，訴訟物は建物明渡し請求権であり，その存否の判断に既判力が生ずる。すなわち，請求認容判決であれば建物明渡し請求権の存在に，請求棄却判決で

あれば建物明渡し請求権の不存在に既判力が生ずる。他方，請求を理由付ける事実としての所有権は，訴訟物でなく，判決理由中の判断に過ぎないから，その存否の判断に既判力は生じない。

　判決理由中の判断に既判力が生じないのは，当事者が明示的に判断を求めたのは訴訟物の存否だからである。判決理由中の判断の対象となる当事者の主張は，訴訟物に対して手段的・二次的な地位にある。手段的・二次的なものであるから，当事者はその争点について真剣に考えていない，あるいは真剣に争わない可能性があり，にもかかわらず，それへの判断に既判力を生じさせ再審理を許さないとすることは当事者が意図しない結果となり得る。たとえば，所有権侵害で50万円の損害賠償請求をしたとき所有権が争点となるが（訴訟物は50万円の損害賠償請求権），ここでの所有権に関する判断が既判力を持ち，50億円の不動産の移転登記手続請求を拘束するというのでは当事者は困惑するであろう。前訴では50万円の損害賠償の範囲で所有権の有無を争ったに過ぎないからである。詰まるところ，判決理由中の判断に既判力を生じさせ，すべての争点につき常に全力で争うことを当事者に強いることは，合理的ではない。他方，判決理由中の判断には既判力が生じないとしておくと，当該訴訟物との関係では，ある争点を深くは争わないという自由を当事者に与え，裁判所も実体法の論理的順序，事実生起の時間的順序にこだわらずに訴訟物に関する判断に迅速・機動的に達する訴訟運営をすることができるようになる。たとえば，貸金返還請求訴訟で被告が消費貸借契約の不成立と消滅時効の完成を主張したという場合，裁判所は消費貸借契約の存否は判断しないまま消滅時効期間の完成だけを審理し認定して請求棄却とすることが可能となる（本書144頁）。以上要するに，判決理由中の判断にも既判力を認めると，当事者の自由と裁判所の機動的迅速な審理が失われ，訴訟手続が過度に重くなってしまうのである。

　既判力は訴訟物に関する判断のみに生ずることを，既判力の客体的範囲は判決主文だけだと講学上表現する。客体的範囲ではなく，客観的範囲，物的範囲という語が用いられることもあることは前述した（本書260頁）。

　かくして，既判力にとって訴訟物が重要となる。新旧訴訟物論の対立もかかわってくる。さらに，最判平成9・3・14判時1600号89頁①事件[百選A27]は，自己が単独で所有権を持つという確認請求は，自己が遺産共有持分権を持つという確認請求を内包している，つまり，単独所有権は全部であり共有持分権はその一部であるとして，単独所有権確認で請求棄却となった者は遺産共有持分

権確認請求を既判力で封ぜられる，と判示した。訴訟物たる単独所有権と遺産共有持分権を全体と一部だと理解する以上，こうなるであろう。ここに，単独所有権の確認を求めている原告に対しては遺産共有持分権確認の一部認容でもよいかを釈明しなければならないとする最判平成 9・7・17 判時 1614 号 72 頁 [百選 50] が続くことになる。これは一部認容判決をしてよいかどうかという処分権主義にかかわる釈明となる。原告が釈明に応じなければ，一部認容判決はできないという含意であろう。

　ところで，再論することになるが（本書 254 頁），たとえば所有権確認訴訟を先に提起して，原告 X が所有権者だと判決主文で判断され確定すると，建物明渡し請求の後訴でも既判力の積極的作用により所有権者は原告 X だと拘束されるから，特段の事情のない限り，原告 X が勝訴することになる。建物明渡し請求訴訟でも，所有権者がどちらかが前提問題となり，そして，所有権者がどちらかは前訴の所有権確認判決で既判力が生じており後訴では再審理されずに拘束されるからである。しかし，順番を逆にして，先に建物明渡し請求訴訟が提起され，判決理由中の判断で原告 X が所有権者だとされても，これは判決主文の判断ではないから既判力は生じない。既判力が生ずる訴訟物イコール判決主文の判断は，建物明渡し請求権の存否だけだからである。後訴として移転登記手続請求が起こされ，所有権が再び前提問題として争点となっても，所有権者がどちらかについては既判力が生じていないから後訴裁判所は再審理をすることとなり，滅多にあることではないが弁論主義と自由心証主義により今度は前訴被告 Y が所有権者だと判決理由中で判断されることが起こり得る。これは違法ではない。のみならず，後訴が所有権確認訴訟であっても，前訴の建物明渡し請求訴訟の既判力は及んでいかないから，後訴では判決主文で前訴被告 Y が所有権者だとされることが起こり得る。これは前訴判決理由中の判断の所有権者は X だという判断とは矛盾しているが，そこには既判力は生じていないから，前訴判決の既判力に反するものではない。そして，後訴で被告 Y が所有権者だとされても，これは前訴の建物明渡し請求訴訟と無関係であるから前訴の既判力，執行力に影響はなく，前訴の建物明渡しは強制執行することができる。建物明渡し請求訴訟で原告 X が勝訴したとしても，その後の所有権確認訴訟で被告 Y が所有権者だということになったのであるから，素朴な実体法ないし日常生活の感覚では，建物明渡し請求訴訟での原告 X 勝訴判決も覆滅し強制執行ができなくなると感ぜられるであろう。事実，既判力本質

論における実体法説では，建物明渡し請求訴訟での原告Ｘ勝訴判決の後に，当事者間での実体法上の処分行為（和解契約）があったと同視されるので，その後は被告Ｙが所有権者だとされ，被告Ｙが自分のものを明け渡させられるという奇妙な強制執行は排斥されることとなる。しかしながら，既判力本質論における訴訟法説では，後訴判決の出現は当事者の実体法上の処分ではないのであるから請求異議事由とならず（民執35条），建物明渡しの強制執行が可能となる。既判力本質論も，このように解釈論に影響するのである。

　先に建物明渡し請求訴訟がなされた場合の上記の結論は，素朴な常識には合わないが，訴訟法説からは当然の帰結となる。そして，常識に合わない点を埋め合わせる実質的根拠が，前訴手続を過度に重くしないという考慮であり，それが1877年のドイツ民訴法の立法的決断であった。しかし，常識に合わないことは回避されてしかるべきであるから，民訴法は中間確認の訴え（145条）を用意した。前提問題を訴訟物に格上げして既判力を生じさせる途を1877年のドイツ民訴法は用意したのである。しかしながら，当事者が中間確認の訴えを提起しなければ，既判力は生ぜず，常識に合わないという事態は残る。これを解決するために提唱された解釈論が後述の争点効である（本書271頁）。

（2）　相殺の抗弁の反対債権には例外として既判力が生ずる

　既判力は判決主文中の判断に生ずるのが原則であるが（114条1項），しかし，相殺の抗弁の反対債権については，例外として，判決理由中の判断であっても既判力が生ずる（同条2項）。既判力が生ずるとしておかないと，反対債権が二重に使われることを防止できないからである。たとえば，被告が相殺の抗弁を提出したが，審理の結果，反対債権は存在しないと認定され訴求債権の請求認容判決が出されたとする。114条2項がないとすると，被告は反対債権を訴訟物としてその履行を請求する後訴を提起することができ，反対債権が再審理され，今度は反対債権があるとされても既判力には反しない。114条2項がないとすると，反対債権なしとしたのは前訴判決の理由中の判断にとどまり，反対債権不存在に既判力は生ぜず再審理が可能適法となるからである。逆に，被告が相殺の抗弁を提出し，審理の結果，訴求債権は存在し反対債権も存在して相殺が有効になされたと認定され訴求債権の請求棄却判決が出されたとする。再び114条2項がないとすると，被告は反対債権を訴訟物としてその履行を請求する後訴を提起することができ，反対債権はあるとされて被告の請求が認容

されても，これは既判力には反しない。前訴での反対債権の相殺による消滅という判断が，判決理由中の判断に過ぎないからである。しかし，これでは，被告は，反対債権を1度は訴求債権排斥のために使い，同じ反対債権を2度目は自己の請求認容判決のために使い二重に使えることとなる。債権の二重行使は不合理であるから，実定法自体が，例外として相殺の抗弁の反対債権に既判力を肯定したのである。

なお，114条2項は，相殺のために主張した請求の「成立または不成立」と表現する。成立，不成立は現在の用語法では存在，不存在と言い換えられるが，ともあれ，存在という判断にも既判力が生ずるとしたのは19世紀以前ドイツ民法の裁判相殺の名残りであり，理論上は，114条2項の既判力は相殺のために主張された反対債権の「不存在」判断にのみ生ずる。上記の例で，反対債権なしとされた場合はまさに不存在であり，反対債権ありで相殺が認められた場合も相殺の結果として反対債権は不存在となるからである。成立が条文上に残っているのは，実害がないため改正されなかった立法上の手抜きである。

しかしながら，相殺の抗弁の反対債権に生ずる既判力には，訴訟物自体ではないため三つの特殊性がある。第1に，反対債権に既判力が生ずるのは，反対債権の存否が実質的に判断された場合に限定される。相殺の抗弁が，時機に後れた攻撃防御方法の却下で審理されなかったとか，民法509条で相殺が不適法であったとか，相殺適状になかったとかで実質的に判断されなかった場合には，既判力が生じない。訴求債権不存在で請求棄却のときも，反対債権は審理されていないから既判力は生じない。訴求債権に関しては常に既判力が生ずるのと異なる。

第2に，相殺の抗弁に既判力が肯定される結果，審理の機動性・柔軟性が犠牲となる（本書145頁）。すなわち，相殺は予備的抗弁となるのが普通であるが，訴求債権の存在が確定されて初めて反対債権の審理に入る。訴求債権があるのかどうか確定していないが，反対債権があるのは確かだから相殺で請求棄却とするということはできない。相殺の抗弁には既判力が生じ，被告も反対債権を失うのであるから予備的抗弁という被告からの順位付けに裁判所も拘束されるのである。消滅時効完成の抗弁であれば，債務が成立しているかどうか確定されていなくとも，消滅時効完成が確かであれば，消滅時効完成で請求棄却としてよいのと異なる。消滅時効完成は，判決理由中の判断であって既判力が生じないことによる差異である。

第3に，既判力が生ずる反対債権の不存在の額は，相殺をもって対抗した額に限られる。たとえば，原告の訴求債権1000万円に被告が反対債権1200万円を用いて相殺に供したとしても，訴訟物である訴求債権の存否に使われる反対債権は1000万円だけであるから，反対債権1200万円が存在すると認定されても，既判力が生ずるのは1000万円の額までである。残りの200万円には既判力が生ぜず（反対説はある），既判力を生じさせたければ被告は200万円につき反訴を提起しなければならない。なお，対抗したとは主張したということである。原告の訴求債権1000万円に被告が反対債権1000万円で相殺の抗弁を提出した場合，対抗したのは1000万円であるから反対債権1000万円の不存在に既判力が生ずる。反対債権1000万円のうち，700万円は存在するとされ相殺で消滅したという場合，この700万円は「相殺による」不存在であり，残りの300万円は「相殺以外の理由による」不存在となり，合わせて1000万円の不存在に既判力が生ずる。相殺が有効であった700万円だけに既判力が生ずるのではない。

5　争点効

(1)　争点効とは，どのようなものか

　前述したように（本書254頁・268頁），先に建物明渡し請求訴訟が提起され，後に所有権確認請求訴訟が提起された場合，前訴ではXが所有権者だと判断されて原告Xが建物明渡し請求で勝訴したにもかかわらず，後訴ではYが所有権者だという判決が出されたとしても，後訴判決は違法ではない。訴訟物が交錯しない別々の無関係の訴訟であり，既判力の抵触はないからである。しかし，後訴でYが所有権者となったのであるから，移転登記手続請求とか所有物損壊による損害賠償請求とかの第3の訴訟では，第2判決の既判力の積極的作用によりYが所有権者だとして判決がなされる。建物はXのものとなるが，登記や損害賠償はYのものとなる分裂が生ずる。実は，最初に原告Xが所有権確認請求も併合しておけば，あるいは中間確認の訴え（145条）を提起していれば，こういう分裂は生じなかったのであるけれども，当事者の訴訟の仕方が拙劣で分裂となり，これは既存の訴訟法理論では回復することができない。当事者のミスだとして見逃してもよいのであるけれども，しかし，どうもこの分裂は落ち着きが悪い。

そこで，判決理由中の判断に既判力が生じないことと両立する形で，判決理由中の判断に拘束力を生じさせる解釈論が登場する。争点効の理論である[*14]。争点に関する裁判所の判断に後訴への拘束力が生じることがあるとする解釈論であり，その要件は，①前訴後訴を通じて請求の当否の判断過程で主要な争点であること，②当事者が前訴において争点につき真剣に争ったこと（自白や擬制自白では争点効は生じない），③裁判所が争点について実質的な判断をしたこと，④前訴と後訴の係争利益がほぼ同等であること（正確には，同等でなくとも前訴の係争利益が後訴を上回っていればよい），⑤後訴で当事者が援用すること（争点効は職権調査事項ではない），である。①から④がいわば実体的要件であり，⑤は手続的要件である。こういう要件で生ずる争点効の効果は，既判力と同じであり，当該争点の再審理を禁ずることにある。このように争点効を生じさせてよいのは，当事者が争い裁判所が判断して決着を付けた争点を再度争うことは信義則上も問題があるからであり，争点効は信義則を判決効として昇華させたものと理論化することができる。そして，争点効の効用は，訴訟物が異なる事件でも使うことができる点，すなわち訴訟物の枠を超える点にある。

　争点効は，既判力と次の3点で異なる。既判力は判決主文に生ずるが，争点効は判決理由中の判断にも生ずる。判決主文の中にあっても，(3)で後述するように条件付き判決の条件部分などに争点効は生ずるので，争点効は判決理由中の判断にも判決主文中の判断にも生ずるとするのが正確である。第2に，既判力は，当事者が争おうと争うまいと常に生ずる制度的な効力であるが，争点効は当事者が真剣に争った場合のみに生ずる。第3に，既判力は，職権調査事項であるが，争点効は当事者からの援用を要する。

　ところで，114条1項は，判決理由中の判断に既判力を否定する。既判力と効果で類似する争点効は，この実定法の規律と矛盾することがあってはならず，事実，矛盾しない。すなわち，判決理由中の判断に既判力を生じさせないのは，当事者の争点処分の自由を保障し，裁判所の審理の機動性を保障するためである。しかし，当事者が争うと決め裁判所も審理した争点につき，拘束力（争点効）を認めたとしても，当事者が争うと決めたのであるから当事者の争点処分の自由を害しておらず，裁判所が審理した争点につき拘束力を生じさせるのであるから，裁判所の審理の機動性も害していない。機動性を考慮した上で裁判

[*14] 新堂718頁，新堂幸司「既判力と訴訟物」（初出：昭和38年）同『訴訟物と争点効（上）』（昭和63年）145頁。

所が審理した争点に生じさせる効力だからである。

　争点効を認めると，別の効用も生ずる。新訴訟物論は訴訟物を抽象化し実体法上の法的性質決定を訴訟物から捨象したが，争点効は争点に生ずる拘束力としてこの間隙を埋めることができる。鉄道事故による損害賠償の例では，不法行為とか債務不履行とかは訴訟物でなく法的観点と位置付けられるが，争われた以上，そこに争点効が生じる。たとえば債務不履行で請求認容判決となれば，債務不履行があったという点に争点効が生ずる。しかも，争点効は争われた範囲でのみ生ずる効力であるから，争われていなかった不法行為には関係せず，不法行為としても評価されるかという法的評価の再施（本書40頁）と争点効は矛盾しない。

　争点効を肯定すれば，紛争の統一的解決に資するのであるが，遺憾ながら判例は争点効を正面からは認めない。最判昭和44・6・24判時569号48頁［百選84］の判旨がそうである。しかし，判例は，他の事案では信義則を使って争点効と同様な規律を行なっていると見ることもできる*15。ただし，争点効がそれなりに要件化されているのに対して，信義則は不定形であり判断が不安定だというマイナスがあることを見落とすべきではない。判例と異なり，信義則一般で処理するよりも，争点効で処理する方が解釈論としては優れている。信義則への依拠が行き過ぎたため，最高裁で破棄された下級審判決も存在する（最判昭和59・1・19判時1105号48頁）。

(2)　争点効から派生する問題には，どういうものがあるか

　判決理由中の判断に争点効が生ずるとなると，判決主文には不満がないが判決理由中の判断には不満があるというとき，上訴を提起することができるかという問題が生ずる。しかし，制度的効力である既判力が主であり，当事者間の公平に基づく争点効は従である。判決主文，つまり確定すれば既判力が生ずる判断に不満がないのであれば，争点効が生ずる判断に不満があるとしても，それで上訴を認めるべきではない。上訴の利益はないと考えるべきである。代償として，不満があっても上訴ができない場合には，争点効が生じないとすべきである*16。たとえば，原告が，債務を完済したことを理由に譲渡担保として

---

*15　竹下守夫「争点効・判決理由中の判断の拘束力をめぐる判例の評価」民商法雑誌創刊五十周年記念論集『判例における法理論の展開』（昭和61年）259頁。
*16　新堂732頁。

移転させられた登記の抹消登記手続請求をし，被告は譲渡担保ではなく真実の売買契約であったとして争ったところ，判決で譲渡担保ではあるが債務が完済されていないので請求棄却となったという場合（請求棄却判決ではなく，債務が完済されたときは移転登記手続をせよという条件付き判決をすべきあろうが，その問題は捨象する），被告は請求棄却であるから判決主文に不満はないが，譲渡担保だと認定されたことには不満がある。しかし，上訴の利益は肯定されず（最判昭和31・4・3民集10巻4号297頁[百選110]），代わりに，譲渡担保だとした認定に争点効が生ずることはなく，被告は後訴で譲渡担保であるかどうかにつき再審理を受けることができる。

　争点効は，信義則を判決効に昇華させたものであるけれども，争点効の周りにはなお信義則が作用する領域が残っている。すなわち，信義則が働く場面のすべてを争点効が取り込んだ訳ではない。たとえば，貸金返還請求訴訟で，被告は債務の不成立にはまったく触れず弁済だけを主張立証して勝訴した。その後，被告は弁済した金銭につき不当利得返還請求の後訴を提起したという場合，弁済があったという点に争点効は生ずるが，それと訴訟法的には対等独立の請求棄却事由である債務の不成立については（本書145頁），争われていない以上，争点効が生じない。従って，債務の不成立は再審理ができる。そこで，債務が不成立だとなると後訴の不当利得返還請求で前訴被告（後訴原告）は勝訴することになる。しかし，前訴では債務不成立にまったく言及しないでおいて，後訴でいきなり債務不成立を主張立証していく訴訟戦術は信義則に反するとする学説がある*17。この学説では，争点効の外側に信義則が働き，後訴は敗訴ということとなる。もっとも，被告が債務不成立と信じていても証拠の関係で前訴ではその主張立証をすることができないということがあるので，後訴での債務不成立の主張は信義則に反しないという学説もある*18。後者の学説は，債務不成立と弁済は，法的効果のレベルでは矛盾するが，事実の側面では両立し得ると論ずる。消費者金融業者が貸金返還請求をしてきたとき，被告消費者側がとりあえず弁済で勝訴しておき，証拠を整えてから過払い弁済の返還を求めることがあり得ることからすると，後者の学説が説くところも理窟が立つ。しかし，こういう場面でないときは，信義則違反を問い得るという前者の学説も

---

*17　新堂726頁。
*18　竹下守夫「判決理由中の判断と信義則」山木戸克己還暦『実体法と手続法の交錯（下）』（昭和53年）72頁。

説得力を持たないではない。この説によれば，後訴では，前訴でなぜ債務不成立を主張しなかったのかの理由を述べ，信義則違反ではないことを後訴原告（前訴被告）が主張立証すべきであろう。消費者の過払い金返還請求では，多くの場合，信義則違反ではないとの主張立証が成功する。

さて，争点効は実は二つの局面を持つ。前訴の建物収去土地明渡し請求訴訟で原告が所有権者でないと認定されたにもかかわらず，後訴で再び所有権者だとして移転登記手続請求をするというのが第１の局面である。裁判所に否定された前提問題を再度主張するという局面である。争点効は，この局面で有用である。しかし，当初唱道された争点効は，前訴の売買代金請求訴訟で原告が売買契約の有効性を主張して勝訴した後，前訴被告が売買契約が有効であるのであれば目的物を引き渡せという後訴を提起してきたとき，前訴原告が売買契約は無効だと主張することも争点効に反するとしていた。けれども，後者の場合には，売買契約を有効として前訴を提起した者が後訴では売買契約が無効だと主張しているのであり，矛盾挙動禁止の信義則に違反する。そして，この矛盾挙動禁止の信義則に違反する場合には，争点効の要件のうちの②当事者が前訴において争点につき真剣に争ったこと，④前訴と後訴の係争利益がほぼ同等であること，そして上訴の機会がなかった争点には争点効が働かないことは，いずれも必要ないと考えることができる[*19]。矛盾挙動禁止の信義則では，確かにそのようになろう。争点効の内側にも，信義則が優先して働く領域があるということになる。

(3) 既判力と争点効は，どのように交錯するか

不動産を買得したが被告売主がそれを認めないというので，Xが所有権確認の訴えを提起したとする。裁判所は，買得の事実がないという理由で請求棄却とした。ところが，Xは，買得により所有権者となったのだが被告が不法占有しているから損害賠償として買得以後の賃料相当損害金を求めるという後訴を提起した。この後訴で，前訴判決の既判力はどのように作用するか。

前訴判決は，その標準時においてXは所有権者でないとした。ここに既判力が発生し，口頭弁論終結後の新事由はないと前提すると，標準時以後は，Xは所有権者であるという主張ができなくなる。既判力の消極的作用である。従

[*19] 竹下・前掲[*18] 95頁。

って，標準時以後の部分の賃料相当損害金の請求は所有権の主張立証が許されず請求棄却となる。しかし，既判力は標準時前のことには作用しないから，標準時前の賃料相当損害金の再審理は可能となる。けれども，買得の事実がないという争点に争点効が生ずるので，標準時前の賃料相当損害金の主張立証が争点効によって封ぜられ，この部分も請求棄却となる。既判力と争点効は，このように守備範囲を分けて拘束力を分担する[*20]。

　ところで，既判力と争点効，従って信義則もまったく相互に関連しないというものではない。制度的効力である既判力の中に信義則的な考慮も入り込んでいる。最判昭和49・4・26民集28巻3号503頁[百選85]は，Xが限定承認をした共同相続人を相手に「相続財産の限度で金400万円余を支払え」という判決を得て確定した後に，相続人による財産隠匿，財産目録不記載という民法921条の限定承認無効事由があると主張してXが無限定の給付判決を求める後訴を提起したという事案で，後訴を訴え却下としたものである（この結論は妥当でなく，期待可能性の欠如により再審理を許すべきであるが省略する）。このとき，最高裁は傍論ながら，既判力の法意〔判旨では，請求異議の訴えの法意と表現〕は，権利関係の安定，訴訟経済および訴訟上の信義則の観点にある，と判示した。既判力と信義則が無縁でないことを，傍論ながら，認めたのである。そういうものであろう。しかし，信義則だとなると，画一的機械的な判断になじむとは言えず，具体的事情に応じて柔軟に考えるべきものとなろう。この判旨の文脈とは異なるが，期待可能性による既判力の時的範囲の調整の発想（本書262頁）ともなじむこととなる。

　しかし，上記昭和49年最判は，直接には，相続財産の限度で支払えというわゆる留保付き判決につき，給付訴訟の訴訟物は給付請求権であり，相続財産の限度で支払うという限定承認は，強制執行対象財産，つまり債務と責任でいう責任の限定であって給付請求権ではないから訴訟物ではない，しかし，判決主文に掲げられる程に重要なものであり，訴訟物に準ずるものである，従って，訴訟物に既判力が生ずるように，限定承認の存在および効力には既判力に準ずる効力が生ずるとした。この判旨に従えば，立退き料と引換えに建物を明け渡せという判決における立退き料との引換え部分，建物収去土地明渡し請求認容判決における建物収去という強制執行の方法の部分は，給付請求権ではな

[*20] 新堂723頁。

いから訴訟物ではなく既判力は生じない，しかし，訴訟物に準ずるものであり既判力に準ずる効力が生ずることとなる。これが判例である。しかし，訴訟物に準ずるものである以上，訴訟物が異なれば作動せず，既判力に準ずる効力は生じない。ところで，争点効を認めるのであれば，これら「相続財産の限度で」，等の事項は判決主文に掲げられてはいるが訴訟物ではないのであるから，争点効を生じさせることができる。そして，争点効であれば，訴訟物の枠を超えて効力を持つので，たとえば，別の相続債権に基づく請求においても，被告共同相続人側は限定承認の存在と効力につき争点効を援用して拘束力を生じさせることができる*21。ここでも，既判力と争点効は守備範囲を分かち合うのである。

(4) 信義則は，判決でどのように作用するか

最判昭和51・9・30民集30巻8号799頁[百選79]は，戦後の自作農創設特別措置法で買収された農地につき，その後，元地主と現所有者との間で売戻し契約があったとして元地主から移転登記手続請求がなされたという事案に対するものである。この先行訴訟は，請求棄却で確定した。そこで，元地主は，買収処分の無効を理由とする移転登記手続請求の再訴を提起した。この再訴で最高裁は，売戻し契約に基づく移転登記手続請求と買収処分の無効に基づく移転登記手続請求とであるから訴訟物は異にするが〔旧訴訟物論を前提とする〕，前訴と後訴はひっきょう元地主が農地の取戻しを目的として提起したものであり，後訴は，実質的には前訴の蒸返しというべきものであり，前訴において後訴の請求をすることに支障もなかったのであり，さらに買収処分後約20年も経過しており売渡しを受けた者の地位を不当に長く不安定な状態に置くことを考慮すると，信義則により後訴は許されない，と判示した。自作農創設という戦後の特殊事情を別にすると，この判決は，訴訟物を異にしても信義則で後訴が封ぜられることがあることを宣言した点で画期的であった。訴訟物を異にするならば，別訴提起が適法であることは従来は疑われていなかったからである。訴訟物の範囲と判決による遮断効の範囲にずれがあると認めたのであるから，画期的なことであったのである。

有力学説は，ここから，訴訟物の範囲と遮断効の範囲にずれはあり得るとい

---

*21 新堂幸司「条件付給付判決とその効果」(初出：昭和38年) 同・前掲 [*14] 183頁.

う理論を展開した*22。訴訟物という概念は，行為規範としては，訴訟が終わればに何に遮断効が生ずるかを指し示す機能がある。何が決着済みとなるかを警告する機能といってもよい。これは，訴訟が行なわれる前の判断であるから，定型的かつ静止的な枠組みとして決められる。しかし，訴訟物は，評価規範としては，つまり，判決が出された後においては，遮断効の範囲を決する重要な基準ではあるが，唯一の基準ではなくなる。手続がどのように実際に進行したかも，遮断効の範囲を決める要素となる。そこで，たとえば，前訴の過程で，売戻し契約にだけ争点を絞り，買収処分の無効は不問に付すという了解が当事者間，裁判所に生じていたならば，この了解に反して買収処分を持ち出す後訴は不当であり，遮断されるべきこととなる，とするのである。そして，前訴の過程での様々なやり取りからの明示または黙示の了解を，手続事実群と呼ぶ。手続事実群は，詳しくいえば，当事者が争点を絞った趣旨，裁判所の訴訟指揮や釈明，事件についての時間の流れ，反訴提起が可能か等の被告側の対応策の有無，等々となる。遮断効は，訴訟物概念の他に手続事実群によっても画される，とするのである。一般論として，肯定し得る見解であろう。もっとも，手続事実群によって遮断効の範囲が訴訟物より広くなることはよいが，狭くなることは，既判力が職権調査事項であること，既判力を否定する訴訟法上の合意が許されないことと，多少，抵触するところがある。その点に注意して，手続事実群は考えるべきであろう。

　さて，争点効と手続事実群は，どうかかわるか。争点効は争ったことによる拘束力であり，手続事実群は争わなかったところに生ずる拘束力であり，本来は守備範囲が異なる。有力学説によると，争点は，現に前訴で争われた主要な争点，当事者の一方が決着が付いたと期待する決着期待争点，当事者の決着期待争点が手続事実群により正当だとされる正当な決着期待争点とに分けられる。主要な争点，決着期待争点，正当な決着期待争点が一致する場合が争点効となる。主要な争点と決着期待争点が極限にまで乖離したのが昭和51年最判の事案であり，その決着期待争点を正当な決着期待争点とさせたのが手続事実群だということになる。なお，正当な決着期待争点が訴訟物の枠と一致する場合の遮断効が，既判力ということになる*23。

---

*22　新堂幸司「訴訟物概念の役割」（初出：昭和52年）同『訴訟物と争点効（下）』（平成3年）113頁。
*23　新堂734頁。

6　既判力の人的範囲

　既判力は，対立した両当事者にだけ及ぶのが本則である（115条1項1号）。判決は，その対立当事者間の紛争を解決するためになされるものであるし，その事件での手続保障も，処分権主義・弁論主義から明らかなようにその当事者にだけ与えられるからである。民事訴訟においては，紛争は当事者ごとに相対的に解決される，相対的解決が民事訴訟の原則だ，とされる。

　しかし，相対的解決の原則によっていたのでは適当でない場合もある。相対的解決を破る方法の一つは，固有必要的共同訴訟であって関係者をすべて当事者にしてしまうというものである（本書299頁）。独立当事者参加もその亜型となる。他の一つが，判決効を当事者以外にも及ぼすという方法である。人事訴訟や団体関係訴訟での対世効はその例であるが（人訴24条，会社838条），民訴法が一般的な形で既判力の拡張を肯定するのは訴訟担当の場合の被担当者，口頭弁論終結後の承継人，請求の目的物の所持者である（115条1項2号〜4号）。既判力を拡張する正当化根拠は，それぞれ，手続保障の代行，権利・法律関係の安定，手続保障を与えるだけの実質的利益の欠如にある。なお，争点効の人的範囲も既判力に準じ，訴訟担当の場合の被担当者，口頭弁論終結後の承継人，請求の目的物の所持者に争点効が及ぶとしてよい。

(1)　口頭弁論終結後の承継人とは，どのような規律か

　口頭弁論終結の後，すなわち既判力の標準時後に，訴訟物たる権利・法律関係につき紛争の主体たる地位に就いた者，および，訴訟物たる権利・法律関係を先決関係とする権利・法律関係について標準時後に紛争の主体たる地位に就いた者に既判力が拡張される（115条1項3号）。たとえば，訴訟物たる債権を原告から譲り受けた者，土地の賃貸借終了に基づく建物収去土地明渡し請求の被告から建物を賃借した者，などがこれに当たる。

　かつては当事者適格の移転と説明していたが，しかし，上述の被告から建物を賃借した者のように被告（借地人）へは土地明渡し請求であり建物賃借人へは建物明渡し請求となって訴訟物が異なる場合をも包含させなければならないので，訴訟物と結び付く当事者適格での説明はうまくいかない。そこで，訴訟承継に関する判例にならい（最判昭和41・3・22民集20巻3号484頁[百選109]），

「紛争の主体たる地位」という概念を用いる方がよい[24]。前訴で解決された紛争およびそこから派生した紛争の主体たる地位を標準時後に取得した者に既判力が及ぶとすることになる。ともあれ、承継は一般承継であるか特定承継であるかを問わない。訴訟物たる権利が債権であるか物権であるかも問わない。取得時効でもよいから、法的には原始取得であってもよい。前訴判決の存在を知らない者に対しても、相手方当事者の保護のため既判力は拡張されると解すべきである。なお、標準時の前の訴訟係属中に紛争の主体たる地位を取得した者は、既判力の拡張ではなく訴訟承継の対象となり（本書340頁）、訴訟係属の前に紛争の主体たる地位に就いた者には係属後の任意的当事者変更が問題となる（本書346頁）。

　口頭弁論終結後の承継人に既判力を拡張するのは、紛争解決の実効性を維持するため、換言すれば、判決された権利・法律関係の安定のためである。たとえば、原告が債権での訴訟に敗訴した後で債権譲渡をすると、債権譲受人は被告との間で再訴ができ再審理がされるとなると、標準時後に次々と原告側が代わるたびに勝訴被告は再審理に応じなければならないこととなる。これでは、勝訴したにもかかわらず、被告の権利・法律関係は安定しない。訴訟制度への信頼性も揺らぐ。逆に、原告が債権での訴訟に勝訴した後に、債権譲渡をすると、被告が譲受人の権利を否定することができ、譲受人は改めて被告相手に訴訟を提起しなければならないとなると、勝訴原告から債権譲渡を受ける人はいなくなるであろう。ところで、既判力の正当化根拠である手続保障を考えると、承継人は前訴での手続保障は受けていない。しかし、前訴のときには承継人は生じていなかったのであるから、前訴で承継人に手続保障を与えることは不可能である。他方、勝訴者の権利・法律関係の安定のためには、既判力を拡張しなければならない。そこで、前訴で紛争の主体たる地位にあったのは前主（譲渡人）だけであるから、前主が承継人に代わって手続保障を受けていたとかろうじて看做すことができる。また、欠席した場合には妥当しないけれども、前主が争って出された判決の内容的正当性は高いであろうことも、既判力拡張を補強する。結局は、勝訴者の権利・法律関係の安定のために、承継人への手続保障はこの程度で我慢してもらわなければならない。こういう意味では、口頭弁論終結後の承継人への既判力拡張は立法者の決断だと言ってもよい。

---

[24] 新堂705頁。

ところで，承継人が前主（譲渡人）に由来しない固有の地位・防御方法を持つ場合がある。たとえば，動産を口頭弁論終結後に譲渡したとき，譲受人が即時取得によって所有権を取得することがある。この固有の地位・防御方法を持つ場合には，最終的には，承継人の権利・法律関係が優先されなければならない。この事態を説明するために，学説では，形式説という考え方が採られている[*25]。即時取得した譲受人も，前述の定義により口頭弁論終結後の承継人となる。しかし，口頭弁論終結後の承継人への既判力の拡張は，前主（譲渡人）が判決を受け既判力が生じていることを承継人は争えなくなる，換言すれば，前主（譲渡人）がもはや争えなくなった攻撃防御方法を承継人も争えなくなるとするにとどまり，前主（譲渡人）に由来しない承継人固有の防御方法を提出することを妨げない，と考えるのである。通謀虚偽表示において善意の第三者につき最判昭和48・6・21民集27巻6号712頁[百選87]も，結論として承継人（善意の第三者）が勝つとした。しかし，この判例は形式説の考え方に立っていない。承継人が勝つという結論を示しただけである。学説には，他方で，原告・被告・譲受人の三者の権利・法律関係の帰趨を先に考え，即時取得等があり敗訴させるべきでない譲受人は口頭弁論終結後の承継人でない，と構成する考え方もあり実質説と呼ばれる。即時取得等がなければ，前主と承継人が同一視され，そしてそれぞれに関する請求が同一視されて，既判力が及ぶと構成するのである。けれども，既判力論としては形式説の方が優れていると思われる。第1に，形式説だと前訴の勝訴・敗訴にかかわらず既判力拡張があるとすることができる。実質説だと，上述の通謀虚偽表示の例のように前訴で原告が勝訴していた場合には後訴被告たる善意の譲受人は承継人でなく既判力拡張もないとするけれども，前訴で原告が敗訴していた場合には後訴被告たる善意の譲受人も承継人であり既判力拡張を主張することができる，すなわち，後訴で原告が被告たる譲受人にも敗訴するとなる。しかし，既判力論からすると，前訴の勝訴・敗訴にかかわらず承継人となり既判力拡張があるという説明の方が落ち着きがよい。第2に，形式説では後訴当事者の主張立証にかからしめずに既判力拡張を処理することができるが，実質説だと，後訴被告たる譲受人が通謀虚偽表示につき善意を主張立証できれば既判力拡張はなく，立証できなければ既判力拡張があると説明することになる。しかし，このように当事者の

[*25] 新堂幸司「訴訟当事者から登記を得た者の地位」（初出：昭和46年）同・前掲［*14］334頁。

主張立証の成否にかかわらしめることは既判力拡張が職権調査事項であることと整合しない。当事者の主張立証活動の前に，既判力拡張の有無が決まっているべきである。もっとも，以上は説明の差であり，形式説と実質説とで帰結に差異が生ずる訳ではない。

とはいえ，形式説も，多少の微調整は必要となる。たとえば，原告Xが所有権に基づき建物収去土地明渡し請求訴訟を被告Yに対して提起し勝訴した後，被告Yが建物をZに譲渡したとする。Xは，既判力・執行力の拡張を使い，承継人Zに対しても建物収去土地明渡しの強制執行をすることができるとならなければ，勝訴者Xの法的地位は安定しない。しかし，実体法で考察すると所有権に基づく物権的請求権は占有獲得によって個別にYに，そして個別にZに対して生ずるのであり，Zが建物を収去し土地を明け渡さなければならないのはXの所有権に対抗できる占有権原を持たないからであって，Yから建物を譲り受けたからではない。Zの地位は，Zが占有権原を持つか否かにのみ係わる。既判力拡張により，YがXに対して建物を収去し土地を明け渡さなければならないという前訴判決内容が再審理されない事項となったとしても，それはZの地位とは関係のない事柄となる。すなわち，形式説による既判力ではうまく説明することができない。これを既判力で敢えて説明するとなると，XのZに対する請求とXのYに対する請求が同一視されると擬制することになる。あるいは，前訴で決まったXの所有権の不可争性がZに拡張して行くという形で，既判力ではなく争点効の拡張で説明することになる*26。しかし，前訴が賃貸借契約終了に基づく建物収去土地明渡し請求であったとすると，Xの所有権は前訴で争点となっていないのであるから，争点効拡張も用いることはできない。また，賃貸借契約終了に基づく建物収去土地明渡し請求と所有権に基づく建物収去土地明渡し請求という債権的請求と物権的請求を同一視するというのは旧訴訟物論からは出て来ない論法となる。けれども，勝訴当事者の権利・法律関係の安定のためには，承継人Zに対して強制執行を可能とすべきであり，そうだとすると，法的評価の再施（本書40頁）によって，前訴判決は所有権によっても根拠付けられるとする判断を介在させた上で，請求同一視を持ち出すことになろう。あるいは，勝訴当事者の法的地位の安定という口頭弁論終結後の承継人の規律の趣旨から，実体法を乗り越えて，既判力

---

*26 三木ほか455頁。

ある前訴判決が後訴の争点構成をZに固有の防御方法があるか否かに変容させる，Xの所有権は捨象させると考えることになろう。形式説ではなく，むしろ当事者・請求の同一視という実質説的発想に近づく面があるが，実体法の乗り越えには批判も強い[27]。解釈論としては，法的評価の再施にとどめるべきかもしれない。

前掲の通謀虚偽表示の善意の第三者の問題は，後訴で原告Xは攻撃方法を変更することができるかという次の問題に展開する。つまり，XがYに対して通謀虚偽表示を理由に移転登記手続請求で勝訴した。その後，競売で当該不動産を取得したZが，通謀虚偽表示の善意の第三者だと主張してきたとき，前訴勝訴者Xが法律構成を善意の第三者にも対抗できる無権代理に変更することができるか，という問題である。変更を認めることはXに有利すぎるようにも見えるけれども，前訴ではZは出現していなかったのであるから，Xは通謀虚偽表示と無権代理のどちらの理由でも勝訴することもできたところ立証の関係で通謀虚偽表示を選んだということであろう。その後に，Xの与り知らないところでZが出現したのであるから，Zに対するときはXは前訴で出さなかった無権代理を出してよい，と考えるべきであろう。

(2) 訴訟担当の被担当者に既判力は拡張される

訴訟担当の場合，担当者が得た判決は被担当者に及ぶ（115条1項2号）。正当化は，被担当者に代わって担当者が訴訟をしたということ，つまり，被担当者への手続保障が担当者によって代行されていたことに求められる。

このように手続保障の代行で正当化されるのであり，担当者と被担当者との距離は近いと見ることができる。いわば一体として処遇してよい，という訳である。ということは，口頭弁論終結後の承継人では，前主（譲渡人）と承継人との間にはなお距離があり既判力拡張は形式説で説明されるが，訴訟担当の場合には担当者と被担当者の一体性で説明する，すなわち実質説で説明することになる。同じく既判力の拡張であっても，承継人型と訴訟担当および次の請求の目的物の所持者という当事者型では正当化の根拠が異なるのである[28]。

---

[27] 山本弘「弁論終結後の承継人に対する既判力の拡張に関する覚書」伊藤眞古稀『民事手続の現代的使命』（平成27年）683頁。

[28] 上野泰男「既判力の主観的範囲に関する一考察」法学論集（関大）41巻3号（平成3年）907頁。

なお，訴訟担当で既判力が拡張される場合，前訴の訴訟担当者が当事者適格を持たなかったと後訴で主張立証されれば，それは訴訟担当でなかったことになり，既判力拡張も消失する。たとえば，債権者代位訴訟で，原告の債権者が，自称債権者であったにとどまり真に債権者ではなかったことが後訴で証明されると，自称債権者が得た判決の既判力は債務者に及ばないこととなる。もっとも，債務者は，代位訴訟提起を告知されたとき（本書93頁）遅滞なく独立当事者参加によって自称債権者と当事者適格を争っておくべきであったので，特段の事情のない限り，後訴で前訴債権者が当事者適格を欠いていたという主張立証は許されないという考え方もあり得よう。

(3) 請求の目的物の所持者に既判力は拡張される

　特定物引渡請求訴訟において，特定物の所持に固有の利益を持たずもっぱら当事者のために所持している者にも既判力は拡張される（115条1項4号）。被告から特定物を預かっているだけの者は，早晩，被告に特定物を返すのであるから，原告が被告から取り戻すことができるという判決が出た以上，被告に返すのではなく原告に渡すということで差し支えなく，簡便でもあるという考慮による。正当化根拠は，手続保障を独自に与えるだけの固有の利益の欠如にある。既判力の拡張でも問題となるが，この類型は，執行力拡張の方により意味がある（民執23条3項）。

　さて，既判力拡張を受ける請求の目的物の所持者とは，受寄者，管理人，留守番等である。訴訟当事者のために占有しており，占有につき自己固有の利益を持たない者が請求の目的物の所持者である。請求が物権的であるか債権的であるかを問わない。標準時の前からの占有でもよい。勝訴当事者の権利・法律関係の安定のためではなく，自己固有の利益がない場合だからである。しかし，ここから手続保障につき自己固有の利益を持つ者，たとえば賃借人，質権者には既判力は拡張されない。目的物の賃借人，質権者に対しては，原告は別に訴えを提起して勝訴しなければならない。請求の目的物の所持者も，訴訟担当の被担当者と同様に，実質説的に考えるのである。

　以上は，強制執行で名前が出るかどうかで明瞭となる。債務名義に名の出ている訴訟当事者（被告）が執行債務者である。目的物の賃借人，質権者は，既判力・執行力の拡張がないので，債務名義に独自に名が出なければならず，新たな別の債務名義（判決）が必要となる。しかし，目的物を占有している受寄

者，管理人，留守番等は，既判力・執行力の拡張があるので，債務名義に名が出ている必要はない。名は，承継執行文に出ればよい（民執27条2項・33条）。債務名義に名を出させるよりも，承継執行文に名を出させる方が執行債権者（原告）には容易である。最後に，当事者（被告）の家族，使用人，法人の占有機関等は固有の占有ではないので，債務名義にも承継執行文にも名が出ていなくとも強制執行を受忍しなければならない。

　ところで，賃貸借終了に基づき貸していたダイヤの指輪の返還請求訴訟をXがYに提起したとしよう。Yは，ダイヤの指輪をZに預けていた。XがYに勝訴すると，既判力・執行力の拡張によりXはZに対して強制執行して行くことができる。しかし，XとZとの間には賃貸借契約の関係はなく，XがZに対して返還を請求するには所有権を根拠にして行うことになるにもかかわらず，上記の強制執行はXの所有権の確定をすることなくなされている。この強制執行は，実体法的に正当か疑問とされえよう。しかし，これは過度に実体法に依拠した疑問というべきである。ZはYに返さなければならない，YはXに返さなければならない，そこでZがXに返すという途を用意してよいというのが，請求の目的物の所持者での既判力・執行力の拡張である。この既判力・執行力の拡張を認める以上，実体法的疑問は後景に退かなければならない。あるいは，実質説的に考えているのであるから，ZはYと同一視されているという説明が訴訟法的には通りがよい。ZがYと同一人格と看做されている以上，Y敗訴はイコールZ敗訴だということになり，自己が受けたと同視される敗訴判決でZが強制執行を受けるのは当然だということになる。要するに，ここでは訴訟法が実体法を部分的に凌駕しているのであり，こういう訴訟法の凌駕は異とするに足りない。実体法が優先するのが普通であるけれども，理由があれば，訴訟法が実体法を凌駕することもあってよいからである。あるいは，請求の目的物の所持者への既判力拡張の根拠は手続保障を独自に与えるだけの固有の利益の欠如にあるのだから，請求の目的物の所持者の実体法上の地位を詮索すること自体が無用だと説明することもできる。

　さて，手続保障を独自に与えるだけの固有の利益の欠如が正当化根拠だとすると，特定物を仮装譲渡された者も請求の目的物の所持者に準じて既判力を拡張してよいであろう。たとえば登記を仮装譲渡され，名目上持っているだけの者も請求の目的物の所持者に準じて既判力拡張を受けてよいことになる。大阪高判昭和46・4・8判時633号73頁[百選A28]も，これを肯定した。

特定物でなく，特定物に準ずる登記ですらなく，強制執行の引当財産の仮装譲渡の場合はどうか。特定物のような強制執行の直接の対象ではなく，金銭執行の引当財産に過ぎないとなると，これは請求の目的物の所持者概念には包摂できず，民法の詐害行為取消権ないし次の法人格否認の問題となる。

(4) 法人格否認で既判力は拡張されるか

法人と法人代表者の間で財産関係が混同され法人格が形骸化していることは，珍しいことではない。また，なんらかのよこしまな目的のために法人を作り上げるという法人格の濫用も，珍しいことではない。そこで，実体法上は法人格否認の法理が働くことは，判例の認めるところである。では，法人格否認の法理は訴訟法の領域でも生ずるか。

最判昭和53・9・14判時906号88頁[百選88]は，訴訟法の領域では否定した。ある会社が敗訴が確実になった段階で，別の会社が設立され，資産も従業員等々も新会社に移された。旧会社に原告は勝訴したが，旧会社には資産がなく強制執行も奏功しない。そこで，原告は新会社に執行文付与の訴え（民執33条）を提起し法人格否認を主張した，という事案である。判旨は，法人格の濫用があると原告は旧会社に対する権利を新会社に対して行使することができる，しかし，「権利関係の公権的な確定及びその迅速確実な実現をはかるために手続の明確，安定を重んずる訴訟手続ないし強制執行手続においては，その手続の性格上」既判力・執行力の拡張は許されない，と判示した。分かりにくい表現であるが要するに，前訴で旧会社に対して敗訴判決が出たという訴訟法の事項だけでは足りない，つまり，既判力・執行力の拡張はなく執行文付与の訴えは請求認容とならない，けれども，実体法上の法人格否認の要件が充たされていると後訴の別件本案訴訟で認定された場合には実体法上の法人格否認は働く，というのである（反射効の判例に似たものがあることは，本書290頁）。

確かに，法人格は形骸化しやすく，濫用もされやすい。法は，これに対処しなければならない。しかし，債務を免れるために財産を仮装して又は廉価で譲渡したときの民法の対処は，詐害行為取消権（民424条）であるが，詐害行為取消権では譲渡された財産が執行債権者（原告）からの執行引当財産となる。しかし，法人格否認では，旧会社から譲渡された財産だけでなく，新会社が獲得した財産も執行引当財産となり，執行債権者に有利となる。なぜ，より有利になってよいのかは説明のしにくいところがある。

結局，法人格否認といっても，類型化は必要であり，なされてもいるが，基本的性格は，信義則・権利濫用と同様に一般条項である[*29]。一般条項としての最後の意味は法人格否認にあるが，解釈論としては詐害行為取消権のような既存の法理を磨くことが先決であろう。既判力拡張においても，アメリカ法に倣い，訴訟を背後でコントロールしていた者には判決効が及ぶという法理を磨いて行くべきであり，安易に法人格否認で判決効を拡張すべきではなかろう。ただし，学説上は，形骸化事例では既判力・執行力は拡張される，しかし，濫用型事例では法人格は一応二つあるのであるから既判力・執行力の拡張は許されないとするものが多い。

(5) 信義則によって既判力は拡張されるか

　信義則で既判力を拡張することを，判例は認めている。最判昭和51・9・30民集30巻8号799頁[百選79]は，前訴で当事者となっていない者に対しても信義則で後訴を却下していた。下級審裁判例にも，拡張の例がある[*30]。

　法人格否認と同様に，信義則による既判力拡張は一般条項としての最後の砦の意味はある。しかし，安易に信義則に依拠するのではなく，解釈論を磨いて行くのがあるべき途であろう。少なくとも，どういう事態を考慮しての信義則であるかを明確にする努力を怠ってはならない。

7　反　射　効

(1) 反射効とは，どういう議論か

　債権者が主債務者を被告にして訴えを提起し，主債務なしとして敗訴したとする（第1訴訟）。その後に，同じ債権者が保証人を被告にして保証債務履行の訴えを提起したとき（第2訴訟），どう考えるか。債権者はすでに主債務なしと認定されているのに，保証人に勝訴してよいか。勝訴してよいとすると，保証人は主債務者に求償して行くであろう。この第3の求償訴訟で，主債務者が保証人に敗訴すると，主債務者が債権者に勝訴した第1訴訟の判決は，なんの意味があったかということになる。求償関係の混乱を防ぐには，主債務者勝

　[*29]　江頭憲治郎『会社法人格否認の法理』（昭和55年）419頁。
　[*30]　原強「判例における信義則による判決効の拡張化現象(1)・(2・完)」札幌学院法学6巻1号（平成2年）1頁，8巻1号31頁（平成3年）。

訴の第1訴訟判決を保証人は援用することができ，保証人が第2訴訟で迅速に債権者に勝訴できるようにするのがよい。これが，判決の反射効または反射的効力といわれる問題である。肯定する学説もあり，否定する学説もある。肯定する学説は，当事者と実体法上特殊な関係，すなわち従属関係ないし依存関係にある第三者に判決効が及ぶことを反射効と呼ぶ。

実は，既判力本質論における実体法説では，第1訴訟の債権者敗訴判決は，主債務なしとする和解契約に比肩され，保証契約の附従性から和解契約は保証人にも効力が及んで行くと考えることとなる。実体法説では，既判力そのものの効力として上記の結論が肯定できたのである。しかし，既判力本質論が訴訟法説となると，このような説明はできなくなる。とはいえ，第2の訴訟での保証人敗訴は避けたい。そこで，訴訟法説の論者から考案されたのが，既判力ではないが，それに類する反射効という考え方であった。既判力ではないため反射効は，職権調査事項ではなく当事者の援用を要し，前訴が馴れ合い訴訟の場合には発生せず，反射効を受ける者の補助参加は共同訴訟的補助参加ではなく通常の補助参加である，とされている[*31]。

反射効とされるのは，様々なものがある。主要なものは，前述の主債務者勝訴判決が保証人に及ぶ，持分会社が受けた判決が社員に及ぶ（会社580条・581条），債務者が敗訴した判決は債務者の一般債権者に及ぶ，連帯債務者の1人が得た勝訴判決が他の連帯債務者に及ぶ，等々である。反射効が有利に及ぶだけの保証人，連帯債務者の例もあり，有利にも不利にも及ぶ持分会社社員の例，不利に及ぶ他の一般債権者の例もある。なお，厳密には，反射効は判決主文の判断の拡張だけでなく，争点効の拡張を含んでいる。

反射効も，援用を要するとしても，再審理を禁ずるという効果は既判力と同様である。そこで，115条の既判力拡張の正当化根拠が反射効の事例にも妥当するかが検証されてきた。検証の結果，妥当するであろうと考えられている。反射効が不利に及ぶ持分会社が受けた判決が社員に及ぶ例は，持分会社が実質は民法上の組合であり，会社代表者による訴訟は任意的訴訟担当に相当すると考えることができ，訴訟担当の場合の既判力拡張に類似していると見ることができる。債務者の他の一般債権者は，債権者は債務者の財産処分行為に債権者代位権や詐害行為取消権，倒産法上の否認権の場合を除き，介入できないので

[*31] 鈴木正裕「判決の反射的効果」判タ261号（昭和46年）2頁。

あるから債務者の受けた判決の効力が不利に及んでも甘受すべきであり、手続保障を独自に与えるだけの固有の利益の欠如に類すると見ることができる。反射効が有利に作用する保証人の例では、判決効が不利に作用する債権者の手続保障で考えることになるが、最も利害関係の濃い主債務者を相手に真剣に訴訟をして主債務がないとされたのであるから、債権者としては尽くすべき手段は尽くしたのであり、裁判を受ける権利を1度は行使して手続保障を得て敗訴した以上、相手方を保証人に替えて再審理を求めることは蒸し返しと評価される。さらに、保証人が後訴で敗訴すると第1訴訟で勝訴した主債務者は求償訴訟を提起されることになり、勝訴判決を得たのに主債務者は安心することができない。115条とは少し離れるが、勝訴した主債務者の権利関係の安定のためとも評価することができる。

もっとも、第三者が有利に援用できるといっても、防御的な援用に限るべきであり、攻撃的な援用には及ばないと解すべきである。たとえば、航空機事故で航空会社が被告となる場合、被害者の1人が航空会社に勝訴すれば、航空会社は裁判を受ける権利を1度行使して敗訴した以上、他の被害者にも再審理なく責任論では敗訴するというのは適切ではない。100人の被害者のうち航空会社が50人に次々と勝訴しても航空会社勝訴判決は残りの被害者に及んで行かないのに、51人目の被害者に敗訴すると航空会社は残りの49人の訴訟で再審理ができないとするのは公平でなくバランスを欠くからである。

このように既判力の拡張の類推が可能ではあるのだが、しかし、この論法だけであると、Xが所有権確認訴訟をYに対して起こし、敗訴したときには別のZに対しても所有権確認の再審理を求めることができないとなりかねない。Xは、裁判を受ける権利を1度は行使して手続保障を得て敗訴したからである。しかし、この帰結を認める学説はごく少数である[32]。ということは、反射効は、求償関係の混乱を回避したい等という実体法的考慮に導かれて訴訟法的にも既判力拡張が類推できる場合に認められるものだ、と問題構造を把握すべきである。その上で、反射効を肯定してよい。

現在、反射効をめぐる学説は、明文がない等からの否定説[33]と肯定説とがある。否定説の中には、反射効の事例は実体法上の論理で処理できるとする説もある[34]。たとえば、持分会社が敗訴したときは、社員も特別の失権効を実

---

[32] 霜島甲一「既判力の相対性について」判タ307号（昭和49年）31頁。
[33] 三ケ月35頁、伊藤596頁、三木ほか461頁。

体法上負うと構成する説もある*35。肯定説は，さらに既判力拡張という形で訴訟法的に考察する説*36と，実体法に主導され訴訟法的にも許容される実体法・訴訟法の両者にまたがる鵺(ぬえ)的存在として考察する説とに分かれる*37。上記の私見は，最後の説に属する。

(2) 反射効をめぐって判例は，どうなっているか

最上級審の判例で，反射効を肯定したものはない。しかし，最判昭和51・10・21民集30巻9号903頁[百選90]は，一般論（傍論）としては反射効を認めるかのような口吻を漏らしている。債権者が主債務者と保証人を共同被告として訴えたが，保証人が訴訟活動をしないので弁論が分離され，保証人敗訴の判決が出され確定した。残っていた主債務者の訴訟では，主債務者が健闘し，主債務者勝訴の判決が出て確定した。債権者が保証人に対して強制執行を申し立てたので，保証人が請求異議の訴えを提起して主債務者勝訴判決の反射効を援用したという事案である。判旨は，一般に保証人が，債権者からの履行請求訴訟において，主債務者勝訴の確定判決を援用することにより保証人勝訴の判決を導き得ると解せられる，と論じて反射効を認める口吻を漏らしたのである。しかし，結論は請求異議を認めていない。保証人は自己を当事者（被告）として敗訴判決を受けているのであるから，自己の受けた敗訴判決の既判力・執行力が反射効に優越するとされたからである。確かに，既判力本質論における訴訟法説では，既判力と反射効が矛盾衝突した場合には既判力を優先させるであろう。しかし，既判力本質論における実体法説では，保証人敗訴後であっても，債権者と主債務者が和解契約を結べば，和解の効果は保証人に及ぶので，保証人も請求異議の訴えで勝訴すると考えるはずである。

最判昭和53・3・23判時886号35頁[百選89]は，交通事故にあった被害者Xが，衝突した車の運行供用者Y_1と道路管理者Y_2（国）を共同被告として訴えた事案である。第1審ではY_1は反対債権による相殺を主張し，民法509条の文言に反して，相殺が認められ減額されて一部認容・一部棄却の判決を受けた。しかし，Y_2は，Y_1の相殺を援用しなかったため，第1審判決では減額を

---

*34 山本・前掲 [*11] 181頁。
*35 松本博之『既判力理論の再検討』（平成18年）293頁。
*36 竹下守夫「判決の反射的効果についての覚え書」一橋論叢95巻1号（昭和61年）30頁。
*37 新堂743頁。

受けなかった。そこで，減額されるべきだとしてY_2が控訴審でXY_1間判決を援用したのである。判旨は，他の債務者と債権者との間の訴訟において債務消滅を認めるには，その相殺が実体法上有効であることを認定判断することを必要とする，相殺の当事者である債務者と債権者との間に相殺の効力を肯定した確定判決があるとしても，この判決の効力は他の債務者と債権者との間の訴訟に及ぶものではない，とした。要するに，Y_1による相殺があればY_2の債務も減額されるが，それにはXY_1間に有効な相殺があったことがXとY_2の間の訴訟でも審理され実体判断されなければならない，XY_1間で判決があったというだけでは足りない，というのである。相殺の実体法上の絶対的効力は肯定したが，訴訟法上は判決効拡張を認めないというのであり，前述の法人格否認の判例と通ずるところがある（本書286頁）。この判旨は，明確に反射効否定説である。もっとも，この判決は後段では微妙な陰りを見せる。すなわち，XY_1間に相殺に供された反対債権があったことがXとY_2の間の訴訟で審理され認定された場合には，114条2項による反対債権に対する既判力の効果として，Y_1は反対債権を行使することができなくなり，反面，債権者Xはそれだけの利益を受けたことになるので，Y_2のXに対する損害賠償債務もその限度で消滅したことになる，とするからである。これは，後訴裁判所は，相殺に供された反対債権の有無は審理判断するが，相殺の法的可否については前訴判決に従い審理判断しないということである。後半は，前訴判決に従うとするのであるから反射効を肯定するに近づく。中途半端な処理というべく，理解の難しい判例である。恐らく，判旨は，民法509条に違反して前訴裁判所が相殺を認めたミスがあり，裁判所がした法律判断の誤りを当事者にしわ寄せすることができないと考え，後半の相殺の法的可否については前訴判決に従うとしたのであろう。ともあれ，反射効肯定に近づくこういう部分を含むが，昭和53年最判は反射効を否定した判例だと理解されている。

8　執行力，法律要件的効力

　給付の訴えの勝訴判決である給付判決は，確定すれば，執行力を生ずる。民事執行法に基づき強制執行を発動させることができるのである。しかし，執行力は，判決が確定していない段階でも生ずることがある。仮執行である（民執22条2号）。仮執行は，仮という字が付されているが，強制執行は最終段階ま

で進む。すなわち，原告は金銭執行であれば金銭を収受し，引渡し執行であれば，物を受け取ることができる。勝訴した本案判決が変更されれば，法的に強制執行の効果も覆るという意味での「仮」に過ぎない（260条1項）。執行が最後まで行くのであるから，本案判決が変更された場合，申立てがあれば，裁判所は，被告が給付した物の返還および被告が受けた損害の賠償を命じなければならない（260条2項）。

仮執行宣言は，第1審では裁判所の裁量的判断で出される。すなわち，裁判所が必要と認めるときに，担保を立てさせて又は立てさせないで仮執行宣言をすることができる（259条1項）。ただし，手形判決・小切手判決（259条2項），少額訴訟での判決（376条）では，裁判所は職権で必ず仮執行宣言をしなければならない。他方，控訴審では，金銭の支払いを命ずる判決には，申立てがあるときは，不必要と認めるときを除き，担保を立てさせないで仮執行宣言をしなければならないと，仮執行が強化される（310条）。もっとも，現在の実務では，第1審判決にも仮執行宣言を付すことが多い。

法律要件的効力とは，実体法が判決の存在を要件として一定の効果を認める場合をいう。実体法の要件事実が当事者の意思表示等ではなく，判決の存在だということであるから，判決の効力というよりも，実体法の効力である。民法174条の2で，確定判決が存在するときは，消滅時効期間が10年になるというのが法律要件的効力の代表例である。

法律要件的効力は反射効と混同されることがある。しかし，反射効のところで見たように，反射効の事例を実体法で説明する学説によれば，反射効は法律要件的効力の中に吸収されることが多くなるであろうから，この学説からすれば混同ではない。もっとも，上述の民法174条の2（消滅時効）を反射効と呼ぶ学説は聞かないから，法律要件的効力と反射効はやはり別のものと見ておいてよいであろう。

第8章　複雑訴訟——訴訟物，当事者が複数の訴訟

1　訴訟物が複数の訴訟
2　共同訴訟
3　補助参加
4　独立当事者参加
5　訴訟承継

> 「第7章　判決」で，最後の頑張りですと書きました。ただし，正確には最後ではありませんとも書きました。第1審訴訟手続を一通り勉強したのに，さらにもう一山頑張るべきところが，本章の複雑訴訟，特に多数当事者訴訟です。原告1人，被告1人，訴訟物1個が訴訟の基本型ですが，それから離れるのですから複雑となり，学生諸君を苦しませることになるのです。他方，複雑ですから試験問題を作りやすいところとなり，事実，多くの教師が多数当事者訴訟で試験問題を作ります。学生諸君の出来は，必ずしも良くありません。次章の上訴・再審も易しい訳ではありませんが，多数当事者訴訟の方が難しいでしょう。最後の頑張り所です。健闘を祈ります。

1　訴訟物が複数の訴訟

(1)　請求の併合とは，どのようなものか

　一つの手続で複数の「訴訟上の請求」を合わせて審判することを請求の併合という（136条）。原告と被告は1人ずつであることを前提とする。原告または被告が複数となれば訴訟上の請求は当然に複数であるが，これは共同訴訟として扱われる（本書298頁）。請求の併合は訴えの併合とも呼ばれるが，136条は一つの訴えで数個の請求と規律しているので条文とは整合しない表現である。民訴法で「手続」というときは，裁判官や口頭弁論期日等を同じくするものを指し，このように請求が複数提示されているものも同一手続で審判されると表現することは前述した（本書22頁）。

　訴訟上の請求が一つか複数かは，訴訟物論争に関係する（本書35頁）。同じ

事実関係のもとに不法行為と債務不履行で損害賠償を求めて行くとき，旧訴訟物論では訴訟上の請求は二つだが，新訴訟物論では一つである。

　請求の併合は，同種の訴訟手続による場合に限り，許される（136条）。手続の基本原則が異なるときに併合すると混乱が生ずるからである。従って，非訟事件と訴訟事件を併合することは，一般論としてできない。ただし，人訴法32条は離婚の訴えに，子の監護者の決定，財産分与の決定という家事審判事項（非訟事件）を附帯処分として併合することを認めている。当事者の便宜のためである。また，弁論主義の手続と人事訴訟のような職権探知主義の手続を併合することも，一般論としては混乱が生ずるので避けるべきであるが，争点毎に弁論主義と職権探知主義を使い分けることが可能であるから併合のメリットが大きいときは特別に法が併合を許すことがある。人訴法17条は，人事訴訟と同じ原因で生じた損害賠償請求との併合を許し，行訴法16条は行政処分取消訴訟に損害賠償請求のような関連請求の併合を許している。

　他方，請求の併合では，各請求の間に関連性があることは必要でない。関係のない請求でも，被告から見れば同一の口頭弁論期日等で審理され，裁判所に赴く日が少なくなることはメリットだからである。ただし，審理が混乱したり遅延したりする虞れもあり，そのようなときは裁判所が弁論を分離したり，制限したりすることができる（152条）。裁判に熟した請求だけに判決をする一部判決をすることもできる（243条2項）。

　管轄は，すべての請求につき充たされている必要があるが，併合請求であることによって管轄が生ずるので（7条），通常は一つの請求に管轄があれば他の請求の管轄は問題とならない。

　請求の併合の形態には，単純併合と予備的併合とがある。単純併合とは，併合された他の請求が認容されるかどうかと無関係に，すべての請求について審判を求める併合形態である。売買代金請求と貸金返還請求との併合が典型例であり，土地明渡し請求と明渡しまでの賃料相当損害金請求のように多少の関連のあるものであっても両請求につき審判を求めるものは単純併合である。

　予備的併合は，主位的請求が認容されることを解除条件として，予備的請求を立てるというものである。すなわち，主位的請求が請求認容となれば，予備的請求についての審判要求は撤回するというものである。両請求で敗訴することのないようにという工夫であり，原告の付した順位に裁判所は拘束される。売買契約が有効であることを前提として代金請求を主位的請求とし，仮に売買

契約が無効であるのであれば引き渡した目的物の返還を求めるというのが予備的併合の典型例である。両請求が，実体法論理上，両立しないことを要件とする。この場合には，両請求の審理は密接に関連するので，同一手続で処理するのが当事者にも裁判所にも便宜だからである。判決も，実質上，統一的となる（上訴審での扱いにつき，本書361頁）。ただし，実務では，請求内容が両立しない場合でなくともルーズに予備的併合を認めている。

なお，旧訴訟物論は選択的併合という形態を肯定するが，主張レベルの柔軟な処理を訴訟物レベルに混入させるものであり新訴訟物論からは否定されることは訴訟物論のところで述べた通りである（本書41頁）。

併合された請求につき同じ判決書で判決がなされたとき，請求のうちの一つにつき又は一つの請求のうちの敗訴部分だけにつき明示的に上訴がなされた場合でも，判決全体，つまりすべての請求の全部につき確定妨止効と移審効が生ずる。これを上訴不可分の原則という。控訴であれば控訴不可分の原則となる。すべての請求または請求全体が上訴審に移るのであり，その中のどの範囲で上訴審が判決をすることができるかは控訴・附帯控訴の申立てによって決まる（本書354頁）。上訴不可分の原則は，このように請求の客体的併合の場合の概念である。通常共同訴訟では，1人のした上訴は共同訴訟人独立の原則により他の共同訴訟人には影響しないし，必要的共同訴訟では1人の上訴によって全員の請求に確定妨止効・移審効が生ずるが，これは合一確定の効果としてそうなるのであり，必要的共同訴訟の場合を上訴不可分の原則とは呼ばない。日本語としては上訴不可分と言えるのであろうが，法律上の概念として必要的共同訴訟の場合は外されている。学生諸君がよく間違えるところであり，注意しなければならない。

(2) 訴えの変更とは，どのようなものか

訴訟係属後に，原告が当初の訴えによって審判を申し立てた訴訟物を変更することを，訴えの変更という（143条）。訴えを追加する追加的変更と交換してしまう交換的変更がある。交換的変更は，旧訴が消滅する点で訴えの取下げに類するので，被告の同意が必要となる。なお，「追加的」変更という用語からも分かるように，変更という名称はミスリーディングである。しかも，学説によっては追加的変更の方が基本なのである。いわゆる訴訟内の訴え（または訴訟中の訴え）の一つである。

ところで，ドイツでは，訴えの変更を厳しく制限していたため，単なる訴求金額の変動に過ぎない請求の拡張・請求の減縮は訴えの変更ではないとして許容することとされた。しかし，日本法では訴えの変更は広く認められているので，請求の拡張・請求の減縮を訴えの変更から区別する実益は大きくはない。請求の拡張は，訴えの変更の一種と理解しておいて大過ないであろう。他方，請求の減縮は訴えの一部取り下げとなる（本書236頁）。なお，当事者の変更は，日常用語とは別の民訴法の概念としては，訴えの変更とは別のものとされる。訴えの変更は請求の客体面に限られるのであり，当事者の変更を混入させてはならない。

訴えの変更の要件は，旧請求の審理内容が新請求の審理にも利用できるものであることを要求し，他方で，審理が混乱したり遅延したりするのを防ぐものとして設定される。三つの要件が重要である。

第1は，請求の基礎に変更のないこと，である（143条1項本文）。これは，両請求の主要な争点が共通であって，旧請求についての訴訟資料や証拠資料が新請求に利用でき，両請求の利益主張が社会生活上は同一または一連のものと評価できることをいう。防御の対象が無関係なものに変更されて被告が困惑することを防ぐためであるけれども，関連した請求であれば一括して審判されることになるので，被告に便宜となる面もある。たとえば，売買代金請求をしていたのに，売買契約が無効だとすれば目的物を返せという新請求を付け加えるのは請求の基礎に変更はない。この場合は，訴えの変更によって請求の予備的併合となる。この要件は被告が困惑しないことに重点があるから，被告が訴えの変更に同意した場合や異議なく応訴した場合，あるいは被告が提出した主張の上に立って原告が新請求を立ててくる場合には，請求の基礎に変更があっても訴えの変更は許されてよい。たとえば，原告が建物明渡しを請求していたところ，被告が建物は自己の所有に属すると主張したので，原告が建物収去土地明渡し請求に交換的に変更するときは，請求の基礎の変更の有無を考えずに許容してよい。

第2に，新請求の審理のために著しく訴訟手続を遅延させないこと，である。これは公益にかかわる要件であるから，被告が変更に同意していても，この要件は必要となる。

第3に，事実審の口頭弁論終結前であることが要件となる。訴えの変更は，口頭弁論の終結までできるが（143条1項本文），控訴審も第1審の規定を準用

するので (297条)，控訴審でも訴えの変更はできる。ただし，控訴審では裁判長が訴えの変更の求められる期間を制限することができる (301条)。上告審は，法律審であるから，新請求につき事実認定が必要となる訴えの変更は認められない。

訴えの変更があっても，裁判資料は変更の前後共通のものとして利用することができる。ただし，自白については，利息請求に元本請求が追加されたときのように係争利益が大きく変わることがある。それでも自白するかの意思の確認をすべきであり，自白しないという意思表明による自白の不成立を許すべきである（本書172頁）。

訴えの変更は書面によらなければならない。訴訟物が変わるものだからである。訴えの変更を許さないときは，許さない旨の決定をする (143条4項)。ただし，この決定に対する中間的な不服申立ての途は開かれていない。

(3) 反訴とは，どのようなものか

係属中の訴訟（反訴に対して本訴という）の手続内で，被告から原告を相手方にして提起される訴えを反訴という (146条)。当事者を，反訴原告，反訴被告と呼ぶこともある。これも，訴訟内の訴えである。

単純反訴と，予備的反訴とがある。売買代金請求に対して，被告が売買契約は無効だと争っているが，仮に有効であるならば目的物の引渡しを求めるというのが予備的反訴の例となる。

反訴をするには，反訴請求が本訴請求または本訴請求に対する被告の防御方法と関連するものでなければならない (146条1項)。そうでなければ，関連した請求を一括して審理して審判の重複や矛盾判決を避けるというメリットがないからである。訴えの変更における請求の基礎と同様，相手方たる原告（反訴被告）が反訴に同意しているとき，または応訴しているときは関連性は必要とされない。反訴の提起により，著しく訴訟手続を遅滞させるときも，反訴は許されない。事実審の口頭弁論終結まで反訴提起はできるが，控訴審での反訴提起には相手方（反訴被告）の同意が必要となる (300条)。審級の利益の保障のためである。もっとも，建物明渡し請求に対して被告が第1審で賃借権の抗弁を出しているときは，控訴審で賃借権確認の反訴を提起しても，実質的に審級の利益を害しないので反訴被告の同意は必要とならない。訴えの変更と同様，反訴提起の時期を控訴審裁判長は制限することができる (301条)。反訴は本訴

と同一手続で審理される。弁論の分離は、単純反訴では重複訴訟禁止から別訴禁止・反訴強制がかからない場合には、可能である。予備的反訴では弁論の分離はできない。

本訴が取り下げられても、反訴は影響を受けない。そのまま審判されてよい。ただし、本訴の取下げがあると、被告（反訴原告）は、原告（反訴被告）の同意なしに反訴を取り下げることができる（261条2項但書）。

(4) 中間確認の訴えとは、どのようなものか

ある請求について訴訟手続が進行中に、訴訟物判断の前提問題、すなわち先決関係につき（条文上は、争いとなっている法律関係の成立または不成立）確認判決を求める訴えを、中間確認の訴えという（145条）。これも訴訟内の訴えである。別個の訴えとして規定されているが、理論的には、原告が提起するときには訴えの追加的変更となり、被告が提起するときは反訴となると位置付けることができる。もっとも、控訴審で被告から中間確認の訴えを提起するときでも、相手方の同意は必要でない。先決関係であり、審級の利益を害さないからである。

中間確認の訴えは、訴訟内の訴えであるから、確認の利益は必要とされないという判例・学説もあるが、普通の確認の訴えと同様に確認の利益は必要と考えるべきである。確認の利益は本案判決の要件であり、審理の要件ではないからである（本書69頁）。ただし、確認の利益不要とした判例は過去の法律関係にかかるものであり、現在の考えでは、過去の法律関係の確認であっても確認の利益が認められることがあるので判例に実質的に変更を迫る訳ではない。

中間確認の訴えは、判決理由中の判断に対する既判力のところで述べたように（本書269頁）、判決理由中の判断に既判力を認めない代わりに立法された。争点効と重なる面はあるが、争点効は主要事実にも生ずるのに対して、中間確認の訴えは先決的法律関係だけに生じ争点効より狭い。逆に、自白があっても、争点効と異なり、中間確認の訴えの判決には既判力が生ずる。

先決的法律関係についてであるから、弁論の分離や一部判決は許されない。

2 共同訴訟

(1) 共同訴訟とは、どういうものか

原告または被告が複数である訴訟を共同訴訟という（38条）。原告、被告の

双方ともに複数の訴訟も共同訴訟である。講学上，多数当事者訴訟と呼ばれるものの一つである。他に，訴訟参加，訴訟承継が多数当事者訴訟となる。

共同訴訟は，訴訟関係を複雑にするので，かつては大陸法でも英米法でも原則として否定されていた。しかし，その当時でも権利が複数の者に合同的に帰属するときには，例外として共同訴訟は許された（これが固有必要的共同訴訟の前身である）。近代の訴訟法となり，訴訟構造が書面主義，法定序列主義，同時提出主義等から口頭主義，随時提出主義等へ変わるにつれて（本書137頁），複数人の紛争を一挙に解決することができる共同訴訟の利点が評価され共同訴訟は広く許容されるようになった。わが国の民訴法38条は，その極地ともいうべく，複数人に権利義務が共通であるとき，権利義務が同一の事実上，法律上の原因に基づくとき，さらに権利義務が同種であって事実上，法律上同種の原因に基づくときに，共同訴訟が適法となる。最後のものは，同一の賃貸借契約書に基づく数人の賃借人に対する賃料請求訴訟などを指す。しかも，この要件は職権調査事項ではなく，当事者が指摘したときだけ審理される。当事者が指摘しなければ，要件を欠いていても共同訴訟として審理されるのである。しかし，他方では，裁判所には弁論の分離によって共同訴訟を解消する対抗手段が認められている（152条，本書155頁）。

共同訴訟は，合一確定の必要のある必要的共同訴訟（40条）とそうでない通常共同訴訟（39条）とに分類され，必要的共同訴訟は当事者適格もかかわる固有必要的共同訴訟とそうでない類似必要的共同訴訟とにさらに分類される。通常共同訴訟の亜種として，同時審判の申出がある共同訴訟もある（41条）。固有必要的共同訴訟，類似必要的共同訴訟，通常共同訴訟は，法規が定める要件によって分かれるのであり，当事者の意向によってそうなるのではない。他方，同時審判の申出がある共同訴訟は，原告が申し出たときだけこうなるのであり，法規によって分類されているのではない。必要的共同訴訟ではないから，同時審判の申出がある共同訴訟は通常共同訴訟の亜種だと位置付けられる。

(2) 固有必要的共同訴訟は，どのようなものか

合一確定の必要があり，かつ，関係者全員が原告または被告となっていなければ当事者適格を充たさないという類型の共同訴訟である。関係者全員が当事者となるので，紛争は関係者一同につき1回で一体的に解決される。合一確定とは，法律上，同じ内容の判決が同じ時点で出されなければならないことを

言う。関係者全員が原告または被告となっていないときは、（原則として）不適法であり訴え却下となる。

　三つの類型に分けて考えるのが便利である。第1に、他人間の法律関係に変動を生じさせる訴訟が固有必要的共同訴訟となる。変動を生じさせられる法律関係の主体は、全員が当事者とされなければならない。各人が強く利害関係を持つ法律関係であるので、1人ずつ別々に訴訟をさせ、別々の内容の判決が出ることは法的に耐えられないからである[*1]。婚姻の無効、取消しを第三者が提起する訴訟では夫婦双方が共同被告とならなければならず、取締役解任の訴えでも当該取締役と会社が共同被告とならなければならない（会社855条）。

　第2に、数人で管理処分・職務執行をすることになっている場合、その数人の管理処分権者・職務執行者が共同訴訟人とならなければならない。数人の受託者のいる信託財産関係訴訟、数人の破産管財人のいる破産財団に関する訴訟、同一選定者から選定された数人の選定当事者（30条）などが、この例である。

　第3は、共同所有にかかわる紛争である。しかし、この領域で判例・学説は錯綜する[*2]。

　判例をまず原告側で見ると、総有では固有必要的共同訴訟とする。すなわち、入会権確認の訴えは、入会権者全員が共同して原告とならなければならないとする（最判昭和41・11・25民集20巻9号1921頁）。しかし、全員が訴訟当事者となることは、脱落する者もいるし、相手方に取り込まれる者もいるであろうから現実社会では不可能ないし著しく困難である。そこで、判例は、入会権に基づく使用収益権の確認は、固有必要的共同訴訟でなく個々人が提訴することができる、とした。ただし、地上権設定仮登記の抹消登記手続請求は入会権自体に基づくものであるから全員が原告にならなければならないとする（最判昭和57・7・1民集36巻6号891頁）。さらに、最判平成6・5・31民集48巻4号1065頁[百選11]は、入会権者が権利能力なき社団を構成しているときには、権利能力なき社団に当事者適格があり、その権利能力なき社団が訴訟をすることができる、とする。ただし、権利能力なき社団の代表者が訴訟をするには、当該権

[*1] 谷口安平「判決効の拡張と当事者適格」（初出：昭和45年）『多数当事者訴訟・会社訴訟（民事手続法論集第2巻）』（平成25年）201頁。
[*2] 徳田和幸「通常共同訴訟と必要的共同訴訟」（初出：昭和59年）同『複雑訴訟の基礎理論』（平成20年）3頁。

利能力なき社団内部での財産処分における決定方法で代表者による訴訟が承認されていなければならない，という縛りを掛けている。法人代表者の代表権に対する縛りである。5 分の 4 等の加重多数決で代表者による訴訟が承認されるのであれば，全員が共同原告になるという縛りよりはゆるやかに訴訟ができ，固有必要的共同訴訟の難問を回避できることになる。また，最判平成 20・7・17 民集 62 巻 7 号 1994 頁［百選 97］では，入会権確認訴訟において共同原告となることを拒む者は被告に回して訴えを提起すればよい，原告・被告に分かれるが全員が訴訟当事者となるのであるから固有必要的共同訴訟となっている，と判示した。最後の判例は，後述する。

　判例は合有という類型を認めず，分割前の遺産も民法上の組合の財産も共有とするが，共有では共有関係（共有権ともいう）と共有持分権との二つに分けて，共有関係の訴訟では全員が原告とならなければならないのを原則とし，共有持分権の訴訟では各自が別々に訴訟をしてよい，とする。また，保存行為（民 252 条但書），不可分債権（民 428 条）という各自で単独行使できる実体権が適用ないし類推適用される場合には，各自の個別訴訟を適法とする。たとえば，最判昭和 46・10・7 民集 25 巻 7 号 885 頁［百選 A31］は，夫婦の共有財産である不動産の所有権確認・移転登記手続請求訴訟は，共有関係であるから夫婦が共に共同原告でなければならず，1 人による訴えの取下げは許されないとしたが，最判平成 15・7・11 民集 57 巻 7 号 787 頁［百選 98］は共有者の 1 人は共有持分権により単独で抹消登記手続請求をすることができ，最判昭和 31・5・10 民集 10 巻 5 号 487 頁は保存行為により単独で抹消登記手続請求をすることができる，とする。抹消登記手続請求のみならず，特定物の給付請求（最判昭和 42・8・25 民集 21 巻 7 号 1740 頁），預金取引経過開示請求（最判平成 21・1・22 民集 63 巻 1 号 228 頁）は，保存行為ないし不可分債権の類推により，全員が共同原告となる必要はない，とする。

　被告側で判例を見ると，入会権での被告事件はない。しかし，入会権の不存在確認は，固有必要的共同訴訟とするであろう。共同相続のからむ事件は多いが，最判昭和 43・3・15 民集 22 巻 3 号 607 頁［百選 99］のように，共同相続した建物収去土地明渡し債務は不可分債務だから共同相続人が個別に被告になってよい，すなわち固有必要的共同訴訟でない，とした。ただし，強制執行をするには共同相続人全員に対する債務名義（判決）をそろえていなければならない，とする。要するに，共同相続人の 1 人 1 人を相手とする個別訴訟を許す

が，複数回の訴訟でよいから全員に対して勝訴しなければならない，とするのである。

共同所有者の内部紛争では，共有関係の確認は全員が当事者となる固有必要的共同訴訟だが，共有持分権の確認は固有必要的共同訴訟でなく個別訴訟でよい，とする（大判大正13・5・19民集3巻211頁）。他方，共有物分割の訴え（民258条）は，共有者全員が当事者となる固有必要的共同訴訟だとする（大判明治41・9・25民録14輯931頁）。最判平成元・3・28民集43巻3号167頁［百選100］は，遺産確認の訴えは共同訴訟人全員が当事者とならなければならない固有必要的共同訴訟だとする。相続欠格を理由とする相続人の地位不存在確認の訴えも，固有必要的共同訴訟だとする（最判平成16・7・6民集58巻5号1319頁）。しかし，遺言無効確認の訴えは固有必要的共同訴訟だとしない判例もある（最判昭和56・9・11民集35巻6号1013頁）。この遺言無効確認の判例の事案は，共同遺言無効という法律判断を示したものであるが，裁判所が法律判断を固めていれば，原告Aが提訴したときは無効，原告Bが提訴したときは有効と判断が分かれることがないという特殊なものであった。一般化には留保が必要である。

共同所有関係での学説は多様である。基本的には，実体権に従って判断するという立場[*3]と実体権に加えて当事者となった者と当事者とならなかった者との利害関係，相手方の立場，紛争の経過，紛争解決の実効性，等々の訴訟法的なものも考慮に入れて総合的に考えるという立場とがある[*4]。判例は，実体権に従って判断するという表面的言辞の下に，実は，総合的考慮も施していると見ることができる。前掲昭和43年最判も，不可分債務を持ち出して結論付けた後，固有必要的共同訴訟と解すると訴えの取下げや請求の認諾ができない不都合がある，誰が相続人か不明のときに1人でも欠けば訴え却下となる欠陥がある，と論じ訴訟法的な考慮をも示しているのがその現れである。また，前述のように判例は，抹消登記手続請求では固有必要的共同訴訟でなく，移転登記手続請求では固有必要的共同訴訟だとするが，これも実体権のみの性質では説明が付かず，抹消登記手続では登記の抹消であるから判決後の登記名義人は以前の名義人となるので登記にそれらの者の名が出ることに問題はないけれども，移転登記手続請求では初めて登記名義人となる者もおり，その者が登記に名が出ることを承知しているかどうかが裁判所としては分からないという違

[*3] 兼子384頁，三ケ月218頁，伊藤661頁。
[*4] 新堂780頁，松本＝上野［826］760頁，小島武司『民事訴訟法』（平成25年）759頁。

いがある。これが，判例が登記関係訴訟で固有必要的共同訴訟かどうかを分ける事情であろう。

そうだとすると学説としても後者のように，実体権の内容に加えて，訴訟法的なものも考慮に入れて総合的に考えるべきであろう。すなわち，関係者個々人の個別訴訟を許してしまうと，その判決は当事者とならなかった者に法的には判決効を及ぼすことはないが，事実上は影響を与え，当事者とならなかった者は後訴提起が困難となる。当事者とならなかったにもかかわらず，判決に事実上服さざるを得ないということであり，これでは裁判を受ける権利を事実上奪われることとなる。反対説は，個別訴訟で一つの判決が出ると関係者全員がその判決に従うのが普通だと説くが，自発的に納得して判決に従うのはよいけれども，判決が出ると事実上の効力として証明効（前訴判決を証拠原因の一つとして後訴裁判所が事実認定すること）があり，それを覆すのがコスト面でも心理面でも困難であることから仕方なく提訴を諦め前訴判決に従うというのだとすれば問題である。次に，相手方から見れば，固有必要的共同訴訟でないとなると，ばらばらの個別訴訟に何度も対応しなければならなくなり，困惑する。裁判所から見ても，個別訴訟を許すことは同じ争点に関して二重三重の審理となり，判決内容が食い違う危険もある。被告側で共同相続人ABCに別々の訴訟をしてよいとなると，XがABには勝訴したがCには敗訴した場合，強制執行はできないこととなりABに対する訴訟も無駄だったこととなる。さらに，判決内容が食い違うと，実体法律関係が円滑に処理できない不都合が生ずる。たとえば，遺言がXとY$_1$の間では無効だが，XとY$_2$の間では有効というのでは，遺産の処理は困窮する。また，XとAとの共有だと主張するXに持分権2分の1で個別訴訟を許すと，勝訴判決の結果，登記簿上は，XとYとの共有と表示されることとなる。共有物の管理・処分は混乱するであろう。しかし，総合的に考えるこの考え方は有力説ではあるが，通説とはなっていない。

実は，共同所有の場合に，関係者全員が訴訟に出て来るのが好ましいことを否定する考え方はほとんど見られない。多くの訴訟では，関係者は全員が当事者となっているとも指摘される。関係者全員の関与を通常共同訴訟の枠内で任意性の中で追求するにとどめるか，固有必要的共同訴訟として法的に要求するかで考え方が分かれるのである。それは昭和43年最判が懸念したように，固有必要的共同訴訟とすると不都合が生じやすいからである。まず，一部の関係者が訴訟当事者になっていなかった場合，通説・判例では，その訴訟は当事者

適格を欠き不適法却下となる。共同相続人全員が被相続人の戸籍に載っているとは限らず，この懸念は杞憂ではない。判決が出て確定した場合も，当事者適格のない者の訴訟であったので，無効の判決となる。ここを，まず，当事者適格を訴訟手続の進行に合わせて弾力的に考えるように改めるべきである。そうなると，事実審の当初ではできる限り関係者全員を当事者とすべく努力すべきであり，それがなされないときは訴え却下としてよい。しかし，控訴審の結審間近や上告審となって一部の者が欠けていたことが判明したときは，その当事者だけで訴訟は有効だと解すべきである。漏れていた者には，判決効は及ばず再訴となるが，通説・判例と異なり，当事者であった者の間では判決は有効と解するのである。実体権が共有関係と共有持分権とに分かれることを，ここで活用するができる。事実審の当初では共有関係の訴訟だとして全員を訴訟当事者とさせるが，控訴審の結審間近や上告審となって一部の者が欠けていたことが判明したときは共有持分権に関する訴訟に転換させて固有必要的共同訴訟でないと構成するのである。

　次に，共同原告となるべき者が，共同提訴を拒否する場合の措置を考えなければならない。かつては，拒否されると提訴派の者は，どうにも解決策はなく訴訟を断念しなければならないと解されていた。これが固有必要的共同訴訟とすることの隘路だとされていた。しかし，これは，平成20年最判が言う通り，提訴派の者たちの裁判を受ける権利を侵害する。そこで，平成20年最判が入会権確認訴訟で示したように，提訴拒否者を被告に回して訴えを提起できると解すべきである[*5]。この形でも，一部の者が原告になり，残余の者が被告となっているのであるから，関係者全員が，原告として一列に並んでいる訳ではないが，訴訟の当事者とはなっている。固有必要的共同訴訟の当事者適格は，この程度でも満足すると弾力的に解すべきである。ところで，平成20年最判の事案は確認訴訟であるから顕在化しなかったものの，給付訴訟で考えると訴訟構造はどうなるのか。被告に，本来の被告と，共同提訴拒否による被告の2種類がいることになる。前者を本来的被告，後者を二次的被告と呼んでみよう。訴訟当事者は，原告，本来的被告，二次的被告の3種類の当事者から成る。その意味で三面的な訴訟となり，独立当事者参加に準じて（本書329頁），手続進行の統一，裁判資料の統一が準用されると考えるべきであろう。実体法から

　＊5　新堂786頁，小島武司「共同所有をめぐる紛争とその集団的処理」（初出：昭和47年）同『訴訟制度改革の理論』（昭和52年）117頁。

すると，原告と二次的被告が権利者であり，本来的被告が義務者というのが通常の配置となる。移転登記手続請求訴訟であれば請求の趣旨は「本来的被告は，原告および二次的被告に対して移転登記手続をせよ，との判決を求める」とならなければならない。となると，二次的被告と本来的被告との間にも請求が立っていると解さなければならない。この請求は原告が定立することとなるから，この限りでは，原告が二次的被告の法定訴訟担当者として訴訟追行をしていると構成することになる（請求の趣旨では権利者である者が訴訟構造では被告であるのが，この訴訟類型の特殊性となる。当事者として原告と被告が同一人物となり混同を生ずるのではないから，適法であることは，遺言執行者と相続人との間の訴訟と同じである。本書94頁)。二次的被告は，自分は原告らと共同所有者ではないとか，入会権ではなく普通の共有であり共有持分権を有するとかの反論をする場合もある。このときは，本来的被告と共同歩調を取るのが普通であろう。しかし，二次的被告が，原告による訴え提起は証拠が調っておらず早すぎるとか，訴訟ではなく和解で解決すべきであるとか主張する場合には，本来的被告とは同調しておらず，事案によっては二次的被告の見通しの方が妥当な場合もある。そこで，この場合は異例ではあるが，裁判所が二次的被告の見通しの当否を審理し二次的被告の見通しが妥当であれば，原告による訴えを却下する。他方，二次的被告の提訴拒否が妥当でなく，提訴を拒否する方がいわば提訴拒絶の濫用だと認められる場合には，原告による訴訟を許す。このように考えるべきであり，判例は，平成20年最判によってこの方向に半歩歩み出したと見ることができる。確認訴訟ではなく，給付訴訟では被告に回す措置を認めない可能性も判例にはまだあるため，一歩ではなく半歩である。

　固有必要的共同訴訟となると，手続は合一確定で統制される。手続進行の統一と裁判資料の統一の二つで理解するのが便利である。手続進行の統一とは，関係者全員につき手続が同時に統一して進行するよう統制されるということである。たとえば，共同訴訟人の1人にでも中断・中止の事由が発生した場合には，訴訟が全員に対して中断・中止となる（40条3項。もっとも，訴訟代理人が付いていれば，中断はない。124条2項)。固有必要的共同訴訟では稀であろうけれども，1人についての中断・中止が長引くときには，諸般の事情を考慮して（前述の弾力的処理)，残りの者だけでの訴訟進行も認めると解すべきであろう[*6]。また，1人が上訴すれば，全員が上訴人と扱われる。上訴を機に手続進行の統一が乱れてはならないからである。さらに，当事者全員につき同時に同

内容の判決がされなければならないので，一部判決は違法となる。誤って一部判決がなされた場合は上訴され，取消し・差戻しによる差戻原審において，または上訴審において，全部判決がなされなければならない（最判平成22・3・16民集64巻2号498頁参照）。

　裁判資料（本書116頁）の統一とは，主張立証の内容を合わせるということである。人為的に，全員に有利な訴訟行為は1人がしても全員に均霑させる（40条1項）。たとえば，被告側で，1人でも否認すれば，全員が否認したとして証拠調べに移る。当事者双方の欠席で，1人でも期日指定の申立てをすれば（263条），全員がこの申立てをしたとして訴えの取下げの擬制を免れることができる。他方，不利な行為は，全員でしなければ効力を生じない。1人だけのした自白，訴えの取下げ，請求の放棄・認諾，上訴権の放棄，和解等々は，その1人にとっても効力を生じない。ただし，全員に対して弁論の全趣旨とはなり得る。裁判資料の統一によって内容の同じ判決が全員に対して可能となるのである。

　なお，相手方の訴訟行為は，共同訴訟人の1人に対してなされれば全員に対して効力を生ずる（40条2項）。共同訴訟人の中に欠席者がいても，相手方としては痛痒を感ずることはないことになる。また，これにより，裁判資料は統一される。

(3) 類似必要的共同訴訟とは，どのようなものか

　当事者適格は関係しないので，各自が単独で訴訟をすることができるけれども，共同して訴え又は訴えられた場合には合一確定となり，手続進行の統一と裁判資料の統一が人為的に施されるという訴訟類型を類似必要的共同訴訟という。判決効の拡張がある場合が，これに当たる[7]。

　株主総会決議取消しの訴えで株主X_1と株主X_2とが共同して訴えを提起したとき，X_1が請求棄却判決を受け，X_2が請求認容判決を受けたのでは，判決効が錯綜する。そこで，そういうことにならないよう手続進行の統一と裁判資料の統一が図られ，同じ内容の判決が同時に出されるとするのである。もっとも，この場合，厳密には，判決効衝突は別の形で調整されている。すなわち，請求棄却判決には対世効はなく，請求認容判決だけに対世効がある（会社838条）。

---

[6] 新堂791頁。
[7] 兼子385頁，三ケ月219頁，伊藤664頁。

しかも，株主同士の団体的規律により，請求認容判決の対世効は請求棄却判決を受けた X_1 にも及んで行く。この規律により，株主 X_1 が請求棄却判決に従うのか，請求認容判決に従うのかの衝突は生じない。そこで，このような片面的対世効の場合には類似必要的共同訴訟とならないとする説もあるが*8，このように判決効衝突が調整される場合でも，わざわざ共同訴訟人の間で内容の異なる判決を出すこと，また，手続進行を別異にすることには合理性が乏しいから類似必要的共同訴訟と解すべきである。株主 X_1 と X_2 の間で，他方がまずい訴訟追行をしないように相互に牽制できるようにするため類似必要的共同訴訟となると説明してもよい*9。かくして，数人が提起する会社設立無効の訴え（会社828条），株主総会決議無効確認の訴え（会社831条），数人の異議者からの破産債権査定異議の訴え（破126条6項），数人の債権者が提起する債権者代位訴訟（民423条），数人の株主が提起する株主代表訴訟（会社847条），数人の債権者が提起する取立訴訟（民執187条）等が類似必要的共同訴訟となる。

　類似必要的共同訴訟も合一確定が法律上要求されているので，手続進行の統一と裁判資料の統一とが図られる。しかし，もともと，単独での訴訟ができるという類型であるから，固有必要的共同訴訟と完全に同じになるのではない。たとえば，1人による訴えの取下げは適法である。当事者適格に関係しないから，残った者だけで訴訟を行なえばよい。中断・中止が長引く場合に，残余の者だけでの訴訟の続行も類似必要的共同訴訟では認められやすいであろう。また，最判平成12・7・7民集54巻6号1767頁[百選101]等で，判例は，住民訴訟と株主代表訴訟において，上訴した者だけが上訴人となる，上訴しなかった者の請求も確定を妨止され上訴審に移審するが，上訴しなかった者は上訴人とならない，上訴審で出される判決は上訴しなかった者にも及ぶ，と判示する（当事者なき請求を認めたことになる）。確かに，上訴審での訴訟費用の負担，上訴の取下げ，非上訴人に生ずる中断・中止などの関係では，上訴しなかった者は上訴人とならないとするのは便利である。しかし，他方では，非上訴人もその者の権利義務が審理されているのであるから，自分の方から上訴審に関与して行くことは認められるべきであろう。また，請求の放棄・認諾，和解等では，

---

*8　髙橋利文「片面的対世効ある判決と共同訴訟人の一部の者の上訴」貞家克己退官記念『民事法と裁判(下)』(平成7年) 178頁。

*9　髙田裕成「いわゆる類似必要的共同訴訟関係における共同訴訟人の地位」新堂幸司古稀『民事訴訟法理論の新たな構築(上)』(平成13年) 641頁。

非上訴人も関与できるとする方が合理的である。判例が，上訴しなかった者は上訴人とならないとしたのは送達が奏功しない場合に期日を開くことができない不便を考慮したようであるが，送達の不都合は送達場所の届出（104条）によって相当程度対処できるであろう。上訴しない者は上訴人とならないという解釈は住民訴訟や株主代表訴訟のように訴訟物が客体面で同一であり，個人的利害で行なうのでない訴訟に限定されると考えるべきであり，一般的には類似必要的共同訴訟でも，固有必要的共同訴訟と同様に，1人が上訴すれば全員が上訴人となるという規律でよいのではなかろうか。

（4） 通常共同訴訟とは，どのようなものか

合一確定の要請のないものが，通常共同訴訟となる。こちらの方が必要的共同訴訟より多く，法的には原則形態となるので「通常」共同訴訟と呼ばれる。民事訴訟における紛争解決の相対性から（本書329頁），実体法の論理上は一体的であるべきものも通常共同訴訟となる。必要的共同訴訟として手続進行の統一と裁判資料の統一を図るという手続の重さを避けるためである。逆に言えば，合一確定とは，この手続の重さを甘受してでも一体的解決が不可欠とされることをいう。かくして，複数の連帯債務者に対する請求，主債務者と保証人を共同被告とする訴訟，数人の被告に対して自己の所有権の確認を求める訴え，買主と転得者を相手にして抹消登記手続を求める訴訟，航空機事故のように数十人，数百人の被害者からの同一の加害者に対する損害賠償請求も，通常共同訴訟とするのが通説・判例である。連帯債務者であれば判決が分かれるのは実体法からは悖理(はいり)であるけれども，被告の1人が自白をしたり請求の認諾をしたりするのを阻止するまでもないと通説・判例は考えるのである。固有必要的共同訴訟となる入会権や共有関係は，比喩的に言えば，多数人が1個の権利を持っているようなものであるが，連帯債務等では各人がそれぞれの義務を負うのである。共同所有のような継続性を持つ訳ではない1回限りの財産権上の紛争であるから，紛争解決は相対的でよいと考えるのである。訴訟法は実体法を基準にするものではあるけれども，実体法に過度に傾斜して理解してはならない。通常共同訴訟は，実体法に過度に傾斜して初学者がよくつまずくところである。実体法上は一体的でなければならない紛争も，訴訟法上は相対的でよいというのが通常共同訴訟の論理である。

通常共同訴訟では，XのY_1に対する訴えとXのY_2に対する訴えがたまた

ま合わさったものと観念される。それぞれの個別訴訟の束に過ぎないと考えるのである。従って，各人は各人なりの訴訟をすることができる。これを共同訴訟人独立の原則と呼ぶ（39条）。Y_1 が自白をすれば，Y_1 の自白として有効に成立する。しかし，Y_1 の自白は Y_2 の訴訟になんらの影響も及ぼさない。それで訴訟運営が不便になるのであれば，裁判所は弁論の分離（152条1項）をすればよい。上訴も1人が上訴しても，他の者が上訴人となるようなことはない。あくまで1人の上訴である。請求の放棄・認諾，和解等々も同様である。1人に中断・中止事由が発生しても，その者に関してだけ作用し，他の者の手続が中断・中止となることはない。

共同訴訟人独立の原則が働くのではあるけれども，通説・判例も，証拠共通の原則は働くとする。Y_1 の提出した証拠方法から得られる証拠資料を使ってX対 Y_2 の判決をしてよい，とするのである。原告・被告間の証拠共通の原則は，一方の提出した証拠方法からは提出者に有利な証拠資料しか抽出できないのではないという意味であるが（本書181頁），共同訴訟人間での証拠共通の原則は，提出した者と提出された者以外の共同訴訟人にも証拠資料を使うことができるという意味である。しかし，これは実は，弁論主義の第3テーゼに反している。Y_2 からすると，自己が提出したのでも相手方Xが提出したのでもない証拠方法が事実認定に用いられたということであり，Y_2 に関しては職権証拠調べに類するからである。にもかかわらず，通説・判例が共同訴訟人間の証拠共通の原則を肯定するのは，この場合の Y_2 にとっても同じ期日の同じ法廷で証拠調べがなされるのであり，Y_2 も証拠調べに関与でき，解釈により反対尋問権も与えられるからである。Y_1 が提出した文書証拠（書証）の成立の真正，つまり形式的証拠力への否認もできる。これに，同一裁判官が同一手続で行なう事実認定は一体である方が自由心証主義の趣旨に適う，という論拠が付加されて，共同訴訟人間での証拠共通の原則が成立する。

学説によっては，さらに共同訴訟人間の主張共通を肯定する[*10]。各共同訴訟人が独自に積極的に訴訟行為をしない限り，1人のした主張は有利なものであれば他の共同訴訟人にも及ぶ，と考えるのである。主張共通の原則は，主張責任を負わない当事者の主張でも当事者からの主張と扱われ，それを判決の基礎としても弁論主義に反しないというものであるが（本書117頁），共同訴訟人

[*10] 新堂幸司「共同訴訟人の孤立化に対する反省」（初出：昭和46年）同『訴訟物と争点効（下）』（平成3年）33頁，新堂788頁。

間の主張共通は1人の主張が有利なものであれば他の共同訴訟人に及ぶという形になる。証拠共通の原則とともに，共同訴訟流に変容されていることに注意すべきである。ともあれ，主債務者と保証人を被告とする債権者からの訴訟で，主債務者が主債務の不成立を主張したが（否認），保証人は主張をしない，さらには欠席をしているとしよう。共同訴訟人独立の原則を機械的に当てはめれば，保証人には擬制自白が成立し，普通は敗訴となる。反射効と既判力の衝突で見た最判昭和51・10・21民集30巻9号903頁[百選90]は，まさにそういう事案であり弁論を分離し保証人敗訴となった（本書290頁）。しかし，相手方たる原告から見れば主債務者が否認している以上，どうせ主債務の成立は立証して行かなければならない，裁判所から見ても，どうせ証拠調べはしなければならない。つまり，主債務者の否認の効果を保証人に及ぼしても訴訟運営の負担が増す訳ではない。かえって，主債務者と保証人とで統一的な判決が招来されるのであるから実体法的には好ましいとさえ言うことができる。従って，共同訴訟人間の主張共通を認めるべきだというのである。むろん，保証人が積極的に自白をしたというようなときは共同訴訟人独立の原則が優先し，主張共通は成り立たない。共同訴訟人独立の原則は，このように積極的に訴訟行為をする場合で保障すれば必要にして十分だと考えるのである。通説とはなっていないが，賛同すべきである。ちなみに，反射効と既判力の衝突の昭和51年最判の事案も，弁論の分離をしないというだけでは解決にならない。弁論の分離をしないだけでなく，この主張共通または当然の補助参加（本書323頁）を肯定しない限り，保証人と主債務者の判決は統一的とならない。

　通常共同訴訟は，原告が最初からそういう形で提訴することもできる。この場合，38条の共同訴訟の要件の前段を充たしていれば，管轄も統一される（併合請求の管轄，7条）。しかし，共同訴訟は後発的に裁判所の弁論の併合によって成立することもある。この場合，併合前に証拠調べがなされているときは，他方の共同訴訟人はその証拠調べに関与していないので，証人尋問に関しては再尋問を要求することができる（152条2項。直接主義についての本書134頁）。文書証拠の成立の真正についても同様に解すべきであり，他の共同訴訟人は真正を否認し真正かどうかの証拠調べを要求することができる。

　共同訴訟は，個別訴訟を束ねたものと観念される。しかし，公害・薬害訴訟，消費者訴訟，大規模な事故の損害賠償訴訟等では数百人の共同原告が提訴するいわゆる集団訴訟となる。集団訴訟は，個別訴訟の束という観念ではまかない

きれず，たとえば損害額の事実認定などは集団的に行なわれる。個々の原告への当事者尋問に代えて，陳述書やアンケート調査を用いるといったことが行なわれる（最大判昭和 56・12・16 民集 35 巻 10 号 1369 頁）。慰藉料も一律包括請求となるのが通常である。実務上は，送達などの連絡の煩雑さ，代理人の日程上の支障による期日指定の難しさ，法廷の秩序維持の困難，主張整理・主張調書化の困難，証拠調べの長期化といった問題もある[*11]。要するに，集団訴訟は共同訴訟を超えた面があり，研究はこれからの課題である。民訴法では 268 条以下に大規模訴訟に関する特則が置かれている。たとえば，合議体が 5 人構成となり（269 条），当事者に異議のないときは受命裁判官（合議体の裁判官の一部）による当事者尋問・証人尋問が適法となる（268 条）。合議体裁判官全員による当事者尋問・証人尋問ではなくなるから，直接主義の変容を肯定しているのである。また，訴訟代理人が複数のときは連絡担当者を選任すべきだとされる（規 166 条）。

(5) 同時審判の申出がある共同訴訟とは，どのようなものか

売買契約が代理人によって有効に成立しているから本人 Y_1 に代金を請求する，しかし，代理権がなかったとすれば代理人であった Y_2 に代金または損害賠償を請求する（民 117 条）ということがある。実体法上は，どちらかには勝訴できる。しかし，これを個々の訴訟で行なうと，本人 Y_1 に対しては代理権が立証できないという理由で敗訴し，代理人 Y_2 に対しては代理権は有効であったとして敗訴する，つまり両方に負けるということが起こり得る。両方に勝つことも起こり得る（両方に勝ったとき，両被告から給付を受けられるかは問題である。実体法的には両被告から給付を受けるのを疑問とするであろう）。民法 717 条の土地工作物の占有者と所有者への請求でも同様である。この両方に負けることを避けるため，原告は本人と代理人を共同被告とし，かつ，弁論の分離と判決の分離を許さない同時審判の申出がある共同訴訟を利用することができる（41 条）。前述のように，同時審判の申出がないと，通常共同訴訟である。

41 条では，法律上併存し得ない関係とされ，法的に両立しない場合を想定している。買主が Y_1 か Y_2 か不明という事実上両立しない場合は，条文からは同時審判の申出がある共同訴訟でないことになる。しかし，同時審判の申出が

[*11] 田尾桃二「紛争の一回的一挙的解決ということについて」民訴雑誌 40 号（平成 6 年）37 頁。

ある共同訴訟は、弁論の分離と判決の分離が禁止されるだけの弱い規律であるから、事実上両立しない場合にも類推適用してよいというのが多数説であろう。賛同してよい。

ところで、弁論の分離が禁止されているにもかかわらず、裁判所が誤って弁論を分離したときは、どうなるか。原告は責問権（90条）を行使して是正を求めることができる。裁判所が誤って一部判決をしたときは、当事者は上訴して是正を求めることができる。控訴審は第1審判決を取り消して第1審に差し戻し、他方への請求と合わせて第1審で全部判決がされることになる。しかし、稀にしか生じないであろうが、このとき、他方への判決がすでに確定してしまっているときは、もはや判決が確定した手続を併合することはできない。一部判決が、事実上、有効となるが、やむを得ない。なお、他方の判決も上訴されてきたときは、控訴審は弁論と判決を併合しなければならないと規定されている（41条3項）。しかし、これは、上訴には共同訴訟人独立の原則が適用されることを前提としている。必要的共同訴訟であれば、1人が上訴すれば請求はすべて上訴審に移審するが、同時審判の申出がある共同訴訟では、通常共同訴訟であるから、当然に上訴の効果が他の共同訴訟人に及ぶのではない。上訴不可分の原則は、客体面の場合だけであり主体面の共同訴訟には適用されないからである（本書295頁）。別々の上訴があって、事件全体がたまたま控訴審に移ってきたときは、事件を併合するというのが41条3項の規律の意味である。そこで学説には、合一確定の要請がある訳ではなく上訴の統一も規定されていない同時審判の申出がある共同訴訟では、一部判決の違反は上訴理由とならないと示唆するものもある[*12]。

被告の1人に中断・中止事由が生じたときは、弁論の分離ができないのであるから、他方の被告だけで手続を進めることはできない。事実上、手続は全体が中断・中止となる。けれども、原告は同時審判の申出を撤回して、他方の被告だけで手続を進めることができる。

平成8年新法以前は、本人と代理人のような事例では、主体的予備的併合（主観的予備的併合）という議論があった。たとえば、本人を主位的被告、代理人を予備的被告とし、主位的被告に勝訴したときは予備的被告に対する訴えを撤回するというものである。これで、両方に負けることを回避することができ

[*12] 竹下守夫＝青山善充＝伊藤眞編『研究会新民事訴訟法』（平成11年）68頁。299条が、第1審の違反が控訴理由にならない場合があることを実定法上認めている。

る。しかし，最判昭和 43・3・8 民集 22 巻 3 号 551 頁[百選 A30]は，主体的予備的併合を否定した。予備的被告とされた者は主位的被告に対する請求が審理されているときには手続に関与できず地位が不安定で不利益を受ける，上訴の関係では統一的審判の保障がない等が理由であると推測される。しかし，学説によっては，予備的被告も当初から主張立証活動ができる，上訴の関係でも 40 条を準用して審判は統一されると説くものが有力であった[*13]。この有力説に従うならば，上訴の統一があるメリットから，主体的予備的併合は同時審判の申出がある共同訴訟に優る規律を有しているので，同時審判の申出がある共同訴訟ができた現行法の下でも存続していると解することになる。私見も，ここに属する。しかし，同時審判の申出がある共同訴訟が制定された以上，主体的予備的併合の議論は終わったとする学説が多い[*14]。

(6) 訴えの主体的追加的併合（主観的追加的併合）とは，どのようなものか

38 条の共同訴訟の要件が充されている場合，当事者の権能として，訴訟係属後，後発的に原告が被告を追加したり，被告が第三者を引き込んだり，第三者が訴訟に加わったりすることを主体的追加的併合（主観的追加的併合）として許容する議論がある[*15]。当事者の権能として認めるので，新当事者には管轄がない場合でも追加でき，訴え提起の申立て手数料も納付しないで済むという利点がある。学説は広く許容する傾向にあるが，最判昭和 62・7・17 民集 41 巻 5 号 1402 頁[百選 96]は原告が被告を追加するという最もプリミティブな形態で否定した。別訴を提起した上で，弁論の併合を裁判所に促せば足りる，とするのである。新訴につき旧訴訟の訴訟状態を当然に利用できるか問題であり，必ずしも訴訟経済に適うものでなく，訴訟を複雑化させる弊害も予想され，軽率な訴え提起が増える虞れもあり訴訟遅延を招く虞れもある，という理由による。

しかし，別訴提起には管轄や手数料の壁があり，弁論の併合は裁判所の裁量であるから必ずなされるという保障はない。そこに当事者の権能として構成する主体的追加的併合の意味がある。ただし，弊害を指摘する判例の考え方も一

[*13] 井上治典「訴えの主観的選択的併合」（初出：昭和 47 年）同『多数当事者訴訟の法理』（昭和 56 年）181 頁。
[*14] 伊藤 656 頁，河野 703 頁，三木ほか 544 頁。
[*15] 新堂 801 頁。

理あり，弊害を上回る利点がある場合にのみ主体的追加的併合を認めるのが妥当であろう。となると，固有必要的共同訴訟で一部の者が漏れていた場合，両立しない択一的請求がなされる場合といった弁論の分離が許されない類型で，当事者の権能としての主体的追加的併合が許容されると解すべきであろう。

(7) 選定当事者とは，どのようなものか

共同の利益を有する多数者は，その中からある者を選定し，その者をいわば代表者として訴訟を行なうことができる。選定された者が，選定した者に代わって訴訟当事者となるのである（30条）。用語は紛らわしいが，選定された当事者を選定当事者と呼び，選定した方を選定者と呼ぶ。多数者による共同訴訟は，弁論が複雑になりやすく，送達の事務も増える。当事者全員が入ることのできる法廷があるとは限らない。従って，選定当事者によって訴訟手続が簡素化される利点がある。1人に中断・中止の事由が発生しても，それが選定者であれば，手続の進行に影響しない。もっとも，これらの利点は1人の訴訟代理人に事件を委任することでも達成することができる。しかし，多数の当事者そのものを簡素化する点に，選定当事者の意味がある。法的性質は，法律自身が認めた任意的訴訟担当である（本書96頁）。

要件は，まず多数の者の存在である。しかし，明確に数が規定されている訳ではないので，理論上は2人であっても選定することができる。次に，多数者は共同の利益を有していなければならない。利益がばらばらであれば，当事者を集約することに無理が生ずるからである。主要な攻撃防御方法が共通で，相手方に対して社会通念上一団として対立していればよい。第3に，選定当事者は，多数人の中の者でなければならず，第三者を選定当事者とすることはできない。弁護士代理の原則（54条）に抵触する虞があるからである。選定は，訴訟係属の後にすることもでき，係属前にしておくこともできる。

ABCの3人の中から，Aが選定当事者となったとしよう。Aに訴訟代理人が付くこともあり，Aの本人訴訟であることもある。当事者はAだけとなるが，請求はABC3人のものが係属する。BCの請求については，Aが訴訟担当しているという構成になる。Aの得た判決は，115条1項2号によりBCに効力が及ぶ。選定当事者は，当事者として自由に訴訟をすることができるから，訴えの取下げ，請求の放棄・認諾，和解等ができる（最判昭和43・8・27判時534号48頁［百選A4］）。訴訟代理人が，これらの行為をするには55条2項で特

別授権を必要とするが，選定当事者は当事者であるから自由にできる。BCの利益を害しないかといえば，Aの利益も訴訟にかかっており，ABCの利益は共通なのであるからBCの利益に反してAが訴訟行為をすることは考えにくい。しかも，選定者は，いつでも選定を取り消し，または選定当事者を変更することができる（30条4項）。

　前述のように，判決はABC3人の請求を対象とする。ABCの請求がそれぞれ1000万円だとすると，判決主文は被告は原告に金3000万円を支払えという包括的な書き方ですることも違法ではないが，しかし，被告はAに1000万円，Bに1000万円，Cに1000万円支払えと区別して書く方が優れている。Aに1000万円，Bに900万円，Cに800万円と金額が異なる場合には，特にそうすべきである。原告Aは，判決の当事者であるから（民執23条1項1号），この判決全体につき強制執行を申し立てることができる（ただし，強制執行は別だとする反対説もある）。

　30条3項により，訴外第三者が，訴訟の外から既存当事者を選定当事者に選定することができる。既存当事者は，144条によって，この選定者の分も請求を追加することになる。理論上は，既存当事者は追加する義務を訴訟法上負う訳ではなく，選定当事者と選定者の関係は訴訟法とは別次元の両者の間の契約による。この選定も撤回することができる。撤回すると元に戻るのであるから，選定者は訴外第三者に戻り，請求は別訴となると解するのが理論的である。しかし，選定当事者であった者と選定者であった者の共同訴訟となるとする説も有力である。

　ところで，この訴外第三者からの選定は，アメリカ法のクラス・アクションの一種だと見ることができる。クラス・アクションとは，当事者が，名乗りを上げて裁判所から許可されれば，クラス全体の代表者として訴訟をするというものである。訴外第三者からの選定は，加入申出型のクラス・アクションである。しかし，クラスの者が除外を申し出なければ包摂され判決効に服するという除外申出型のクラス・アクションではない。除外申出型のクラス・アクションは，わが国でも近時，「消費者の財産的被害の集団的な回復のための民事の裁判手続の特例に関する法律」（平成25年法律第96号）で制定された。ただし，アメリカ法と異なり，全員の権利にかかわる共通義務確認の段階と個々人の権利を確定する段階の二段階構成である*16。

3　補助参加

(1)　訴訟参加とは，どのようなものか──補助参加，共同訴訟参加，独立当事者参加

　他人間に係属している訴訟に，第三者が関与していくことを訴訟参加という。関連する訴訟に関与して，自己の権利義務・法的地位を守ることを目的とする。現行法では，補助参加（42条以下），共同訴訟参加（52条），独立当事者参加（47条）がある。これらは，参加人の方から関与して行くものであり，講学上，任意参加と呼ばれる。そうではなく，強制的に参加させられるものを強制参加と呼ぶが，実定法では，民訴法にはなく，民執法157条，人訴法15条，行訴法22条・23条が強制参加である。

　任意参加では，第三者の方から関与して行くのであるから，参加人の目的は，自己独自の主張立証活動をしたいということにある。証人としてでは，尋問されたことに供述することはできるが証拠資料となるだけである。弁論主義の対象となる主張をし，さらに証拠の申出をすることは参加によって可能となる。参加によって関連紛争が統一的に解決される効用も生ずるが，関連紛争の統一的解決を求めるのであれば固有必要的共同訴訟または弁論の必要的併合（会社837条）を立法するのが直截的であり，参加制度では関連紛争の統一的解決は副次的な目的または反射的効果だと位置付けるべきであろう*17。

　補助参加は，当事者の一方を助けて勝訴させるために参加する。助けに入られた当事者を被参加人というが，被参加人を勝訴させることによって間接的に補助参加人の利益を守ろうとするものである。参加人自身にかかわる請求は定立されない。請求がないのであるから，完全な意味では当事者ではなく，当事者と呼ばれるときも「従たる当事者」と呼ばれる。訴訟の主導権は被参加人にあり，被参加人の訴訟行為と抵触する訴訟行為等を補助参加人はすることができず，補助参加人には従属性がある（45条）。参加人，被参加人の共同戦線が敗訴したときには，参加人と被参加人の間に参加的効力という判決効が生ずる

---

*16　三木浩一「消費者集合訴訟制度の構造と理論」伊藤眞古稀『民事手続の現代的使命』（平成27年）595頁。

*17　高田裕成「多数当事者紛争の『画一的解決』と『一回的解決』」民訴雑誌35号（平成元年）186頁。

(46条)。

　共同訴訟参加は，類似必要的共同訴訟となる類型で当事者となっていなかった者が参加するというものである。株主総会決議取消しの訴えに原告以外の株主が参加して行くのが典型例である。類似必要的共同訴訟であるから，合一確定の必要があり40条が適用される。参加人は，40条が適用されるのであるから，既存当事者を牽制し一定の訴訟行為の効力発生を阻止することができる。

　独立当事者参加は，第三者がみずからの請求を掲げて既存訴訟に関与していくというものである。XがYに対して所有権確認訴訟を提起しているとき，自身が所有権者だと主張してZが，それぞれXとYに対して所有権確認の請求を掲げて参加するというのが典型例である。合一確定の必要は法的にはないが，統一的紛争解決を参加人が求めているので，40条が準用される。参加人は，既存当事者を牽制し一定の訴訟行為の効力発生を阻止することができる。たとえば，被告が請求の認諾をするのを阻止することができる。三者に対して出される判決は，実体法論理上，統一的内容を持つ。典型例でいえば，XYZの誰かだけが所有権者だと確認される（XYZ以外の者が所有権者だと認定されることもあるが，これは別論である）。独立当事者参加は，詐害防止参加と権利主張参加の2種類に分かれる。ちなみに，学生の答案に，独立当事者参加を「独当参加」と表記するものがかなり見受けられる。受験業界の用語なのであろうか。自分のノートに略語を用いるのは差し支えないが，採点者に見てもらう答案にくせのある略語を使うのは印象が極めてよくない。心すべきであろう。

　さて，既存当事者の側から参加を促すこともできる。訴訟告知（53条）である。補助参加，共同訴訟参加，独立当事者参加のできる第三者に対して訴訟が係属していることを知らせ，参加を促すというものである。一定の要件を充たす場合には，補助参加をしたと看做され参加的効力が生ずる。

(2) 補助参加人は，どのようなことをすることができるか

　補助参加人は，自己の名と費用で訴訟に関与する。みずからの訴訟代理人を選任することもできる。訴訟代理人への弁護士報酬は自分で支払う。補助参加がある以上，補助参加人へも期日の呼出しがなされ，それがなければ期日は適法に開くことができない。

　補助参加人は，被参加人と同様に，攻撃防御方法の提出，上訴・再審の提起など，後述の例外を除くほとんどの訴訟行為をすることができる（45条1項）。

補助参加人の行為の効果は被参加人に及ぶ。この意味では，補助参加人は訴訟代理人と機能的に近い関係にある。

しかし，訴訟の主導権は，当事者でない補助参加人でなく，当事者である被参加人が持つ。そのため，第1に，補助参加人は参加したときの訴訟状態に拘束される（45条1項但書）。参加の時点で被参加人がすでにできなくなってしまっている自白の撤回，時機に後れた攻撃防御方法の提出は，補助参加人もすることができない。

第2に，訴訟自体を処分・変更する行為を，補助参加人はすることができない。自己の請求または自己への請求のない補助参加人は，従たる当事者であり，訴訟自体の処分権はないからである。訴えの取下げ，訴えの変更，反訴提起，請求の放棄・認諾，和解等を補助参加人はすることができない。

第3に，被参加人の行為と抵触する行為を補助参加人はすることができない（45条2項）。補助参加人が否認しても，被参加人が自白をすれば自白の方が優先する。被参加人が上訴権を放棄してしまえば，補助参加人は上訴をすることができない[*18]。請求が被参加人にかかわるものである以上，訴訟戦術については被参加人の意向が優先すべきだからである。代償として，抵触行為があったときは参加的効力が生じない（46条2号）。

第4に，被参加人に不利な行為はすることができない。請求の放棄・認諾，和解，上訴権の放棄等を補助参加人はすることができない。補助参加は，被参加人を勝訴させることによって補助参加人の利益を守るためのものであり，被参加人を敗訴させるに至る行為のできないことは，ここから導かれる。従って，自白もできない（反対説もある）。

以上を，補助参加人の従属性と言う。被参加人の持つ取消権等の形成権を，補助参加人は行使することができないとするのが通説である。また，上訴期間も，被参加人を基準にして計算するのが判例・通説である。補助参加人にも判決正本の送達はあるが，その送達の時から上訴期間が補助参加人独自に進行するのではなく，被参加人の上訴期間に合わされる。わざわざ費用を負担して参加してくる補助参加人の地位は高めてよいと考え，被参加人が持つ形成権を補助参加人が行使することを認める有力説，上訴期間の進行を補助参加人への判

[*18] 被参加人のためでない上訴はできるとする少数有力説がある。新堂幸司「参加的効力の拡張と補助参加人の従属性」（初出：昭44年）同『訴訟物と争点効（上）』（昭和63年）227頁以下，特に256頁，新堂818頁。

決送達時からとする有力説はあるが（私見も，ここに属する），通説は反対に解している。従属性を，ここまで貫徹させるのである。

(3) 補助参加の利益とは，どのようなものか

以上の規律となる補助参加をして行くには，訴訟の結果について利害関係がなければならない（42条）。これを補助参加の利益という。他人間に訴訟係属があることも補助参加の要件であるが，補助参加の利益が補助参加の要件の中核をなす。

この利害関係は，法的なものでなければならず，感情的なもの，経済的なものでは足りない。友人や親族が訴訟を提起され気の毒だというだけでは感情的な利害関係に過ぎず，補助参加の利益とはならない。被告の債権者は，被告が敗訴すると被告の財産が減り自己の債権の回収をしにくくなるという利害関係を持つが，それは経済的なものであり補助参加の利益とならない。ただし，被告の債権者は，民法423条の債権者代位の要件を充たせば，単なる経済的な利害関係が法的な利害関係に昇格するので補助参加の利益がある。ちなみに，法的・感情的・経済的というカテゴリーは，それ自体の内実を持つ面もないではないであろうけれども，補助参加を認める認めないを決めた後のレッテル（ラベル）として使われている嫌いがあることに注意しておくべきであろう。さて，法的利害関係は，財産権上のものであるのが普通であるけれども，それに限られず身分法上のものでもよく，さらには私法上のものでなく公法上のものでもよい。公法上の利害関係の典型は，既存当事者間で第三者が詐欺をしたかが争われている場合に，詐欺をしていないとして当該第三者が参加することが挙げられる[*19]。

利害関係は，訴訟の結果について存在しなければならない。通説と判例主流は，この訴訟の結果を，訴訟物に対する判断，すなわち判決主文事項と捉えている[*20]。法律学上の通常の用語法では，そうなるであろう。しかし，主要な争点に関するものであれば判決理由中の判断であっても「訴訟の結果」となるという説が次第に多数となりつつある。補助参加の要件を狭くしたいという既存当事者の利益や，訴訟が複雑になることを厭う裁判所の利益よりも，わざわ

[*19] 新堂812頁。
[*20] 笠井正俊「補助参加の利益に関する覚書」井上治典追悼『民事紛争と手続理論の現在』（平成20年）215頁。

ざ費用と時間を掛けて参加して行く補助参加人の利益の方を優先しようという思考である。私見も賛同する。

　利害関係と訴訟の結果との結び付きは，因果関係と呼ばれるが，法的なものである必要はない。ここで法的な因果関係とは，判決効が法的に拡張されることを言い，補助参加の利益では法的な判決効拡張の場合でなく，事実上，判決が影響を及ぼすだけで足りる。事実上，判決が影響を及ぼすとは，実体法の論理上，前提となるということである。保証人が被告とされた訴訟に主債務者が補助参加して行くというのが補助参加の典型例であるが，このとき保証人が敗訴すると保証人は主債務者に求償を求めて行くであろう。しかし，保証人敗訴判決は，補助参加がなされた場合の参加的効力を除いて考えると，法的には主債務者に及んで行かない。主債務者は自己への求償訴訟で，主債務は不存在であったと主張立証して保証人に勝訴することができる。このように法的には判決効が及んで行くことはないが，実体法論理上は，保証人が敗訴して保証債務を履行することが求償の前提であり（求償請求の実体法上の細かい要件論は捨象する），この前提は充たされているので補助参加の利益はあるとされる。さて，利害関係と訴訟の結果との因果関係は法的なものでなく事実上のもので足りることが，前述の「訴訟の結果」を判決主文に限定しない説を後押しする。事実上の因果関係でよい以上，既判力の生ずる判決主文事項に限定せず，そうでない判決理由中の判断でもよいと考えることができるからである。ところで，利害関係は法的なものでなければならない。しかし，因果関係は法的なものでなくてよい。ここが多少複雑であり，学生諸君が混乱するところとなっている。よく考えて理解しなければならない。

　以上を定式化すれば，訴訟の主要な争点についての判断を前提にして補助参加人の権利義務その他の法的地位が決められる関係にあることから，被参加人の受ける判決の判断（判決理由中の判断を含む）によって補助参加人の法的地位が事実上影響を受ける虞れがあることが，補助参加の利益となる。しかし，実際の補助参加の利益の判定は，このような静態的なものではなく，動態的・弾力的だと思われる。参加申出がされた時期，異議を提出したのが相手方か被参加人か，参加申出人の数，参加されることによって裁判資料が豊富になる可能性，逆に補助参加を認めることによって訴訟が複雑となるデメリットの程度，参加人が別訴をしており裁判所の判断を独自に得られる見通し，等々を考慮して微調整されて決められるものであろう。確認の利益と同様に，多少の幅があ

ると見るべきである*21。

　判断枠組みは以上であるが，補助参加が認められる類型は三つに分けることができる。第1類型は，被参加人が敗訴することを直接の原因として補助参加申出人が求償・損害賠償その他の訴えを被参加人から提起される関係にある場合である。補助参加の中核であり，保証人が被告となる訴訟への主債務者の参加，買主が追奪訴訟を提起されたときの売主の参加という典型例がここに属する。この第1類型の亜種として，第1の訴訟が第2の訴訟の先決関係に当たる場合も，補助参加が肯定される。債権者が主債務者を訴えた場合に，保証人が主債務者に補助参加する場合等である。主債務者が勝てば，債権者からの保証人に対する第2訴訟は事実上なくなる可能性があるから，補助参加の利益がある。択一関係にある場合も，亜種となる。買主がYかZか不明という場合で，売主XがYを被告としたとき，Zは原告Xに補助参加することができる。参加してXを勝訴させれば，事実上，XからZへの第2訴訟はなくなるからである。

　第2類型は，当事者の一方と同様の地位・境遇にある第三者が参加を申し出る場合である。たとえば，事故の被害者の損害賠償請求訴訟に同一事故の別の被害者が補助参加するというものである。この第2類型では，第1類型ほど強い利害関係が参加申出人にある訳ではなく，要件たる「訴訟の結果」も判決主文ではなく判決理由中の判断であるのが普通であるので，通説からは補助参加の利益が否定されることが多い。大審院の判例には肯定したものがあるが（大決昭和7・2・12民集11巻119頁），戦後の下級審裁判例でも補助参加の利益を否定するものが圧倒的である。東京高決平成20・4・30判時2005号16頁［百選102］も，損害保険において偶発的な保険事故であることを否定する被告損害保険会社に別の損害保険会社が補助参加することを否定した。下級審裁判例は被参加人と補助参加人の間に，東京高決の事例で言えば損害保険会社同士の間に後述の参加的効力が発生しにくいことも否定に傾く要因としているようであるが，参加的効力から補助参加の利益を逆推することは妥当ではない。

　第3類型は，転用型とでも称すべきものである。所在不明の夫が公示送達で貸金返還請求訴訟を提起されたとき，妻が被告夫側に補助参加することを認めた高裁決定がある（名古屋高決昭和43・9・30高民集21巻4号460頁）。しかし，

---

*21　井上治典「補助参加の利益」（初出：昭和45年）同・前掲［*13］65頁。

妻の利益は普通に考えれば経済上の利益であり，補助参加の利益とするに足りない。仮に夫が所在不明でなく被告として防御しているとすれば，妻の補助参加が認められないことからも，そう考えられよう。この事案で補助参加が認められたのは，被告不在の欠席で判決するよりも，妻を補助参加させた方が裁判資料が豊富になり判決の内容が適正になるという考慮であろう。この決定自身も，訴訟の当事者を公平に扱う結果になると判示する。しかし，本来は補助参加の利益がない場合であるから，転用型と考えるべきである。補助参加人は，訴訟担当者ないし訴訟代理人の地位に近づく。検察官が職務上の当事者となっている事件，成年後見人が訴訟をしている事件などでは転用型が認められる余地が大きい（大阪高決平成21・5・11判タ1328号233頁）。

判例では，補助参加申出人の攻撃的使用のための補助参加を認めたものがある（最判昭和51・3・30判時814号112頁[百選A32]）。タクシー同士が衝突し，通行人が怪我をしたという事案で，通行人Xがタクシー会社Y_1とY_2を訴えた。第1審は，タクシー会社Y_1のみに過失があるとして，XのY_1会社に対する請求認容，Y_2会社に対する請求棄却であった。XがY_2会社に対して控訴しようとしないので，Y_2会社にも過失があると主張立証しようとしてY_1会社がXに補助参加を申し出て，かつ，控訴を提起しようとしたのである。判例は，この場合も補助参加の利益があるとした。Y_2会社には過失がないとすると，共同不法行為でないとなり，Y_1会社は実体法上Y_2会社に対して不真正連帯債務の負担部分を求償して行くことができなくなるので補助参加の利益があるというのである。しかし，通常の補助参加では，保証人（被参加人）からの主債務者（参加人）への求償請求をなくすためであるように，補助参加は被参加人からの第2訴訟をなくすためという防御的なものを考えて参加して行くのであるが，この事案では，相手方Y_2会社への求償訴訟を提起したいという攻撃的な目的での補助参加である。普通は，後訴では補助参加人は被告となるのに，この事案では補助参加人が原告となるのである。またこれは，被参加人Xにとっては，無用の争いでもある。補助参加の利益が認められる限界事例であろう。

さて，補助参加は，通常は，補助参加の申出から始まる。補助参加の申出があっても，既存当事者側から異議が出されなければ補助参加の利益は審理されず，補助参加人は訴訟行為をすることができる（44条1項）。異議がなければ補助参加人として通用するというのは，従属性があり補助参加人が強い権限を持たないことに照応しているのであろう。異議は，相手方から出されるのが普

通であるが，被参加人から出されることもある。手助け無用という訳である。また，異議が出されたとき，補助参加の利益は証明ではなく疎明で足りる（44条1項）。これも権限が強くないことに照応している。補助参加の許否の決定には，中間的裁判であるけれども例外として即時抗告が許される（44条3項）。また，異議があっても補助参加を許さないという決定が確定するまでは，補助参加申出人は訴訟行為をすることができ（45条3項），許さないという決定が確定しても補助参加申出人のした訴訟行為は当事者が援用すれば効力を有する（45条4項）。実定法の補助参加は，このような特殊な規律に服している。さて，しかし，補助参加の申出がないときでも，客観的に補助参加の利益があるときは，補助参加があったものとして扱ってよいか。当然の補助参加といわれる議論である。申出不要説とも呼ばれる。主債務者と保証人が共同被告となっているとき，主債務者が保証人への補助参加の申出を失念することがある。これを救う理論であり，主債務者への判決内容と保証人への判決内容を同一にする効用がある[22]。共同訴訟人間の主張共通でもカバーできる面があるが（本書309頁），共同訴訟人間の主張共通は上訴には及ばないので当然の補助参加も認めておく実益がある。認めるべきであるが，最判昭和43・9・12民集22巻9号1896頁[百選95]は当然の補助参加を否定する。

　補助参加の申出は，被参加人と相手方の同意を得れば取り下げることができる。取下げによって，補助参加はなかったこととなり，後述の参加的効力も生じない[23]。

　さて，たとえば，XがY会社のタクシーに乗車中にZ会社のバスと衝突し負傷したとする。Xが過失はYタクシー会社のみにあると考えてYタクシー会社のみを被告として訴えを提起した。この場合，Zバス会社は，どちら側に補助参加することになるか。Zバス会社の利益は分裂する。Yタクシー会社のみに過失があると主張する局面では，Zバス会社の利益はXと同じとなり，Zバス会社はXに補助参加すべきである。Xが勝訴すれば，自己がXから訴えられる可能性はほとんどなくなる。しかし，Xの受けた損害の額の審理では，額が少ないほどZバス会社にも有利であり，この局面ではZバス会社の利益はYタクシー会社と同じとなり，Yタクシー会社側に補助参加をすべきこととなる。このようにZバス会社の利益は，過失の面ではXと同じとなり，損

---

[22] 兼子394頁，新堂799頁。
[23] 取り下げても参加的効力は発生するという反対説も有力である。三ケ月236頁。

害額の面ではYタクシー会社と同じとなる。そうだとすると，補助参加も固定的にどちらかの当事者に参加するというのではなく，過失ではXに補助参加し，損害の額ではYタクシー会社に補助参加するというように，争点毎に被参加人を替えて補助参加ができると考えるべきだという学説が有力である[*24]。この争点毎の補助参加の理論に，賛同すべきであろう。

（4） 参加的効力とは，どのようなものか

不動産の買主Yが，自分こそ真の所有者だと主張するXから引渡し訴訟，いわゆる追奪訴訟を提起され売主ZがYに補助参加したという典型例で，買主Yと売主Zの共同戦線側が敗訴したとする。買主Yは，今度は売主Zに対して追奪担保の損害賠償請求訴訟を提起するであろうが，この後訴で売主Zが，やはり自分こそが真の所有者であり前訴判決は間違っていたと主張することは許されるであろうか。共同戦線を張って主張立証を尽くしたのに，それが功を奏せず敗訴したとき，敗訴の責任を相方にのみ負わせようとするのは衡平でなく信義則に反する。そこで，補助参加のあった訴訟の判決は，補助参加人にも効力を生ずる（46条）。これを参加的効力という。

参加的効力は，共同戦線が実質的には形成されなかった場合，すなわち，46条が規定する参加の時点の訴訟状態に拘束され補助参加人が主張立証をできなかったとき（同条1号），被参加人の抵触行為があったとき（2号・3号），形成権の行使のように被参加人しかできない訴訟行為を被参加人がしなかったとき（4号）には生じない。参加的効力は衡平の観念に基づくものだからである。また，参加的効力は，以下の点で，既判力と異なる。既判力は勝っても負けても生ずるのに対して，参加的効力は敗訴の場合にのみ生ずる。既判力は原告と被告の間に生ずるが，参加的効力は参加人と被参加人の間に生ずる。既判力は判決主文に生ずるが，参加的効力は判決理由中の判断に生ずる（追奪訴訟の例では，Zが所有者でなかったという判決理由中の判断に生ずる）。既判力は無条件で生ずるが，参加的効力は，43条が示すように条件付きで生ずる。既判力が職権調査事項であるのに対して，参加的効力は当事者の援用を要する。46条の判決効をこのような参加的効力と解するのは通説であり，最判昭和45・10・22民集24巻11号1583頁［百選103］により判例でもある。

[*24] 井上・前掲［*21］99頁。

しかし，補助参加のあった訴訟では，相手方，被参加人，補助参加人の三者が判決の基礎を作ったのである。そうだとすると，補助参加人と相手方との間にも判決効が生じてよいのではないか。かくして，争点効が補助参加人と相手方との間に生ずると解すべきである[*25]（通説ではない）。追奪訴訟で，真の所有者だと主張する補助参加人Z（売主）は，敗訴すれば相手方，つまり原告Xに対しても争点効の拘束を受け，所有者だと主張できなくなる。むろん，争点効の要件は充たしていなければならない。また，争点効は，補助参加人と被参加人との間にも生ずる。敗訴したときは参加的効力でまかなわれるが，共同戦線側が勝訴したときに争点効が作動する。追奪訴訟で勝訴した買主Yは，売主Zが所有者でなかったと主張することが封ぜられる[*26]。

(5) 共同訴訟的補助参加とは，どのようなものか

　判決の効力が，参加するしないにかかわらず，相手方と第三者の間にも及ぶ場合，この第三者が補助参加するときは参加人の地位・権限が強化されてしかるべきである。補助参加人も判決効に服するのであるから，当事者の地位に近づき被参加人に制約されずに訴訟行為をすることができる，すなわち従属性が外されるとしてよい。これを共同訴訟的補助参加と呼び，民訴法には規定がないが人訴法15条には規定がある。補助参加人が独自に当事者適格を持つのであれば，共同訴訟参加（52条）で足りるので，独自に当事者適格を持たない場合に実益がある。判例も肯定する（たとえば最判昭和63・2・25民集42巻2号120頁）。

　もっとも，判決効が及ぶが当事者適格はないという規律の趣旨を考えなければならない。当事者適格をその者に認めないのが強い理由によるときは，共同訴訟的補助参加も認めるべきではない。破産手続が開始された場合に財産の管理処分権は破産管財人に専属するが（破78条1項），このようなときには，破産者に共同訴訟的補助参加を認める必要はない。破産管財人の訴訟に破産者が参加するときは，通常の補助参加だと考えるべきである（反対説もある）。

　これに対して，当事者適格を認めないのが強い理由によるのではなく，法律関係の基軸を1人に集中させる便宜によるときなどは，共同訴訟的補助参加と認めてよい。債権者代位訴訟で債権者が第三債務者を訴えたとき，債務者が

[*25] 新堂・前掲 [*18] 227頁。
[*26] 新堂823頁。

債権者の当事者適格を肯定した上で債権者側に補助参加してきたときは、共同訴訟的補助参加と認めて従属性を外すべきである（本書93頁）。抵触行為もできるし、被参加人の請求の放棄・認諾、和解、訴えの取下げを阻止できる。遺言執行者の訴訟に、相続人が参加するのも共同訴訟的補助参加だとしてよい。

(6) 訴訟告知とは、どのようなものか

訴訟の係属中、当事者から訴外第三者に対して訴訟が係属していることを法定の方式によって通知することを訴訟告知という（53条）。第三者が訴訟に参加してくることを促す制度である。

訴訟告知がなされる者は、参加をなし得る利害関係人であり、これが訴訟告知の要件でもある。参加は、補助参加が普通であるが、共同訴訟参加でも独立当事者参加でもよい。債権譲渡があったものの譲渡人Xは譲渡が無効だからまだ自分が債権者だと主張し、譲受人Zは譲渡が有効だから自分が債権者だと主張して自称債権者が2名いる場合、譲渡人Xが債務者Yに訴訟を提起したとき、債務者Yが譲受人Zに訴訟告知をすると譲受人Zは独立当事者参加をしてくるであろう。そして、独立当事者参加がなされた後、債務者Yが脱退して訴訟は譲渡人Xと譲受人Zとの間で争われ訴訟の結果は脱退者Yに及ぶ、ということになる（訴訟脱退は本書337頁）。供託と同じ目的を、訴訟告知と独立当事者参加によって果たすことができるのである。

しかし、訴訟告知は実際には圧倒的に補助参加の事例でなされる。しかし、独立当事者参加でも可能であることから明らかなように訴訟告知は必ず参加的効力（53条4項）に結び付くというものではない。補助参加がされた場合でも、被参加人勝訴のときは参加的効力は生じない。訴訟告知がなされたとき参加的効力が生ずることがあるのは確かであるが、逆の命題は成り立たない。すなわち、参加的効力が生ずるときに訴訟告知ができると逆推するのは誤りである。もっとも、厳密には独立当事者参加の要件を充たすときは、不利な事実上の影響があるのであるから補助参加の利益もあるのが普通であり確かに参加的効力発生の余地はある。しかし、独立当事者参加では参加人と当事者との間に判決があり既判力が生ずるので、参加的効力は後景に退く。後景に退いた参加的効力をわざわざ持ち出して訴訟告知の可否を論ずるのはやはり意味のあることではない。

訴訟告知では、訴訟告知をする理由、すなわち参加ができること、および訴

訟の程度を記載した書面を裁判所に提出し，裁判所がそれを被告知者に送達する（規22条1項）。しかし，訴訟告知の申出を受けた裁判所は，訴状審査に類する審査を訴訟告知書に対してすることはできるが，本格的に参加の要件を充たしているかの審理はしないというのが条文上の規律である。参加の要件がないと考える被告知者が，その点を争う手段が訴訟告知申立ての段階では用意されていない。被告知者は，審尋を受けるのではなく（文書提出命令では223条2項で第三者は審尋を受ける），告知書が送達された段階で即時抗告ができる訳でもないからである（補助参加の許否決定には44条3項で即時抗告ができる）。参加の要件を充たしているかの審理は，訴訟告知に応じて後に参加がなされた場合，および後訴で参加的効力が主張された場合になされる。訴訟告知の時点での被告知者への手続保障は弱いのである。

　補助参加の利益があり訴訟告知者が敗訴したときは，参加することができた時点で補助参加があったものとして参加的効力が生ずる（53条4項）。しかし，被告知者への手続保障は弱いのであるから，一片の訴訟告知書に余り大きな効力を認めるべきではない。まず，訴訟告知によって実際に補助参加がなされた場合には，訴訟告知だけによる参加的効力は後景に退き，補助参加による参加的効力・争点効のみが生ずると解すべきである。実際になされた補助参加の実態に合わせて参加的効力・争点効を考える方が合理的だからである。また，訴訟告知のみがなされたときに生ずる参加的効力は，被告知者が主債務者や追奪訴訟の売主であり，共同戦線側敗訴を直接の原因として求償・損害賠償を受ける補助参加の中核場面に限定すべきである。被告知者が実体関係を熟知しており，告知者に協力することが規範的に期待される実体法上の地位にある場合に限定するのが合理的だからである。被告知者が告知者を保護すべき実体法上の地位にある場合，と言い換えてもよい。それ以外の場合には，一片の訴訟告知書に大きな効力を認めるべきではない。現行法では同時審判の申出がある共同訴訟（41条）が認められたのであるから，そちらを使うべきである（本書311頁）。また，参加的効力が生ずる部分も，最判平成14・1・22判時1776号67頁[百選104]は，前訴判決で必ず審理され判決理由中の判断に必ず現れる主要事実の認定に限られる，とする。裁判官の好みによって書かれることもあり書かれないこともある間接事実の認定や傍論には参加的効力が生じないとするのであり，賛同すべきである。ただし，判決の結論を左右した重要な間接事実には参加的効力が生ずる場合もあり得るかもしれない。

高裁判決には，賛同しがたいものがあった（仙台高判昭和55・1・28高民集33巻1号1頁）。Xの元所有地に関し，Xが所有権確認と移転登記手続を求めてYを訴えたところ，Yは，Xの代理人ZとYとの間で売買契約が締結されたと主張したので，代理人とされたZにXは訴訟告知をした。しかし，みずからに代理権があったと考える被告知者Zは，告知者Xではなく相手方Yに補助参加した。この前訴での判決は，代理権の存在は確定できないが，少なくとも表見代理の要件は充たしているとして請求棄却であった。そこで，XがZを被告として損害賠償を求めたのが後訴であり，前訴では訴訟告知によって参加的効力が生じており，Zは有権代理であったと主張できないと論じ，後訴裁判所（仙台高裁）がこの参加的効力を認めたのである。検討するに，まず，前訴で訴訟告知の要件は充たされている。Zは，代理人ではなかったと主張してXと共同戦線を張る利益もあり，有権代理であったと主張してYと共同戦線を張る利益もある。両方に補助参加の利益があるのである。ということは，この事件ではそうではなかったが，原告被告双方から訴訟告知を受ける地位にあった。ところで，前訴でZはY側に補助参加をしたのであるから，訴訟告知のみによる参加的効力は後景に退き，Yへの補助参加による参加的効力・争点効を考えるべきであった。この点で，この高裁判決はまず誤っている。しかし，Yへの補助参加による相手方との間の争点効はあり得る。相手方Xと補助参加人Zとの間での代理権の有無に関する争点効である。けれども，前訴判決は表見代理で判決をした。代理権の存在は確定できないという前訴判決の理由中の判断は，傍論となる。代理権が神様の目から見て存在していようがいまいが，表見代理はその要件を充たせば肯定されるからである。この高裁判決は，傍論に判決効を認めた点でも誤っている。その後の高裁判決には，実質的にこの高裁判決を否定するものが現れており，そちらを支持すべきである（東京高判昭和60・6・25判時1160号93頁）。

　要するに，訴訟告知は古くからの制度であるけれども，現在の民訴理論の手続保障の観点からは問題があり，訴訟告知のみによる参加的効力にあまり依拠すべきではない。

4 独立当事者参加

(1) 独立当事者参加とは，どのようなものか

　XがYに対して不動産の所有権確認の訴えを提起したとする。自分こそ所有者だと思っているZは，面白くないであろう。面白くないだけでなく，Xが所有者だと判断されれば，その判決の存在はZにとって訴訟外でも後訴でも目障りであり悪い影響を及ぼす。裁判所からのお墨付きがあるのであるから近所の人々はZではなくXを所有者だと扱うであろうし，Zが所有権確認の後訴を提起してもXの勝訴判決には証明効（判決の事実認定が，別の事件で証拠資料となり事実認定に事実上の影響を与えること）がありZは主張立証に苦労するであろう。しかし，法的には，XのYに対する所有権確認判決はZには及ぶことはなく，ZはXを相手に自己が所有者であることの確認を求める後訴を適法に提起することができ，弁論主義や自由心証主義の結果，理論的にはZがXに勝訴することがあり得る。同じ不動産につきXとYの間ではXが所有者と判断され，ZとXの間ではZが所有者と判断されるのは一物一権主義という実体法からはおかしいけれども，民訴法では紛争解決の相対性の原則（本書308頁）が妥当するので適法だとされる。現実社会でも，複雑とはなるが処理が不可能ではないと民訴法は考えるのである。ちなみに，紛争解決の相対性の原則はさらに徹底され，YがZに対して所有権確認で勝訴しても仕方がないと民訴法は考える。XとYの間ではXが所有権者とされ，YとZの間ではYが所有権者，ZとXの間ではZが所有権者とされることとなり三すくみとなるが，それでも仕方がないと考えるのである。不動産の管理処分は，三者間で暫定的にでも協定を結んで処理することになろう。

　しかし，法的にはそうであっても，実際には不都合である。そこで，民訴法は，XがYに対して提起した所有権確認の訴えにZが当事者として参加し，所有権確認請求を既存当事者の双方または一方に定立し三者間で実体法的に統一的な判決を出させるという途を用意した。これが独立当事者参加である（47条）。ほかの例を出せば，自称債権者Xが債務者Yに対して支払い請求訴訟を提起したとき，自分こそ債権者だと信ずるZは，Xの勝訴判決を阻止することに利益を持つ。ZはYに対しては支払い請求，Xに対してはZが債権者であることの確認請求を立てて，独立当事者参加をすることができる。しかも，

この場合は，XがYに勝訴して支払いを受けると，後にZがYに対して支払い請求の後訴を提起したとしても，債権の準占有者に対する支払いであって弁済あり（民478条）という理由等でZがYに敗訴しかねない。この場合は，法的にも実害が生じ得るのであり，XYZの三者間で実体法的に統一的な判決を出させることには，実践上も効用がある。そして，民訴法は，統一的な判決を導くために，独立当事者参加に40条の手続進行の統一と裁判資料の統一の規定を準用することとした。必要的共同訴訟では共同訴訟人間の足並みを揃えるために使われる40条を，三者間での牽制のために準用し，二者間だけで他の者に不利な訴訟行為をしても効力を生じさせないという形で用いるのである。たとえば，XとYの間でYが自白をしたり請求の認諾をしたりするのはZに不利であるから，Yの自白や請求の認諾は効力を生じないとさせたのである（47条4項）。

　整理しよう。近代の民事訴訟法は，原告対被告というように当事者が二面的に対峙する形で訴訟を構成することとした。対人訴訟という発想である。しかし，ある土地の所有権者がXかYかZかというように，紛争が二面的でなく三面的，さらには四面以上の多面的であることもある。ある土地の所有権をめぐる訴訟ということで，後述の対物訴訟と発想することができる（本書347頁）。独立当事者参加は，不完全な形であるが対物訴訟の変形のようなところがあり，民訴法の二当事者対立構造と紛争解決の相対性を修正するものである。

　とはいえ，独立当事者参加は，あくまで訴訟参加であって，参加するかどうかは参加人の意思に委ねられている。参加しなくとも，法的には判決効が及ぶことはなく，参加人自身による後訴が奪われることはない。しかも，訴訟参加であるから，原告が初めから三面訴訟を起こすことは現行法上，認められていない。所有権者がXかYかZかという紛争において，Xが原告となりYとZを共同被告として訴えを提起しても，それは通常共同訴訟であり共同訴訟人独立の原則が働き統一的判決が法的には保障されていない。自白等があると，XがYには勝訴するがZには敗訴することが，現実にはともあれ理論的にはあり得る。現行法は，XがYを訴えたときにZが当事者参加するという形でのみ統一的判決を保障しているだけである。もっとも，これで大過ないと考えることもできる。Xが原告となりYとZを共同被告して訴えを提起すると，実体権があれば普通は，XはYにもZにも勝訴するであろう。その後で，YがZに対して所有権確認の後訴を提起しても，その訴訟にXが独立当事者参加

して先のXの勝訴判決の既判力を主張すればYはZに勝訴することができない。Xが初めから三面訴訟を提起することはできなくとも，統一的判決の実は最終的には確保できるのである。みずから三面訴訟を提起することはできないのであるから，日本法は，三面訴訟に重きを置いているのではなく，自己に不利に作用する判決の出現を阻止することに重点を置いていると見ることになる。ただし，40条準用で強い牽制権を参加人に与えたのは行き過ぎだという立法論的批判も，近時は，有力である[*27]。

　自己に不利に作用する判決の出現を阻止することの延長であるが，現行法は，片面参加を認めた（47条1項）。旧民訴法下では，判例（最大判昭和42・9・27民集21巻7号1925頁）により，独立当事者参加人は原告と被告の両者に対して請求を立てなければならないとされていたが，平成8年新法はそれを破ったのである。その結果，旧民訴法下では独立当事者参加は三面訴訟であるとの理解で処理できたが，片面参加が認められ請求が三つ立てられていない場合があるとなると，独立当事者参加を三面訴訟と位置付けることはできない。現行法の独立当事者参加は，正面から，既存当事者の争い方を牽制する権限を参加人に与えたものと理解され，その目的は，法的にではなく事実上において自己に不利に作用する判決の出現を阻止する権能を参加人に認めることにあると理解されなければならない。

(2) 独立当事者参加には，詐害妨止参加と権利主張参加の2種類がある

　独立当事者参加は，訴訟の結果によって権利が害される場合，または訴訟の目的の全部または一部が自己の権利であることを主張する場合に，請求を立てて当事者として参加し，三者間で統一的判決を出させるものである（47条1項）。訴訟の結果によって権利が害される場合に参加する詐害妨止参加と，訴訟物が自己のものだと主張して参加する権利主張参加の2種類がある。沿革的系譜は異なるが，日本法はこれを独立当事者参加にまとめたのである[*28]。

　詐害妨止参加は，XY間で馴れ合い訴訟をしZに不利な判決を現出せしめるのを阻止するためのものである。法律上，判決効が及ぶ場合でなくてよい（反

　[*27]　山本弘「多数当事者訴訟」竹下守夫編集代表『講座新民事訴訟法Ⅰ』（平成10年）151頁，三木浩一『民事訴訟における手続運営の理論』（平成25年）160頁，218頁，235頁。
　[*28]　ドイツ法につき，菱田雄郷「第三者による他人間の訴訟への介入(1)」法協118巻1号（平成13年）1頁。

対説もある)。債権者が保証人を訴えて保証人との間で保証人敗訴の馴れ合い訴訟をするとき，主債務者が参加するのがその例となる（すでに保証債務がなくなっているにもかかわらず債権者と保証人が組んで訴えを提起すると考えると分かりやすい）。この場合，主債務者は補助参加をすることはできるが，補助参加では従属性があり自白等の保証人の訴訟行為を牽制することができない。独立当事者参加が必要となる所以である。

　馴れ合いは内面の意思で見ると立証が困難である。そこで，客観的に判断できるよう，外的態様から見て十分な訴訟活動が期待できないと判断できるときに詐害妨止参加が認められる。準備書面を十分に提出しない，欠席がちである，自白・請求の放棄・認諾等をしようとしている，上訴してしかるべき時に上訴しようとしない，等々で詐害妨止参加が肯定される[*29]。ところで，詐害妨止参加では純粋に牽制が問題となり，Zは自己の請求の認容には関心はないであろう。前述の主債務者のする詐害妨止参加では，保証人敗訴判決が出現しないことが眼目であり，債権者への保証債務不存在確認請求は形を整えるだけのものに過ぎない。独立当事者参加では，通常では確認の利益のない請求でも特別に確認の利益を認めてよいと扱われているが[*30]，理論的にはさらに進んで，詐害妨止参加では請求を立てずに参加してよい，その意味で参加人は請求なき当事者となるとする方が明確である[*31]。

　権利主張参加は，訴訟物が自己の権利であることを主張する場合であるが，参加人の請求が既存当事者間の請求と論理的に両立しない関係にあるときに認められる。XがYに所有権確認の訴えを提起したときに，Zが所有権確認で参加するのが典型例である。論理的に両立しないということは，必要的共同訴訟の合一確定よりも広い。実体法の論理上，統一的でなければならないというだけでは必要的共同訴訟とならないが，独立当事者参加はできるからである。独立当事者参加でも合一確定判決が出されると記述する文献もないではないが，ミスリーディングであり独立当事者参加では統一的判決と呼称する方がよい。独立当事者参加は合一確定が要請される場合ではなく，合一確定の法技術を準用するに過ぎないからである。さて，論理的に両立しないということは，請求

[*29]　新堂 838 頁。

[*30]　新堂 843 頁。

[*31]　井上治典「独立当事者参加の位相」（初出：昭和 52 年）同・前掲［*13］267 頁以下，特に 298 頁。しかし，最決平成 26・7・10 判時 2237 号 42 頁は，請求なき当事者を否定する。

の趣旨レベルで両立しないことで判断すれば足り，請求を理由付ける事実まで踏み込む必要はない。また，本案審理の結果，判決で両立することとなっても差し支えなく，遡って独立当事者参加が不適法となるのではない。

この点，不動産の二重譲渡で議論がされる。二重に譲渡を受けた譲受人の1人のXが譲渡人Yに対して移転登記手続請求をした訴訟に，譲受人のもう1人であるZが独立当事者参加をすることができるか。請求の趣旨レベルで考えると，登記がXにもZにも移るということはなく，請求は両立しないと見ることができる。しかし，民法177条を加味して考えると，二重譲渡の双方への譲渡は有効であり対抗要件で処理されるに過ぎない。Xに移転登記手続をせよという判決とZに移転登記手続をせよという判決が両方出ても，実体法としてはおかしくはない。そこで，これは両立する請求だと考えることもできる。他方，Xは譲り受けていない，YからXへの譲渡には無効ないし取消事由があるとZが主張して参加するならば，独立当事者参加を否定する説はない。無効・取消しが認められず，結果として，XもZも勝訴することが差し支えないことも否定されない[*32]。問題は，Zが自己への移転登記手続を，譲渡を受けたという主張だけで求めて独立当事者参加をしてきた場合をどう考えるか，である。ところで，独立当事者参加をするに際しては，参加の理由を述べるが，これは請求が両立しないことを述べれば足りる。勝訴するために請求を理由付ける事実の主張は，後から追加して行くことが可能である。そうだとすると，初めは譲渡を受けたという主張だけであっても，後からXへの無効・取消事由を主張して行くことができるのであるから，初めからの独立当事者参加を肯定してもよいであろう。すなわち，参加の時点で，Xへの無効・取消事由を述べていなければならないとする必要はない。それは，参加の理由と請求を理由付ける事実の混同となろう。Zが掲げる請求の趣旨は，Zへ移転登記手続をせよとあるだけで十分であり，それで請求は両立しないものとなっていると考えてよい。ちなみに，XがYに移転登記手続請求をするとき処分禁止の仮処分を掛けるのが珍しくなく，仮処分を掛けられると，別訴でZがYに勝訴しても移転登記を得ることはできない。仮処分を掛けられているという普通の場合には，Xの請求認容を阻止するため独立当事者参加ができるとされることはZにとって効用が大きい。不都合な判決の出現阻止という独立当事

[*32] 松本＝上野〔872〕788頁。

者参加の趣旨から，二重譲渡の事案での権利主張参加を肯定すべきある*33。なお，単純な二重譲渡ではなく，仮登記が絡んでいるときは，YからXへの移転登記がなされても仮登記を持つZへの移転が優先するのであるから，請求は両立しない訳ではない。比喩的に言えば，通常の二重譲渡では登記は1回しか移転しないから両立しないが，仮登記があるときは登記はYからXそしてZへと2回移転するから両立するのである。牽制の必要がZにはなく，仮登記が絡むときは独立当事者参加は認められない。最判平成6・9・27判時1513号111頁[百選105]も同旨を説く。

(3) 独立当事者参加の審判は，どのように変容してなされるか

　独立当事者参加には40条が準用されて，裁判資料が統一され実体法論理上統一的な判決が出される。これが本則である。

　しかし，事実上不利益に作用する判決の出現を阻止することが独立当事者参加の目的なのであるから，この目的に照らして微調整されてよいであろう。たとえば，権利主張参加において，原告が請求の放棄をすることは認めてよい。参加人に不利ではなく，むしろ参加人の請求の貫徹に有利だからである*34。ただし，詐害妨止参加では，請求の放棄が馴れ合いであるかもしれず，こうは解されず事案を見ることとなる。他方，被告が請求の認諾をすることは，参加人Zに不利であるから，することができない。二者間の行為は，参加人に不利である限りで，効力を生じない。

　和解は，どうか。XY間の訴訟上の和解も，Zに不利なものでなければすることができると解してよい*35。たとえば，Xが所有権者でないことを認める，その代わりYはXになにがしかの金銭を支払うという和解は，所有権が誰にあるかを決めていないので参加人Zに不利とは言えない。この訴訟上の和解を認めて，XY間請求は消失するとしてよい。この場合，残ったZX請求とZY請求は，通常共同訴訟に変容するとする説も一理あるが，40条の準用は残ると解してよいであろう。しかし，Xが所有権者であることをYは認める，

---

*33　しかし，新堂839頁，伊藤657頁のように反対説も有力であり，近時は相拮抗しているかもしれない。上野泰男「いわゆる二重譲渡事例と権利主張参加について」井上追悼・前掲[*20] 190頁，八田卓也「独立当事者参加訴訟における民事訴訟法40条準用の立法論的合理性に関する覚書」伊藤古稀・前掲[*16] 483頁。

*34　井上・前掲[*31] 285頁。

*35　井上・前掲[*31] 284頁。

その代わりXがYになにがしかの金銭を支払うという和解は，Xの請求通りの内容であり参加人Zに不利であるから訴訟上の和解として認めることができない。ところで，訴訟外で，XYがそのような内容の実体法上の和解契約を結ぶことは，阻止することができない。契約自由であるからXY間では有効に成立する。これはXY間での和解契約であるから，法的にはZに不利な効果を及ぼすものではない。阻止されるのは，それを訴訟でも陳述し訴訟上の和解とすることである。訴訟上の和解ができないから，XY請求はそのまま訴訟に残ることになる。そして，判決は統一的でなければならないから，たとえばZが真の所有権者であればZX請求認容，ZY請求認容となり，かつ，XY請求棄却となる。XY請求棄却は，Xを所有権者だとする実体法上の和解契約に反しており，その意味でXY間の実体法状態と適合しない判決となる。しかし，独立当事者参加とは，そもそもそういう判決を目指すものである。XY間では，契約その他からXがYには勝つ場合でも，そのXの権利がZに劣後するときには，Z勝訴，X敗訴の判決を出すのが独立当事者参加だからである。XY間のミクロの実体法には反するが，XYZ三者間のマクロの実体法には適合していると説明することもできる。以上のように，Zに有利なXY間の訴訟上の和解はできるが，不利な訴訟上の和解はできないと解すべきである[*36]。

　独立当事者参加で敗訴した二者のうちの1人が上訴したがもう1人は上訴しない場合，上訴審はどういう構造となるか。AからXとZに債権が二重に譲渡され，Xが債務者Yに対して訴えを提起しZが独立当事者参加をしたという事案で，第1審ではXが優先するとされX勝訴，Z敗訴の判決が出された。これに対してZだけが控訴し，被告Yは控訴も附帯控訴もしなかったとする。控訴審は，第1審とは逆に二重譲渡はZが優先すると判断したとき，どうすべきか。最判昭和48・7・20民集27巻7号863頁[百選106]で，控訴審は，ZのX・Yに対する請求を認容に変更したのみならず，XのYに対する請求認容を請求棄却に変更した。Yからの控訴がないにもかかわらず，Yに有利に変更したのであり，不利益変更禁止の裏側の利益変更禁止（本書359頁）に反するかが問題となった。結論として，上記判例は，この控訴審の処理を肯定

[*36] 三者間でない二者間の訴訟上の和解は有利不利を問わず独立当事者参加ではできないとする上野泰男「独立当事者参加訴訟の審判規制」中野貞一郎古稀『判例民事訴訟法の理論（上）』（平成7年）477頁の反対説もあり，逆に，Zに不利な訴訟上の和解もできるとする三木・前掲[*27] 160頁，畑瑞穂「多数当事者訴訟における合一確定の意義」福永有利古稀『企業紛争と民事手続法理論』（平成17年）125頁の反対説もある。

した。これは，この最高裁判決の処理でよいというべきである。控訴審で権利者だと判断されたZは，Yに対してそれを貫徹できるだけでなく，Xに対しても貫徹できなければ地位をまっとうすることができない。XがYに勝訴した判決が残ったままであれば，YがXに弁済してしまうかもしれず，それで債権の準占有者に対する弁済等によってYの弁済がZに対しても有効となれば，Zの権利はまっとうされなくなるからである。Zとしては，XのYに対する勝訴判決も変更させなければならない。判旨は，これを合一確定に必要な限度で変更できる，と判示した。他方，事案を変えて，XY請求棄却，ZX請求認容，ZY請求認容の第1審判決に，Yのみが上訴したという場合はどうか。控訴審が権利者はZではなくXだと判断した場合，ZのYに対する請求を請求棄却に変更するのは問題ない。控訴したYの要求通りだからである。しかし，XのYに対する請求棄却の部分はどうか。控訴したのはYであり，Xは控訴も附帯控訴もしていない。これをX勝訴に変更することは，Xの控訴がないにもかかわらず，控訴したYを第1審判決より不利に変更することになる。これは不利益変更禁止に反するであろう。控訴審は，XのYに対する請求棄却を請求認容に変更することはできない。では，二つの事例は，どこが異なるか。控訴した者の意図・利益が異なる。前者では，控訴したZは，ZのYに対する請求を認容に変更するだけでは足りず，XのYに対する請求認容判決を取り消しておかないと自己の地位を守ることができない。しかし，後者では，控訴したYは，ZのYに対する請求認容を取り消してもらえれば十分であり，XのYに対する請求棄却を認容に変更することはかえって不利益となる。判旨は，合一確定に必要な限度で，というが，この表現では上記の事態を必ずしも適切に表現しているとはいえない。控訴した者の意図・利益を中心に据えて，控訴人が全体状況の中で何を求めているかを検討して結論を出さなければならない。学説では，これを第三者不服説と呼ぶ[37]。前者の事例で，控訴したZは，XのYに対する請求では第三者であるが不服があるということである。なお，この問題を上訴しなかった者は上訴審で上訴人となるのか被上訴人となるのかという枠組みで考えようとする説もあるが[38]，独立当事者参加は控訴審でも上訴人・被上訴人の二当事者対立構造でないのであるから，適切ではな

---

[37] 井上治典「多数当事者訴訟における一部の者のみの上訴」(初出：昭和50年)・判批(初出：昭和49年) 同・前掲[*13] 209頁，386頁。

[38] 伊藤697頁。

い[*39]。

(4) 訴えの取下げは，だれの同意を必要とするか

独立当事者参加も取り下げることができる。本案に入った後に参加人が参加申出を取り下げるには，請求棄却判決を得る利益を持つ原告・被告の同意が必要となる（261条2項）。原告のみ，または被告のみの一方だけが同意する場合には，片面参加となると解してよいであろう。

問題は，原告が被告に対する訴えを取り下げる場合である。原告と被告の間の訴えだけを見るのであれば，被告の同意だけで足りることになろう。しかし，参加人から見ると，原告と被告が通謀して訴えを取り下げ，その後で別の裁判所に再訴し参加人抜きに訴訟をする可能性がある。どこの裁判所に原告・被告の訴えが係属しているかを知る有効な方法は，現行法上，存在しない。そうだとすると，ひそかに再訴される危険を排除するために，原告の被告に対する訴えの取下げにも，参加人の同意を必要とすると解すべきであろう[*40]。参加人の同意があれば，訴訟は参加人の元原告と元被告に対する共同訴訟となる。これに40条が準用され続けるかは，同意をしたことにより参加人は独立当事者参加をあきらめたのであるから，準用されず通常共同訴訟となると解することになろう。原告と被告との訴訟上の和解が参加人に有利であり可能である場合には，前述のように40条が準用され続けるが，これは参加人の同意というものが関係していないので元の審判規律を残すという配慮によるのであり，同日に論ずる必要はない。

(5) 訴訟脱退とは，どのようなものか

独立当事者参加があったことを契機に，本訴当事者の一方，つまり原告または被告が，もはや訴訟活動を続ける必要がないと判断して訴訟から下りることができる。訴訟脱退と言う（48条）。自称債権者のXとZがともに訴訟に出てきたので，真の権利者に弁済する用意のある債務者Yが脱退するというのが典型例である。条文上は，権利主張参加でのみ可能と書かれているが，実益ある状況は想定しにくいものの詐害妨止参加でも訴訟脱退を認めてよい[*41]。

[*39] 井上・前掲[*37] 222頁，徳田和幸「独立当事者参加における敗訴者の一人のみの上訴」（初出：昭和50年）同・前掲[*2] 474頁。

[*40] 結論同旨，兼子416頁，新堂849頁，伊藤699頁。

この訴訟脱退をかつての通説は，被告の脱退は，前述の典型例でいえば自称債権者のXとZのどちらか勝訴した方に，勝訴を条件として被告Yが認諾すると構成した[*42]。たとえばXの勝訴という条件成就によって，被告Yの認諾であるから，Yに対するX勝訴判決と同一の効力が生ずる，とする。原告の脱退では，原告による条件付きの請求の放棄または認諾と構成する。参加人ZがYに被告敗訴した場合（Y勝訴）にはXのYに対する請求が放棄されたと構成し，参加人Zが被告Yに勝訴した場合にはZのXに対する請求の認諾となるとするのである。参加人は，このように保護されるのであるから，脱退には参加人の同意は不要という。しかし，この構成では，放棄または認諾が発生しない空白部分が生ずる。たとえば，被告Yが脱退した場合で，ZのXに対する請求棄却のとき（X勝訴），ZのYに対する請求はどうなるか。統一的な解決からはZのYに対する請求は棄却となるべきであるが，それと同じ効果を生ずる請求の放棄をするのはZであって脱退被告Yができることではない。原告Xが脱退した場合で，ZがYに敗訴したとき，ZのXに対する請求はどうなるか。これも統一的な解決からはZのXに対する請求は棄却となるべきであるが，それと同じ効果はZの請求の放棄によって生ずるけれども，Zの請求の放棄は脱退原告Xがなし得ることではない。もっとも，実践的にはこの空白が問題となることは考えにくく，理論上の問題点であるにとどまる。

　理論上も厳密に詰め空白を生じさせないようにするのであれば，いろいろな学説はあるが，被告脱退の場合は，それによって被告に対する訴訟係属が消滅するとは考えず，被告に対する請求はなお訴訟に残っている，しかし，被告は脱退によって当事者としての防御権を放棄する，つまり，訴訟当事者としての地位から離脱する，残っている被告に対する請求については，残存当事者である参加人と原告の訴訟追行による裁判資料に委ねる（当事者なき請求），と構成すればよい。選定当事者における選定者の「脱退」（30条2項）と共通すると解するのである。原告脱退では，二つの場合がある。一つは，被告脱退と同様に，原告の当事者として防御権の放棄であり，原告の請求は残っており，残存当事者による裁判資料で判断される，というものである。原告と参加人との間に実質的な利害対立がないときは，こうであろう。もう一つは，原告が被告に対する訴訟の維持の必要性をもはや感じなくなったという場合であり，これは

---
　　*41　新堂850頁。
　　*42　兼子417頁，兼子・判例418頁。

原告による訴えの取下げと理解すれば足りる。訴訟脱退という特別なものではないことになる。訴えの取下げであるから，XのYに対する請求は遡及的に消滅しなんらの効果も残さない[*43]。以上のように解すると，訴えの取下げの場合を除き，条文通り判決は脱退した当事者にも効力を有することとなり，残存当事者にもむろん及ぶことになる。となると，48条では，相手方の承諾が要件とされているけれども，理論的には相手方は不利益を受けることはなく，従って，承諾は不要だと考えてよい。しかし，条文にあるものを解釈で不要とするのも行き過ぎであろうから，相手方当事者と参加人の双方の承諾を必要と解しておくことになろう。承諾をしないというインセンティブは考えにくいので，普通は承諾されるであろう。

(6) 債権者代位訴訟で，独立当事者参加は転用されて働く

最判昭和48・4・24民集27巻3号596頁[百選108]は，債権者代位訴訟において，原告Xは実は債務者Zに対する債権者ではなく当事者適格がないと主張して債務者Zが独立当事者参加をすることを肯定した。参加人Zの主張の通り，原告Xが債権者でなければXの訴えは当事者適格なしとして却下となる，逆に，Zの主張が認められないときはZが当事者適格を持たないのであるからZの訴えが却下となる，と判示した。

債権者代位訴訟において債務者は共同訴訟参加をすることができる（本書93頁）。しかし，この場合は，原告債権者Xが当事者適格を持つことを債務者Zも肯定した上で，原告債権者Xの勝訴を導くために参加するのである。これに対し，昭和48年最判の事案では，債務者Zは原告債権者Xの当事者適格を認めていない。この場合には独立当事者参加だというのが判例だということになる。適切な判例だといってよい。

しかし，これは独立当事者参加の転用であった。独立当事者参加は，実体法論理上統一的な本案判決をもたらすものである。上記の昭和48年最判では，統一的な本案判決は招来されない。原告債権者Xか参加人債務者Zかのどちらかが当事者適格なしとして訴え却下となり，残った当事者が本案判決を得るだけだからである。しかし，平成29年債権法改正で債務者SはSD債権の管理処分権を失わないこととなった（民法423条の5）。その結果，GがSの債権

[*43] 井上治典「訴訟脱退と判決」（初出：昭和50年）同・前掲［*13］237頁。

者であった場合には，GもSも請求認容判決を得ることとなる。とはいえ，GがSの債権者でなかった場合には，Gの提起した訴えは却下となるのであり，独立当事者参加転用の意味は消失しない。

5 訴訟承継

(1) 訴訟承継には，当然承継と狭義の訴訟承継の二つがある

訴訟の係属中に，訴訟外の実体関係の変動により新しく紛争の主体たる地位に就いた当事者が，既存当事者に代わって又は既存当事者と並んで，訴訟を受け継ぐことを訴訟承継という[*44]。

訴訟承継は，第1に，自然人の死亡，法人の合併などによって生ずる。包括承継の場合であり訴訟承継が法律上当然にあったとされ，当然承継と呼ばれる。直接規定した条文はなく，当然承継の後始末である中断・受継につき条文がある（124条以下）。もっとも，中断・受継と当然承継が厳密に対応するものでないことは本書159頁で述べた通りである。当然承継があると，訴訟状態はそのまま承継人に引き継がれる。訴訟物が相続等の対象となるものではないときは紛争の主体たる地位を引き継ぐ者がいないので，訴訟は終了する。

訴訟承継の第2の類型は，訴訟の対象である係争物を当事者が第三者に譲渡した場合である。包括承継でなく特定承継の場合である。このときも，紛争の主体たる地位が譲受人に移動し，訴訟承継となる。譲受人が参加して承継する参加承継と，相手方当事者が譲受人を訴訟に引き込む引受承継（ひきうけしょうけい）とに細分される。訴訟状態は，承継人に引き継がれる。これが狭義の訴訟承継である。

訴訟係属中の係争物の譲渡は，ローマ法では禁止された。これは明快であるけれども，訴訟が提起されると係争物の取引きができないこととなり，経済社会上は不都合であり，提訴して取引きを妨害する弊害も生ずる。ドイツ法は，係争物の譲渡があっても当事者は変動しないという当事者恒定主義を採用した。譲渡人が，訴訟担当として訴訟を追行し，判決効は譲受人に及ぶとするのである。日本法は，母法の当事者恒定主義を採用せず，無意識裡に訴訟承継主義となったと理解される[*45]。

[*44] 新堂856頁，松本＝上野〔907〕814頁。
[*45] 松本博之「民事訴訟における訴訟係属中の係争物の譲渡」（初出：平成22年・23年）同

ところで，訴訟承継を当事者適格の移転と説明する説がある。しかし，訴訟物に結び付けられた当事者適格を訴訟承継に持ち込むのは適切ではない。後述の引受承継で鮮明となるが（本書344頁），当事者適格の移転があったとは言えない場合にも訴訟承継を認めるべきであるから，当事者適格ではなく漠然としているが，紛争の主体たる地位の移転と説明する方がよい。もっとも，理論的に詰めると，紛争の主体たる地位の移転は，実体法上の権利者・義務者が移動する実体適格（事件適格）の移転と見ることができる。また，当事者適格の「移転」という表現も正確ではない。移転というと前主からは当事者適格が失われるということになるが，請求を維持している以上，前主にも当事者適格は残っており，前主の訴えが却下となるのではない。実体権を失ったことを理由に請求棄却となるにとどまる。前主（譲渡人）も譲受人も当事者に残ってよいのであるから，本来は「移転」というよりも「追加」というべきであろう。

(2) 参加承継とは，どのようなものか

狭義の訴訟承継のうち，譲受人の方がみずから進んで訴訟を承継して行く場合を参加承継と呼ぶ（49条・51条）。権利を受け継いだ者が参加承継をして行く場合が想定されるが，それに限らず，義務者の側であっても訴訟状態が有利であれば勝訴判決を得るために参加承継して行くことができる（51条）。他方，権利者側の譲渡でも，訴訟状態が不利であれば参加承継して行かないという選択肢は残されている（相手方から引受承継をされるであろう）。要するに，参加承継は権利者・義務者という実体権によって規定されるのではなく，みずから承継して行くかどうかという承継人の意思にかかっている。訴訟状態がよく勝訴が見込まれるのであれば，参加承継をするのが合理的である*46。

参加承継は，47条の独立当事者参加を使って行なわれる（49条）。訴訟係属中に原告Xが債権を譲渡したとき，譲受人Zは，自分への給付を求めて独立当事者参加をすることができる。その後，原告Xが脱退をすると，原告側当事者はZだけとなり，XからZへの訴訟承継となる。しかし，原告Xが脱退をしない場合は，XもZも当事者であり表面的には独立当事者参加の形で訴訟は展開する。

しかしながら，独立当事者参加と参加承継は，その性質が同じではない。独

『民事訴訟法の立法史と解釈学』（平成27年）258頁。
*46 兼子一「訴訟承継論」（初出：昭和6年）同『民事法研究第1巻』（昭和25年）1頁。

立当事者参加は牽制のために参加して行く制度であり，従来の訴訟状態も牽制の対象となる。他方，参加承継では，譲受人は譲渡人のした訴訟状態を引き継ぐ。牽制し場合によっては否定する独立当事者参加と，訴訟状態を引き継ぐ参加承継では規律がまったく異なる。参加承継を独立当事者参加の形で行なうことは，形を表面だけ借りただけのものだと理解しなければならない。ただし，表面的には借りているので，参加承継に40条が準用される。参加前の訴訟状態は引き継がれるが，参加後の訴訟の仕方は牽制で規律される。なお，係争物の譲渡があった以上，それ以前の訴訟の仕方に不満があっても譲受人は訴訟状態を引き継ぐべきであり，詐害妨止参加を使って訴訟状態を否定することはできないと解すべきである。もっとも，信義則に違反するような極端な訴訟状態であれば，信義則という一般条項により否定される余地はある。

　譲受人は，参加承継の途を採らず，別訴を提起することができるか。できないと解される。相手方が引受承継を申し立ててくれば，従来の訴訟とこの別訴は重複訴訟となり，先行する従来の訴訟が優先し別訴は却下となるのであるから，そもそも別訴は提起できないと考えてよい。

(3) 引受承継とは，どのようなものか

　引受承継は，前主（譲渡人）の相手方が譲受人を訴訟に引き入れるものである（50条）。譲渡人が脱退すれば，当事者は譲渡人から譲受人に交代する。しかし，譲渡人が脱退しなければ，譲渡人と譲受人の両者が当事者となることは参加承継と同様である。訴訟状態が有利であれば譲受人は参加承継をして行き，不利であれば相手方から引受承継されるというのが通常であるが，しかし，譲受人に有利なときでも相手方が引受承継をすることは差し支えない。有利，不利というのは動機にとどまる。

　参加承継と引受承継は訴訟承継の二つの場合であるから，理論的にはパラレルだと考えられる。しかし，現行法の規律は，パラレルではない。第1に，引受承継の50条は訴訟脱退は準用しているが，独立当事者参加の準用はしていない。かえって，41条の同時審判の申出がある共同訴訟を準用する。同時審判の申出がある共同訴訟は通常共同訴訟の亜種であり39条の共同訴訟人独立の原則が働く。すなわち，現行法は，参加承継では必要的共同訴訟の40条で規律し，引受承継は共同訴訟人独立の39条で規律する。参加承継とするか引受承継となるかは偶然の当事者の意思によるのであるから，このように大き

く規律が異なるのは合理的でないであろう。第2に，引受承継では，申立てについて決定でその許否が決せられる（50条2項）。参加承継では，独立当事者参加の形を借りるので，決定が介在することはないのと異なる。引受承継を却下する決定には通常抗告をすることができる。引受承継を認める決定の後は本案審理となるので，もはや不服申立てはできないと解すべきであろう。ともあれ，ここでもパラレルが破られているが，立法論としては参加承継も許否の決定をする方がよいのではなかろうか。

ところで，引受承継でも請求の定立が必要か。原告側で債権譲渡が行なわれ被告からの引受承継となったとしよう。この場合，能動的に引受承継の申立てをするのは被告である。原告たるべき譲受人からの請求は立てられていない。訴訟物が立てられていないのでは，審理ができない。では，引受承継の申立てをする被告が訴訟物を立てるべきか。債務不存在確認の形で訴訟物を立てることはできるが，本来は原告側の承継であるのだから譲受人から請求が立てられるべきであり，被告からの請求で処理するのは不自然である。そこで，権利者側での引受承継では，譲渡人の請求から合理的に推定される請求が譲受人（引受承継された者）から提示されていると法律上擬制すべきであろう[*47]。譲受人がその請求に不満であれば，訴えの変更をすればよい。

また，引受承継を許す決定が出され，本案の審理に入ったところ審理の結果，実は実体法上係争物の譲渡がなかったと判断されたときは，どうするか。引受承継を許す決定を遡って取り消すのは手続安定の要請に反する。すでに裁判所が本案の判断に達しているのであるから，遡ることなく，本案の判決をすべきである[*48]。

引受承継でも，承継前の訴訟状態は引き継がれる。それが訴訟承継という制度だからである。しかし，譲渡人と譲受人とでは，ある争点が訴訟の中で占める位置が違うことがある。たとえば，地主Xが建物所有者Yに対して建物収去土地明渡しの訴えを提起したところ，Yは借地権の抗弁が成立することが間違いないと考え，そうだとすると土地が誰のものであろうと結論的に勝訴すると考え，Xの所有権につき権利自白をした。その後にYは建物をZに譲渡し，引受承継となったとする。引受承継をさせられたZにとっては，無断譲渡で

[*47] 中野貞一郎「訴訟承継と訴訟上の請求」（初出：平成5年）同『民事訴訟法の論点Ⅰ』（平成6年）149頁以下，特に166頁。

[*48] 新堂871頁。

あるのでYの借地権に依拠していたのでは敗訴となるから，勝訴するためにXの所有権を争いたいということになる。こういう場合にまでも，承継人Zは自白という訴訟状態に拘束されるか，が問題となる*49。譲渡人が慎重に行なう必要のなかった訴訟行為の効果に譲受人が拘束されてよいか，ということである。これは拘束されないと考えるべきであり，理論的には，争点の持つ意味が変動したときの自白における争わない意思の再確認で対応することができる（本書172頁）。しかし，この微調整を超えて引受承継では訴訟状態の引継ぎはないと一般化するのは行き過ぎであろう。

　承継人の範囲は，被告側で債務の引受けがあった場合，所有権確認の訴えの対象物件を第三者が取得した場合，建物収去土地明渡し請求で建物を第三者が取得した場合などとなる。承継人の範囲は参加承継では余り問題は生じないが（典型例は債権譲渡である），引受承継ではそうではない。最判昭和41・3・22民集20巻3号484頁[百選109]で，最高裁は，賃貸借契約終了等に基づく建物収去土地明渡し請求の訴訟係属中に，被告借地人から建物を賃借した者への退去請求につき引受承継を肯定した。この場合は，341頁で示唆したように譲渡人と譲受人がともに被告となる。双方に勝訴しなければ原告の目的は達せられないからである。ところで，実体法的に考えると，被告に対する請求は賃貸借契約終了等の債権法上の請求であり，承継人たる建物賃借人に対する請求は所有権に基づく物権的請求である。債権法上の請求の被告から物権法上の被告へ訴訟承継をしてよいか。債権法上の訴訟物と物権法上の訴訟物であるから，当事者適格が移転すると考えることはできない。実体法的には引き継がれたものではないけれども，原告の勝訴の目的からは，これで引受承継を認めず別訴を提起させるのは妥当ではない。これも，訴訟承継制度の趣旨から，実体法上の規律を訴訟法が上回って処理する例外事象となる。当事者適格の移動ではなく，紛争の主体たる地位の移動で考えることになる。所有権に基づく建物退去請求の訴訟係属中に，建物の譲渡を受けた譲受人の場合も同様となる。これは所有権に基づく物権的請求権だけの例となるが，物権的請求権はそれを妨害する者に対して，妨害を理由に個別に発生する。前主（譲渡人）が妨害したから物権的請求権が発生したのであり，譲受人も妨害したから物権的請求権が発生したのである。実体法的には，決して，物権的請求権に対応する義務を譲渡人から

---

*49　福永有利「参加承継と引受承継」三ケ月章＝中野貞一郎＝竹下守夫編『新版・民事訴訟法演習2』（昭和58年）37頁。

譲受人が譲り受けた訳ではない。にもかかわらず，訴訟承継制度の趣旨からは引受承継を肯定すべきである。定式化すれば，旧当事者間の請求と承継人に対する請求とが主要な争点を共通にし，旧当事者間の紛争から承継人との紛争が派生ないし発展したものと社会通念上見られる場合（承継を主張する方の者から言えば，訴えないし請求棄却の申立ての実質的目的が承継の前後を通じて変わらない場合）に訴訟承継が認められる，ということになる。

ちなみに，引受承継は相手方からなされるものであるが，譲渡人が譲受人に対して引受承継を申し立てることができるか。東京高決昭和54・9・28下民集30巻9〜12号443頁[百選A36]は，できないとした。妥当である。こういう事例では，譲受人が参加承継をすれば足り，そうでないときでも相手方が引受承継をすれば足りる。恐らく譲受人は訴訟状態を不利と見て参加承継を控え，相手方も訴訟状態を不利と見て引受承継を控えたのであろう。確かに，譲渡人から見ると有利な訴訟状態であるにもかかわらず，しかし，訴訟承継がなされず別訴となりそこで譲受人が敗訴すると，譲渡人は債権譲渡の担保責任を譲受人から追及される虞がある。そこで，有利と見ている訴訟状態を引き継がせるために譲渡人が引受承継を申し立てたい，ということであろう。しかし，有利かどうかの判断は，譲渡人の判断ではなく，現在において最も利害関係の濃い譲受人の判断を優先させるべきである。引受承継の手数料が300円であり参加承継より安いということは，譲渡人からの引受承継を認める理由とはならない（参加承継は独立当事者参加の形を採り新訴であるから，訴え提起の申立て手数料を支払う。1000万円の請求で5万円である）。そもそも，引受承継をする相手方は譲渡に関係しない受動的立場なのであるから手数料が安いのは合理的であり，参加承継をする譲受人は能動的に譲渡を受けたのであるから手数料が訴え提起と同様になるのはおかしなことではない。

（4） 訴訟承継主義の欠陥は，仮処分で埋められる

訴訟承継主義は，現在において最も利害関係の濃い者が当事者となるのであるから合理性はあるとされる。しかし，係争物の譲渡は相手方から見えないという致命的欠陥もある。係争物の譲渡に気が付かずに訴訟を終えると，勝訴していても判決効は譲受人に及んで行かず再訴を余儀なくされる。口頭弁論終結後の承継人ではなく，口頭弁論終結「前」の承継人だからである。

この欠陥は，現行法上，処分禁止の仮処分（民保58条・61条），占有移転禁

止の仮処分（民保62条）で埋められる。仮処分債権者（原告）は、係争物の譲渡があっても、この仮処分によって判決効を譲受人に及ぼすことができる。安心して被告だけに集中して訴訟をすることができる。しかしながら、仮処分は被保全権利のある者が掛けられるものであり、被告側は被保全権利がないので仮処分を掛けることができない。片面的だという限界はあるが、原告側での譲渡は珍しく、また債権譲渡では債務者にも通知がなされるので（民467条）実害はあまりないようである。

　次に、訴訟承継では時間的な隙間が生ずる。訴訟外で係争物を譲渡する時点と、参加承継であれ引受承継であれ訴訟承継がなされる時点はずれるため、その隙間になされた訴訟行為は無効となるのではないかが問題となる。訴訟外で譲渡があった時点から承継人にとっては手続は中断するという解釈論もある。また、譲受人が訴訟係属に悪意である場合には、訴訟承継まで譲渡人に任意的訴訟担当をさせたと構成する解釈論もある。悪意の立証に困難さがないではないが、この解釈論が妥当であろう。善意の場合は、訴訟行為は無効とならざるを得ない。

(5) 任意的当事者変更とは、どのようなものか

　訴訟承継ではないが、任意的当事者変更に触れておく。任意的当事者変更とは、訴訟係属中に当事者が交代することである。訴えの変更と同様に、追加的に変更することもあり交換的に変更されることもある。追加的変更は訴訟参加とも重なる。任意的当事者変更で普通に議論されるのは交換的変更である。

　売買契約で、買主がＹかＺかあいまいであったとする。そのようにＹとＺが行動したからである。Ｘは、Ｙを買主だとして訴えを提起したが、訴訟の途中で買主はＺであることが判明した。訴えを取り下げてＺを被告に再訴をすればよいのであるが、再訴提起の時点では消滅時効が完成してしまう、あるいは出訴期間が徒過してしまうという事態も生ずる。訴え提起の手数料が高額であり、再訴は経済的に不都合だということもある。それまでの訴訟を活かして、被告だけを替えることができないか。これが任意的当事者変更が議論されるシチュエーションである[*50]。

　そこで、解釈上、任意的当事者変更が認められる。しかし、引き継がれるの

---

　*50　新堂853頁、松本＝上野〔780〕738頁、河野正憲『民事訴訟法』（平成21年）762頁。

は，原則として，消滅時効の中断，出訴期間の遵守，訴え提起の申立て手数料だけに限られ，訴訟状態は引き継がれないとしなければならない。新たな当事者は，係争物の譲渡を受けた訳ではなく，独立した他者であるので手続保障が必要だからである。交換的変更をするには，訴えの取下げの規律に準じ，旧当事者（普通は被告）の同意を要する。

　方向性としては，このように考えるべきであるが，細かい詰めはなされておらず，今後の課題である。任意的当事者変更を求める原告に重過失がない場合を要件とすべきである。冒頭の買主がＹかＺかあいまいという例では，任意的当事者変更に頼らずに，同時審判の申出がある共同訴訟を利用すべきであろう。他方，当事者の確定で論じたように，同一行政区画に類似した会社が存在したときには任意的当事者変更で対処しなければならない（本書6頁）。なお，行訴法15条には，行政主体が誰かが素人には分かりにくいという行政訴訟の特殊性からの任意的当事者変更の規定がある。

(6)　多数当事者訴訟全体の特質を，どう捉えるか

　近代ドイツ民事訴訟法は，訴訟を原告対被告の対人的な訴訟に純粋化する方向で徹底した。「原告から被告に対する請求」を中心に据えて全体を構成したと言ってよい。しかし，そのドイツでも近代以前は，人ではなく物を中心に据えて考える対物訴訟というものが存在した。英米法やフランス法では，現在でも対人訴訟，対物訴訟の区別があり，主として管轄のところで議論される。この対物訴訟とは，ある土地の所有者が誰であるかの争いとか，破産のように特定の財産を関係者でどう分けるかとかの類である。多くの利害関係人がかかわるのは当然である。現行法でいえば，共有物分割の訴え（民258条）が対物訴訟の残滓である。現行法では，遺産分割のように非訟事件が対物訴訟の要素を含んでおり，必ずしも訴訟とは構成されていないことも多い。

　ところで，多数当事者訴訟は，近代ドイツ民訴法学が否定した対物訴訟的なものに，どうしてもかかわるところに問題の根幹がある。人を中心に据えるよりも，物ないし事件を中心に据える発想になじむのである。有力学説は，対人訴訟を矢印思考と把握し，対物訴訟を矢印思考に対するメリーゴーラウンド構成と称している。ＸからＹに対する訴訟上の請求で考えるのが，まさに矢印思考である[*51]。

　この広いパースペクティブに立ち矢印思考を離れて考えると，47条1項前

段の詐害妨止参加で議論される「請求なき当事者」の発想もよく理解できるであろうし，逆に，訴訟脱退における「当事者なき請求」の発想もよく理解できるであろう。請求（＝矢印思考）にこだわらないとなると，共同訴訟人間の判決効にも途が開かれて行く。なお将来の研究に待つべきだが，巨視的な視点として頭の隅に入れておくべきものである。

＊51　谷口安平「多数当事者訴訟について考える」（初出：昭和62年）同・前掲［＊1］340頁。

第9章 上訴・再審

1 上訴総論
2 控　訴
3 上　告
4 抗　告
5 再　審

1 上訴総論

(1) 上訴制度の趣旨をどう捉えるか

　上訴とは，裁判が確定しない間に，上級裁判所に対し，その取消しまたは変更を求める不服申立てをいう[*1]。

　上訴は，裁判内容について不満を持つ当事者の要望に応え，再度審理判断をし，裁判の適正をより充実させるためのものと把握されてきた。一審限りで決めてしまうよりも，別の裁判官の目で再審理する方が裁判の過誤が減って適正さが増し，ひいて司法への国民の信頼を保持することができる，というのである。ちなみに，わが国で仲裁が余り好まれない心理的要因の一つは，仲裁が1審限りであって上訴ができないことが挙げられている。以上を当事者の角度からいえば，上訴は当事者の救済を目的とするということになる。

　しかし，他方で，上訴審を担当する裁判所は限定され，特に上告を担当する裁判所は数が少ないので，結果として，上級審の判断は，法令解釈の統一をもたらすことになる。特に上告においてそうであり，法令解釈の統一こそ上告の目的だとするのが多数説である。が，やはり，上告でも当事者の救済目的を主としてよいであろう。後述の上告のところで詳述する（本書370頁）。

　ところで，裁判の適正さの追求といっても無限に上訴を認める訳には行かな

---

*1　兼子433頁，新堂911頁。

い。早く権利を実現したいという勝訴当事者の利益も考えなければならないし，紛争はいつかは決着を付けなければならないからである。わが国は，原則として，2回の上訴を認めて三審制を採っているが，大陸法の歴史的帰結としてたまたま三審制に定着して行ったのであり，三審ということに絶対的根拠がある訳ではない。アメリカの一部の州のように二審制のところもあるのであり，それが不適切ということはできない。わが国の平成8年新法による少額訴訟でも，三審制は保障されておらず，異議が認められているだけである（378条・380条）。また，第2番目の上訴，つまり上告審のあり方は，国によって，歴史によってさまざまである*2。

ともあれ，わが国の現行法では三審制であるから，3回の審理・判決が保障されていることになる。これを当事者から見て，審級の利益と呼ぶ。この審級の利益の保障は，307条の必要的差戻しで実定法上も明瞭にされている。しかし，審級の利益もまた，形式的に絶対のものと考えるべきではない。すでに実定法自身が，307条但書を加え必要的差戻しで例外を認めているし，独立当事者参加や共同訴訟参加は控訴審でも可能として審級の利益を後退させている。訴えの変更も控訴審で可能である。反訴も，控訴審では相手方の同意を要するというのが条文上の規律であるが（300条），実質的に第1審で審理が行なわれていれば同意がなくとも控訴審で反訴提起ができるというのが，判例・通説である（最判昭和38・2・21民集17巻1号198頁，新堂766頁）。

(2) 上訴には，控訴，上告，抗告の3種がある

上訴は，控訴，上告，抗告の3種に分けられる。

控訴は，第1審の終局判決に対するもので，第2の事実審へ事件を移すものである（281条）。控訴を提起する者が控訴人，提起される者が被控訴人である。原告・被告と必ずしも同じではなく，被告が控訴人になることも多い。

上告（上告受理申立てを含める）は，控訴審の終局判決に対するもので，法律審へ事件を移すものである（311条）。事実認定については，もはや不服を言うことはできない。上告理由の制限，書面審理等の特殊性がある。上告を提起した者が上告人，提起された者が被上告人である。

抗告は，決定および命令に対する不服申立てである（328条）。抗告審のする

---

*2 三ケ月章「上訴制度の目的」（初出：昭和55年）同『民事訴訟法研究第8巻』（昭和56年）85頁。

決定に対して，さらにもう一段上の裁判所に対する不服申立てを再抗告という。しかし，最高裁判所の負担軽減のため，最高裁への再抗告は一般的には認められず（裁7条2号），高裁の許可による許可抗告（337条）と憲法違反を理由とする特別抗告（336条）のみが許される。抗告は，376頁で後述のように，沿革から見ても特異なものであり，また，規定も解釈論も十分整備されているとは言えない状況にある。

ところで，上訴の種類が原裁判の種類に応じて分かれているとすると，原裁判の種類が不分明の場合あるいは原裁判が種類を間違えた場合，その上訴をどうするかという問題が生ずる。講学上，「違式の裁判」といわれる。考え方の基本は，裁判所のミスないしそれに準ずるものを当事者にしわ寄せすべきではなく，上訴権ある者の上訴を保障して行くべきだ，ということになる。

そこで，原裁判の種類が判決か決定か不分明のときには，どちらの種類に応じた上訴をも適法として上訴権を保障すべきである。原裁判の種類が間違っていたときには，間違っているにせよ，その種類は明らかなのだから，その明らかである種類に応じた上訴をさせれば足りると一応は考えられる。なされた形式に上訴は従うというこの考え方を形式説と呼ぶ（本来なされるべき裁判に応じて上訴できるとする実質説に対する）。ところが，抗告は，すべての決定・命令に対して許されている訳ではないから（328条1項），この形式説だと不都合が生ずる場合がある。そこで，328条2項は，本来，判決でなすべき裁判を決定・命令という形で間違えて裁判したときは，特別に，常に抗告を許すとした。

しかしながら，本来決定または命令で裁判すべき事項について判決という間違った形式で裁判したとき，形式説により控訴・上告が許されることになるのであるが，その裁判事項が本来は不服申立てを許さない決定・命令で裁判すべき事項であったときは，その本来通りに控訴・上告の審理はしないと解してよい（この限りでは，実質説となる）。判例も，補助参加の許否を判決でした控訴審判決に対して上告を認めてはいるが（形式説となろう），けれども，特別抗告の範囲でしか最高裁は審理していない（最判平成7・2・23判時1524号134頁[百選A42]）。決定・命令事項を判決でしてしまった違法はあるのであるが，その違法は上訴を全面的に認めて原裁判を取り消して訂正させるまでの利益をもたらさない，決定事項への上訴の分だけ認めれば足りる，とするのである。

違式の裁判についての328条2項は，審級を間違えた裁判にも妥当せしめられるか。妥当せしめて，高等裁判所が上告審判決をなすべきところ誤って控

訴審として判決した事例において（控訴を棄却するという判決主文），それの最高裁への上告を容れ破棄・差戻しをしたものがある（最判昭和42・7・21民集21巻6号1663頁）。しかし，これは，上告審で審理すべき内容を持たないのであるから，破棄・差戻しまでする必要はなかった，つまり，実質説で処理すべきであった[*3]。要するに，形式説だけで処理するのではなく，実質説の観点も加味すべきである。

(3) 上訴以外にも，不服申立てはある

裁判に不服のある者への救済方法は，上訴だけではない。異議や再審，特別上訴もある。上訴は，あくまで，「通常の不服申立て」に過ぎない。通常の審級の中で処理されるものという意味である。

まず，異議は上訴と異なる。上訴が上級審への不服申立てであるのに対して，異議は同一審級内での不服申立てである。仮執行宣言付き支払督促に対する督促異議（395条），手形判決に対する異議（357条）などは，この異議によって通常の第1審訴訟手続が始まるのである。少額訴訟の異議（378条）も，やはり同一審級の裁判所への不服申立てである。

上訴は，通常の不服申立てであって，「非常の不服申立て」である再審（338条）とも異なる。上訴は，確定をしていない裁判に対するものであるが，再審は，確定をした裁判に対するものであり，要件が大きく異なる。非常の不服申立てとは，後述する確定妨止効がない不服申立てをいう。

上訴は，さらにいわゆる特別上訴と異なる。特別上訴は，憲法判断の誤りを理由として高裁の裁判に対して最高裁へ申し立てるものであり，特別上告（327条）と特別抗告（336条）がある。ともに，裁判の確定を妨止しないものであって，上訴と異なる。特別上訴も非常の不服申立てである。

(4) 控訴・上告が提起されると，どのような効果が生ずるか

控訴・上告がなされると，移審効と確定妨止（または防止，遮断）効の二つが生ずる（抗告は確定妨止効で括ることができないので，控訴・上告で考える）。

移審効とは，上訴により事件が上級審に移ることである。一件記録も上級審に移ることになる。上級審での審理が始まるのである。

[*3] 新堂・判例408頁。

確定妨止効とは，上訴により判決の確定が阻止されることをいう。その結果，確定判決に生ずる既判力・執行力などはまだ生じないということになる。逆に，この確定妨止の効果を求めて引き延ばしのために上訴がなされることにもなり，それへの対抗手段として仮執行宣言がある（259条）。訴訟引延ばしのみの為の上訴の濫用に対しては，上訴申立て手数料の10倍以下の金銭納付を命ずるという制裁もある（303条）。滅多に適用されないが，適用例が皆無という訳でもない。

　仮執行宣言付き第1審判決に対しては，仮執行の執行停止を求めることができる（403条1項3号）。原判決変更となる事情がないとは言えないこと，または，執行により著しい損害を生ずるおそれがあること，のいずれかを疎明しなければならない。旧法に比べて要件が加重され，執行停止が取りにくくなった。旧民訴法のように，担保さえ積めば当然に執行停止というのでは，仮執行宣言を付した第1審の意図を無にし過ぎるということで改められたが，弁護士の側からは不必要な変更であったとの批判がある。

　ところで，上訴審の裁判の対象は，形式的には，上訴の申立ての当否である。上訴審は，原告の請求＝訴訟物そのものを判断の対象とするのではない。原判決の当否を判断対象とするのでもない。控訴審でいえば控訴という申立て，上告審でいえば上告という申立て，が形式的に審判の対象であり，それらが第1審における請求に対応する。従って控訴棄却，上告棄却という判決主文がなされることになる。

　確かに，上訴では上訴人の上訴の申立て，つまり不服が判決対象となる。不服とは，原判決を変更してほしいという当事者からの要求であり，上訴審はその不服が成り立つものであるかどうかを審理するのである。しかし，控訴審は事実審であるので，その実質は結局，原告の請求（訴訟物）について控訴審も審理をしみずからも心証を取り，その審理結果と原判決を比べ，そこに差異があれば上訴申立ての範囲内で控訴を認容し，結論的に差異がなければ控訴を棄却する。控訴では，控訴審も実質的には原告の請求（訴訟物）につき審理判断をしているのである。事実認定も原判決のしたところが一応納得できて，控訴裁判官が自分でやってみても同一の結果になるであろうとの推測を得れば足りるという事後審制と異なり，控訴裁判官は自身で事実認定をするのである[*4]。

---

*4　兼子449頁。

上告審では，法律審であるから心証を取ることはないのと異なる。審理結果を原判決と比べると言ったが，判決主文で比べるということであり，判決理由中の判断には差があっても主文に差がなければ，控訴棄却ということになる（302条2項）。実質的な内実はこのようなものであるが，しかし，形式的には，原告の請求（訴訟物）そのものが控訴審の対象となるのではない。これを，原告の請求は上訴申立てという外皮を被せられていると表現することが多い。

　形式的には，控訴審の審判対象は，控訴の申立て（すなわち不服）であることは，上訴不可分の原則と関連させると分かりやすい。上訴不可分の原則とは，第8章で述べた通り（本書295頁），一つの訴訟手続で審理され1個の書面で判決されたところの客体的併合関係にある複数請求は，その一つについて上訴があると全体として移審および確定妨止の効果が生ずることを言い，同一訴訟物でも，一部認容・一部棄却の場合には，敗訴部分だけでなく訴訟物全体に移審および確定妨止の効果が生ずることを言う。そういう意味で不可分なのである。さて，この上訴不可分のため，たとえば，貸金1000万円の請求と売買代金500万円の請求が併合して提起され，ともに請求棄却となり，原告がこれに対して貸金請求1000万円棄却部分のみに不服があり，控訴を提起したとする。この場合，全体が移審し，確定妨止となる。つまり，全体1500万円について移審・確定妨止の効果が生ずる。しかし，控訴審の判決の対象は，原告の請求（訴訟物）そのものではなく，控訴の申立て（不服）であるから，不服範囲の拡張のない限り，判決対象は不服のある貸金1000万円部分のみにとどまる。控訴審が，売買代金500万円の部分についての原判決がおかしいと考えたとしても，そこに当事者からの不服申立てがない以上，控訴審は手を付けることができない。これは上訴審における246条の処分権主義・申立て事項の制限の現れである。原告の当初の請求（訴訟物）は上訴の申立てを通じて間接的に審判対象となるにとどまり，上訴の申立てがない部分は移審効と確定妨止効は生ずるが控訴審判決の対象とはならない。第1審に対して，構成が立体的に複雑になっているのである。

　本案判決のほかに，訴え却下と同様の訴訟判決も存在する。控訴の手続，上告の手続が不適法であった場合の控訴却下，上告却下がそうである。たとえば，上訴期間2週間を過ぎてから提起された上訴は，不適法として上訴却下になる。

　なお，以上の説明がすべて前提としていたところであるが，上訴は原判決に

不満のある者が提起する。これを上訴の利益と呼ぶが，どのような場合に上訴の利益があるかは，控訴の利益のところで述べることとする（本書356頁）。

2 控訴

(1) 控訴は，どのようなものか

控訴は，第1審判決に対する第2の事実審への上訴であり，控訴審に対して第1審判決の取消し・変更を求めるものものである（281条）。

控訴期間は，2週間の不変期間である（285条）。判決正本の送達を受けてから控訴期間は進行するので，原告と被告とで判決正本の送達を受けた日が異なれば，控訴期間の満了の日も異なる。判決の言渡しがなされていれば，控訴期間が始まる前に控訴を提起しても適法である（285条但書）。控訴は，控訴状と呼ばれる書面を第1審裁判所に提出して行なう（286条1項）。控訴裁判所に提出するのではない。

控訴状には，当事者の表示等のほか，第1審判決とこれに対する控訴であることを表示する（286条2項）。これが控訴状の必要的記載事項である。ということは，不服の範囲（どこまでの取消しを原判決に求めるかの範囲），不服の理由は必要的記載事項ではない。不服の範囲，理由は，控訴審の口頭弁論期日で述べれば足り，しかも，口頭弁論終結時までに変更することも許される。裁判長は訴えの変更，反訴提起および攻撃防御方法等の提出時期を制限することはできるが，提出期間徒過が直ちに却下に結び付くのではなく，遅延理由を裁判所に説明する義務が生ずるだけである（301条）。第1審では相手方当事者に遅延理由を説明するが（167条），控訴審では裁判所に対して説明する。無論，時機に後れた攻撃防御方法の却下の規定（157条）は控訴審でも適用がある（297条で第1審の訴訟手続の規定は控訴審に準用される）ので，遅延理由を勘案して裁判所は却下することができる。また，規182条・183条で，控訴人は50日以内に控訴理由書を，被控訴人は反論書を定められた期間内に提出しなければならないが，上告理由と異なり訓示規定であり違反への制裁はない。

控訴状に対しては，第1審の訴状と同様に，裁判長の審査がある（288条）。必要的記載事項が書かれておらず，補正にも応じなければ控訴状が却下される。また，控訴は不適法であれば却下される。控訴状の提出を受けた第1審裁判所が決定で却下することもある（287条）。つまり，第1審裁判所が，控訴の適

法性の第一次的チェックをするのである。そして控訴裁判所も，口頭弁論を経ないで不適法な控訴を判決で却下することができる（290条）。費用の予納のないときも，決定で却下することができる（291条）。

逆に，控訴人は控訴を取り下げることができる。控訴の取下げは，控訴を遡及的に消滅させるものであり訴えの取下げに準じて考えればよいが，2点で違いがある。第1に，控訴の取下げは控訴審の終局判決までしかできない（292条1項）。訴えの取下げが，終局判決の後でもできるが再訴の禁止があるという規律と異なる（本書232頁）。終局判決後の控訴の取下げを認めると，控訴人は第1審判決と控訴審判決を比べて好きな方を選択できることになるが，法はこれを否定したのである。第2に，控訴の取下げには被控訴人の同意を必要としない。被控訴人は，第1審で勝っていた者であり，控訴の取下げによって控訴がなかったことになり第1審判決が確定することとなっても，不利益を受けないからである。なお，双方欠席当事者に対する制裁は，控訴審では控訴の取下げ擬制として現れる（292条2項）。

控訴の提起により，確定妨止効と移審効が生ずる。客体面では，上訴不可分の原則が妥当することは前述した（本書354頁）。

控訴権は，当事者の権能であるから，放棄することができる（284条）。控訴権放棄は，負けた当事者にのみ不利をもたらすので，第1審判決が出る前には放棄することはできない。負けた場合には控訴しないことを両当事者が合意しておくことは，この弊害がないので判決前でも許される。不控訴の合意と呼ぶ。その変形として，控訴はしないが上告はするという飛越上告の合意もできる（281条1項但書）。早く法律審の判断を受けることができる。

(2) 控訴人には，控訴の利益が必要である

控訴には，控訴の利益があることが必要である。第1審判決で満足すべき者に控訴を認める必要はないからである。上告を含めれば上訴の利益となり，規律内容は控訴と同じである。

控訴の利益は，結局，第1審判決に不服のある当事者に認められる。負けた方ということになる。勝った当事者は，それで満足すべきである。負けたというのは，当事者の本案の申立て（請求認容，請求棄却の申立て）と判決主文とを比較して考えるのが民訴法の通常の考え方である。これを形式的不服説と呼ぶ。第1審判決が，一部認容・一部棄却であると，どちらの当事者も負けて

いるので当事者双方に控訴の利益がある。第1審判決が訴え却下であると，有利な本案判決を求める不服が両当事者にあるので，この場合も両当事者に控訴の利益がある。請求棄却判決を受けた被告は，それで満足すべきであり，訴え却下を求める控訴の利益はない[*5]。かつては，控訴することによって第1審判決より有利な判決を得る可能性があれば足りるという実体的不服説も唱えられたが，控訴人は有利な判決を得たいが故に控訴するのであろうから，控訴を制限する枠組みとなっていない。訴えの変更を求めて控訴したいという場合，実体的不服説では控訴の利益があるが，形式的不服説では控訴の利益はない。控訴の利益は，控訴審の負担軽減を意図するから，変更される訴えは別訴で第1審に提起する方がよいと形式的不服説は考えるのである。これが，通説・判例である。

しかし，形式的不服説には，例外がある。第1に，予備的相殺が認められて請求棄却判決を受けた被告は，勝訴ではあるけれども，自己の反対債権を犠牲に供しているので実質敗訴の面があり，控訴の利益が認められる。第2に，人事訴訟であるが，人訴25条で別訴禁止が広く規定されているため，請求棄却判決を受けた被告にも控訴の利益がある。被告は，自己の方から離婚請求をすることが人訴25条で禁止されるので，控訴して自己の方からの離婚の反訴を提起する利益があるからである。第3に，一部請求で残部請求否定説に立つ場合には（本書108頁），一部請求で勝訴したとしても控訴で請求の拡張をしておかないと残部請求ができなくなるので，一部請求が全部認容された勝訴原告にも控訴の利益がある（黙示の一部請求につき，名古屋高金沢支判平成元・1・30判時1308号125頁［百選A37］）。

ところで，これらの例外は，要するに，第1審判決がそのまま確定するとなんらかの判決効によって不利益を受ける場合であり，そこから，不利な判決効を受ける当事者に控訴の利益があると整理する学説が生ずる。新実体的不服説と呼ばれる[*6]。

この新実体的不服説に立つと，取消し・差戻し判決に対して控訴人にも上告の利益があること（最判昭和45・1・22民集24巻1号1頁の傍論）を，うまく説

[*5] 審判権の限界や仲裁の抗弁のような特殊な場合には，控訴の利益を認める説もある。伊藤723頁。

[*6] 上野泰男「上訴の利益」鈴木忠一＝三ケ月章監修『新・実務民事訴訟講座3』（昭和57年）247頁，松本＝上野〔929〕828頁。

明することができる。控訴して第1審判決の取消しを求めた控訴人は、取消しの控訴審判決を得て希望通りになったのであるけれども、取消しの理由（差戻しの理由ともなる）が不利であるときは、差戻第1審が裁判所法4条により取消し理由に拘束される結果、そういう不利な判決効を受けるので、上告の利益があると理論的に説明することができる。新実体的不服説を採るべきであるが、新実体的不服説は逆に訴え却下判決を受けた被告の控訴の利益を説明することに困難を生ずる。訴え却下判決の確定によって、被告が不利な判決効を受けることはないからである。そこで、ベースを形式的不服説とし、それに新実体的不服説を加味して考えるのが妥当であろう。

判決理由中の判断に争点効が生じ得る場合であっても、前述のように（本書273頁）、争点効は控訴を基礎付けない。争点効を認めない説でも判決理由中の判断への不服は、控訴の利益を生まない。最判昭和31・4・3民集10巻4号297頁[百選110]も同旨である。

(3) 日本の控訴審は、続審である

控訴審は、すでに第1審判決があるため、立法論としては色々な構造を選択することができる。理念型としては、第1審判決と無縁に別個に審理をやり直すという覆審制がある。日本の旧刑訴法がそうであった。第1審の裁判資料は、控訴審には及んで行かないこととなる。当事者から見れば、控訴審で裁判資料を全面的に提出できるということになる。

逆に、第1審判決にミスがあったかどうかだけを審理する事後審制もある。現行刑訴法の控訴がこうである。控訴審で新たに裁判資料が追加されることは、原則として、ないこととなる。当事者から見れば、控訴審では裁判資料を追加できないということになる。

日本の民訴法が採るのは、その中間の続審制である。第1審の続きとして控訴審があるとするものであり、裁判資料は第1審でのものに控訴審でのものが追加される。当事者から見ると、控訴審で裁判資料を追加提出できるということになる。第1審と控訴審の資料を接合するのが、第1審の手続結果の陳述（296条2項）であり、弁論の更新とも呼ばれる。手続結果の陳述は、第1審の結果を報告するものであるので、一体としてされるべきであり自己に有利な部分だけを陳述することは許されず、その代わり、当事者の一方がすれば足りる、第1審を欠席していた当事者がしてもよい。報告であるから、手続結

果の陳述を忘れた場合でも影響はないと考えてよい（報告行為説）。しかし，判例・通説は，口頭主義・直接主義に反する重要な手続違背であるから，上告理由となり再審事由ともなり得ると解しているが，形骸化している実体に合わない（本書134頁）。ともあれ続審は，運用によって，覆審制に近付けることもでき，事後審制に近付けることもできる。近年のわが国の控訴審は，事後審的運用となっているようである。

用語として，弁論の更新と弁論の更新権とは，紛らわしいが，区別しなければならない。弁論の更新とは，裁判官が交代したときになされるものである（249条2項・296条2項）。弁論の更新権とは，上訴審で当事者が裁判資料を追加提出できる権能，つまり新たに主張立証をし得る権能を言う。事後審制では，弁論の更新権はない。続審制では，弁論の更新権はあるものの，立法によって広くもされ狭くもされる。運用によっても広くも狭くもなる。

(4) 控訴審では，不利益変更禁止が働く

控訴審は，不服申立ての限度で審判する（304条）。控訴審の口頭弁論は，当事者が変更を求める限度でのみなされる（296条1項）。すなわち，不服申立て（控訴申立てまたは附帯控訴の申立て）の限度を超えて判決することは許されない。処分権主義による申立事項の制限と同じであり，上訴審における申立拘束原則とも呼ばれる。

たとえば，第1審で1000万円が請求され，700万円の一部認容，300万円の一部棄却であったとする。300万円につき敗訴した原告が，そのうちの200万円部分についてのみ控訴すると，不服申立てはこの200万円の存否だけであるから，控訴裁判所が原告には1000万円全部の権利があると判断した場合でも，不服申立ての200万円を超えて300万円全部を認容することはできない。利益に変更することができないということであるから利益変更禁止となる。逆に，控訴裁判所が原告の権利は600万円しかないと判断した場合でも，700万円以下は不服申立てに入っていないから，第1審判決を取り消して600万円認容の判決に変更することはできない。控訴した原告に不利となる判決であるから，不利益変更禁止となる。利益変更禁止，不利益変更禁止は補い合って，控訴審における処分権主義の現れとなる。不利益変更禁止があるので，控訴人は第1審判決よりも不利になることはないと考えて安心して控訴をすることができる。結果として，第1審判決が間違っていた場合には，それが是正さ

れる機会が増えるという司法制度全体によい影響を及ぼす。

　しかし，不利益変更禁止は，附帯控訴によって破られる。被控訴人が，控訴審の判決対象を自己に有利に拡大するのが附帯控訴である。前述の700万円の一部認容，300万円の一部棄却で原告が200万円部分につき控訴した例では，700万円の敗訴部分につき被告が附帯控訴をすることができる。附帯控訴は，控訴期間が過ぎた後でも，することができる（293条1項）。第1審判決が，一部認容・一部棄却であったとしよう。原告は，被告が控訴しないならば第1審判決で満足し，自分の方からは控訴しないと考えたとしても，被告が控訴するかどうかは予測できない。控訴期間のぎりぎりに被告が控訴してくると，自分の方が控訴しようとしても控訴期間が過ぎてしまっている危険がある。そうだとすると，相手方が控訴するなら自分も控訴すると考える当事者も，控訴期間徒過の危険を避けるため，積極的にしたいとは考えていない控訴をしておかなければならないことになる。これは無駄な控訴を誘発するということであるから，積極的に控訴したいと考えていない当事者に控訴を控えさせる途を用意するのがよい。それが附帯控訴である。控訴期間の徒過を恐れる必要がなくなるからである。このような意味で，附帯控訴の制度は，平和的当事者を保護するためのものだと表現される。

　附帯控訴は，すでになされた控訴に附帯するものであるから，それ自身には確定妨止効，移審効はない。しかし，控訴審の判決対象を広げるという控訴本来の性質は持っている。控訴が取り下げられると，附帯控訴は効力を失う（293条2項）。不利益変更禁止を期待して控訴した当事者は，附帯控訴がされると不利益変更の危険が生ずるが，この危険を控訴の取下げによって免れることができる。

　さて，最判昭和32・12・13民集11巻13号2143頁[百選A38]のように，判例・通説は，控訴審で訴えの変更や反訴をするときは附帯控訴の衣を被せなければならない，と説く。控訴裁判所の判決対象は，控訴または附帯控訴という不服申立てとの建前に忠実に考えるからであるが，しかし控訴審での訴えの変更を禁止する母法ドイツ法と異なり，日本法は訴えの変更を広く認めるのであるから，この建前にこだわることはない。控訴審で，訴えの変更は訴えの変更としてできる，附帯控訴の衣を被せる必要はないと考えてよい。反訴も同様である。附帯控訴の衣を被せるという解釈を採ると，訴えの変更等をする被控訴人は第1審で勝訴していた者であろうから控訴の利益がないこととなり，

そこで，附帯控訴は控訴の利益を必要としないので控訴ではないという議論に発展する。白馬は馬ではないという詭弁のようなこととなり健全でないことからも，附帯控訴の衣を要求すべきではない*7。

　控訴，附帯控訴の申立てに関しては，請求の予備的併合が特殊な彩りを添える。第1審が主位的請求棄却，予備的請求認容のとき，被告が控訴をしたとしよう。原告も主位的請求棄却に控訴することができるが，原告は控訴も附帯控訴もしなかったとする。控訴審の判断は，第1審と逆で予備的請求は棄却であるが，主位的請求は認容であるとき，控訴審は第1審判決取消し，主位的請求認容の判決をすることができるか，それとも予備的請求棄却の判決ができるだけか，が問題となる。控訴，附帯控訴の申立てを重視して考えると，原告からの控訴・附帯控訴はないのであるから，控訴審は主位的請求にかかわることができず，予備的請求を棄却するだけとなる（上訴必要説）。原告に酷になる場合が生ずるが，それは上訴裁判所が附帯控訴をするよう釈明することで対処できる，とする。他方，予備的併合では，契約が有効なら代金を，有効でないなら目的物の返還をということであり両請求の実質は表裏一体であるから，その一体性を重視して，原告からの控訴・附帯控訴がなくとも，第1審判決取消し，主位的請求認容の判決をすることができる，と考えることもできる（上訴不要説）。両説相半ばするが，最判昭和58・3・22判時1074号55頁［百選111］は不服申立てが必要だと判示した。しかし，控訴・附帯控訴が控訴審の判決対象だという建前に過度にこだわる必要はなく，また，控訴審，場合によっては上告審が附帯控訴をするよう釈明する保障もないので，上訴不要説でよいのではなかろうか。

　不利益変更禁止に戻ると，ここでも相殺の予備的抗弁が複雑な問題を惹起する。判決理由中の判断でありながら，既判力が生ずるからである（114条2項）。まず，不利益変更禁止が控訴審の審理の範囲を限定するかが問題となる。相殺は反対債権がそれ自体で訴訟物となり得るものであって反訴に近く，訴求債権と反対債権は分けて考えるという方向を貫くと，相殺によって請求棄却判決を得た原告が控訴する場合，原告（控訴人）は訴求債権ありとされた点に不服はなく，訴求債権なしと控訴審がすることは不利益変更となる。そこで，原告が控訴する場合には，訴求債権は控訴審の審理対象とならず，控訴審の審理対象

---

*7　上野泰男「附帯控訴と不服の要否」民訴雑誌30号（昭和59年）1頁，松本＝上野〔947〕837頁。

は被告の反対債権があるかどうか，相殺の要件を充たしているかどうかだけだということになる。これに対して，相殺も抗弁であり，訴訟物の中にあり訴求債権と反対債権を分断すべきでないと考えると，控訴審は原告からの控訴であっても訴求債権と反対債権の両方を審理することができることになる。前説を採るとしよう。訴求債権と反対債権が関連している場合，控訴審は反対債権だけの審理をしていても訴求債権につき心証を得ることができる。控訴審の心証が，訴求債権は不存在，反対債権も不存在であったとする。前説では，訴求債権の心証を判決に反映させることはできず，訴求債権はあるという第1審判決を動かすことはできない。そして，反対債権は不存在という心証であったのであるから，控訴審判決は請求認容ということになる。しかしながら，控訴審の心証は訴求債権なしによる請求棄却であるのだから，この結果は控訴審の心証に正面から反する結果となる。むろん，これは被告が控訴しなかったからであり，やむを得ないと考えることもできる。また，控訴審が附帯控訴をするように被告に釈明すればよいと考えることもできる。従って，判断は微妙であるが，控訴審が常に釈明するという保障はなく，上告審では特に保障はなく，心証に正面から反する判決となる前説よりも後説の方が無難ではなかろうか（最判昭和61・9・4判時1215号47頁[百選112]参照)。

　さて，それを前提に，予備的相殺が認められて請求棄却判決を得た被告が控訴したところ，控訴審が訴求債権不存在と判断するときは，第1審判決取消し，請求棄却となる（控訴審の判決の形で後述する)。逆に，控訴審が反対債権は不存在と判断した場合，その心証のままだと請求認容となる。しかし，これは控訴した被告に不利益変更となる。従って，請求認容に変更することはできず，控訴棄却にとどめなければならない。不利益変更となるときは，控訴棄却とすべきだからである。

　予備的相殺が認められた請求棄却判決に，今度は原告が控訴したとしよう。控訴審が訴求債権は不存在だと判断すると，心証通りであれば，第1審判決を取り消して請求棄却判決となるはずである。ところで，第1審でも請求棄却であり，控訴審の判断でも請求棄却であるが，この二つの請求棄却は内容が同じではない。第1審の請求棄却は相殺を認めているのであるから，既判力は訴求債権不存在と反対債権不存在の双方に生ずる（本書269頁)。他方，控訴審の請求棄却では，訴求債権不存在だけに既判力が生ずる。この控訴審の請求棄却は，反対債権不存在がない分だけ控訴した原告に不利益であるから，不利

益変更禁止が働き，控訴審は控訴棄却にとどめなければならない。前述の昭和61年最判は，そのように処理した判例である。

不利益変更禁止が，その性質上，働かない場合もある。第1に，訴訟要件欠缺を理由に控訴審が訴え却下の自判をする場合である。一部認容・一部棄却判決に当事者が控訴したときでも訴え却下判決となり，本案で勝訴していた部分が不利益に変更となるが，公益性の高い訴訟要件ではやむを得ないところである。

第2に，306条が規定する判決の成立手続違反の場合も不利益変更禁止が働かない。適法な判決言渡期日の指定・告知がないとか，判決原本に基づいていないとかの判決の成立手続に違反があるときは，そもそもそういう判決は出してはいけなかったのであるから，控訴人の不利となっても取り消されなければならない。

第3に，職権でなし得るものは不利益変更禁止に抵触しない。不利益変更禁止は処分権主義の現れであるから，処分権主義と関係しない職権でなし得る事項には不利益変更禁止が及ばないからである。訴訟費用の裁判，仮執行宣言がこれに当たる。ただし，離婚判決とともに出された財産分与の部分につき，財産分与は本来非訟事件であり申立事項の制限が働かないから，控訴審で財産分与を不利に変更することができるとする判例があるが（最判平成2・7・20民集44巻5号975頁），控訴人の意図に反するとして反対説も有力である[8]。境界確定判決も，控訴人に不利に変更することができるというのが通説・判例であるが，これにも有力な反対説がある[9]。

第4に，独立当事者参加において控訴しなかった敗訴者に利益に変更することがあり得る。独立当事者参加の特殊性から，そうなるのである（第三者不服説，本書336頁）。

(5) 控訴審の判決は，どのような形となるか

控訴提起が不適法であれば，控訴却下となる。控訴の本案判決は，控訴認容と控訴棄却である。控訴認容は，控訴人の不服申立てを認めるのであるから，原判決取消しとなる。原判決が取り消されると，原告の訴訟上の請求に対する第1審裁判所の応答（判決）がないこととなるので，控訴審が代わりに判決を

---

[8] 宇野聡・評論・私法判例リマークス6号（平成5年）136頁。
[9] 竹下守夫・評釈・法協82巻4号（昭和41年）563頁。

しなければならない。不服申立てという外皮が破れ，訴訟上の請求が表面に現れるのである。訴訟上の請求に対する応答は差戻し，自判，移送のいずれかとなる。

差戻しは，審級の利益の関係で，第1審が審理し直すのが適当な場合になされる。第1審判決が訴え却下であってそれを取り消すときは，第1審の本案判決がないから必ず差戻しをしなければならない。必要的差戻しという（307条）。そうでないときも，裁量で差戻しをすることができ，これは任意的差戻しと呼ばれる（308条）。差戻しとなると，手続は第1審の再開続行となる。従前の第1審の裁判資料は，控訴審判決で取り消されていない限り，効力があり使うことができる。逆に，控訴審での裁判資料は，当然に資料となる訳ではなく，改めて再開第1審の口頭弁論に上程されなければならない。

控訴審は，判決の理由が異なっても結論（判決主文）が同じとなるときは，控訴を棄却しなければならない（302条2項）。既判力が生ずるのは，判決主文の結論であって，判決理由中の判断ではないからである。しかし，訴え却下判決では，訴訟要件ごとに既判力が生ずるので，第1審が当事者能力なしとして訴え却下で控訴審は当事者適格なしとして訴え却下のときは，訴訟要件つまりは既判力の範囲が異なるので，第1審判決を取り消した上で改めて訴え却下をし直さなければならない。同じ訴え却下判決でも対象とする訴訟要件が異なるので，第1審判決を取り消しておく必要があるからである。似た現象として，訴求債権なしという理由での請求棄却の第1審判決に対して，控訴審は相殺の抗弁が成立するから請求棄却とするときも，請求棄却という判決主文の言葉で考えてはならず既判力の対象で考えなければならない。そうだとすると，第1審の請求棄却は訴求債権不存在だけに既判力が働くものであるが，控訴審の請求棄却は訴求債権不存在と反対債権不存在の双方に既判力が生ずるものであるから，第1審判決を取り消した上で改めて請求棄却の判決をし直さなければならない。

訴えの交換的変更でも，同様である。最判昭和32・2・28民集11巻2号374頁[百選33]は，第1審で請求棄却で控訴審で交換的変更がなされたときは，控訴審は新請求について初めて判断するのであるから，改めて請求棄却判決をすべきであり，控訴棄却の判決で済ませてはならないとする。控訴審の審判対象が控訴・附帯控訴という不服申立てであり，続審は事後審的でもあることを突き詰めて，控訴棄却でよいとする反対説もある。この反対説は，続審制の下

では，第1審も新請求について判決をし，それが控訴されたと擬制すべきであるから控訴棄却でよいと説く*10。しかし，余りに技巧的であるし，この場合の控訴棄却という判決主文は誤解を招きやすい。判例でよいとすべきである。

控訴審で判決対象（訴訟物）に変動が生じたとき，たとえば一部につき訴えの取下げや請求の減縮がなされたときは，法律論としては，当然に判決対象が動いているのであるから控訴審がなにも対応しなくとも違法ではない。たとえば，1000万円の請求で控訴審で一部100万円につき訴えの取下げがあると，100万円の部分は遡及的に訴訟係属がなかったことになる。そのとき，第1審が1000万円の請求認容とし，控訴審が同じく請求認容の意味での控訴棄却とすることで法律論としては差し支えない。しかし，これでは，第1審の判決対象と控訴審の判決対象が同じだという誤解が生じやすく，通常は考えにくいのであるけれども，1000万円での強制執行が起こりかねない。そこで，控訴棄却の判決主文の次に括弧書きで，「（訴えの一部取下げによって，原判決は次のように変更された。被告は原告に金900万円を支払え）」と書く慣行がある。よい慣行だというべきである。

3 上　告

(1) 上告とは，どのようなものか

上告とは，控訴審の終局判決に対する法律審への上訴をいう（311条。細かくは，控訴審の終局判決以外もあるが省略する）。すなわち，上告審に対して控訴審判決の取消し・変更を求めるものである。

地裁を第1審とする判決では，控訴審は高裁，上告審は最高裁となる。簡裁を第1審とする判決では，控訴審は地裁であり，上告審は高裁となる（311条，裁7条・16条3項）。つまり上告審は，最高裁の場合と高裁の場合があり，上告理由が異なる（312条3項）。また，最高裁への上告には，それを申し立てれば必ず上告審が開かれる権利上告（312条）と，最高裁の受理決定によって上告審が開かれる上告受理（318条）とに分かれる。上告は，単純でなく複線的なのである。条文では，単に上告という場合は権利上告を指すように見え*11，上告受理申立ては上告受理決定が出るまでは上告でないとする理解も

---

*10　中田淳一『民事訴訟判例研究』（昭和47年）241頁。

あり得るが，講学上は上告受理申立ても上告の一種と理解するのが通常である。

上告にも，上告の利益が必要である（控訴の利益と同様であり，本書356頁）。しかし，上告の利益があるだけでは足りず，加えて権利上告または上告受理の要件を充たしていなければならない。

上告審は，法律審である。本案の事実認定をみずから行なうことはない。原判決が法令に違反していないかを審査するのである。言い換えれば，原判決の手続の経過と判断の内容を事後的に審査するのであり，事後審である。当事者は，新たな事実主張や証拠申出をして事実認定のし直しを求めることはできない。それ故，既判力の標準時は事実審の口頭弁論終結時となる（本書260頁）。法律審であるから，原審が適法に認定した事実を上告審も前提とする。条文では，原判決が適法に確定した事実は，上告裁判所を拘束すると表現されている（321条1項）。控訴裁判所が，みずから心証を取り事実認定をするのと異なる（本書353頁）。新たな事実認定をしないのであるから，新たな事実認定が必要となる訴えの変更，反訴を上告審ですることはできない。

事実認定を本来はしないのであるが，職権調査事項については例外として事実認定をすることができる（322条）。職権調査事項とは，抗弁事項でない訴訟要件，手続法の強行規定，評議・評決・判決書の作成・判決言渡し期日の指定と告知・判決の言渡し等の判決の成立手続（306条）等々を指す。これらは，上告裁判所が職権で，つまり当事者からの指摘がなくとも取り上げて判断することができ不利益変更禁止が働かない（本書363頁）。従って，上告人の不服申立ての範囲に拘束されず，不服の申し立てられていない部分についても，たとえば，原判決破棄，第1審判決取消し，訴え却下という判決をすることができる。ちなみに実体法解釈・適用の誤りの是正も職権でできるので，実体法解釈・適用も職権調査事項だとする説がある。しかし，下級審で職権で実体法の解釈・適用を行なうことを職権調査事項とは表現しないのが普通である。実体法の解釈・適用は裁判所の職責であり，職権でできることはその職責の反映だと考えるべきである。これを職権調査事項だと表現するのは概念の混乱を招く。さらに，実体法の解釈・適用は不利益変更禁止に服する点でも，職権調査事項と異なる[12]。

---

[11] 竹下守夫＝青山善充＝伊藤眞編『研究会 新民事訴訟法』（平成11年）436頁の鈴木正裕発言。

[12] 鈴木正裕＝鈴木重勝＝福永有利＝井上治典『注釈民事訴訟法』（昭和60年）586頁〔鈴木

(2) 権利上告とは，どのようなものか

　権利として上告することができる，すなわち，上告人が主張すれば上告理由となり上告審の審理が開始されるものを，講学上，権利上告と呼ぶ（繰り返しとなるが，条文では単に，「上告の理由」である。312条）。最高裁に対しては，憲法違反と絶対的上告理由が権利上告理由であり（312条1項・2項），高裁に対しては判決に影響を及ぼすことが明らかな法令の違反が権利上告理由である（312条3項）。

　旧法下では，上告理由はそのまま破棄理由であった。上告理由が主張されて上告審の審理が始まるものとされ，上告審の審理の対象は，主張された上告理由が実際に存在するか否かであり，存在すると判断されると原判決は破棄され，存在しないと判断されると上告棄却となるという構造であった。上告理由と破棄理由は同じ内容を持ったのである。しかし，最高裁の負担軽減を重視した平成8年新法は，上告理由と破棄理由が等しいことを捨てた。最高裁への権利上告理由でも上告受理事由でもない「判決に影響を及ぼすことが明らかな法令の違反」があるときは，破棄することができると規定したからである（325条2項）。職権破棄または特別破棄と呼ばれる。最高裁は主張された上告理由以外を理由として原判決を破棄することができるので，職権破棄を期待してともかくも上告をする，破棄理由は上告裁判所に考えてもらうという当事者のモラルハザードが生ずる危険があり，これは刑訴ではすでに生じている事態である。

　権利上告理由の一つは，憲法違反である。しかも，法律，命令，規則または処分が憲法違反であるとするときは，大法廷で判決をすることになる（裁10条）。ところで，憲法違反では，条文上，「判決に影響を及ぼすことが明らかな」ことが要求されていない。この条文に忠実に，憲法違反では判決への影響を必要とせずに上告理由となり，上告審手続が開始されるとする学説もある[*13]。しかし，それでは傍論についても上告審の審理をする，または抽象的に法令の憲法違反を審理するということになりかねず，適当ではないであろう。もっとも，憲法違反に名を借りただけの上告は，決定で上告棄却とすることができるので（317条2項），この説でも弊害が顕著となる訳ではないが，やはり，上訴審の基本原則として，判決に影響を及ぼすことがない場合は上告審を開始すべきではない。「明らかな」という制限句は，上告審が事実認定をしない関

　　正裕執筆〕。
　*13　伊藤742頁。

係で，明らかなと要求する蓋然性とそうでない可能性を明確に区別することはできないので，枕詞的な修飾語と理解すべきであり重視しなくてよい*14。

　手続上の過誤のうちの重大なものも権利上告理由とされ，絶対的上告理由と呼ばれる（312条2項）。手続上の過誤では，判決の結論に影響したかどうかが判然としないことも多いので，判決への影響は必要ないものとされ，それで絶対的と呼ばれる。たとえば，法廷を公開せずになされた判決も，判決の結論は公開された場合と異ならないということはあり得ることである。しかし，公開しないという重大な過誤があるので，権利上告理由とし破棄するとされている。判決への影響を問題としないことのコロラリーとして，他の理由で判決が正当かどうか（301条）を問題としない。

　絶対的上告理由の第1は，裁判所の構成の違法である。合議体での裁判官の数が少なかったり，判事補を多く入れたり（裁27条2項），欠格事由のある裁判官（裁46条）が入っていたりする場合である。判例は，直接主義に違反した場合もこれに当たるとするが，弁論の更新のし忘れは絶対的上告理由とならないと解すべきであろう（本書134頁）。

　第2は，法律により判決に関与することのできない裁判官がいた場合である。除斥事由のある裁判官の関与，忌避の裁判がされた裁判官の関与等々である（本書56頁）。判決に関与とは，判決の評議および原本の作成への関与を言う。証拠調べをしたり，判決の言渡しをしたりするだけであるのは，これに含まれない。

　第3は，専属の国際裁判管轄違反（3条の5）である。国内の専属管轄違反も絶対的上告理由となる。他の絶対的上告理由と同様，控訴審で当事者が指摘していなくとも，破棄される。法定された専属管轄は，裁判の適正，公平，迅速等を考慮した結果であって公益性を持つからである。従って，専属管轄の合意への違反は，ここに入らない（本書54頁）。

　第4は，代理権・授権の欠缺である。法定代理権，訴訟代理権の双方を含む。当事者の真意が反映されていないからであり，訴訟無能力者が本人で訴訟行為をした場合も，代理権欠缺ではないが，この312条2項4号で絶対的上告理由となると拡張して解釈されている。さらに，この4号は判例でも学説でも，手続保障の欠缺に拡大して解釈されている。最決平成19・3・20民集

---

*14　兼子459頁，新堂943頁。影響を及ぼす可能性で足りる。

61巻2号586頁[百選40]も，事実上の利害関係の対立がある者への補充送達で，そう扱っている（本書66頁）。

第5は，口頭弁論の非公開である。憲法82条による。口頭弁論の公開は，口頭弁論の方式であるから調書によってのみ証明することができる（160条3項）。もっとも，口頭弁論の公開停止は，人訴法22条，特許法105条の7等に許容規定があり，その場合は本号違反とはならない（本書132頁）。

第6は，理由不備，理由の食違いである。かつてはこれは広く解され，判断遺脱も理由不備とされたが，判例はそれを否定することに転換した（最判平成11・6・29判時1684号59頁）。理由不備は真に不備である場合に限定されるべきである。理由の食違いも，微細なものでなく，理由に矛盾があることがはっきりしている場合に限定される。平成8年新法の狙いは，最高裁の負担軽減であり，それは権利上告理由の限定，明確化ということを意味するからである。

さて，高裁が上告審となる場合は，前述のように，「判決に影響を及ぼすことが明らかな法令の違反」があるときに権利上告理由となる（312条3項）。高裁が上告審の場合は，上告理由と破棄理由の等質性が維持されていることになる。法令違反は，判断の過誤と手続の過誤に分けられるのが一般である。これは高裁が上告審である場合も，最高裁が上告審である場合も同様である。判断の過誤は，主として実体法の解釈・適用の誤りであり，これは当事者が主張した誤りに審理が限定されず，職権をもって実体法の解釈・適用の誤りで破棄することができる。実体法の解釈・適用は，裁判所の職責だからである。上告理由不拘束の原則と呼ばれる。手続の過誤は，職権調査事項を除く手続の誤りをいう。判断の過誤と異なり，上告理由不拘束の原則が働かず，当事者の指摘を必要とすると説かれることが多い。手続の過誤は判決上は潜在的にしか存在しないから当事者からの指摘がないと発見が容易でないからである。しかし，見つけにくいとしても，理論的には，原判決から見つけることのできる手続の過誤について上告審は取り上げることができる，上告理由不拘束の原則が同様に働くと解してよいのではなかろうか。要するに，判断の過誤と手続の過誤の区別は，過大視すべきものではない（ただし，通説ではない）。

(3) 上告受理とは，どのようなものか

「法令の解釈に関する重要な事項」は，最高裁が受理することによって上告

理由とされ上告審の審理が開始される（318条）。最高裁の負担軽減のための上告制限立法である。すなわち，権利として当然に上告審の審理を開始させることができるのではなく，最高裁の上告受理決定を経て初めて上告審の審理を開始させることができるというのが，上告受理の制度である。外国の立法例では，上告をするには不服額（敗訴額）が一定の金額を超えていなければならないという上告金額制限，原審が許可したものだけが上告できるという上告許可制，一定金額を超えている事件でも上告受理を拒否できるという制度，等々の上告制限がある[*15]。しかし，平成8年新法は，そこまで強力でない上告審による上告受理という制度を新設したのである。アメリカ連邦最高裁のサーシオレイライが参考とされた。

さて，法令の解釈に関する重要な事項とは，参考とされたドイツ法の例からは，解釈論として重要であること，すなわち，一般性普遍性のある法律問題であることを意味する。立法の過程でも，そういう認識であった。法令解釈の統一を志向したのである。しかし，一般性普遍性があるとは言えないが，当該訴訟の判決を逆転させる重要性はある，つまり個別事件限りで当事者にとっては重要性があるというものを，最高裁が審理しなくてよいかを正面から問われると難しい問題となる。教室設例となるが，うっかりして不動産の物権変動の対抗要件を登記ではなく不動産の引渡しだとしてなされた判決につき，上告を認めないで確定させてよいかという問題を設定することができる。すなわち，うっかりミスの高裁判決が先例として機能することはありえないから，解釈論としての重要性はない，けれども間違っている判決を上告審は取り上げずそのまま確定させてよいかという形で議論することができる。よいとするのも，最高裁の負担軽減と法令解釈の統一からは筋の通った考え方である。しかし，相当にドライであり，国民一般の裁判所に対する信頼を崩壊させる危険がある。いずれはドライなものとなるべきであるとしても現時点の解釈論としては，当該事件限りでの重要性も，上告受理事由となるという解釈を採るべきであろう（反対説もある）。判例も，釈明義務違反で上告受理決定を出したものがあり，この解釈を採っていると見ることができる。こう解釈すると，上告制度の目的は控訴と同様に当事者救済だということになる[*16]。もっとも，上告制度の目的は，当事者救済と法令解釈の統一の両方だとする説も多い[*17]。

　　[*15] 桜井孝一「上告制限」新堂幸司編集代表『講座民事訴訟(7)』（昭和60年）79頁。
　　[*16] 新堂911頁，伊藤741頁。

再審事由があることも，上告受理事由となる（最判平成 15・10・31 判時 1841 号 143 頁[百選 A39]）。判決を確定させて，その後で再審を提起させるよりも，再審事由があることが上告する段階で分かっている場合には，上告審で破棄・差戻しさせる方が迅速・簡便だからである。

　経験則違反の事実認定も，自由心証主義（247 条）の内在的制約に反するので，上告受理事由となる（最判昭和 36・8・8 民集 15 巻 7 号 2005 頁[百選 114]）。

　ところで，当事者救済機能を重視すると，最高裁による裁量性は制限されることとなる。ある事件では上告受理を認め，同種の別の事件では認めないという裁量性は，当事者救済の機能とは相容れない。しかし，上告審実務は，当事者救済機能は肯定するが，同時に，最高裁の裁量性も肯定するようである。破棄・差戻しししても当事者が得る金額がわずかであれば破棄しない，高裁判決がある程度蓄積するまで上告受理を認めないという裁量性を肯定する考え方となる。

(4) 上告は，どのような手続でなされるか

　上告は，上告状を原裁判所に提出して行なう（314 条）。上告期間は，原判決の送達から 2 週間の不変期間である（313 条）。上告理由を上告状に記載することもできるが，記載しなくともよい。その場合は，50 日以内に上告理由書を提出しなければならない（315 条 1 項，規 194 条）。控訴と異なり，上告では上告理由書の提出は必要的であり，提出しないと却下決定の制裁を受ける（316 条 1 項 2 号）。

　上告が不適法であって補正されないときは，原裁判所が決定で上告を却下する（316 条）。原審却下と呼ばれる。明らかに不適法な上告は，原裁判所で処理することとして上告裁判所の負担を軽減させているのである。

　上告が適法であれば，訴訟記録が上告裁判所に送付される（規 197 条）。上告裁判所は，被上告人に対して答弁書の提出を求めることができる（規 201 条）。これは，裁量規定であり，提出を求めないで処理することもできる。もっとも，被上告人は自発的に答弁書を提出することができ，それが普通である。不適法であるにもかかわらず原裁判所が上告を却下していないときは，上告裁判所が上告を「決定で」却下することができる（317 条 1 項）。上告理由が明らかに憲

---

　*17　松本=上野〔921〕825 頁，三木ほか 619 頁。

法違反，絶対的上告理由でないときは，上告裁判所は決定で上告を「棄却する」ことができる（317条2項）。判決でなく決定ですることができるとした点に意味がある。しかも，調書決定で済ますこともできる（規50条の2）。

上告裁判所は，上告に理由がないと認めるときは，口頭弁論を経ないで「判決で」上告を棄却することができる（319条）。すなわち，必要的口頭弁論（84条3項）の例外となり，書面審理である。この規定の裏として，原判決を破棄するときは，口頭弁論を開かなければならない。上告審で口頭弁論が開かれるとなると，破棄の期待が高まるが，しかし，法律論としては口頭弁論を開いても上告棄却とすることに問題はない。しかし，近時の判例は，破棄するときでも口頭弁論を開かないという措置を肯定する。口頭弁論を開いたとしても判断が変わる余地がないときには，訴訟経済の見地から口頭弁論を開く必要がないとするものであるが，判断が変わる余地が本当にないのか，仮にないとしても当事者への手続保障として口頭弁論を開くべきではないかが問題であり，学説では批判する見解が有力である[18]。

上告人の上告に乗って，被上告人は附帯上告をすることができる。附帯上告でも，附帯上告理由書を50日以内に提出しなければならない。もっとも，上告理由書を同じ理由で原判決を自己に有利に変更することを求める場合には，50日の制限はない。

上告受理では，当然には上告審の本案審理が始まる訳ではない。上告受理決定があって初めて，審理が開始される。そこで，上告受理申立ては，厳密には，上告審本案の審理開始の申立て（上告受理決定すべしという申立て）と，原判決破棄の申立て（権利上告では，これだけである）が複合したものだということになる。受理しない場合には，上告受理申立て却下決定ではなく，上告不受理決定となる。その他の手続の概要は，権利上告に準ずる。相手方は，附帯上告受理申立てをすることができる。

上告でも，控訴と同様に，移審効と確定妨止効とがある。移審効，確定妨止効は判決全体に生ずるが，そのこととは別に，判決の一部のみへの上告が認められることもある。たとえば，控訴審の口頭弁論終結後の受継決定につき，原判決全体の破棄ではなく受継決定だけの破棄を求めての上告を適法とした判例がある（最判昭和48・3・23民集27巻2号365頁）。

---

[18] 坂原正夫「民事訴訟法第319条について」法学研究（慶應）82巻12号（平成21年）1頁。

上告審の終局裁判は，上告却下，上告棄却，上告認容（原判決破棄）の3種類となる。ただし，却下決定や不受理決定で処理できるので，却下判決は考えにくい。上告審は法律審であるから，原判決を破棄するときは自判ではなく差戻しが原則となる（325条2項）。職権破棄ができることは前述した（本書367頁）。本案については，不利益変更禁止も働く。

　ところで，沿革上の理由から，刑訴と異なり民訴では控訴審は原判決「取消し」と表現し（304条〜309条），上告審では原判決「破棄」と表現する（325条・326条）。控訴審では原判決破棄とは言わず，上告審では原判決取消しとは言わない。実質にかかわることではないが，学生がしばしば間違えるところである。

(5)　破棄・差戻し後の手続は，どうなるか

　上告審は最終審であってさらに上級審への上訴はないから，言渡しによって即時に判決は効力を生ずる。破棄・差戻しであると，事件は直ちに差戻審に係属する。差戻審は，控訴審として，従前の口頭弁論を再開続行することになる。ただし，先入観のない裁判官に審理させるため，原判決に関与した裁判官は差戻審に関与することができない（325条4項）。裁判官が全員交代することになるから，弁論の更新が必要となる。明文はないが，差戻審の第1回口頭弁論期日においては陳述擬制（158条）が適用となると解してよい。従前の控訴審手続は，上告審で破棄の理由となっていない限り，なお効力を有する。原審のした中間判決も，破棄されていない限り，なお拘束力を有する。他方，口頭弁論が再開されるのであるから新しい主張や証拠申出ができる。既判力の標準時は，新しい口頭弁論終結時となるので，主張・証拠申出をする圧力が働く。控訴取下げも，附帯控訴も可能である。審理の結果，元の控訴審判決よりも上告をした当事者に不利になることがあるが，口頭弁論が再開されているのであるから不利益変更禁止に反するものではない[*19]。

　上告審が破棄の理由とした法律上，事実上の判断は差戻審を拘束する（325条3項後段。裁判所法4条は控訴審の取消・差戻しにも認める）。仮にこの拘束力を認めないとすると，上告審と控訴審の法律判断が異なる場合，たとえば控訴審がAという解釈を出し上告審がその解釈を否定するとき，上告審は破棄・差

[*19]　畑郁夫「差戻し後の審理と判決」（初出：昭和60年）同『民事実務論集』（平成21年）335頁。

戻しとするが控訴審は再びAという解釈を採り，上告審は再びそれを否定することとなり，事件が控訴審と上告審の間でキャッチボールされ紛争が解決しないからである。すなわち，審級制度が事件の解決を遅らせる弊害を生むことになるのを防止するための規定である。従って，これは審級制度の趣旨から導かれる当該事件に限って生ずる特殊な拘束力ということになる。そうであるので，第二次上告審も第一次上告審の判断に拘束される。拘束されないと事件の解決が遅れるからである（本書357頁参照）。

　325条3項後段は，事実上の判断（事実に関する判断）にも拘束力が生ずるとするが，上告審は法律審であり事実認定をしないので事実に関する判断に拘束力が生ずるのは，職権調査事項に関してだけである。訴訟能力の前提となる当事者の年齢がその例である。従って，この拘束力の中心は，法律に関する判断となる。破棄の直接の理由とされた原判決の誤った法律判断を，控訴審は繰り返してはならないという拘束力である。上告審が下級審を指導監督するという積極的なものではなく，審級制度の趣旨から，その法律判断を繰り返してはならないという阻止的・消極的な拘束力となる。控訴裁判官も，本来は，自由に法律判断ができるはずだから積極的な拘束力は行き過ぎであり，キャッチボールを生じさせないための阻止的・消極的な拘束力で十分だからである。拘束力は，原判決は誤りだという否定的判断に生ずる。コロラリーとして，否定を裏付ける肯定的，積極的な理由付けは，破棄に対して縁由的な関係に立つに過ぎないから，すなわち傍論であるから拘束力は認められない。たとえば，原判決がAという法律判断をしたのを誤りとして破棄・差戻しした場合，Aという法律判断を否定する面にだけ拘束力が生ずる。上告審がAの代わりにBという法律判断をすべきだと説示していたとしても，この説示は直接の破棄理由ではないので拘束力は生じない。ただし，控訴審がこの説示を参考にしてBという法律判断で判決することはむろん差し支えない。Aという法律判断を繰り返すことだけが法律上否定されるのであり，控訴審はBという法律判断を自発的に受け入れてもよいし，Cという別の法律判断をしてもよい。上告審が，複数の上告理由に対して順次判断して行き，最後の上告理由について上告を容れ破棄したときも，前半の上告理由排斥の判断は破棄に関しては傍論であり拘束力は生じない。

　このように否定的判断に拘束力が生ずるのが原則であるが，限定的・謙抑的であっては落ち着きの悪い例外的場合には否定面以外でも拘束力が生ずる。第

1に，破棄判断をするにあたっての論理必然的な関係に立つ法律判断には，肯定的判断として拘束力が生ずる。すなわち，訴訟要件の欠缺と本案判断の誤りの双方が上告理由とされていたのに対し，上告審が訴訟要件欠缺の上告理由を排斥し，本案判断で破棄したときには，訴訟要件の欠缺なしとした積極的判断にも拘束力が生ずる。控訴審は，訴訟要件なしとすることはできない。

　第2に，判断遺脱，審理不尽，釈明義務違反といった点を破棄理由とするときは，これらは原判決の不作為を破棄の直接の理由とするのであるから，一定の作為をすべきだという指示的・積極的な方向で拘束力が生ずる。判断遺脱とされれば，その点を判断しなければならない。もっとも，判断遺脱とした後で上告審がその判断事項に関して法律論を展開していても，その法律論は破棄の直接の理由でないから拘束力は生じない。

　しかしながら，控訴審が新たな事実認定をしたときは，この拘束力は前提が崩れ消失する。特定事件での法律判断は，その事件での事実認定を前提としているため，差戻審で事実認定が変更されれば拘束力は消えるのである。差戻審は，新しい事実認定を基にすれば，表面的には第一次控訴審と同じ法律論を採ることができる。

　最判昭和43・3・19民集22巻3号648頁[百選115]は，登記が移転した事例で，控訴審はAが原告Xの代理人として売買契約を締結したのでXが所有権者であるとしてX勝訴判決を下したところ，上告審は，XはA名義で登記することを許しているのであるからXの意思に基づきA名義に移転登記させたものであり，実質的にはAとXが共謀して虚偽の登記をしたのと同視され，民法94条2項を類推し善意の第三者には対抗できないと解すべきである，原審が民法94条2項を類推適用しなかったのは審理不尽だとして破棄・差戻しとした。しかるに，差戻審は，代理人Aは顕名でなかったので所有権を取得したのはAである，Aは本人Xに登記を移転する義務と相手方Yに登記を移転する義務を負う二重譲渡となるから，対抗要件で判断されることとなりX敗訴と判決したというものである。この差戻審判決に対して再び上告がされたところ，再上告審は，民法94条2項の類推適用を否定できないという限度でのみ拘束力が生ずるから，右法理の他に別個の法律的見解が成り立ち得る場合には，民法94条2項による善意の第三者について判断することなく，対抗要件という別個の法律上の見解に立ってXの請求を棄却することも許される，と判示した。しかしながら，民法94条2項を類推適用しなかったのは審理不

尽だというのが破棄理由であるから，差戻審は審理不尽だとされた不作為を作為にする，つまり，民法94条2項を類推適用するという拘束力を受けるはずである。別個の法律判断をすることができるという判旨は，大いに問題がある。ただし，破棄されたのもXの請求棄却という方向であり，差戻審もXの請求棄却であり，結論が同じであるから，これ以上紛争解決を遅らせないため，再上告審は差戻審判決を破棄しなかったのであろう。結論は是認できるけれども，判旨の一般論は行き過ぎだと捉えるべきである。

4 抗　　告

(1) 抗告とは，どのようなものか

抗告とは，決定または命令に対する上訴である（328条）。抗告審も決定手続であり，簡易な手続として構成される。要するに，簡易な手続によってなされる決定・命令には，簡易な手続による不服申立てを認めようという訳である。

しかし，比較法的に眺めると，判決でない裁判所の裁判に対する不服申立てを抗告という概念で統一するのはドイツ法系に限られているようである。フランス，アメリカでも簡易な不服申立てを認めることはあるが，それを抗告という統一的な概念で括ることをしない。しかも，ドイツ法系でも，抗告は本来このようなものとして認められていた訳ではない。ドイツ法系でも決定・命令（と呼ばれていなかったこともあるが）に対しても Appellation と呼ばれる，判決に対するのと同じ上訴の形しか認められていなかった。しかし，この Appellation は極めて形式的で複雑な手続であり遅延を避けがたいものであった。判決に対してはともあれ，簡易であるはずの決定・命令に対しては不釣り合いであることは耐えがたいものがあった。そこで，裁判実務の知恵として，上級裁判所が下級裁判所に対して持っていた司法行政上の監督権の発動を求める申立てであるところの抗告（Beschwerde）が，決定・命令に対する不服申立てに転用されて行き，これが1877年のドイツ民事訴訟法典の中に定着していったのである[*20]。そのような沿革から，抗告には不透明な部分が少なくなく，学説・判例・立法上の議論も十分ではない。

現行法の抗告は，二つの角度から分類することができる。第1に，通常抗

---

　　*20　鈴木正裕「抗告の特質」新堂編・前掲〔*15〕291頁。

告と即時抗告という分類がある。抗告期間の定めのない抗告を通常抗告という。原裁判を取り消す利益がある限り，いつでも提起することができる。逆に言うと，原裁判を取り消す利益がなくなれば自然に提起されなくなるという事態に任せておいてよいものに認められる。即時抗告は，1週間の不変期間である抗告期間の定めのある抗告である（332条）。法が，特に即時抗告と定めている場合に認められる。移送（21条），補助参加（44条），文書提出命令（223条7項）等が即時抗告である。即時抗告には，後述の原裁判の執行停止の効力がある（334条1項）。第2に，最初の抗告と再抗告という分類がある。文字通り，最初になされる抗告を最初の抗告と呼ぶ。再抗告（330条）は，最初の抗告に基づく決定（命令はもはやなくなる）に対する法律審に対する不服申立てである。上告の規定が準用される（331条）。再抗告は，最高裁の負担軽減のため，最高裁にはできないのが原則であり（裁7条2項），簡裁の決定・命令に対して高裁への再抗告があるだけとなる。例外は，後述の許可抗告と特別抗告となる。

　さて，即時抗告は個々に規定があるものなので，328条1項は通常抗告に関する一般的な規定となる。この条文は「口頭弁論を経ずして」なされる決定・命令と規定する。これは，決定・命令のすべてが抗告に服するのではなく，時機に後れた攻撃防御方法の却下に典型的に現れるように，本案の審理に密接に関連し口頭弁論の中で出されるものには独立の不服申立ては認められず，本案の終局判決とともに上訴審の対象となる（283条）という意味を持つ。中間の裁判には，独立の不服申立てを認めないのが日本法の原則だからである。いずれにせよ，どういう場合に抗告が認められるかは個別に条文の趣旨を探求して行かなければならず，かなり複雑となるが各論は省略する。

　以上のほかに，特別抗告と許可抗告という分類もある。憲法違反の場合に認められる最高裁への抗告が，特別抗告である（336条）。高裁の許可によって，最高裁の審理が得られるのが平成8年新法で新設された許可抗告である（337条）。上告受理の申立てが最高裁の判断によるのに対して，許可抗告は原裁判所の判断によるのが異なる。高等裁判所の決定・命令も，民事執行法や民事保全法の分野では重要なものが多い。それにつき，各高裁で判断が分かれることもないではない。ところが，高裁の決定に対しては，裁判所法で最高裁への抗告は許されていない。しかし，これは法令解釈の統一のためには放置すべきことではない。そこで，平成8年新法は高裁の決定・命令にも最高裁の判断を受ける途を開いた。ただし，最高裁の負担軽減から，最高裁の受理決定ではな

く，原裁判所の許可決定に基づくものとされたのである。許可抗告の申立ては，裁判の告知を受けた日から5日の不変期間内にしなければならない（337条6項で336条1項を準用）。許可は，判例違反その他の法令に解釈に関する重要な事項を含むと認められる場合になされるが（337条2項），その余を含め上告受理に準ずる。許可抗告は，文書提出命令ではよく用いられている。

（2） 再度の考案とは，どのようなものか

抗告が提起されると，原裁判所は，そのした裁判を改めて点検し，もしその裁判に違法または不当を発見したときは，その裁判を取消し・変更することができる。これを再度の考案と呼ぶ（333条）。要するに，決定・命令には，裁判の自己拘束力（自縛性）（本書249頁）が弱められているのである。

再度の考案による更正は，必ずしも従来の審理の結果にこだわらず，新たに審理し直すことが可能である。新たな事実・証拠を斟酌して判断することも理論上は可能である。もっとも，実務上，再度の考案がなされることは稀だと言われている。

再度の考案をしても，原裁判を維持すべきときは，つまり抗告に理由がないときは，原裁判所は意見を付して事件を抗告審に送付しなければならない（規206条）。意見を付すというのは，それほど重んぜられている規定ではなく，そのため平成8年新法で法律から規則に格下げになった（意見を付すことは，上告でも訴訟手続に関する事実の有無に認められているが，これもよく用いられている訳ではない。規197条1項後段）。抗告の理由が，そもそも簡単である。

（3） 執行停止は，どうなっているか

決定・命令では，判決と異なり，告知のときから効力を生ずる（119条）。従って，抗告には移審効はあるが確定妨止効はない。しかし，即時抗告では，その提起があると，原裁判の効力が自動的に停止される（334条1項）。通常抗告では，裁判所・裁判官の判断で，原裁判の効力を停止することができる（334条2項）。要するに，即時抗告は，1週間の抗告期間制限と原裁判の効力の自動停止を伴ったもの，ということになる。

（4） 抗告審の手続は，どうなっているか

抗告のできる場合は様々なものがあるので，すべての場合に当事者対立構造

が採られる訳ではない。192条の証人の不出頭に対する10万円以下の過料についての抗告のように，相手方当事者のいない場合もある。が，反対の利害関係を持つ者がいる場合には，相手方当事者として手続に関与する機会を与えるべきである。335条が，抗告人その他の利害関係人を審尋することができると規定するのは，その意味である。審尋は，証拠調べの意味も持ち，187条では参考人の審尋も定めている（本書131頁）。

5 再 審

(1) 再審とは，どのようなものか

再審は，確定した終局判決に対して，その判決の取消しと事件の再審理を求める非常の不服申立てである（338条）。訴訟手続に重大な欠陥があったこと，または，判決の基礎たる資料に異常な欠点があったことを理由とする。そのような判決を放置することは，裁判の適正の理念に反し，当事者にも酷であり，裁判に対する国民の信頼を損なうので再審が認められる。確定判決に対するものであるから確定妨止効はなく，原判決と同一審級で審理されるものであるから移審効もない。執行停止の効力も当然にはなく，裁判所による執行停止決定が必要である（403条1項1号）。これらの点で，審級の中での通常の不服申立てである上訴と異なり，非常のということになる。

既判力を修正するのが，再審と確定判決変更の訴え（117条）である（本書258頁）。そこで，既判力ある判決を対象とするのが再審だというのが従来の理解であるけれども，内容上無効な判決も再審の対象としてよく，再審は既判力ある判決だけを対象とするものではないことは前述した（本書4頁・251頁）。実定法上，再審事由とされている受訴裁判所の構成が違法である場合（338条1項1号・2号）は，沿革的にも，無効な判決だと見られなくもない。逆に，再審事由がある場合でも，判決の騙取のとき，判例は再審を経ずに損害賠償請求をする再審のバイパス（隠れた再審）を認めている（本書259頁）。要するに，既判力ある確定判決と再審との関係は，厳密に一対一に対応するものではなく，幅のあるゆるやかな対応関係にあると把握してよいのではなかろうか[21]。再審は，よく考えると，奥の深いところがある。

---

[21] 加波眞一「再審制度と既判力の制約（判決無効）論」鈴木正裕古稀『民事訴訟法の史的展開』（平成14年）861頁。ただし，通説ではない。

(2) 再審の訴訟物は，どう考えるか

再審は，確定判決の取消しと事件の再審理を求めるものであり，二つの焦点がある。再審事由があると再審開始決定がなされ（346条），それ以後は本案の再審理となる（348条1項）。かつては，二つ焦点があることに対応して，再審の訴訟物は判決取消しと本案再審理の二つだとする説が多数であった。しかし，平成8年新法で再審開始決定が設けられ手続が二段階となった現行法の下では，再審開始決定で確定判決の取消しがされる訳ではない。従って，本案の再審理の対象だけが訴訟物だと考えるべきである。本案の再審理の対象は，第1審判決の再審では請求であり，控訴審では形式的には控訴申立て・附帯控訴申立てである。

さらに，再審事由は10あるが，これで10個の訴訟物があると考えるか，再審を求められる判決は一つであるから訴訟物は1個かという新旧訴訟物論争（本書35頁）に関連する争いもある。旧訴訟物論だと10個となりやすく，新訴訟物論だと1個となりやすい。再訴禁止効を同一再審事由に限定する345条3項は訴訟物10個説に有利であるが，条文が旧訴訟物論に有利であるのはこの場合だけではない。理論的には，判決単位で訴訟物を1個とする説が妥当である（反対説もある）。ただし，前訴再審手続で主張することに期待可能性のなかった再審事由は，遮断されない[*22]。

(3) 再審の補充性とは，どのようなものか

再審は，補充的だとされる。確認の訴えが補充的だというのと（本書79頁），同様の意味である。すなわち，判決確定前に当事者が再審事由を上訴によって主張したが容れられなかった場合，および再審事由が存在することを知りながら当事者が上訴を提起しなかった場合は，判決確定後に再審を提起することが許されない（338条1項但書）。再審より上訴を優先させるのである。通常の不服申立て手続を非常の不服申立て手続に優先させると言ってもよい。ただし，上告受理事由は，最高裁で受理される保障はないので補充性の壁もない。また，上訴の追完の可能性があれば補充性から再審ができないという解釈が多いが，そこまで補充性を強化する必要はないであろう。

要するに，補充性を厳格に解して再審を余りに狭くするのは妥当ではない。

[*22] 新堂974頁。

最判平成4・9・10民集46巻6号553頁[百選116]は，補充性が妥当するのは真に知っていた場合だという制限解釈を展開した。訴状の送達が7歳9か月の子供にされた瑕疵があるものの手続が開始され第1審判決が出され，判決正本の送達は妻への補充送達でなされ，上訴がなく第1審判決が確定したという事案である。妻への補充送達は有効だとされたのであるが，従前は，判決正本の送達が有効だったとすれば上訴で再審事由を主張できたはずだとして再審は補充性の観点から棄却されていた。しかしながら，この判例は，妻は夫に無断で信販取引きをしたのであるから夫との間に事実上の利害関係の対立があり夫に判決正本を渡すことが期待できないところ，妻への補充送達はそれでも有効であるけれども（ここが最判平成10・9・10判時1661号81頁[百選39]と重なる。送達と再審については本書65頁），補充性は真に夫が判決正本送達を知って上訴の機会があった場合に限定される，本件ではそうではないので再審を提起できる，と判示したのである。従来の判例では，判決正本の送達が有効であれば，上訴または上訴の追完で行くべきだったとされ再審が否定されていたのを改めたということである。この事件での，再審事由は子供への訴状送達が無効であることを手続保障欠缺とする338条1項3号の類推である。

(4) 再審事由には，どのようなものがあるか

再審事由につき，まず，法律に従って判決裁判所を構成しなかったとき，法律に従って裁判に関与することができない裁判官が判決に関与したとき，代理権・授権に瑕疵があるとき（338条1項1号〜3号）は，絶対的上告理由と同じである。これは，理論上の帰結ではなく，沿革上のものに過ぎない[*23]。

4号以下が，絶対的上告理由と異なる。4号を除き，判決の結論に影響のあるものである点も絶対的上告理由と異なる。裁判官の職務犯罪（4号），相手方または第三者の刑事上罰すべき行為による自白または攻撃防御方法提出の妨害（5号），証拠の偽造や偽証（6号・7号），判決の基礎となった裁判・行政処分の変更（8号），判断遺脱（9号），既判力の抵触（10号）である。8号の判決の基礎となった裁判の変更では，その裁判が法的に拘束力を持つ場合だけでなく，その裁判の事実認定を援用して同一の事実を認定している場合（判決のいわゆる証明効）を含む。判決効が及ぶ場合でなくてよいので，民事判決を法的には

[*23] 鈴木正裕「上告の歴史」小室直人＝小山昇還暦『裁判と上訴（下）』（昭和55年）1頁。

拘束することがない刑事判決が変更された場合にも8号の再審事由はあり得ることになる。9号の判断遺脱とは，当事者が適法に提出した攻撃防御方法で判決の結論に影響を及ぼす重要なものに対して判決理由で判断を示していないことを言う。すなわち，攻撃防御方法への判断の遺脱である。本案申立てについて判断を示さなかった場合は，判断遺脱ではなく，裁判の脱漏（258条）となる（本書248頁）。

　再審事由があっても，4号から7号までの可罰行為では，可罰行為に対して有罪の刑事裁判があったこと，または証拠欠乏以外の理由で確定刑事判決に達することができなかったこと（犯人の死亡，大赦，時効，情状による起訴猶予など）が2項で要件として加わる。もっとも，有罪判決があっても，民事の再審裁判所はそれに法的には拘束されず，可罰行為を独自に認定しなければならない。従って，刑事裁判と異なり，犯罪行為なしと認定することも理論的にはできる。この2項の要件は，通説・判例によれば，それ自体が再審事由となるものではなく，再審の適法要件と位置付けられる。可罰行為そのものが再審事由であるが，それだけでは再審申立てが続出することになるので，濫訴対策として入り口を絞ったというものである。

　日本法の再審事由は，他国の立法例からすると，狭いと評される。たとえば，母法ドイツ法は，文書証拠が新たに発見されたことも再審事由としているが，現行日本法は，5号の相手方または第三者の刑事上罰すべき行為による自白または攻撃防御方法提出の妨害の中にその一部を取り入れているものの，文書証拠の新発見そのものは再審事由ではない。そもそも，ドイツ法では，再審は判決無効の訴え（判決取消しの訴え）の系統（日本現行法の3号まで）と原状回復の訴え（ほぼ日本現行法の4号以下）の系統の二つに分けられていたものを，大正15年改正で一本化したという経緯もある。しかも，その大正15年改正の再審規定は，成功したとは評価されていないのである*24。

（5）再審の審理は，どのようにされるか

　再審の訴えは，再審事由ありと主張されている判決を下した裁判所が専属管轄を持つ（340条1項）。その上で，元の受訴裁判所に回される。控訴審判決に対する再審は，控訴裁判所が管轄を持つ。第1審判決にも控訴審判決にも再

---

*24　鈴木正裕「既判力の遮断効（失権効）について」判タ674号（昭和63年）4頁。

審事由があるときは，双方の裁判所が管轄を持つこととなるはずであるが，しかし，再審裁判所は絞られている。まず，控訴審が本案判決をしているときは，控訴審でも審理がされ第1審でも審理がされているが，第1審判決に対しては再審を認めず（338条3項），控訴審判決に対してだけ再審が認められる。再審裁判所を上級審に絞っているのである。さらに，第1審判決があり控訴審は控訴却下判決（訴訟判決）であって338条3項が働かないときは，いずれにも再審を提起できるはずであるが，審級を異にする二つの再審で矛盾する判断が出ないように，上級審が併せて管轄を持つ（340条2項）。

再審が提起されても，確定判決の執行力は当然には停止されない。停止されるとなると，執行妨害のための再審の濫用も懸念される。執行停止には，再審事由が法律上理由があるとみえ，事実上の点につき疎明があり，かつ，執行によって償うことができない損害が生ずるおそれがあることの疎明，が必要となる（403条1項1号）。金銭賠償で回復できる損害は，執行によって償うことができない損害ではないと解されているから，再審での執行停止の要件は相当に厳格である。

出訴期間の規律も複雑である。不変期間として，再審事由を知ってから30日という期間制限がある（342条1項）。判決確定から5年という除斥期間もある（342条2項）。さらに，再審事由が判決確定より後に生じたときは除斥期間の起算日の延長が認められる（342条2項括弧書）。再審事由が判決確定より後に生じるのは，8号の基礎となった裁判が変更される場合と，2項の有罪判決が確定する場合である（2項は適法要件であるが，除斥期間の局面では考慮される）。そして，代理権を欠く場合（解釈により手続保障がない場合）と既判力抵触では，不変期間も除斥期間も適用がない（342条3項）。

民事では権利・法律関係は時々刻々と様相を変えるので，5年も経てば新たな権利・法律関係が社会に根付くので除斥期間を設けたのである。ただし，立法論としては5年は短いという批判はある。他方，代理権欠缺と既判力抵触の場合に除斥期間を外すことは，長すぎるという批判がある。

再審原告は，確定判決の効力を受け，かつ，取消しを求める利益（不服の利益）のある者である。再審も不服申立てであるから，不服の利益が要求される。つまりは，敗訴した者である。再審被告は，相手方であるから勝訴当事者となる。判決の効力が第三者に及ぶ場合には，判決の取消しに第三者も固有の利益を持つので，独立当事者参加によって再審を申し立てることができる（最決平

成25・11・21民集67巻8号1686頁[百選118])。

　原判決の当事者およびその一般承継人が再審の当事者適格を持つのは当然である。では，特定承継人は，どうか。訴訟承継（参加承継，引受承継）にならって再審当事者となると解すべきである。再審開始決定以後は，原判決の審理の再開続行となるのであるから訴訟承継を類推するのが適当だからである（ただし，通説ではない）。最判昭和46・6・3判時634号37頁[百選117]は，特定承継人が単独で再審原告になることができると判示したが，再審却下事件であって一般化すべきものではない。

　再審事由が存在するかの審理は，既判力を破る事由があるかという高度の公益にかかわるから，弁論主義ではなく職権探知主義が妥当する。自白は効力がない。さもないと，両当事者が気に入らない判決では，再審申立てと自白によって再審理がなされてしまうからである。ただし，再審裁判所は，当事者から主張された再審事由以外の事由に及ぶ審理をすることはできない。釈明で処理すべきこととなる。再審事由が認められなければ，再審請求棄却決定となり，即時抗告ができる（347条）。逆に，再審開始決定となると（これにも即時抗告ができる），本案の再審理，つまり，元の訴訟の再開続行となる（348条3項）。この段階となると，通常の訴訟に戻るから弁論主義である。上訴と同様に，不服申立ての限度で審理される（348条1項）。再審の反訴もあり得る。従前の訴訟手続は，再審事由の瑕疵を帯びていない限り，効力を維持する。たとえば，偽証で再審理となった場合には，当該証言以外は効力が維持される。他方，再開続行であるから新たな主張立証をすることもできる。本案再審理の結果，終局判決となる。原判決が結論で正当であれば，再審請求棄却となること等は上訴と同様である（348条2項）。既判力の標準時は，再開続行後の口頭弁論終結時に移行する（再開続行については，本書373頁）。

　以上のように，再審は既判力論と上訴論の複合した応用であり，ふところが深く理解は必ずしも容易ではない。

第10章　略式訴訟手続

  1　手形・小切手訴訟
  2　少額訴訟
  3　簡易裁判所の訴訟手続の特則
  4　督促手続

1　手形・小切手訴訟

　略式訴訟手続の第1は，手形・小切手訴訟である。

　手形・小切手を所持していれば，真に権利者である確率が高く，また，迅速に債務名義を持たせる必要もある。そのための略式の判決手続が手形・小切手訴訟である。

　大正15年改正前の旧々民訴法は，ドイツ法に倣い，手形・小切手を含む証書訴訟・為替訴訟という略式訴訟を持っていたが，訴訟遅延の原因だとして，大正15年改正で廃止された。しかし，これには批判も強く，昭和39年に手形・小切手訴訟として復活したという経緯がある。手形・小切手訴訟を利用するかどうかは，原告の任意である。

　手形・小切手訴訟の管轄は，被告の普通裁判籍所在地または手形・小切手の支払地の裁判所である（4条・5条2号）。訴額によって，簡裁のこともあり地裁のこともある。手形・小切手訴訟が利用できるのは，手形・小切手による金銭支払いの請求である（350条）。利得償還請求などは含まれない。手形・小切手訴訟では，審理の単純化が図られ，反訴（351条）や中間確認の訴えは許されない。期日も原則1回である（規214条）。証拠調べも，書証に限られ，しかも当事者がみずから所持し任意に提出する文書に限られる。つまり，文書提出命令を発しないのである。書証に限ることの例外として，文書の真否などに関する事実については，当事者尋問が補充的に許される（352条）。

　手形・小切手訴訟による判決には，その要件を充たしていない場合の却下が

まずあり (355条1項)，これには不服申立てをすることができない (356条)。通常訴訟を提起することができるので問題はない (355条2項)。

次に，一般の不適法却下がある。これには控訴が許される (356条但書)。そして，本案についての請求認容または棄却の判決がある。これについては，控訴が許されず (356条)，異議のみが許される (357条)。敗訴した者からの2週間内の異議により，手続は通常訴訟に移行し，手形・小切手訴訟としての制約が消滅する (361条)。

通常訴訟手続による審理の結果が，手形判決と符合するときは，手形判決を認可する旨の判決をする (362条)。債務名義が形式的に重複するのを避けるため，認可判決とするのである。手形判決の理由が不当でも結論が同じであれば，やはり認可である。審理の結果が手形判決と符合しないときは，手形判決を取り消して，裁判所の判断に沿った判決をする。認可判決を含めての新判決に対して，控訴ができる。つまり，第1審は，手形・小切手訴訟と異議後の通常訴訟の両方を含むのである。

通常訴訟への移行は，異議によるだけでなく，手形・小切手判決前にもなされる。しかし，これは原告からの申立てにのみ基づく (353条)。被告がこの申立てをすることはできない。手形・小切手の所持人に簡易迅速な手続を保障するのが手形・小切手訴訟であり，その利益を放棄できるのも所持人 (原告) に限られるからである。

2　少 額 訴 訟

略式訴訟として，60万円以下の金銭請求のみを対象として，少額訴訟が許される (368条以下。平成8年新法では30万円であったが，平成15年改正で60万円となった)。手続がどう進むかを裁判所は当事者に教示しなければならない (規222条)。

手続の利用回数は年10回と制限されている (368条1項但書，規223条)。いわゆる業者の利用を制限するためである。

利用するかどうかは原告の任意である。他方，被告には通常訴訟への移行申述権がある。裁判所の職権による通常手続への移行もある (373条)。

反訴提起はできない (369条)。一部請求に関しては規定がない。80万円の債権を，60万円での一部請求として少額訴訟を提起できるかは解釈問題であ

るが，一部請求否定論であれば，原告が残りの提訴を諦めるのであるから可能と解してよい。一部請求肯定論では，少額訴訟の利点の悪用として許されないと解すべきであろう。微温的に，一部請求は許されるが，373条3項により裁判所は通常訴訟に移行させるべきだとする説もある。

証拠調べは，即座に調べられるものに限られる（371条）。交互尋問をしなくてよく，証人の宣誓省略も可能であり，電話会議システムによる証人尋問も可能である（372条）。調書は省略されるが，録音テープによる記録の途はある（規227条）。訴訟代理人が選任されている場合でも，本人を出頭させることができる（規224条）。

審理は1回の期日で終わる（370条）。直ちに判決を言い渡す（374条1項）。判決書原本に基づかないいわゆる調書判決をすることができ（374条2項），認容判決には仮執行宣言が必ず付される（376条）。執行文は不要である（民執25条但書）。

少額訴訟では，和解的判決が可能である。期限の猶予と分割払いの判決ができる。ただし，期間は3年に限られる。債務免除の判決も，訴え提起後の遅延損害金については可能である。これらの措置には不服申立てができない（375条）。原告の申立てに基づかないのであるから，処分権主義に一見反するように見えるけれども，少額訴訟を選ぶかどうかが原告に任されているのであるから，少額訴訟を選んだ以上，このような和解的判決があることは織り込んでいると見てよく，原告の意思，すなわち処分権主義に反してはいない。

控訴・上告はできない（377条）。代わりに異議申立てができ，通常訴訟となる（378条）。異議後の通常訴訟でも，交互尋問はしなくてもよく，和解的判決も可能である（379条）。憲法違反を理由とする特別上告はできる（380条2項）。

3　簡易裁判所の訴訟手続の特則

簡易裁判所の訴訟手続は，いわゆる略式訴訟ではない。しかし，簡易化された手続として（270条以下），その手続の特色を説明する。

簡裁は訴額140万円を超えない少額事件を扱うので手続を簡略化している（裁判所法制定時は訴額5000円だったことにつき，本書52頁）。第1に，条文上は口頭で訴えを提起することができる（271条）。訴状を書かなくてもよいというのである。しかも，請求の原因に代えて紛争の要点を明らかにすれば足りる

(272 条)。つまり，訴訟物の特定をうるさく言わないのである。もっとも，口頭提訴は実際には，あまり行なわれていない。本人が簡単に書き込める書式が裁判所で用意され，通常はその書式で提訴するからである。

第 2 に，準備書面を提出しなくてよい (276 条)。

第 3 に，逆であるが，書面審理を併用することができる。第 1 回口頭弁論期日でなくとも，当事者の一方が期日に欠席したときは，準備書面の記載事項を陳述したものとみなすのである。当事者は，これにより毎回，簡裁に出頭しなくとも済む (277 条)。

第 4 に，証人尋問に代えて証人の供述書の提出で済ますことができる (278 条)。205 条の書面による証人尋問と異なり，当事者の異議なきときという要件がない。また当事者尋問でもできるし，鑑定人の意見陳述に代えてもできる。

第 5 に，裁判所の側でも，調書の記載の省略 (規 170 条) や判決書の簡略化 (280 条) が認められている。

第 6 に，必要と裁判所が認めるときは，一般人の良識を裁判に反映させるため司法委員を審理に立ち会わせ，その意見を徴することができる。司法委員は，和解に関与することもできる (279 条)。

4 督促手続

督促手続は訴訟ではない。従って，略式訴訟ではないが，ここで説明する。督促手続は，金銭その他の代替物の一定数量の給付請求権につき，債務者に支払督促を発し，債務者に異議がなければそのまま執行力を付与し，異議があれば通常の訴訟手続に移行させるというものである (382 条以下)。請求に対して被告が争うか否かを選別する機能を持つことになる。

管轄は債務者の普通裁判籍所在地の簡易裁判所であり，書記官が担当する (383 条)。管轄違いは，一般の場合と異なり，移送ではなく却下となる (385 条 1 項)。却下に対しては，1 週間の不変期間内に異議申立てができる (385 条 3 項)。管轄違いであっても，発令されれば有効となる。督促異議があった後，管轄裁判所に移送すればよい。請求は，金銭その他の代替物または有価証券の一定数量の給付を目的とする請求に限られる (382 条)。これは，執行が容易であるし，誤まって執行したとしてもその原状回復に障害が少ないからである。

手続は，支払督促の申立てによって始まる。この申立てがあると，債務者を

審尋しないで，適法性のみを見て発令する（386条）。請求に理由があるかは審理しない。その審理は債務者からの督促異議にかからしめているのである。但し，有理性（本書145頁）の審理はしなければならない（385条1項）。事実面の審理はしないが，法律面の審理はするということである。

申立てが適法であり有理性があれば，書記官は支払督促を発し，債務者に送達する（388条1項）。債権者に対しては通知である（規234条2項）。この段階で，債務者が支払督促に督促異議を申立てると，支払督促は失効する（390条）。通常の訴訟または手形訴訟が始まる（395条）。督促異議の申立ての取り下げはできると解すべきであり，取下げによって督促異議がなかったことになり支払督促も復活する。支払督促の送達に対して債務者が督促異議の申立てをしないと，送達後2週間を経過した後に，債権者は支払督促に仮執行宣言を求める申立てをすることができる（391条）。この仮執行宣言を求める申立ては，初めの支払督促の申立てとともにしておくこともできる。仮執行宣言の申立てが適法であれば，督促手続の費用を付して仮執行宣言がされ，仮執行宣言付き支払督促が改めて当事者に送達される（391条2項）。これは債務名義となる（民執22条4号）。

逆に債権者が不熱心で，仮執行宣言を求め得るときから30日以内にこの申立てをしないと，支払督促は失効し，督促手続の係属も消滅する（392条）。

債務者は，仮執行宣言付き支払督促に対しても，この段階になって2週間内に督促異議を申し立てることができる（393条）。しかし，この仮執行宣言付き支払督促への督促異議は，支払督促を失効させず，ただその確定を妨止するだけである。しかも，確定は妨止しても，仮執行宣言は付いているので執行力はなくならない。執行を停止させるには，その旨の決定を得なければならない（403条1項3号）。仮執行宣言後の督促異議によっても，手続は通常訴訟または手形訴訟に移行する（395条）。仮執行宣言後の督促異議の場合，債権者（原告）はすでに仮執行宣言付き支払督促を得ているので，訴訟追行に熱心でなくなることがある。つまり，原告は，手数料を追貼し送達用郵券を納入しなければならないのであるが，これをしない場合がある。この事態になったとき，どうすればよいか。いくつかの説があるが，裁判長の命令によって支払督促申立て書を却下し，かつ，却下の裁判にあたって同時に仮執行宣言付き支払督促を取り消すということでよいであろう[*1]。

督促異議による通常訴訟は第1審の訴訟手続である。仮執行宣言の前の督

促異議であれば，支払督促は失効するので，後は通常の訴訟となる。しかし，仮執行宣言の後の督促異議であれば，仮執行宣言付き支払督促が存在し続けるのでそれとの調整が必要になる。つまり，請求に理由があれば，手形・小切手判決の場合と同様に，支払督促を認可するとの判決をする。他方，請求に理由がない場合には，支払督促を取り消した上で請求を棄却する。

　仮執行宣言付き支払督促に対して，2週間内に督促異議が出されなければが支払督促が確定し，確定判決と同一の効力を有するに至る（396条）。ただし，支払督促は書記官事項であるから，既判力はない。少額訴訟判決と同様，執行文は不要である（民執25条但書）。

　特定の簡易裁判所では，コンピューターによって処理される（397条以下）。

＊1　奥村正策「支払命令に対する異議申立」小室直人＝小山昇還暦『裁判と上訴(下)』（昭和55年）171頁。

第11章　民訴法総論

1　民事紛争とその解決
2　訴訟と非訟

> 　第1章で述べましたが，普通の教科書・体系書では最初の章で論ぜられる民訴法総論を，本書では最終章といたしました。訴訟と非訟というような問題は，民訴法を一通り知った後に学ぶのが適切だと考えたからであります。本章の中の民事紛争とその解決，民訴法解釈論の特色は最初の章もよいのですが，お付き合いで最終章の中で扱いました。民訴法全体の鳥瞰図としてお読み下さい。最後に，以下の総論を読みながら，民訴法の円環的構造を再度認識して頂ければ幸いです。本書末に図を用意いたしました。そして，円環的構造ですから，貧しい本書ですら，一読だけでなく，ぜひ再読してほしいと願っております。

1　民事紛争とその解決

(1)　民事紛争とその解決方法

　民事紛争とは，対等の私人間の紛争を言う。その中で，行政庁の処分をめぐる紛争は，広義では民事紛争とされるが，狭義では民事紛争から外される。訴訟となった場合も，行政庁の処分をめぐる紛争は行政事件訴訟法の対象となり，民事訴訟法の対象とはならない。夫婦関係，親子関係をめぐる紛争も，広義では民事紛争であるが，狭義では民事紛争でなく，訴訟となった場合も人事訴訟法が適用となる。本書では，人事訴訟法は適宜見てきたが，行政事件訴訟法は行政法の教科書に譲っている。要するに，対等の私人間でお金を返してほしい，物を引き渡してほしい，建物から出ていってほしい，騒音を出さないでほしい，土地の所有権者は私だ，株主総会の決議を取り消してほしい，といった紛争が典型的な民事紛争である。

　刑事紛争は，国家・社会の基本的秩序の問題であり，刑罰も人の生命・身体・財産への国家権力の行使であるから，裁判所の裁判を経て処理されるべき

ものである。しかし，貸した金を返してほしいなどといった民事紛争は，裁判所の裁判を経なくても当人同士が話し合って解決して一向に差し支えない（ここでの解決とは，法規範的意味で用いており，換言すれば解決基準の設定という意味である。原告に権利があると判決するのが，この意味での「紛争解決」である。事実として，お金が返ってくるということまでは含んでいない。社会学的な意味では，お金が返ってくることが解決であろうが，それは民事訴訟ではなく民事執行・倒産が扱う領域となる）。事実，民事紛争の解決については，裁判以外の処理・解決手段が多様に用意されている。解決の機構（場所）も，裁判所だけではなく，弁護士会の仲裁センター，民間の業界団体の苦情処理機構（たとえば，証券・金融商品あっせん相談センター），国民生活センターという独立行政法人，さらには市役所の法律相談窓口，等々と様々である。これらは，近時，裁判外紛争処理（ADR）と総称され，注目を集めている[*1]。特にアメリカで進展が著しい。わが国でも，製造物責任法が制定（平成6年）されたあと，各製造業者の団体が紛争処理の機構を整備したことが記憶に新しい。それらの機構も紛争処理・解決の「手続」という角度から見ると，和解，調停，仲裁，訴訟に分類することができる。それぞれ，当事者間の合意の要素と国家による強制の要素の組み合わせが異なる。

(2) 和　解

　和解とは，民法上の和解契約（民695条）のことである。日常用語でいう示談であり，当事者間で話し合って紛争を処理・解決するものである。お金を返してほしいという紛争であれば，分割弁済にするとか，半額で手を打つとかの合意が成立すると，紛争は解決となる。注意すべき点は，和解はあくまで合意を基礎に置いた手続だということである。手を打つかどうかの結論段階が合意に基づくのはもちろん，和解の話し合いに応ずるかどうかの入り口も当事者間の合意によるのである。相手の者とは顔を見るのも嫌であるということで，話し合いに応じないこともありえるし，あってよい。それに対して，和解は有効な対処策を持っていない。話し合い決裂に対して有効な手段がないという意味では，和解は非力な紛争処理・解決である。他面，話し合いで解決するのであるからしこりが残りにくい，国家が定めた法規範にこだわらず当事者間で自由

---

*1　小島武司＝伊藤眞『裁判外紛争処理法』（平成10年）。

に解決内容を決めることができるという意味では，和解は好ましい紛争処理・解決である。

ところで，当事者のみでの話し合いだけではなく，第三者が間に立つ場合も合意を基調とする以上，それも手続法的には和解と考えてよい。従って，斡旋，相談，苦情処理のような形で行政庁が間に入るものも手続法的には和解であり，裁判官が間に入る「裁判上の和解」も和解の中に入れてよい（社会学的には，第三者が間に立つ場合は，むしろ調停とか斡旋とかに分類されるであろうが，手続法学では調停は後述のように裁判所のものに限定されるのが普通である[2]）。行政庁や裁判官が間に入ると，和解を拒否することは難しくなり事実上は強制の要素がないではないが，規範的には（すなわち，建前上は）和解内容に応ずるかどうかは当事者が決めるのであり，合意に基づく紛争処理・解決である。近時は，和解をいかに合理的・適切に成立させるかについての裁判官からの研究が盛んである[3]。いわゆる示談屋による示談も，法的には好ましいものではないが，和解の一種である。

和解は，裁判所の外でなされる場合には，国家機関の手によらない紛争解決であるので統計数字は存在しない。しかし，膨大な数の紛争が和解で解決されていると想定してよいであろう。

(3) 調 停

調停は，民事訴訟法学上は，民事調停法，家事事件手続法に規律するものを指す。裁判官を含めた通常3人の調停委員会の前で，両当事者が協議しながら解決の合意に至る手続である。調停委員会が合意の案を提示することが通常であるが，それを最終的に受諾するか否かは当事者の意思に委ねられている。この受諾の局面では，両当事者の合意が基礎となる。しかし，当事者の一方が裁判所に調停を申し立てると，正当な事由なく出頭しないと相手方には5万円以下の過料が課される（民調34条。家事51条3項）。現実に過料が課されることは少ないけれども，過料の制裁をもって裁判所への出頭が強制されているのであり，手続のいわば入り口は両当事者の合意ではなく法律による強制に基礎を置いていることになる。毎年かなりの数の民事調停・家事調停があり，クレジット・サラ金債務での利用も多い（特定債務等の調整の促進のための特定調停

---

[2] ただし，三木ほか4頁は，裁判所以外で行なわれるものも調停と扱っている。
[3] 草野芳郎『和解技術論〔第2版〕』（平成15年）。

(4) 仲　　裁

　仲裁は，仲裁法に規定がある。紛争の当事者が，第三者（仲裁人）に解決を委ねてその判断に従うと約束し（仲裁契約），その約束に基づきなされる紛争処理・解決である。両当事者が選定した仲裁人の仲裁判断には，内容に不満があっても服するというところに特色があり，比喩的には，私的な裁判と言ってもよい。和解は，解決内容に不満があれば受け入れを拒否することができるが，仲裁では約束（仲裁契約）をした以上，内容に不満があっても仲裁判断の受入れを拒否することができない。仲裁人を信頼することに基礎を置く手続だからであり，沿革的にも，仲裁の一部は，西欧で同業者間の紛争を業界の長老が判断して解決してきたことが背景となっている。

　仲裁は，村や業界の長老が判断する場合には，社会的信頼も高い良質の判断が得られるであろう。また，解決の基準を国家法に置くか，良識に置くか，業界等の慣行に置くかを両当事者が決めることができ，また，証拠調べをどのようにするか，そもそも証拠調べをしないか，どこで審理するか，等々の手続の進め方も，両当事者が決めることができる（仲裁26条１項）。その意味で，自前の基準・手続で解決できるメリットもある。さらに，非公開であるから，紛争があること自体をも秘匿しておきたい当事者に都合がよい。しかし，他面，仲裁契約が結ばれなければならず，この点がネックとなりやすい。裁判と違って，仲裁判断の内容に不服があるときに上級審に上訴できるということはなく，いわば一回勝負であるから，よほど信頼できる仲裁人（または，後述の仲裁機関）でなければ当事者は仲裁契約を結びにくいであろう。

　現在でも，紛争の両当事者が仲裁人を具体的に選定して行なわれる仲裁がないではなく，ヨーロッパの企業間紛争ではその例が少なくないと言われている。しかし，現代では，仲裁人候補者の推薦，先例の調査，仲裁判断書の下書き・清書・保管等の事務処理をしてくれる常設的な仲裁機関に事件を付託することが多い。わが国では，国際商事仲裁協会，海運集会所，建設工事紛争審査会，弁護士会の仲裁センター等が常設的な仲裁機関として著名であり，徐々に利用度は高まっているようである。しかし，欧米に比べ，わが国は仲裁の利用度は低いとされている。

(5) 訴　　訟

　訴訟とは，裁判官の面前で行なわれる手続である。紛争の当事者の一方（原告）が裁判所に申し立てると，裁判所の方から相手方（被告）に訴状と呼出し状が送達される。裁判所への出頭は強制される。調停と違って，過料の制裁は用意されていないが，出頭しないと敗訴判決が下りるので出頭が強制されるのである。裁判所が出す紛争解決の内容（判決）についても，手続内で上訴をすることはできるが，上訴審での確定判決は，当事者に不服があっても通用してしまう。このように，手続の入り口でも出口でも，両当事者の合意を必要とせず，国家による強制で貫徹するのが訴訟である。

　以上の4種の手続の相互関係を合意の要素，強制の要素から図示すると，下記のようになる。

	入り口	出口
和　解	○	○
調　停	×	○
仲　裁	○	×
訴　訟	×	×

（○　合意，×　強制）

　紛争の当事者の一方が，どこかの段階で合意に応じなければ，和解，調停，仲裁で紛争を処理・解決することはできない。頑固な当事者，またはごね得（ごて得）を狙う当事者であると，これらの手続では処理することができない。しかし，紛争がいつまでも解決されないのは，国家・社会にとってもよいことではない。そこで，合意に基礎を置かず強制の要素で一貫する訴訟という制度が必要となる。また，逆に，最後には訴訟という手続があるので，ごね得を狙いすぎても無駄となり，和解や調停の中でも折り合いがつくという側面もある。すなわち，公権力による強制性の故に，訴訟は，制度としては，民事紛争処理手続の最後のとりでであり，和解・仲裁・調停による解決を背後から支えているのである[4]。

　訴訟は，合意に基礎を置いていないので，判断の基準も手続の動かし方も法律で厳格に規律される。判断基準の法が，民法，商法などの実体法であり，手続の動かし方の法が訴訟法である。

---

[4]　小島武司「紛争処理制度の全体構造」新堂幸司編『講座民事訴訟①』（昭和59年）355頁。

（6） 民事訴訟の理想，解釈論での要請，法典の歴史

　社会のあるところ，人間関係のあるところ，紛争は不可避である。確かに，紛争に巻き込まれると人は気持ちが暗くなるであろう。しかし，翻って考えれば，紛争がある程度生起しその処理が適切になされる社会の方が健全である。紛争処理・解決も，民事紛争では，比較的自由に調整して行くことができる。紛争を契機に反省し，むしろ新たに人間関係・社会関係を築き直して行くこともできる。多様な民事紛争処理・解決方式は，努力と工夫により希望の途を開いていると見るべきであろう。

　さて，民事訴訟の目的は，紛争解決にある。それを和解その他の紛争解決制度の中に位置付けると，民事訴訟は内容面でも実体法に指示され，手続面でも訴訟法に指示される法的紛争解決制度だということになる。そして，その民事訴訟法の解釈の指針となるのは，民事訴訟の理想として語られる「適正，公平，迅速，経済（廉価）」である（本書139頁）。

　適正とは内容上正しいことであり，公平は当事者を公平に扱うことである。弁論権の保障（本書114頁）は，この適正・公平に関係する。迅速は，訴訟に100年以上を掛けた例が昔のイギリスにはあったようであるが，訴訟は合理的な期間内に終わるべきである。経済（廉価）は，広い意味でコストが掛からない方がよいということである。訴訟経済と言い直してもよい。ちなみに，訴訟は無料ではない。当事者は民事訴訟費用等に関する法律に基づく手数料等を国庫に納めなければならない。この訴訟費用の中に，弁護士費用が入っていないのが日本法の特色であり立法論的には問題のあるところである。すなわち，訴え提起の手数料は勝てば相手方から回収できるが，弁護士に要した費用は自分で負担しなければならない。

　民事訴訟法の解釈の要諦として，すでに各所で述べたことだが，手続安定の要請，行為規範と評価規範の区別，画一的処理の要請を挙げることができる。訴え提起に始まり，弁論・証明を経て判決に至るのが民事訴訟手続であり，順次積み重ねられて行くものである。それ故，先になされた行為の効果が否定され，それにつれて事後の手続がすべて覆滅され手続をやり直すということは，強く嫌われることになる。一度なされた手続はできるだけ有効なものとして扱って行こうとする民訴訴訟理論の特色がここに生まれる。これが，手続安定の要請であり（本書11頁），具体的には，一度なされた手続に存する瑕疵にはできるだけ目をつぶるという形で現れる[*5]。たとえば，判決が確定すればそれ

を覆滅させるための事由（再審事由）は制限される。手続法的にあるいは実体法的に多少おかしな判決も，判決として通用させられることになるのである。わが国では，実体法の解釈・適用を間違えた判決も再審の対象とならず，既判力を持つ。その規定を遵守すべきだが違反しても行為の効力に関係しない訓示規定というものもある。たとえば251条であり，弁論終結から2か月以内に判決を言い渡さなければならない。従って，2か月を超えた判決言渡しは違法となるけれども，それで判決を取り消して手続をやり直させれば，ますます遅延する。判決を取り消すことは，手続安定の要請と背馳するのである。この手続安定の要請のコロラリーとして，行為規範と評価規範の区別が現れる[*6]。行為規範とは，これから手続を進めようとするときの手続規律であり，評価規範とはすでになされた手続の効果を評価する際の基準となる規範をいう。この両者が民訴では微妙にずれるのである。これは，当事者の確定で論じた通りである（本書3頁）。ちなみに，行為規範と評価規範のずれは商法の会社法理論の中でも見られるが，会社法ではそれは多数人に関係する団体性から説明される。民訴では，手続安定の要請や訴訟経済から説明される。また，集団現象を処理することから画一的処理の要請が生ずる。一つの訴訟は，当該当事者にとっては一大事件であり，人生において一度のかけがえのないものかもしれないが，裁判所の目から見れば訴訟は大量・集団現象である。大都会の裁判所の裁判官は，常時200件から300件の事件を抱えているといわれており，訴訟の進め方は，いきおい事件の個性を重視するよりも画一的にならざるを得なくなる[*7]。一つ一つの事件で手続を変えていっては，迅速な処理はおぼつかないからである。一つ一つの事件の個性は，実体（本案）の面では考慮するけれども，手続の面では考慮しないということになる。このこと自体は，やむを得ない要請と言わざるを得ない。このことを，別の角度から，任意訴訟の禁止，あるいは便宜訴訟の禁止と呼ぶこともある（本書21頁・235頁）。ただし，過度に画一的に縛るべきでもない。当事者の意向にも配慮すべきであり，バランスをどう取るかが知恵と工夫を出すべきところである[*8]。

---

*5 新堂61頁。
*6 新堂62頁。
*7 新堂63頁。
*8 以上の諸点と重ならない面もあるが，民事訴訟法解釈のあり方を論じた画期的論文として新堂幸司「民事訴訟法理論はだれのためにあるか」（初出：昭和43年）同『民事訴訟制度の役割』（平成5年）1頁。

また，民事訴訟法学習のコツとして，抽象的に書かれたところでは具体例を考えよ，具体例のところでは一般化・抽象化して考えよ（本書12頁），裁判所・原告・被告のそれぞれの視点から分析をしてみよ（本書51頁・110頁），手続保障ないし不意打ち防止一本槍ではなく適正・公平・迅速・経済という理想のバランスを考えよ（本書115頁）といったものもある。

　法典としての民事訴訟法は，わが国では，明治23年（1890年）にドイツ人テッヒョーの草案を基に制定された。当事者恒定主義を採らない等の細部はともあれ，基本的にはドイツ民事訴訟法（1877年制定）にならった民事訴訟法である。旧々民訴法と呼ばれる。しかし，訴訟遅延対策を理由に日本流にもう少し簡素化すべく，大正15年（1926年）に改正された。これが旧民訴法ということになる。戦後，憲法は変わったけれども，民事訴訟法は条文としては大きくは変わっていない。が，昭和23年（1948年）改正で，変更判決制度と上訴の濫用への制裁とともに，アメリカ流に，証人尋問が裁判官主導から交互尋問制度に変わったことは，実務的には大きな変更であった。法廷の風景は一変したといってよいであろう。それをさらに，国民に分かりやすく利用されやすい民事訴訟法にするというスローガンの下に，平成8年（1996年）に現行法が制定された。形式的には，旧民訴法が廃止され新しい民事訴訟法が制定されたのであり，改正法ではなく新法である。争点・証拠整理手続と集中証拠調べを柱とし，証拠収集手続を充実させた点に新味がある。さらに上告受理申立てという上告制限を設け，略式訴訟として少額訴訟を新設したことにも特色がある。

2　訴訟と非訟

(1)　非訟事件とは，どのようなものか

　民事紛争と言っても，角度をずらせて裁判所における民事事件という広い角度で見ると，訴訟以外の別のものが入ってくる。すでに調停，裁判上の和解は見た訳であるけれども，訴訟の外側に非訟事件がある。

　19世紀後半に母法国ドイツで手続法典が整備された頃，裁判所で行なわれる民事事件の一定のものは訴訟手続によらずに処理されることになった。これが非訟事件であり，1898年ドイツ非訟事件手続法制定当時にそこで予定されていた古典的非訟事件は，後見事件，養子事件（養子縁組，離縁に関する同意），戸籍事件，遺産事件（相続放棄の受領，遺言執行者の選任・解任，遺産の分割），船

舶抵当権事件（船舶抵当権の登記手続），商事事件（検査役，仮取締役，清算人の選任・解任，会社財産・営業状態の報告命令，商業登記），公益法人登記・夫婦財産登記，開示宣誓，物の保管・質物売却に関する事件，証書作成事件である。後見事件が中核となると把握される[*9]。手続の主な特色は，対審構造を取らないこと，処分権主義・弁論主義の緩和と職権主義の導入，事実の探知と呼ばれる自由な証明，非公開，代理人資格の緩和，調書作成の非必要性，判決ではなく決定であり不服申立ては抗告であること，事情変更による決定の取消し・変更，判断内容の裁量性，などにある。

　このように，後見事件を典型として，非公開，非対審であって，つまり厳格な訴訟手続ではない民事手続が確立したのであるが，時代を経るに従い，わが国では，あるものは行政庁の管轄となり（商業登記など），逆に，昭和22年の家事審判法の制定により，通常の民事訴訟であった親族間の扶養請求訴訟，人事訴訟の一部（たとえば旧人訴法55条の禁治産宣告に対する不服の訴え）が家事審判法すなわち非訟事件に取り込まれることになった。夫婦の同居を求める訴え（旧人訴1条1項）も同様である。このように訴訟事件と考えられていたものが非訟事件として処理されることを「訴訟の非訟化」と呼ぶ。訴訟の非訟化そのものではないが，昭和41年にも借地法14条の3に基づき，借地非訟手続が制定され新しい非訟事件が創設された（現在は借地借家41条）。

　この「訴訟の非訟化」は，わが国よりも母法ドイツで顕著であり，借家にかかわる事件とか，第一次世界大戦後のインフレの下での契約救助事件（通貨表示の書き換え）など新しい問題が非訟事件とされ，非訟事件の増大を見た。訴訟事件であったものが果敢に取り込まれ，その結果，非訟事件の中でも争訟性のあるものを「真正争訟事件」と呼ぶようになったほどである[*10]。

　今日ではわが国でも雑多なものが非訟事件とされている。そこで，訴訟と非訟をどのように分類するかが学問的にも関心を呼び，議論が分かれることになる。主なものは，以下の三つである。(イ)訴訟は司法であり，非訟は民事行政だとする説，(ロ)訴訟は既存の争いの除去を目的とするが，非訟は将来の紛争発生の予防を目的とするという説，(ハ)実定法が非訟事件だとしたものが非訟だと形

[*9]　佐上善和「古典的非訟事件研究の序説 (1) (2・完)」民商67巻4号（昭和48年）537頁，5号（昭和48年）738頁。

[*10]　三ケ月章「訴訟事件の非訟化とその限界」（初出：昭和44年）同『民事訴訟法研究5巻』（昭和47年）49頁。

式的に捉える説（非訟事件手続法の総則が準用となる事件），である。(イ)説と(ロ)説は感覚的にイメージを与える点では優れているが，司法と行政，既存の紛争と将来の紛争予防というのは厳密に考えるとそれ自体が問題となるから，今日では(ハ)の形式的に捉える説が多数である*11。

　以上，厳密な定義としては，形式説にならざるを得ないが，大まかな傾向としては，裁判官の裁量を要する事件，継続性のある事件であって事情に応じて判断を取り消し変更しなければならない事件，すなわち臨機応変の必要性のある事件，特に迅速な解決を必要とする事件，公益的要素の強い事件すなわち法人関係の事件等，プライバシーの尊重を要する事件（非公開），が非訟事件とされやすい。これらが非訟事件のファクターだということができる*12。

　さて，非訟事件の実定法は，非訟事件手続法であり旧法は明治31年制定，現行法は平成23年制定である。家事事件手続法も非訟事件であり，前身は昭和22年制定の家事審判法，現行法は平成23年制定である。

（2）　憲法82条・32条と非訟事件の関係

　以上だけであると，訴訟と非訟は学者の分類学の問題であって，それほど深刻ではないことになるが，現行憲法下では82条・32条があるため訴訟と非訟の問題は解釈論として屈折した深刻な形を取ることになる。すなわち，訴訟の非訟化に内在的な限界があるか，対審・公開・判決を保障しないで裁判所が事件を処理することはいつでも許されるのか，という問題が憲法82条の「裁判の対審および判決は公開法廷でこれを行なう」と結び付けられ，合憲・違憲の問題として論ぜられるようになったからである。多くの国では，公開・対審は法律で定められ憲法事項ではないため，このような問題は生じないけれども，わが国では憲法が公開・対審を規定するため問題となるのである。

　大法廷の判例を二つ紹介する。最大決昭和40・6・30民集19巻4号1089頁［百選2］は，夫婦の同居義務の具体的内容を非訟事件で決めることを合憲とした。最大決昭和35・7・6民集14巻9号1657頁［憲法判例百選II〔6版〕129］は，戦時民事特別法による借家明渡しの強制調停を違憲とした。調停に代わる決定は，確定すれば裁判上の和解と同一の効力を有するとされるもので

---

*11　石川明「非訟事件の定型分類」法学研究（慶應）31巻4号（昭和33年）236頁。
*12　新堂幸司「訴訟と非訟」（初出：昭和54年）同『民事訴訟法学の基礎』（平成10年）209頁。

あり，現民事調停法18条では，異議によって失効するが，この事件の強制調停では異議による失効がないので違憲とされたのである。借家明渡しのような事件に訴訟手続を保障しないことは違憲だとされたのである。

　判例を要約するならば，実体法上の既存の権利義務（借地明渡し義務）を確認するのは純然たる訴訟事件であって，対審・公開・判決が憲法上要求されるが，権利義務の存在（夫婦の同居義務）を前提にしてその具体的な態様（同居の場所，時期，等）を裁判所が裁量によって形成するのは本質的な非訟事件であって，対審・公開・判決は憲法上要求されていない，とする。コロラリーとして，後者の非訟事件とされる場合にあって，実体的な権利義務が非訟事件処理の前提問題となるときには非訟事件裁判所もその前提問題について判断してよいが，その判断にはもちろん既判力は生ぜず，従って，当事者は後から権利義務自体について訴訟を提起することができ，その訴訟の判決が先に出された非訟事件の前提問題での判断と異なると，非訟事件の裁判は効力を失う，ということを理論として承認したのである（最大決昭和41・3・2民集20巻3号360頁）。

　しかし，この判例理論には，次のような四つの疑問がある[*13]。第1に，実体的権利義務とその具体的態様というのは常に分けられるものであろうか。判例では，具体的な同居の態様とは別に同居義務それ自体を観念し，その同居義務それ自体は夫婦という法律関係とも別のものだと観念しており，夫婦関係，夫婦の同居義務，具体的な同居態様と三層を構成させている。しかし，そのような夫婦の同居義務を観念するのは無用に複雑だし，不自然ではないか。第2に，そのような権利義務自体には常に訴訟を許し，そこでの判決の結果，非訟事件の裁判が覆滅するというのも非現実的ではないか。同居の問題は挙げて家裁に任すのが，家裁を創設した趣旨に適うのではないか。もっとも，この二つの疑問だけであれば，同居義務自体というものを観念せず，夫婦という基本の法律関係とそれに基づく具体的な同居の態様という二層に構成し直せば，実体的権利関係とその具体的な態様という判例の図式は維持できるかもしれない。が，第3に，夫婦の同居についてはこれで行けるとしても，しかし，現行の非訟事件のすべてをこの図式で説明するのは困難である。たとえば，家事事件手続法188条の推定相続人の廃除においては，相続人であるかというまさに基本的な法律関係自体が非訟事件手続の対象となっており，上の二分法が成り

[*13]　鈴木正裕「訴訟と非訟」小山昇＝中野貞一郎＝松浦馨＝竹下守夫編『演習民事訴訟法』（昭和62年）28頁。

立たないからである。けれども，最決昭和55・7・10判時981号65頁は，推定相続人廃除を非訟事件とするのを合憲とした*14。第4に，もっとも，推定相続人の廃除は裁判所の裁量的な判断に委ねられているものであるから，既存の権利関係の確認的判断は訴訟，裁量による形成的判断は非訟という判例のもう一つの側面は維持できるように見えるかもしれない。しかし，ここに落とし穴がある。というのは，既存の権利関係の確認的判断となるか裁量による形成的判断となるかは，先験的に決まっているというよりも，立法者が或る権利関係の要件をどれだけ具体的に定めるか，具体的に定めずに裁判所の裁量に委ねるか，に大きく依存しているからである。事実，借地・借家の明渡し等は正当事由という構成を通じて裁判所の裁量的判断の比重が大きくなっているのであるが，これは非訟ではなく訴訟であることは前述の最大決昭和35・7・6が示す通りである。つまり，この裁量かどうかの図式だけでは非訟事件をうまく説明できない。のみならず，この権利の確認は訴訟，裁量による形成は非訟という図式は，合憲か違憲かを判断する基準としては大きな矛盾を内包する。つまり，確認的か裁量的かということは立法者が実体法の要件をどう定めるかに依存する訳であるが，そうだとすれば，立法者の手足を縛る合憲か違憲かの基準が立法者が立法の際にどう定めるかに依存するということになって，合憲・違憲の基準の用をなさないことになってしまうのである*15。

　裁量的であれば非訟というのは，それだけでは合憲・違憲の基準とはなり得ない。裁量性は，確かに非訟事件性のファクターの一つである。しかし，あくまでファクターであって，基準とまでは行かない。また，ファクターとしては他のものも存在し，つまりは多元的である。とすれば，合憲・違憲も，単純な定式では無理であり，ある程度多元的なものにならざるを得ない。かくして民訴の学説の多くは，判例とは別の考え方を模索する。多数説は，対審・公開・判決という訴訟手続の規律が必要とされる理由を個々の紛争類型毎に検討し直し，その紛争類型にとって最も合理的と思われる手続を構築すべきであり，そうであれば憲法82条・32条に違反しない，裏からいえば，憲法82条・32条はそのような合理的な手続を作るべきだということだけを規律内容としている，と理解するのである*16。そして，このように紛争類型にふさわしい合理的な

---

　*14　西原諄・判批・判例評論268号（判時998号）（昭和56年）165頁。
　*15　新堂26頁。
　*16　新堂31頁。

手続の好例が借地非訟事件であり，そこでは非公開・迅速ではあるが，審問期日というものを設け，対審構造を相当程度保障しているのである。学者によっては，これを訴訟と非訟とは別のその中間に位置する「第三の手続」と称している[*17]。

要するに，訴訟か非訟かについての憲法の拘束は極めてゆるいものとして理解するのが民訴学者の大勢である。強制調停についてさえ，立法的な当否は別として，違憲とまでは言えないとする見解も存在する[*18]。以上のように，学説は，明快とは言えない状況にある。しかし，現時点ではやむを得ないところであろう。妙な硬直的な議論をするよりは，まだしも建設的であろう。

[*17] 山木戸克己「裁判手続の多様性」新堂幸司編『講座民事訴訟②』（昭和59年）87頁。
[*18] 佐々木吉男「裁判を受ける権利」憲法の判例〔3版〕（昭和52年）148頁。

事 項 索 引

あ 行

アクチオ ……………………………………29, 45
異　議 ……………………………352, 386, 387, 388
異議説（→弁護士法）……………………………24
遺言執行者（→当事者適格）………**94**, 305, 326
遺言無効確認 ……………………………80, 94, 302
遺産（範囲）確認の訴え ……………………85, 302
違式の裁判 ……………………………………351
移審効 ………………………352, 360, 372, 378, 379
移　送 ………………………………………55, 56, 70
一応の推定（→証明責任）……………………225
一時的棄却（→既判力）………………………261
一部請求 ……………………………**106**, 108, 262, 357
一部認容 ………………………………………102, 104
一部判決 ……………………155, **247**, 294, 298, 306, 312
違法収集証拠（→証拠能力）…………………182
入会権確認 ……………………………………300
イン・カメラ手続 ……………………………205, 209
内側説（→一部請求）…………………………109
訴　え ……………………………………………27, 42
　　　金額を明示しない―― ……………………105
訴えの取下げ
　……………**231**, 295, 301, 307, 318, 337, 339, 365
　　　――契約 ……………………………………234
　　　――の擬制 ………………………………158, 232
訴えの変更 ………………36, 102, 178, **295**, 318, 364
訴えの利益（→確認の利益）…………**74**, 255

か 行

〔か〕
解除権（→既判力）……………………………263
解明度 …………………………………………168
画一的処理の要請 ……………………………22, 396
確定判決 ………………………………………247, 250
　　　――と同一の効力 ………………237, 241, 390
　　　――変更の訴え ……………………258, 265, 379
確定妨止効 ……………………352, 360, 372, 378, 379
確認訴訟（確認の訴え）…………………28, 31, 39, 79
確認の利益（→遺言無効確認，遺産範囲確認
　の訴え）………………………………48, **78**, 332

過去の法律関係の―― ……………………80, 298
具体的相続分の―― ……………………………86
子の死亡後の親子関係の―― ………………82
敷金返還請求権の―― ………………………83
過失相殺 ……………………………………………129
株主総会決議取消しの訴え …………………………99
仮執行宣言 ………………………………291, 353, 387, 389
仮処分（→訴訟承継）……………………………345
簡易裁判所の訴訟手続 ……………………………387
管　轄 …………………………**52**, 70, 294, 385, 388
　　　――固定の原則 ……………………………55, 70, 233
　　　――の合意 ………………………………………54
　　　専属―― ………………………………52, 368, 382
間接事実 ………………………119, **120**, 174, 215, 327
　　　――の自白 ……………………………………174
間接反証 ……………………………………………216
完全陳述義務 ……………………………………130, 143
鑑　定 ……………………………………………196, 197

〔き・く〕
期　間 ………………………………………………59
期限未到来（→既判力）……………………………261
期　日 …………………………………………57, 151, 153
　　　――指定申立て …………58, 158, 234, 238, 241, 243
　　　――の呼出し ………………………………59, 135, 317
技術・職業の秘密 …………………………193, 205, 206
擬制権利自白 ………………………………………157, 180
擬制自白（→自白）
　………………64, 142, 144, 154, 157, **173**, 184, 272
　　　――の類推 ……………………………………174
擬制陳述 …………………………………………155, 157, 373
期待可能性 ………………………38, 107, **262**, 276, 380
詰問権 ……………………………………………138
規範的要件事実（→主要事実）……………………121
規範分類説（→当事者の確定）……………………3
既判力 …29, 31, 36, 46, 237, 238, **251**, 384, 390
　　　――と期待可能性 ……………………………262
　　　――と形成権 …………………………………263
　　　――と事情変更 ………………………………266
　　　――と信義則 …………………………………276

――と争点効 …………………………………275
――と反射効の衝突 ………………290, 310
――に準ずる効力 ……………………………276
――に反する訴訟法上の合意…233, **256**, 278
――の拡張 ……………………………279, 289
――の客体的範囲 ……………………………266
――の時的範囲 ………………………………260
――の修正 ……………………………………379
――の人的範囲 ………………………………279
――の脆弱性 …………………………………265
――の双面性 …………………………237, **257**
――の抵触（→再審）…………………381, 383
――の標準時（基準時）
　……………………………257, 258, **260**, 279, 384
――否定説（→和解）…………………237, 241
――本質論 ……………………………252, 268, 288
形成判決と―― …………………………………31
制限的―― ……………………………237, 241
性質決定の―― ……………………………108
訴訟判決の―― ……………………………256
忌　避………………………54, **56**, 127, 166, 196, 368
休止満了 ………………………………………158
旧訴訟物論（→訴訟物）………………………35
給付の訴え ………………………………………28
――の利益 …………………………………75
境界確定の訴え ……………………………31, 363
強行法規違反 ……………………180, 236, 240
強制参加 ………………………………………316
共同原告となることの拒否者（→固有必要的
　共同訴訟）…………………………301, 304
共同訴訟 ………………………………………298
固有必要的―― ………………91, **299**, 316
通常―― ……………………299, **308**, 330
同時審判の申出がある――
　……………………………299, **311**, 327, 342, 347
必要的―― …………………………………299
類似必要的―― ……………299, **306**, 316
共同訴訟参加 ……………………………316, 325
共同訴訟的補助参加 ……………288, **325**, 339
共同訴訟人間の主張共通 ………………**309**, 323
共同訴訟人独立の原則 ……………295, **309**, 312
共有関係 ………………………………………301
共有物分割の訴え ……………………32, 302, 347

共有持分権 ……………………………………301
挙　証 …………………………………………140
具体的事実陳述＝証拠提出義務 ……………227
クラス・アクション ………………………315

〔け〕

境界（けいかい）　→　境界（きょうかい）
経験則 ……………………………………169, 371
形式説（→既判力の人的範囲）………281, 283
形式的確定力 ……………………………250, 256
形式的証拠力 ……………………………198, 309
形式的不服説（→控訴の利益）………………356
刑事事件記録（→文書提出命令）……………209
刑事上罰すべき他人の行為 ………177, 234, 381
形成権の遮断（→既判力）……………………263
形成の訴え ………………………………………28
――の利益 …………………………………88
形式的―― …………………………………31
継続審理主義 …………………………………136
結果陳述（→弁論の更新）………134, 152, 358
欠席判決 …………………………………157, 252
決　定 ……………………………………131, **245**, 376
原告の立場，被告の立場，裁判所の立場
　………………………………………………51, 110
検　証 …………………………………………212
顕著な事実 ………………………………**170**, 256
憲法 82 条・32 条（→非訟事件）……………400
権利抗弁 …………………………………143, 147
権利根拠規定 …………………………………219
――と権利障害規定の区別 ………………221
権利主張参加（→独立当事者参加）………331
権利障害規定 …………………………………219
権利能力なき社団・財団 ………………**7**, 300
権利保護の資格・利益 ………………………78
権利滅却規定 …………………………………219

〔こ〕

行為規範…………………3, 130, 143, 236, 278, 396
後遺症 ……………………………………107, 262
合一確定（→裁判資料の統一，手続進行の統
　一）……………………………299, 305, 317
公開主義 …………………………………132, 369
攻撃防御方法 ……………………………41, **130**, 141

事 項 索 引　407

抗　告 …………………………………350, **376**
　　即時── ………56, 57, 210, 323, **377**, 384
交互尋問制 ……………………194, 197, 387
公序良俗違反 ……………128, 180, 236, 240
公正（→証拠）………165, 183, 184, 193, 206
更正権 ……………………………………23, 24
控　訴 …………………………………350, **355**
　　──権放棄 ………………………………356
　　──の取下げ ……………………235, 356, 360
　　──の利益 ……………………………356
公知の事実 ………………………………170
　　──に反する自白 …………………174, 176
交通事故訴訟の訴訟物 …………………105
口頭主義 ……………………………133, 154, 171
口頭弁論 …………………………………130
　　──終結時（→既判力）……………260
　　──の一体性 …………………………137, 260
　　準備的── ……………………………152
口頭弁論終結後の承継人（→既判力）……279
口頭弁論終結後の新事由（→既判力）
　　……………………………243, 256, 261
口頭弁論調書 ……………………132, **156**, 181
高度の蓋然性 ……………………………182
抗　弁 ……………………………122, **142**, 214
公務員の証人尋問 …………………………192
合名会社　　→　持分会社
固有適格（→当事者適格）………………93
固有の防御方法（→既判力，形式説）……281

────────さ　行────────

〔さ〕
再開続行 ………………………364, 373, 384
債権者代位訴訟 ………………………92, 325
　　──と独立当事者参加 ………………339
再　審 ………4, 64, 243, 257, 258, 259, 352, **379**
　　──事由 ……………………72, 371, **381**
　　──のバイパス（隠れた再審）……259, 379
　　──の補充性 …………………………380
　　送達と── ……………………………65
　　第三者── ……………………………98, 100
再訴禁止（→訴え取下げ）………………75, 233
再度の考案 ………………………………378
裁　判 ……………………………………245

　　──の脱漏 ……………………………248, 382
　　──を受ける権利 ……………………303
裁判官の交代（→弁論の更新）…………134
裁判上の和解　→　和解
裁判資料 ……………**116**, 131, 320, 358, 364
　　──の統一（→合一確定）…305, 306, 330, 334
債務不存在確認の訴え……48, 82, **111**, 215, 218
　　──の一部請求 ………………………113
　　──の攻撃的性格 ……………………82
詐害行為取消権（→法人格否認）………286
詐害妨止参加（→独立当事者参加）…331, 342
差戻し ……………………………………350, 364
参加承継 ……………………………161, **341**
参加的効力 ……………………316, 318, **324**, 326
暫定真実（→推定）………………………225

〔し〕
事案（事実）解明義務 ……………………227
時機に後れた攻撃防御方法の却下
　　…………**138**, 143, 214, 270, 318, 355, 377
自己拘束力（自縛性）………139, 247, **249**, 378
事後審 ……………………………………358, 366
死者名義訴訟 ……………………………2
私知の利用の禁止 ……………………166, 168
執行官の現況調査 ………………………187
執行停止 ………………………377, 379, 383
執行力 ……………………………28, 291, 388
実質説（→既判力の拡張）………281, 283, 284
実質的証拠力 ……………………………198
実体法
　　──上の論理的順序 …………………144
　　──の解釈・適用の誤り ……………366
　　──の趣旨（→証明責任）……………222
実体法説（→既判力，反射効）
　　………………………**252**, 257, 269, 288
支配人（→法令上の訴訟代理人）………25
自白（→擬制自白）……116, 142, **170**, 195,
　　201, 236, 272, 297, 318, 344, 384
　　──契約 ………………………………186
　　──の撤回 …………………**177**, 180, 318
　　間接事実の── ………………………174
　　権利── ………………………**179**, 236
　　先行── ………………………………172

408　事項索引

補助事実の―― ……………………………176
支払督促 ……………………………………388
司法権の限界　→　審判権の限界
氏名冒用訴訟 ………………………………2
釈　明 …………38, 103, **124**, 126, 138, 268, 361
　　　――義務違反（違背） ……………124, 375
　　　――処分 ………………………125, 184
遮断効（失権効） ………………………261, 278
就業場所送達 ………………………………61
宗教問題 ……………………………………72
住職たる地位（→審判権の限界） …………73
自由心証主義
　　　…175, **181**, 186, 190, 194, 214, 225, 309, 371
集団訴訟 ……………………………………310
受　継 …………………………………**162**, 340
　　　――受継類似の手続 ………………160
受訴裁判所 …………44, 52, 134, 210, 246, 382
主体的追加的併合 …………………………313
主体的予備的併合（主観的予備的併合） …312
受託裁判官 …………………………………135
主　張 ………………………………………140
　　　――共通の原則 ……………**117**, 143, 147
　　　――自体失当（→有理性） …………91, 145
　　　――撤回自由の原則 ………………143, 172
　　　仮定的―― …………………………143
　　　共同訴訟人間の――共通 …………309
　　　予備的―― …………………………144, 264
主張責任 ……………………………………117, 144
　　　――と証明責任の一致 ……………117, 218
出訴期間 ……………………………………383
受命裁判官 …………………………………135, 311
主要事実（→要件事実） ……**119**, 174, 215, 327
　　　――のふくらみ（補充的主要事実） …124
主要な争点共通 ……………47, 49, 248, 296
準備書面 ……………………………………153, 388
少額訴訟 ……………………………………386
消極的作用（→既判力） …………………253, 261
証言拒絶権 …………………………………193, 205
証　拠 ………………………………………165
　　　――開示 ……………………………213
　　　――共通の原則 ……………**181**, 190, 309
　　　――契約 ……………………………186
　　　――収集 ……………………………186

　　　――資料 ……………………………116, 167
　　　――説明書 …………………………190, 201
　　　――提出責任（→主観的証明責任） ……217
　　　――能力 ……………………167, 182, 194
　　　――の優越 …………………………182
　　　――保全 ……………………………212
　　　――力 …………167, 182, 183, 194, 199, 211
上　告 ……………………………………350, **365**
　　　――受理 ………………365, **369**, 380
　　　――権利 ……………………365, **367**
上告理由書 …………………………………371
上告理由と破棄理由 ……………………367, 369
上告理由不拘束の原則 ……………………369
証拠調べ ……………………………………189, 190
　　　――の結果 …………………181, 182, 183
　　　――の採否 …………………………189, 191
　　　――の対象 …………………………169
　　　――の必要性 ………………189, 191, 210, 213
　　　――の申出の撤回 …………………190
証書真否確認の訴え ……………………80, 176
上　訴 ……………………305, 307, 309, 335, **349**
　　　――の追完 …………………………64, 380
　　　――の審判対象 ……………………353
　　　――の利益 …………………………273, 355
　　　――不可分の原則 …………**295**, 312, 354
証人尋問 ……………………………………192
情報開示の理念 ……………………………187
情報収集の方法 ……………………………186
証　明 ………………………………………167
　　　――権 ………………………………192
　　　――効 ………………………303, 329, 381
　　　――の対象 …………………………169
　　　――妨害 ……………………………212, 226
　　　厳格な―― …………………………168
　　　自由な―― …………………………168
　　　表見―― ……………………………225
　　　模索的―― …………………………188
証明責任 ………………………………32, 142, **214**
　　　――規範 ……………………………220
　　　――と主張責任 ……………………117, 218
　　　――の転換 …………………………223
　　　――の分配 …………………………219
　　　主観的――（→証拠提出責任） ……217

事項索引　409

証明責任説（→自白） …………………172
証明度 ……………………………167, **181**
　　——の引下げ（軽減）……………184, 228
将来の給付の訴えの利益 ………………76
将来の損害賠償請求 ……………………77
将来の予測と既判力 ……………………265
職業の秘密 ………………………193, 208
職務上の当事者 ……………………92, 322
職務上の秘密 ……………………192, 205
書　証 ……………………………………198
　　——の撤回 ……………………………191
　　写しを原本とする—— ………………201
除　斥 …………………………**56**, 166, 368
職　権
　　——証拠調べ…………55, 98, 116, 190, 309
　　——進行主義 ………………………136
　　——破棄 ………………………367, 373
職権探知主義 …70, 98, **115**, 256, 259, 294, 384
職権調査事項 …55, **70**, 253, 256, 272, 278,
　　282, 288, 299, 324, 366, 374
処分権主義 ……………41, **101**, 231, 354, 387
　　控訴審における—— ………………359
処分証書 ……………………………176, 198
書面主義 …………………………………133
書面審理 ……………………………372, 388
書面による準備手続 ……………………152
白地手形の補充（→既判力）…………264
信義則 ……37, 147, 226, 272, 273, 277, 287
真偽不明 ……………………………214, 229
審級代理の原則 …………………………22
審級の利益 ……………………………297, 350
親権者 ……………………………………17
進行協議期日 ……………………………153
人事訴訟 …………14, 18, 118, 133, 196
人事訴訟法第25条(失権効) …………75, 357
真実擬制 ……………………………211, 227
真実義務 ……………………………129, 143
新実体的不服説（→控訴の利益）……357
真実発見 ………………165, 183, 193, 206
心　証 ………………………………167, 229
審　尋 …………………………**131**, 246, 379
新訴訟物論 ………………………………35
審判権の限界 ……………………………72

審判排除効（→自白）…………170, 174, 180
審理の現状に基づく判決 ……………158
審理の順序（機動性・柔軟性）
　　………………………**144**, 267, 270, 272

〔す〕
随時提出主義 ……………………………137
推　定 ……………………………199, **223**
　　一応の—— ………………………225
　　法律上の権利—— ………………180, 224
推定相続人（→確認の利益）……………85

〔せ〕
請　求 ……………………………………27
　　——なき当事者 ………………332, 348
　　——の拡張 …………………102, 109, **296**
　　——の基礎 …………………………296
　　——の減縮 ………………236, **296**, 365
　　——の趣旨・原因 …………………42
　　——の選択的併合 ……………**41**, 295
　　——の併合 …………………………35, **293**
　　——の放棄・認諾 …**236**, 302, 309, 318, 334
　　——の予備的併合 …………140, **294**, 361
　　——を理由付ける事実 ……………43, 218
　　当事者なき—— ……………………338, 348
請求の目的物の所持者（→既判力）……284
成年被後見人（→訴訟能力）……………12
責問権 ……………11, 59, 135, **137**, 152, 312
積極的作用（→既判力）…………………254
窃取文書（→違法収集証拠）……………183
絶対的上告理由 ……………………368, 381
選択的併合 ……………………………41, 295
選定当事者 ……………………………96, **314**
専門委員 ………………………………166, 184
専門家の意見陳述 ………………………187

〔そ〕
相殺（→過失相殺）……………………145, 265
　　——禁止（→訴訟物）………………39
　　——の抗弁 …49, 145, 146, 270, 357, 361
　　——の抗弁と既判力 ………………252, **269**
　　——の担保的機能（効力）………50, 265
　　——と重複訴訟禁止 ………………49

――をもって対抗した額 …………………271
相続財産管理人 ……………………………93
相続人の地位不存在確認 ………………302
送　達 ………………………………45, **60**
　　――と再審 ……………………………65
　　――の無効 ……………………………66
　　――場所の届出 ……………43, 61, 308
　　公示―― ……………………………64
　　補充―― ………………………61, 66, 381
争点効 …………40, 269, **271**, 298, 325, 328, 358
　　――と既判力 …………………272, 275
　　――と権利の属性 ……………40, 273
　　――と上訴 …………………………273
　　――と信義則 ………………………274
　　――の拡張 ……………279, 282, 288
　　――の人的範囲 …………………279
　　条件・期限付き判決と―― …………272, 277
争点・証拠整理手続 ……………………150
双方審尋主義 ……………………………135
総有（→権利能力なき社団） ………9, 300
即時確定の利益 …………………………79
即時抗告　→　抗告
続審制 ……………………………………358
訴権の濫用 ………………………………45
訴訟（→訴え） ………………………395
訴訟委任に基づく訴訟代理人　→　訴訟代理人
訴訟記録の閲覧・謄写 ……………133, 156
訴訟係属 …………………………45, 60, 232
　　――の通知 ………………………100
訴訟契約 …………………………………235
訴訟行為 ……………………………**139**, 231
　　――の追完 …………………………59
訴訟告知 ……………………………317, **326**
訴訟指揮 ……………………137, 151, 210
訴訟承継 ………………159, 280, **340**, 384
　　――主義 …………………………340, 345
訴訟上の請求（→請求，訴訟物） ………27, 293
訴訟上の和解　→　和解
訴訟資料 …………………………………116
　　――と証拠資料の峻別 ………116, 167, 195
訴訟信託の禁止 …………………………97
訴訟代理人（→代理権）
　　………………17, **20**, 60, 159, 305, 311, 314, 317

訴訟脱退 …………………………………337
訴訟担当 ……………………………91, 283
　　第三者の―― ……………………9, 91
　　任意的―― …………………………91
　　法定―― ………………………91, 305
訴訟能力 ……7, **11**, 70, 192, 195, 236, 240, 258
　　――を欠く者への送達 ………………15
訴訟判決 ……………………………248, 257, 354
訴訟費用の担保提供申立て ……………70
訴訟物（→旧訴訟物論，新訴訟物論）
　　………………………27, **35**, 101, 266, 272, 319
　　――概念の役割 …………………277
　　――と権利の属性 …………………38
　　――に準ずるもの …………………276
　　――の特定 ……………………42, 219
　　――論争 …………………42, 293, 380
　　一部請求の―― …………………109
　　交通事故訴訟の―― ………………105
訴訟法説（→既判力，反射効）
　　………………………**252**, 257, 269, 288
訴訟要件 ……14, 55, **69**, 237, 240, 257, 363, 375
訴　状 ……………………………1, 18, 42, 57
　　――却下 …………………………43, 44, 218
続行命令（→中断） ……………………162
外側説（→一部請求） …………………110
疎　明 ……………………167, 178, 194, 213, 323
損害額の認定 …………………………34, 184

た　行

〔た〕
第三者との間の法律関係の確認 ……………82
第三者の訴訟担当（→訴訟担当） ………9, 91
第三者不服説（→独立当事者参加） …336, 363
胎　児 ……………………………………7
代償請求 …………………………………77
対人訴訟 ……………………………330, 347
対世効 ………………………33, 98, 279, 306
対席主義 …………………………………135
対席判決主義 …………………………157
代替証拠 ……………………………193, 208, 211
対物訴訟 ……………………………330, 347
代理権 ……………………………………17
　　――の欠缺 ………………………368

事項索引　411

──の消滅 …………………………17, 22, 23
代理人（→法定代理人，任意代理人，訴訟代
　理人）………………………………………17
大量現象 ………………………………………21
多数当事者訴訟 …………………………299, 347
立会権の保障 …………………135, 152, 213
立退料 ………………………………………104
建物買取請求権（→既判力）……………263

〔ち〕

遅延理由説明義務 ………………………**138**, 355
中間確認の訴え ……179, 269, 271, **298**, 385
中間判決 ………………43, 139, 155, 234, **247**, 373
仲　　裁 ………………………70, 241, 349, 394
中　　止 ……………………**161**, 305, 309, 312
抽象と具体の循環 …………………………12
中　　断 ………………15, **159**, 305, 309, 312, 340
懲戒（弁護士の）……………………………22, 24
調査官 ………………………………………166
調査の嘱託 …………………………168, 187, 197
調書判決 ……………………………157, 249, 387
調　　停 ……………………………………393
重複訴訟禁止（二重起訴禁止）……**36**, 75, 342
　相殺と── ………………………………49
直接主義 …………………………………134, 311
陳　　述 ……………………………………141
　──擬制 ………………………………373
陳述書 ………………………………195, 311

〔て〕

定期金賠償 …………………………………103
手形・小切手訴訟 ………………………385
適時提出主義 ………………………………138
適正・公平・迅速・経済 ……115, 191, 368, 396
手　　続 ……………………**22**, 57, 247, 293
　──の過誤 ……………………………369
手続安定の要請…………**11**, 15, 21, 44, 137, 396
手続結果の陳述　→　結果陳述
手続事実群 …………………………………278
手続進行の統一（→合一確定）…305, 306, 330
手続の停止 …………………………………159
手続保障 …**115**, 252, 261, 262, 279, 280, 289, 327, 328, 347

──の欠缺 ……………………66, 368, 381, 383
──の代行 ………………………………283
──を与える固有の利益の欠如 ……284, 289
伝聞証拠 ……………………………167, 182, 194

〔と〕

等価値主張の法理 …………………………145
登記の仮装譲渡 ……………………………285
当事者 …………………………………………1
　──恒定主義 …………………………340
　──なき請求 …………………………307, 348
　──の確定 ……………………………1
　──の救済（→上訴）…………………349, 370
当事者概念 …………………………………89, 90
当事者公開 …………………………………132, 151
当事者照会 …………………………………186
当事者尋問 …………………………171, **195**, 311
当事者適格（→訴訟担当）
　………………………9, 70, **89**, 279, 299, 304, 325
　──の移転 ……………………279, 341, 344
当事者能力 …………………………………**7**, 70
当事者の欠席 ………………………………157
当然承継 ……………………………………159, 340
督促手続 ……………………………………388
特別代理人 ………………………………17, 213
独立当事者参加 …316, 326, **329**, 341, 363, 383
　──と参加承継 ………………………341
飛越上告 ……………………………………356
取消権（→既判力）………………………263

な　行

二重起訴禁止　→　重複訴訟禁止
二重規範説（→当事者の確定）…………3, 90
二重譲渡（→独立当事者参加）…………333
二段の推定（→文書の成立の真正）……200
二当事者対立構造 ………………………330, 336
任意管轄 ……………………………………52
任意訴訟（便宜訴訟）の禁止……140, 235, 397
任意代理人 ……………………………………17, 20
任意的訴訟担当 ……………………**96**, 288, 314, 346
任意的当事者変更 …………………6, 280, **346**

は 行

〔は〕

敗訴可能性説（→自白） ……………………172
破棄・差戻し ………………………………373
判　決 ………………………………………245
　　──効の拡張 …………………306, 320
　　──の更正 ………………………………250
　　──の自縛性 ………………………247, 249
　　──の成立手続 ……………249, 363, 366
　　──の不存在 ……………………………251
　　──の併合 ………………………………155
　　──の変更 ………………………………250
　　──の騙取（不当取得）………67, 259, 379
　　──への明らかな影響（→上告）…367, 369
　　終局── ………………………………247
　　訴訟── ……………………248, 257, 354
　　訴訟終了宣言── …………………234, 248
　　追加── ………………………………248
　　本案── ………………………………248
　　無効な──
　　　………4, 10, 15, 69, 72, 163, 251, 304, 379
判決によらない訴訟終了 ……………13, 22, 231
判決理由中の判断（→争点効） ……………266
反射効 ………………………………………287
反　証 ………………………………168, 217, 225
　　間接── ………………………………216
反　訴 ……………………48, 178, 297, 318, 385, 386
　　予備的── …………………………50, 297
反対尋問権 …………………………………194, 309
判断遺脱 ………………………………369, 375, 381
判断の過誤 …………………………………369

〔ひ〕

引受承継 ……………………………………161, 342
非訟事件 ………………………………32, 294, 398
筆界（→境界確定の訴え） …………………32, 35
必要的差戻し ………………………………350, 364
必要的呼出し ………………………………100
否　認 ………………………………………142, 214
　　積極── ………………………………142
　　理由付き── ……………………………142, 154
被保佐人（→訴訟能力） ……………………12
被補助人（→訴訟能力） ……………………12

秘密保持命令 …………………………………133, 210
費目限定型（→一部請求） ………………107, 110
評価規範 ……………………3, 119, 130, 236, 278, 397
評価的要件事実 …………………………………121
表見証明 …………………………………………225
表見法理 ……………………………………18, 140, 239
表示説（→当事者の確定） ………………………2
表示の訂正 ………………………………………6

〔ふ〕

不意打ち防止（→弁論権） ………3, 102, 115, 172
不可撤回効（→自白） ………………170, 174, 180
不可分債権・債務 ………………………………301
武器対等の原則 ………………………………135
覆審制 …………………………………………358
不控訴の合意 …………………………………356
附帯控訴 ………………………………………360
不　知 …………………………………………142
普通裁判籍 ……………………………………53
不提訴の合意 …………………………………71, 236
不服申立て ……………………………………352
　　通常の── …………………………………352
　　非常の── …………………………352, 379, 380
不変期間 ……………………59, 355, 371, 377, 378, 383
付郵便送達 ……………………………………62
不要証効（→自白） ……………………170, 176, 179
プライバシー ……………………………182, 206, 209
不利益陳述 …………………………………117, 145, 172, 173
不利益変更禁止 ……………………33, 335, 359, 366, 373
文　書 …………………………………………198
　　──送付の嘱託 ……………………………187, 201
　　──提出義務 ………………………………202, 211
　　──提出命令 ………………………………202, 385
　　──の成立の真正 …………………80, 198, 199, 216
　　一般義務── ………………………………204
　　引用── ……………………………………203
　　権利── ……………………………………203
　　自己専利用── ……………………………206
　　法律関係── ………………………………204, 209
　　利益── ……………………………………203
紛争解決 ………………………………………392
　　──の一回性 ………………………………36, 113
　　──の相対性 ………………………279, 308, 329

事 項 索 引　413

紛争管理権説 …………………………………95
紛争の主体たる地位 ………………279, 341, 344

〔へ〕
併合（→請求の選択的併合・予備的併合）
　　　　　　　　　　……………41, 140, 293, 295
　　──請求の裁判籍 …………………53, 294, 310
併行審理方式 ………………………………136
別訴禁止・併合強制（重複訴訟禁止）
　　　　　　　　　　　………………45, **47**, 357
弁護士 ……………………………………………20
　　──強制 ……………………………………20
　　──資格の喪失 ……………………………24
　　──代理の原則 …………………**20**, 96, 314
弁護士会照会 ………………………………188
弁護士法第 25 条違反 …………………………23
片面参加 ……………………………………331
弁　論 ………………………………………131
　　──能力 ……………………………………16
　　──の更新 ………………**134**, 358, 368, 373
　　──の更新権 ……………………………359
　　──の再開 …………………………141, 155
　　──の制限 …………………………139, 155
　　──の全趣旨 …125, 143, 167, 174, 182, **183**,
　　　　187, 195, 215, 306
　　──の分離 …53, **155**, 294, 298, 299, 309,
　　　　310, 311, 314
　　──の併合 …………………**155**, 310, 313, 316
弁論権の保障 ……3, **114**, 118, 125, 128, 135,
　　　　166, 172, 176, 396
弁論主義 …55, 70, **115**, 170, 172, 173, 294, 309
弁論準備手続 ……………………………**150**, 171

〔ほ〕
法規不適用の原則（→証明責任）…………219
報告証書 ……………………………………198
法人格なき社団・財団　→　権利能力なき社
　　団・財団
法人格否認 ………………………………5, 286
法人の代表者（→表見法理）………………18
法人の内部紛争（→当事者適格）…………98
妨訴抗弁 ……………………………………70
法定証拠主義 ………………132, 156, **181**, 200

法定証拠法則 ………………………………200
法定代理人 ……………………………………17, 42
法的観点指摘義務（法律問題指摘義務）
　　　　　　　　　　　………………38, **127**, 141
法的性質決定の拘束力 ………………108, 273
法的評価の再施 ………………**39**, 273, 282
法律審 ………………………………………365
法律要件の効力 ……………………………292
法律要件分類説 ……………………………219
　　修正された── ……………………………222
法令解釈の統一（→上訴）………349, 370, 377
法令上の訴訟代理人 …………………………24, 92
補佐人 ……………………………………………25
補助参加（→参加的効力）…………………316
　　──の従属性 ………………………316, 318
　　──の利益 ………………………………319
　　争点毎の── ……………………………324
　　当然の── …………………………310, **323**
補助事実 …………………**120**, 167, 174, 215
本案判決要件 …………………………………69
本　証 …………………………**168**, 217, 224
本人訴訟 …………………………………20, 97

　　　　　　　　　ま　行

未成年者（→訴訟能力）……………………11
民法上の組合 ………………………8, 96, 288, 301
矛盾挙動禁止 ………………………148, 275
命　令 ………………………………………**245**, 376
メリーゴーラウンド構成 …………………347
申立て ………………………………………140
申立事項の制限 …………………33, **101**, 354
模索的証明 …………………………………188
持分会社 ……………………………………288

　　　　　　　　　や　行

唯一の証拠方法 ……………………………191
郵便に付する送達 ……………………………62
郵便による送達 ……………………………61
有理性（→主張自体失当）…………**145**, 389
要件事実（→主要事実）……………………120

　　　　　　　　　ら　行

利益変更禁止 ………………………………359

略式訴訟 …………………………………385
理由がある・ない …………………………28
理由付き否認 …………………………142, 154
稟議書 …………………………………204, 207

わ　行

和　解……………………**238**, 318, 334, 392
　　——調書 ………………………………239
——と既判力 ……………………………241
——の解除 ………………………………243
——の勧試 ………………………………240
——無効確認の訴え ……………………241
ワーク・プロダクト（訴訟準備活動秘匿法理）
　………………………………………183, 206
割合的認定（→証明責任）………………228

判 例 索 引

大審院・最高裁判所

判例	頁
大判明治 41・9・25 民録 14 輯 931 頁	302
大判大正 4・9・29 民録 11 輯 1520 頁［百選 56］	177
大判大正 5・12・23 民録 22 輯 2480 頁［百選 49］	122
大判大正 7・3・7 民録 24 輯 379 頁	179
大判大正 13・5・19 民集 3 巻 211 頁	302
大判昭和 2・2・3 民集 6 巻 13 頁	3
大決昭和 6・8・8 民集 10 巻 792 頁	160
大決昭和 7・2・12 民集 11 巻 119 頁	321
大判昭和 8・2・7 民集 12 巻 159 頁	138
大判昭和 10・10・28 民集 14 巻 1785 頁［百選 5］	3
大判昭和 11・3・11 民集 15 巻 977 頁［百選 6］	3
大判昭和 16・3・15 民集 20 巻 191 頁	3
大判昭和 16・12・9 法学 11 巻 715 頁	178
最判昭和 23・5・6 民集 2 巻 5 号 109 頁	60
最判昭和 24・8・2 民集 3 巻 9 号 312 頁	58
最判昭和 25・7・11 民集 4 巻 7 号 316 頁	177
最判昭和 27・11・27 民集 6 巻 10 号 1062 頁［百選 51］	143
最判昭和 27・12・25 民集 6 巻 12 号 1240 頁	191
最判昭和 27・12・25 民集 6 巻 12 号 1282 頁	106
最判昭和 28・5・29 民集 7 巻 5 号 623 頁	58
最判昭和 29・6・11 民集 8 巻 6 号 1055 頁［百選 16］	16
最判昭和 30・5・20 民集 9 巻 6 号 718 頁	79
最判昭和 30・7・5 民集 9 巻 9 号 985 頁［百選 55］	180
最判昭和 30・12・26 民集 9 巻 14 号 2082 頁	81, 85
最判昭和 31・4・3 民集 10 巻 4 号 297 頁［百選 110］	274, 358
最判昭和 31・5・10 民集 10 巻 5 号 487 頁	301
最判昭和 31・6・26 民集 10 巻 6 号 748 頁	84
最判昭和 32・2・8 民集 11 巻 2 号 258 頁［百選 65］	195
最判昭和 32・2・28 民集 11 巻 2 号 374 頁［百選 33］	364
最判昭和 32・6・7 民集 11 巻 6 号 948 頁［百選 81］	108
最判昭和 32・6・25 民集 11 巻 6 号 1143 頁［百選 A21］	191
最判昭和 32・12・13 民集 11 巻 13 号 2143 頁［百選 A38］	360
最判昭和 33・6・14 民集 12 巻 9 号 1492 頁［百選 93］	238
最判昭和 33・7・8 民集 12 巻 11 号 1740 頁［百選 47］	122
最判昭和 33・7・25 民集 12 巻 12 号 1823 頁［百選 17］	18
最判昭和 33・11・4 民集 12 巻 15 号 3247 頁	134
最判昭和 34・2・20 民集 13 巻 2 号 209 頁	110
最判昭和 35・2・2 民集 14 巻 1 号 36 頁［百選 63］	223
最大決昭和 35・7・6 民集 14 巻 9 号 1657 頁	400, 402

最判昭和 36・4・7 民集 15 巻 4 号 694 頁 ……………………………………………………184
最判昭和 36・5・26 民集 15 巻 5 号 1425 頁 …………………………………………………64
最判昭和 36・8・8 民集 15 巻 7 号 2005 頁［百選 114］……………………………………371
最判昭和 37・5・24 民集 16 巻 5 号 1157 頁 …………………………………………………266
最判昭和 37・8・10 民集 16 巻 8 号 1720 頁 …………………………………………………108
最判昭和 37・12・18 民集 16 巻 12 号 2422 頁［百選 9］……………………………………8
最判昭和 38・1・18 民集 17 巻 1 号 1 頁 ………………………………………………………45
最判昭和 38・2・21 民集 17 巻 1 号 182 頁［百選 19］………………………………………22
最判昭和 38・2・21 民集 17 巻 1 号 198 頁 ……………………………………………………350
最大判昭和 38・10・30 民集 17 巻 9 号 1266 頁［百選 20］…………………………………24
最判昭和 39・5・12 民集 18 巻 4 号 597 頁［百選 70］………………………………………200
最判昭和 39・6・26 民集 18 巻 5 号 954 頁［百選 53］………………………………………126
最判昭和 39・7・28 民集 18 巻 6 号 1241 頁［百選 59］……………………………………124
最判昭和 40・4・2 民集 19 巻 3 号 539 頁 ……………………………………………………265
最大決昭和 40・6・30 民集 19 巻 4 号 1089 頁［百選 2］……………………………………400
最判昭和 40・9・17 民集 19 巻 6 号 1533 頁［百選 76］……………………………………113
最判昭和 41・2・1 民集 20 巻 2 号 179 頁 ……………………………………………………147
最大決昭和 41・3・2 民集 20 巻 3 号 360 頁 ……………………………………………86, 401
最判昭和 41・3・18 民集 20 巻 3 号 464 頁［百選 21］………………………………………75
最判昭和 41・3・22 民集 20 巻 3 号 484 頁［百選 109］…………………………………279, 344
最判昭和 41・4・12 民集 20 巻 4 号 548 頁［百選 A16］……………………………………127
最判昭和 41・4・12 民集 20 巻 4 号 560 頁 ……………………………………………………155
最判昭和 41・9・22 民集 20 巻 7 号 1392 頁［百選 54］……………………………………175
最判昭和 41・11・22 民集 20 巻 9 号 1914 頁 …………………………………………………158
最判昭和 41・11・25 民集 20 巻 9 号 1921 頁 …………………………………………………300
最判昭和 41・12・6 判時 468 号 40 頁 …………………………………………………………177
最判昭和 42・2・10 民集 21 巻 1 号 112 頁 ……………………………………………………98
最判昭和 42・2・24 民集 21 巻 1 号 209 頁［百選 A12］…………………………………64, 65
最大判昭和 42・5・24 民集 21 巻 5 号 1043 頁 …………………………………………………161
最判昭和 42・7・18 民集 21 巻 6 号 1559 頁［百選 82］…………………………………107, 262
最判昭和 42・7・21 民集 21 巻 6 号 1663 頁 …………………………………………………352
最判昭和 42・8・25 民集 21 巻 7 号 1740 頁 …………………………………………………301
最大判昭和 42・9・27 民集 21 巻 7 号 1925 頁 ………………………………………………331
最大判昭和 42・9・27 民集 21 巻 7 号 1955 頁［百選 A8］…………………………………24
最判昭和 42・10・19 民集 21 巻 8 号 2078 頁［百選 8］………………………………………8
最判昭和 43・2・15 民集 22 巻 2 号 184 頁［百選 94］………………………………………244
最判昭和 43・2・22 民集 22 巻 2 号 270 頁［百選 35］………………………………………33
最判昭和 43・3・8 民集 22 巻 3 号 551 頁［百選 A30］……………………………………313
最判昭和 43・3・15 民集 22 巻 3 号 607 頁［百選 99］…………………………………301〜303
最判昭和 43・3・19 民集 22 巻 3 号 648 頁［百選 115］……………………………………375
最判昭和 43・5・31 民集 22 巻 5 号 1137 頁 …………………………………………………94
最判昭和 43・8・27 判時 534 号 48 頁［百選 A4］……………………………………………314
最判昭和 43・9・12 民集 22 巻 9 号 1896 頁［百選 95］……………………………………323

判例	頁
最大判昭和 43・11・13 民集 22 巻 12 号 2510 頁	46
最判昭和 43・12・24 民集 22 巻 13 号 3428 頁［百選 60］	225
最判昭和 43・12・24 民集 22 巻 13 号 3454 頁［百選 A17］	129
最判昭和 44・6・24 判時 569 号 48 頁［百選 84］	273
最判昭和 44・7・8 民集 23 巻 8 号 1407 頁［百選 86］	67, 259
最判昭和 44・7・10 民集 23 巻 8 号 1423 頁［百選 15］	99
最判昭和 44・10・17 民集 23 巻 10 号 1825 頁［百選 92］	235
最判昭和 45・1・22 民集 24 巻 1 号 1 頁	357
最判昭和 45・4・2 民集 24 巻 4 号 223 頁［百選 30］	88
最判昭和 45・6・11 民集 24 巻 6 号 516 頁［百選 52］	125
最大判昭和 45・7・15 民集 24 巻 7 号 804 頁［百選 A35］	161
最大判昭和 45・7・15 民集 24 巻 7 号 861 頁［百選 A9］	82
最判昭和 45・10・22 民集 24 巻 11 号 1583 頁［百選 103］	324
最大判昭和 45・11・11 民集 24 巻 12 号 1854 頁［百選 13］	96
最判昭和 45・12・15 民集 24 巻 13 号 2072 頁［百選 18］	19
最判昭和 46・4・20 判時 630 号 64 頁	60
最判昭和 46・6・3 判時 634 号 37 頁［百選 117］	384
最判昭和 46・6・25 民集 25 巻 4 号 640 頁［百選 91］	234
最判昭和 46・6・29 判時 636 号 50 頁［百選 A15］	123
最判昭和 46・10・7 民集 25 巻 7 号 885 頁［百選 A31］	301
最判昭和 47・2・15 民集 26 巻 1 号 30 頁［百選 23］	80
最判昭和 47・11・9 民集 26 巻 9 号 1513 頁［百選 A10］	81
最判昭和 47・11・9 民集 26 巻 9 号 1566 頁［百選 A5］	93
最判昭和 48・3・13 民集 27 巻 2 号 344 頁	76
最判昭和 48・3・23 民集 27 巻 2 号 365 頁	162, 372
最判昭和 48・4・5 民集 27 巻 3 号 419 頁［百選 74］	105, 110
最判昭和 48・4・24 民集 27 巻 3 号 596 頁［百選 108］	339
最判昭和 48・6・21 民集 27 巻 6 号 712 頁［百選 87］	281
最判昭和 48・7・20 民集 27 巻 7 号 863 頁［百選 106］	335
最判昭和 48・7・20 民集 27 巻 7 号 890 頁	148
最判昭和 48・10・26 民集 27 巻 9 号 1240 頁［百選 7］	5
最判昭和 49・4・26 民集 28 巻 3 号 503 頁［百選 85］	276
最判昭和 50・10・24 民集 29 巻 9 号 1417 頁［百選 57］	182
最判昭和 51・3・23 判時 816 号 48 頁［百選 42］	148
最判昭和 51・3・30 判時 814 号 112 頁［百選 A32］	322
最判昭和 51・6・17 民集 30 巻 6 号 592 頁	126
最判昭和 51・7・19 民集 30 巻 7 号 706 頁［百選 12］	95
最判昭和 51・9・30 民集 30 巻 8 号 799 頁［百選 79］	277, 287
最判昭和 51・10・21 民集 30 巻 9 号 903 頁［百選 90］	290, 310
最判昭和 52・4・15 民集 31 巻 3 号 371 頁	176
最判昭和 52・7・19 民集 31 巻 4 号 693 頁［百選 A29］	233
最判昭和 53・3・23 判時 885 号 118 頁	191
最判昭和 53・3・23 判時 886 号 35 頁［百選 89］	290

最判昭和 53・7・10 民集 32 巻 5 号 888 頁 [百選 31] ……………………………………45
最判昭和 53・9・14 判時 906 号 88 頁 [百選 88] ………………………………………286
最判昭和 54・7・31 判時 944 号 53 頁 ……………………………………………………65
最判昭和 55・1・11 民集 34 巻 1 号 1 頁 [百選 1] ………………………………………73
最判昭和 55・2・7 民集 34 巻 2 号 123 頁 [百選 46] …………………………………123
最決昭和 55・7・10 判時 981 号 65 頁 …………………………………………………402
最判昭和 55・10・23 民集 34 巻 5 号 747 頁 [百選 77] ………………………………263
最判昭和 55・10・28 判時 984 号 68 頁 …………………………………………………60
最判昭和 56・4・7 民集 35 巻 3 号 443 頁 ………………………………………………73
最判昭和 56・4・14 民集 35 巻 3 号 620 頁 [百選 73] ………………………………188
最判昭和 56・9・11 民集 35 巻 6 号 1013 頁 ………………………………………85, 302
最判昭和 56・9・24 民集 35 巻 6 号 1088 頁 [百選 41] ………………………………156
最大判昭和 56・12・16 民集 35 巻 10 号 1369 頁 [百選 22] …………………………77, 311
最判昭和 57・3・30 民集 36 巻 3 号 501 頁 [百選 A26] ………………………………264
最判昭和 57・7・1 民集 36 巻 6 号 891 頁 ……………………………………………300
最判昭和 57・9・7 判時 1062 号 85 頁 …………………………………………………58
最判昭和 58・3・22 判時 1074 号 55 頁 [百選 111] ……………………………………361
最判昭和 58・6・7 民集 37 巻 5 号 517 頁 ………………………………………………88
最判昭和 58・10・18 民集 37 巻 8 号 1121 頁 …………………………………………33
最判昭和 59・1・19 判時 1105 号 48 頁 …………………………………………………273
最判昭和 60・12・20 判時 1181 号 77 頁 ………………………………………………96
最判昭和 61・3・13 民集 40 巻 2 号 389 頁 [百選 24] …………………………………85
最判昭和 61・9・4 判時 1215 号 47 頁 [百選 112] ………………………………362, 363
最判昭和 62・7・17 民集 41 巻 5 号 1381 頁 ……………………………………………84
最判昭和 62・7・17 民集 41 巻 5 号 1402 頁 [百選 96] ………………………………313
最判昭和 63・1・26 民集 42 巻 1 号 1 頁 [百選 36] ……………………………………45
最判昭和 63・2・25 民集 42 巻 2 号 120 頁 ……………………………………………325
最判昭和 63・12・20 判時 1307 号 113 頁 ………………………………………………74
最判平成元・3・28 民集 43 巻 3 号 167 頁 [百選 100] ………………………………302
最判平成元・9・8 民集 43 巻 8 号 889 頁 ………………………………………………73
最判平成元・11・10 民集 43 巻 10 号 1085 頁 …………………………………………100
最判平成 2・4・17 民集 44 巻 3 号 526 頁 ………………………………………………88
最判平成 2・7・20 民集 44 巻 5 号 975 頁 ……………………………………………363
最判平成 3・12・17 民集 45 巻 9 号 1435 頁 [百選 38 ①] ……………………………50
最判平成 4・9・10 民集 46 巻 6 号 553 頁 [百選 116] ………………………………381
最判平成 4・10・29 民集 46 巻 7 号 1174 頁 [百選 62] ………………………………228
最判平成 4・10・29 民集 46 巻 7 号 2580 頁 ……………………………………………88
最判平成 6・5・31 民集 48 巻 4 号 1065 頁 [百選 11] ……………………………9, 300
最決平成 6・9・27 判時 1513 号 111 頁 [百選 105] ……………………………………334
最判平成 7・2・23 判時 1524 号 134 頁 [百選 A42] ……………………………………351
最判平成 7・3・7 民集 49 巻 3 号 893 頁 ………………………………………………86
最判平成 7・12・15 民集 49 巻 10 号 3051 頁 [百選 78] ………………………………263
最判平成 9・3・14 判時 1600 号 89 頁①事件 [百選 A27] ……………………………267

最判平成 9・7・17 判時 1614 号 72 頁［百選 50］	268
最判平成 10・2・27 民集 52 巻 1 号 299 頁	95
最判平成 10・6・12 民集 52 巻 4 号 1147 頁［百選 80］	108
最判平成 10・6・30 民集 52 巻 4 号 1225 頁［百選 38 ②］	50
最判平成 10・9・10 判時 1661 号 81 頁［百選 39］	63, 65, 381
最判平成 11・1・21 民集 53 巻 1 号 1 頁［百選 27］	79, 83
最判平成 11・2・25 判時 1670 号 21 頁	156
最判平成 11・6・11 判時 1685 号 36 頁［百選 26］	85
最判平成 11・6・29 判時 1684 号 59 頁	369
最決平成 11・11・12 民集 53 巻 8 号 1787 頁［百選 69］	207
最判平成 11・12・16 民集 53 巻 9 号 1989 頁	95
最判平成 12・2・24 民集 54 巻 2 号 523 頁［百選 25］	86
最決平成 12・3・10 民集 54 巻 3 号 1073 頁［百選 A24］	210
最判平成 12・7・7 民集 54 巻 6 号 1767 頁［百選 101］	307
最決平成 12・12・14 民集 54 巻 9 号 2743 頁	211
最決平成 13・12・7 民集 55 巻 7 号 1411 頁	207
最判平成 14・1・22 判時 1776 号 67 頁［百選 104］	327
最判平成 15・7・11 民集 57 巻 7 号 787 頁［百選 98］	301
最判平成 15・10・31 判時 1841 号 143 頁［百選 A39］	371
最決平成 16・2・20 判時 1862 号 154 頁	206
最判平成 16・3・25 民集 58 巻 3 号 753 頁［百選 29］	48
最判平成 16・5・25 民集 58 巻 5 号 1135 頁［百選 A23］	209
最決平成 16・7・6 民集 58 巻 5 号 1319 頁	86, 302
最決平成 17・7・22 民集 59 巻 6 号 1837 頁	209
最決平成 17・7・22 民集 59 巻 6 号 1888 頁	205
最決平成 17・10・14 民集 59 巻 8 号 2265 頁［百選 A22］	205
最判平成 17・11・10 民集 59 巻 9 号 2503 頁	208
最判平成 18・1・24 判時 1926 号 65 頁	186
最決平成 18・2・17 民集 60 巻 2 号 496 頁	207
最判平成 18・4・14 民集 60 巻 4 号 1497 頁［百選 A11］	50
最決平成 18・10・3 民集 60 巻 8 号 2647 頁［百選 67］	193
最決平成 19・3・20 民集 61 巻 2 号 586 頁［百選 40］	66, 368
最決平成 19・11・30 民集 61 巻 8 号 3186 頁	207
最決平成 19・12・11 民集 61 巻 9 号 3364 頁	206
最判平成 20・6・10 判時 2042 号 5 頁	186
最判平成 20・7・10 判時 2020 号 71 頁	108
最判平成 20・7・17 民集 62 巻 7 号 1994 頁［百選 97］	301, 304, 305
最決平成 20・7・18 民集 62 巻 7 号 2013 頁［百選 3］	56
最決平成 20・11・25 民集 62 巻 10 号 2507 頁［百選 68］	208
最判平成 21・1・22 民集 63 巻 1 号 228 頁	301
最判平成 21・12・18 民集 63 巻 10 号 2900 頁	87
最判平成 22・3・16 民集 64 巻 2 号 498 頁	306
最判平成 23・9・13 民集 65 巻 6 号 2511 頁	186

最決平成 23・10・11 判タ 1362 号 68 頁 ……………………………………………208
最判平成 25・6・6 判タ 1390 号 136 頁 ……………………………………………110
最判平成 25・11・21 民集 67 巻 8 号 1686 頁［百選 118］………………………100, 383
最判平成 26・2・27 民集 68 巻 2 号 192 頁［百選 10］………………………………9
最決平成 26・7・10 判時 2237 号 42 頁 ………………………………………………332
最判令和 2・9・3 民集 74 巻 6 号 1557 頁 ……………………………………………88
最判令和 2・9・11 民集 74 巻 6 号 1693 頁 ………………………………………………50

高等裁判所

大阪高判昭和 29・10・26 下民集 5 巻 10 号 1787 頁 …………………………………6
広島高判昭和 40・1・20 高民集 18 巻 1 号 1 頁 ……………………………………239
札幌高決昭和 41・9・19 高民集 19 巻 5 号 428 頁［百選 A2］……………………55
名古屋高判昭和 43・9・30 高民集 21 巻 4 号 460 頁 ………………………………321
大阪高判昭和 46・4・8 判時 633 号 73 頁［百選 A28］……………………………285
大阪高決昭和 48・7・12 下民集 24 巻 5〜8 号 455 頁 ………………………………193
大阪高判昭和 52・5・26 判タ 359 号 236 頁 …………………………………………73
東京高判昭和 52・7・15 判時 867 号 60 頁 …………………………………………183
東京高決昭和 54・9・28 下民集 30 巻 9〜12 号 443 頁［百選 A36］………………345
東京高判昭和 54・10・18 下民集 33 巻 5〜8 号 1031 頁 ……………………………212
仙台高判昭和 55・1・28 高民集 33 巻 1 号 1 頁 ……………………………………328
仙台高判昭和 59・1・20 下民集 35 巻 1〜4 号 7 頁［百選 A7］……………………25
東京高判昭和 60・6・25 判時 1160 号 93 頁 ………………………………………328
大阪高判昭和 62・7・16 判時 1258 号 130 頁［百選 37］……………………………49
名古屋高金沢支判平成元・1・30 判時 1308 号 125 頁 ………………………………357
東京高判平成 3・1・30 判時 1381 号 49 頁［百選 61］……………………………226
東京高判平成 4・7・29 判時 1433 号 56 頁 …………………………………………82
東京高判平成 15・7・29 判時 1838 号 69 頁［百選 A25］…………………………103
東京高決平成 20・4・30 判時 2005 号 16 頁［百選 102］……………………………321
大阪高決平成 21・5・11 判タ 1328 号 233 頁 ………………………………………322
東京高判平成 24・10・24 判タ 1391 号 241 頁 ………………………………………188
名古屋高判平成 27・2・26 判時 2256 号 11 頁 ………………………………………188

地方裁判所

大阪地判昭和 29・6・26 下民集 5 巻 6 号 949 頁［百選 A3］………………………6
東京地判昭和 45・6・29 判時 615 号 38 頁 …………………………………………229
東京地判昭和 49・3・1 下民集 25 巻 1〜4 号 129 頁［百選 A18］…………………180
山形地鶴岡支判昭和 49・9・27 判時 765 号 98 頁 …………………………………232
東京地判昭和 51・12・3 判タ 353 号 253 頁 …………………………………………232
神戸地判昭和 59・5・18 判時 1135 号 140 頁［百選 66］……………………………183
広島地決昭和 61・11・21 判時 1224 号 76 頁［百選 72］……………………………213
東京地判平成 4・1・31 判時 1418 号 109 頁 …………………………………………113
東京地判平成 10・5・29 判タ 1004 号 260 頁 ………………………………………183
東京地判平成 19・3・26 判タ 1965 号 3 頁［百選 28］………………………………84

著者紹介

高橋宏志（たかはし　ひろし）

1947 年　神奈川県に生まれる
1971 年　東京大学法学部卒業
1985 年　東京大学法学部教授
現　在　東京大学名誉教授
主　著　『新民事訴訟法論考』（信山社，1998 年）
　　　　『重点講義民事訴訟法（上）〔第 2 版補訂版〕』（有斐閣，2013 年）
　　　　『重点講義民事訴訟法（下）〔第 2 版補訂版〕』（有斐閣，2014 年）

民事訴訟法概論
Civil Procedure

2016 年 3 月 15 日　初版第 1 刷発行
2022 年 5 月 25 日　初版第 4 刷発行（補訂）

著　者　高橋宏志
発行者　江草貞治
発行所　株式会社　有斐閣
　　　　郵便番号 101-0051
　　　　東京都千代田区神田神保町 2-17
　　　　http://www.yuhikaku.co.jp/

印刷・株式会社理想社／製本・牧製本印刷株式会社
© 2016, 高橋宏志. Printed in Japan
落丁・乱丁本はお取替えいたします。
★定価はカバーに表示してあります。
ISBN 978-4-641-13734-9

[JCOPY] 本書の無断複写（コピー）は，著作権法上での例外を除き，禁じられています。複写される場合は，そのつど事前に，(一社)出版者著作権管理機構（電話03-5244-5088, FAX03-5244-5089, e-mail:info@jcopy.or.jp）の許諾を得てください。